朱高正　著

易传通解 上

华东师范大学出版社
·上海·

图书在版编目（CIP）数据

易传通解 / 朱高正著. —上海：华东师范大学出版社，2015.4
ISBN 978-7-5675-3430-8

Ⅰ.①易… Ⅱ.①朱… Ⅲ.①《周易》—研究 Ⅳ.①B221.5

中国版本图书馆CIP数据核字（2015）第083687号

易传通解（全三册）

著　　者　朱高正
项目编辑　吕振宇
审读编辑　陈　才
装帧设计　高　山

出版发行　华东师范大学出版社
社　　址　上海市中山北路3663号　邮编 200062
网　　址　www.ecnupress.com.cn
电　　话　021－60821666　　行政传真 021－62572105
客服电话　021－62865537　　门市（邮购）电话 021－62869887
地　　址　上海市中山北路3663号华东师范大学校内先锋路口
网　　店　http：//hdsdcbs.tmall.com/

印　刷　者　常熟市文化印刷有限公司
开　　本　890 毫米×1240 毫米　1/32
印　　张　13.875
字　　数　377千字
版　　次　2015年7月第1版
印　　次　2025年2月第17次
书　　号　ISBN 978－7－5675－3430－8/B·935
定　　价　49.00元（全三册）

出 版 人　王　焰

（如发现本版图书有印订质量问题，请寄回本社客服中心调换或电话021-62865537联系）

目录

作者简介／1

序一　张善文／1
序二　徐芹庭／1
序三　董光璧／1

上卷

系辞上

第一章／1
第二章／6
第三章／9
第四章／11
第五章／14
第六章／17
第七章／19
第八章／20
第九章／25
　　附录：论周易中的"阴阳老少"与"七八九六"／30
第十章／42
第十一章／45
第十二章／51

系辞下

第一章／54

第二章／58

第三章／63

第四章／64

第五章／65

第六章／72

第七章／74

第八章／79

第九章／81

第十章／83

第十一章／84

第十二章／85

说卦

第一章／89

第二章／91

第三章／92

第四章／94

第五章／95

第六章／98

第七章／99

第八章／100

第九章／101

第十章／102
第十一章／103

序卦／108
杂卦／117

中卷

《周易》占筮的原理与研习
　《周易》的方法／123
论太极思维／133
《周易》上篇／163

下卷

《周易》下篇／283
后记／409

作者简介

朱高正，南宋大儒朱熹二十六代孙，一九五四年出生在台湾省云林县，台湾大学法律系毕业，联邦德国波恩大学哲学博士。

朱先生对东、西方的两座学术高峰——《易经》与康德哲学——都有极为精湛的造诣。其德文有关康德的著作，被权威哲学刊物《康德研究季刊》（Kant-Studien）评为当代研究康德法权哲学（Rechtsphilosophie）四种必备著作之一。朱先生曾在北京大学讲授康德哲学，并由北京大学出版社出版《朱高正讲康德》一书。朱先生的易学著作《易经白话例解》一九九八年在大陆获得国家图书奖；而另一部著作《周易六十四卦通解》被《书目季刊》评为义理派三部代表作之一，与《程传》、《朱义》并列。《二十世纪易学哲学史》一书，将朱先生列为二十世纪压轴的易学大家。朱先生曾两度受邀在北京清华大学的"经典讲座"，分别就康德哲学与《易经》做了精彩的报告。

朱先生也是一位著名的政治活动家。一九八六年在关键时刻，发挥临门一脚的作用，创建民主进步党，打破国民党的党禁政策，朱先生推动"国会"全面改选，逼使国民党解除长达三十八年的军管戒严统治，回归民主宪政，被公认为推动台湾民主化的头号功臣。

朱先生当年冒着被指控"通匪"、"资匪"的危险，推动开放大陆探亲，终使蒋经国下令结束两岸隔阂三十八年的局面。朱先生自幼热爱传统优秀文化，坚决反对台独，因此在从政的道路上走得极为曲折，但却充满自信。他早在一九九五年就出版《现代中国的崛起》这部书，而从二〇〇〇年到二〇〇九年这十年中，在全球网络上点击率最高的就是"中国的崛起"，其点击次数比起第二名的"伊拉克战争"多达四倍以上，由此可见朱先生的远见。

时任台湾"中央研究院"院长的吴大猷先生，在为朱先生这部《现代中国的崛起》的著作写《序》时说："朱先生十年来一直是个极为争议性的人物，这套书的出版，应可提供大家第一手的资料。想要了解朱先生这个人，就一定要看他的书；关心国家前途的人，也非要看他的书不可。朱先生治学之勤勉，问政之纯真，在在使得笔者深信他的思想一定会对二十一世纪的中国产生极大的影响。"而大陆海峡关系协会首任会长汪道涵先生则推崇朱先生是"站在两岸矛盾之上的人"。在邓小平先生去世以后，朱先生写了一篇悼念文章，小平先生的亲弟弟邓垦先生读完之后,慨叹道:"像朱先生这么了解我哥哥的人,就算在大陆也不多见。"

其实,朱先生一向以重建"中国文化主体意识"、实现中国全方位现代化为己任,致力弘扬传统优秀文化不遗余力,本身又酷爱太极拳运动,《近思录通解》、《从康德到朱熹:白鹿洞讲演录》、《四书精华阶梯》与《易传通解》则是他最近努力的成果。

序一

每读"闻鸡起舞,望岳思攀"之句,总欲与朱高正兄的治学情态相俦拟。

对高正兄学术创获的钦爱,是多方面的。其中一端即在于:他的著述竟然如此高质而多产!以致我屡次承嘱为他大作制序的速度,还追不上他新著推出的步伐。试举数例:2010年我为他撰写《近思录通解序》,2011年为他作《白鹿洞讲演录序》,2012年为他赶制《四书精华阶梯题辞》,如今2013年则又急匆匆地提笔创述他的《易传通解》序了。

一年一种大部头专著,不仅仅展示他的笔耕之勤奋,更体现他治学精神的专注与执著。记得某年暮春,我在江西庐山白鹿洞书院,拜聆他讲演朱子学,同时再度领略了当年朱子修复的这所著名的古老学府。当是时,山中寒气仍浓,草木凝肃,晨间尤使人有冷冽难耐之感。那日凌晨,东方微白,我身披半长皮外套,迎着寒氛,破天荒早起漫步,忽见书院石坪上,有人一袭素白短衫短裤,作抱球姿式翩翩曼舞于泠雾中,套路婉美,柔刚互济,观之令人神往。定睛望去,原来是高正兄在演练太极拳。我终于相信了他曾告诉我的话:每日晨起练拳,四时寒暑不辍。更有甚者,他每次晨练之后,即端坐反复背诵四书五经及古圣贤著述的精要段落。有时,他还把这些段落缩印成卡片,或用作复习,或分送友朋。于是我明白了,他的非凡体魄和卓越思维,与刻苦精勤的努力息息相关;他的众多作品和深邃创获,与潜心学术的精神丝丝相扣。老天不负有心人,他终究舞出了卓著成果,攀上了学术高峰。

此刻,我在书案前构思这篇序,心头却盘旋着某种不解之疑:他常年奔波于海峡两岸的文化学术交流,每年至少有半载在大陆各高校讲学或出席学术会议,回台期间又少不了各项社会活动,七除八扣,哪有时间撰写专著?然而,对常人而言的不可能,高正兄将之变成了现实。个中原委,除了他的智能、学养和毅力之外,岂有他因?于是,多年来他的诸种著作一版再版,受到两岸学术界及读者群的热诚欢迎。眼前这部《易传通解》,我三阅其稿,看到了其间易学与理学思想的交互闪烁,深为此书的学术含金量所感动。

若想用最简要的语言评价高正兄《易传通解》的学术特色,我以为莫过于十六字：援传解经，经传明晓；存理论学，学理闳通。

何谓援传解经？

众所周知，《易》有经传之别。经，即六十四卦符号及卦爻辞文字；传，即相传孔子所作的"十翼"，亦称《易传》。前贤认为，在明确《周易》经传既相区别、又相联系的基础上，应当以《易传》为解经的首要依据。经传的创作时代不同，所以两者反映的思想也互有差异。但《易传》的宗旨在于阐发经义，又属现存最早的先秦时期有系统的论《易》专著，则不可不视为今天探讨《周易》六十四卦经义的最重要的参考资料。马其昶《重定周易费氏学》引秦澍沣曰："以经解画，以传解经；合则是，而离则非。"就是强调用经文解析卦画符号，用《易传》解析经文。其说颇为可取。

高正兄的《易传通解》，名曰解说《易传》，实则以释传为手段，达到经传互通的目的。读之者既明《易传》的思想内涵，而经的象征寓意亦无不畅晓。故此书的内容编次，一依传统的经传合编本为序，凡释传者，即同时解经，如释《乾》卦辞"元亨利贞"乃兼《彖传》、《大象传》而通说，释《乾》初九爻辞乃合《小象传》而并析，《易》之喻旨，豁然通畅。西汉易学，有"十翼解经意"一派，以大儒费直为代表。高正兄之学，既援传解经，使经传明晓，或远承于费氏欤？宜其立说有本有源。

何谓存理论学？

理性思维，是人类通过对宇宙、大自然及人类社会的深入观察，并综合各种既有知识而获得哲学认识的思维形态。人类思想史、文化史、学术史的发展过程，从某种角度看，正是反映着理性思维不断更新、优化的过程。宋代程朱的《周易》义理学，是随着新儒学的出现而逐渐形成的重大易学流派。其基本特色，是吸收了两宋先后天象数学、河图洛书之学、太极之说的内涵义理，又较为明显地继承了三国、两晋以来以王弼为代表的"扫象阐理"的治《易》观点及各种易例，反映了以研讨阐发《周易》的"义理"为主的崭新的理性思考。

高正兄理学根基之雄厚，我叹佩已久。在《易传通解》中，他融入了对东方易理的深切感悟，并贯注了古代圣人精辟理念以与《易传》思想相印证，使艰深的易学展示出中华传统文化的宏阔理绪。如释《系辞下传》第十二章"将叛者其辞惭"一节，引用了孔子"不知言，无以知人"，及孟子"我知言，我善养吾浩然之气"和"诐辞知其所蔽，淫辞知其所陷，邪辞知其所离，遁辞知其所穷"诸语，遂使《系辞》的精神同孔孟的学说周流而融通。尤其精彩的是接下来的一段推论："可见大圣大贤，有知言的实功。只有知言，才不会被群言所乱、术士所惑。圣人论《易》，未尝不总归于人事，所以用知言总结《系辞》。"高正兄是宋代理学集大成者朱子的二十六代孙，其解析《易传》能存理论学，学理闳通，或缘于缵绍其先祖学术欤？宜其抒论即精即博。

凡成大学问者，必以"载德"先之；涵大智慧者，必以"自在"处之。昔儒者有"千里骏骨"之豪语，佛者有"马头观自在菩萨真言"之印相，其理与治学及成智之道允可相通。高正兄属马，不久即是甲午马年，因不揣简陋，预作"甲午吉语"一首以祝曰："逸骏行千里，频挥载德鞭。马头观自在，伏骥接清欢。"他的学术成就的进一步辉煌，我与嘉朋同道将衷心翘待焉。

　　　　　　　　　　公元二〇一三年岁在癸巳小寒前六日
　　　　　　　　　　长乐质之张善文写于福建师范大学文学院

序二

朱高正先生撰《易传通解》一书，博大而精深，深入而浅出，探宇宙之奥秘，述人事之仪则。其理明，其辞文，其意境高雅，其造诣俊伟。巍巍乎！不可尚矣！真一代之佳作而百世之良篇也。

《易传通解》之述作方式，先解《系辞》、《说卦》及《序卦》、《杂卦》，以导入学《易》之门。继之以《上经》，以述宇宙之大观。殿之以《下经》，以终万事、始万事，所以成始、成终，而复由终入始也。总成《易经》一贯之大道，其识见超乎青云之上，而其旨趣切合人生之应用。诚不可多得之佳作，而传世不朽之美篇也。

余见其人，有挺拔侠义之气质，君子圣贤之涵养。读其书，有升堂入室，瞻望圣学宫墙之崇高，故乐而为之序云。

岁在癸巳季秋二〇一三年十一月三日
世界易经大会常务理事团主席徐芹庭敬序

序三

《易经》是中国最古老的经典,《易传》是其最早的权威解读。三千年前的《易经》,两千五百年前的《易传》,其科学性和神秘性一如既往吸引着当代的人们。尽管历代都有易学专家倾注心血,但仍有许多疑难未得真正之解决。在诸多现代解读著作中,朱高正博士的《易传通解》乃一杰作。

高正先生学出法学和哲学,专于康德哲学和易学。他的易学研究受到北京大学哲学教授朱伯崑先生的赏识,并得到著名物理学家吴大猷先生的认可。高正先生也热心易学传播和发展的事业,他为创建国际易学研究院、国际易学研究基金和国际易学联合会作出了极为重要的多方面的贡献。

作为一位有政治远见、道德理想、改革激情的学人,高正先生以学术振兴中华为己任。我与高正先生相交二十年,亲见他频繁往来于海峡两岸,为我中华民族的团结奔波而付出的心力和辛劳。新作《易传通解》付梓适逢其进入花甲之年,特以此序荐大作予易学同道作为其六十寿辰致贺。

二〇一四年一月二十三日
国际易学联合会总会长董光璧于海南
老城经济开发区盈滨海岸

上卷

系辞上

系辞，原本是指文王、周公父子所撰作的卦、爻辞，系于每卦、每爻的下面，以决断一卦、一爻的吉凶，也就是《周易》的经文。而此篇乃孔子针对系辞，亦即《周易》经文，所阐述的文字，通称为《系辞传》。《系辞传》的用语与行文极为精密，由于它是通论《周易》一书的大体凡例，没有固定的卦、爻辞可依附，乃是《周易》的总论、导论或概论。《系辞传》分为上、下两篇，各有十二章。

第一章

天尊地卑，乾坤定矣。卑高以陈，贵贱位矣。动静有常，刚柔断矣。方以类聚，物以群分，吉凶生矣。在天成象，在地成形，变化见矣。

天由于刚健运行而尊高，地由于柔顺静止而卑下。因此还没分乾、坤两卦时，只要有天、地，那乾、坤就已经存在了。卑下为贱，高尊为贵。因此卦爻还没有分贵贱时（如乾对坤而言），只要卑下与高尊一陈列出来，而贵贱有别就早已存在了。"断"，分别的意思。天是以刚健为体，因此常保持运动状态，运动是阳性的常态；地是以柔顺为体，因此常保持静止状态，静止是阴性的常态。因此易卦还没有分刚卦（如震、艮）、柔卦（如巽、兑），只要有运动与静止的分别时，就已经分刚、分柔了。"方"与"物"是相对来说的。"物"是指有形体的动植万物，"方"是指没有形体的意识、观念。善有善的类，恶有恶的类，美丑、好恶，无不同类相聚，异类相斥。动植万物，各自成群，同群则聚，异群则分。一般而言，与所同相顺就吉，与所趋相悖就凶，所以说"吉凶生矣"。"象"，指可见而不可触及的日月星辰。"形"，指非但可见，还可触及的山川动植。日月星辰高悬天上运行而成日夜、四时，山泽通气而有雨露、风霜，所以说"变化见矣"。"变"是由阴而阳，自静而动；"化"是由阳而阴，由动而静，渐渐化过去，不着形迹。

是故刚柔相摩，八卦相荡。

这是在说明易卦的变化。"摩"是两个物体相互磋摩，有相交、相感的意思，这是形容八卦出现前的事。"荡"是绕圆旋转而推荡出去，这是形容八卦出现后，如何形成六十四卦的事。一开始，也就是第一画，就只有刚或柔两画而已，也就是刚爻（—）与柔爻（--）。第一画与第二画的刚柔互相推摩，而成为四象，也就是老阴（⚏）、少阳（⚎）、老阳（⚌）、少阴（⚍）。再以四象与第三画的刚爻、柔爻相推摩，而成为八卦，也就是坤（☷）、艮（☶）、坎（☵）、巽（☴）、震（☳）、离（☲）、兑（☱）、乾（☰）。刚柔两爻又称为"两仪"，象征天地。阴阳老少又称"四象"，象征春夏秋冬四时。老阴为冬，少阳为春，老阳为夏，少阴为秋。阴极生阳，所以老阴而后，一阳生于下，而成少阳，这是由冬转春。阳极生阴，所以老阳而后，一阴生于下，而成少阴，这是由夏转秋。由下而上，少阳长为老阳，就由春转为夏；少阴长为老阴，就由秋转为冬。八卦各有象征：乾为天、为父、为健；坤为地、为母、为顺；震为雷、为长男、为动；巽为风、为长女、为入；坎为水、为中男、为陷；离为火、为中女、为丽；艮为山、为少男、为止；兑为泽、为少女、为悦。八卦又称三画卦或八经卦。八卦的任一卦，又可以与八卦相推荡，每一个三画卦可以推荡出八个六画卦，八个三画卦共可推荡出六十四个六画卦。

鼓之以雷霆，润之以风雨。日月运行，一寒一暑。

本章开头只提乾坤两卦，其实是以乾坤为父母，而包含三男三女。这里则先提三男三女，然后再总结于乾坤两卦。"雷霆"，指震、离两卦。因为震为雷；离为火、为电，也就是霆。风雨，指巽、坎两卦。因为巽为风；坎为水、为雨。依先天八卦图，左下为震（东北），其次左为离（东），这是鼓之以雷霆。右上为巽（西南），其次右为坎（西），这是润之以风雨。离又为日，坎又为月。艮为山在右下，处西北，是严凝寒气凛冽的处所；兑为泽在左上，处东南，是温热暑气浓厚的地方。在先天八卦图，左侧由下而上，震为初阳生，历经离、兑（均为二阳），阳气日渐升发，犹太阳运行，以至于乾（三阳），这就是暑；右侧由上而下，巽已减为二阳，历经坎、艮（均为孤阳），阳气日渐收敛，犹月亮运行，以至于坤（纯阴），这就是寒。这里讲的是变化表现于"象"（即雷霆、风雨、日月、寒暑）的一个侧面。

先天八卦方位图

乾道成男，坤道成女。

乾为纯阳，象征男性，也就是父道；坤为纯阴，象征女性，也就是母道。依照先天八卦方位图，左侧由下而上，起自震（左下），历经离（左）、兑（左上），而终于乾（上，正南）；右侧由上而下，起自巽（右上），历经坎（右）、艮（右下），而终于坤（下，正北）。所以用"乾道成男，坤道成女"，总结于后。从"天尊地卑"到"变化见矣"，是以乾坤而推极于变化；从"刚柔相摩"到"坤道成女"，又以变化而追本溯源于乾坤两卦。这里讲的是变化表现于"形"（亦即男女）的另一个侧面。

乾知大始，坤作成物。

"知"是主宰的意思，如知县、知府。"大"，通"太"。"大始"，即太始，犹太初，初始的意思。"作"，造作、创作。"成物"，生成造就万物。乾主宰万物的起头，而坤造作成就万物。一般来讲，阳施而阴受，阳先而阴后，阳气轻清而未形，阴气重浊而有迹。"大始"尚未有形，只是起个头而已；"成物"则有形有迹，为流行之时，必然有所作为。乾相当大自然的父亲，因为它"资始万物"。"始"，是指以其乾阳之气与坤阴之气相交，起个头而已。坤则相当大自然的母亲，因为它"资生万物"。"成"，是指成就万物的形质。

乾以易知，坤以简能。

"乾知大始"，似乎很难；"坤作成物"，似乎很繁。其实，乾坤是"易知"而"简能"。这个"知"除了主宰之外，还有知觉的意思。"能"是成就的意思。这正是"天地无心而成化"（明道语）。阳爻（—）一画就是易而不难，阴爻（--）两画就是简而不繁。起始万物是由乾来主宰。乾的本性刚健，由乾来主宰，并不费心，所以是易而不难。成就万物是由坤来造作。坤的本性柔顺，由坤来造作，跟从乾阳而不自作主张，所以是简而不繁。"乾知大始"之后，将后续的事交付给坤，这是始动而终静；坤跟从乾阳而成就万物，这是始静而终动。乾知、坤能，都是施用的动；乾易、坤简都是本体的静。而乾的元、亨、利、贞四项品德，坤都同样承受。元、亨都是动，利、贞都是静。不可只将动归属于乾，而将静归属于坤。

易则易知，简则易从。易知则有亲，易从则有功。有亲则可久，有功则可大。可久则贤人之德，可大则贤人之业。

"乾以易知，坤以简能"以上，论述乾坤的德行；"易则易知"以下则就人事而言，论述我们理当兼有乾坤的德行。但两个"易"字又不同，前面是易简的易，后面是难易的易。人的所作所为如能像乾一样的易而不难，那么他的心就明明白白而易于被人所理解；人的所作所为如能像坤一样简而不繁，那么他的工作就简要节约而易于被人所跟从。"易知"，则与他同心的人多，所以"有亲"；"易从"，则与他协力的人多，所以"有功"。"有亲"则万众一心，所以"可久"；有功则感染力强，所以"可大"。"德"是指实得于己。"业"是指成就于事。前面谈乾坤的德行有所不同，这里则谈人效法乾坤之道：自强不息，那么"德"就能与天地同其悠久；厚德载物，那么"业"就能与天地同其广大。"贤人"在此指圣人。这是用人事阐明乾坤的易简之道。

> 易简，而天下之理得矣。天下之理得，而成位乎其中矣。

"成位"，指成就人作为"三才"之一的地位。"其中"，指天地之中。"成位乎其中"，指人能成就人作为"三才"之一的地位于天地之中。这是在说，以我的易简与乾坤的易简相契合。"易简而天下之理得矣"，天之所以为天，地之所以为地，人之所以为人，只要将易简之理发挥到极致，那就是天下的公理了。得天下的公理，就能成就可久可大的德业。那么天有这个"易"，我也有这个"易"；地有这个"简"，我也有这个"简"。这就是体悟大道极致的功夫，人所能成就的极致，那就是圣人，就能与天地并参而立了。

这是第一章，以造化的事实说明创作《易》书的道理。又阐明乾、坤的道理分别见于天、地，而人可以兼有乾、坤的道理。其实，《易》的道理尽显于乾、坤两卦，而乾坤两卦的道理又尽显于易、简两字，而易、简即可求之于吾人自身之上。我们从天地追求易理，又从我们自身求得天地的易理，易理本就在我们自身之中。向来认为"易"有四种意义：不易、交易、变易、易简。"天尊地卑"一节，在讲不易；"刚柔相摩"二句，在讲交易；"鼓之以雷霆"到"坤作成物"，在讲变易；"乾以易知"以下，在讲易简。易道的本原在此明明白白托出，所以列为《系辞》的首章。

第二章

圣人设卦观象，系辞焉而明吉凶。

这是说圣人创作《易》书，施设六十四卦，模拟、象征天地万物，并系上卦爻辞来断定吉凶。卦象、爻象，有的是吉、有的是凶，如果没有系上卦爻辞，易理就昧而不显。所以将断定吉凶的文辞系属于相关卦爻的下面，那么卦爻的吉凶就彰显出来了。这是希望大家由于吉凶而能体悟易理，而不是教人昧于义理而一味趋吉避凶。其实，除了吉、凶之外，还有悔、吝。这里虽然只提吉、凶，也包含了悔、吝。系上卦爻辞以后，吉、凶、悔、吝才清楚明白。六十四卦每卦有六个爻位，由下而上称初、二、三、四、五、上。爻位有阴阳，如初、三、五为阳位，二、四、上为阴位；爻有刚柔，刚爻为━，柔爻为- -。阴阳、刚柔，相交相错，有比、应的关系，顺则吉，逆则凶。比指相邻的两爻而言，上对下为"乘"，下对上为"承"；刚乘柔或柔承刚为"亲比"，柔乘刚或刚承柔为"逆比"。应指上下两卦相对爻位的关系，如初与四、二与五、三与上，一刚一柔为相应，同为刚或柔则为敌应或不相应。

刚柔相推而生变化。

刚、柔两爻在迭相推荡之中，是否当位，有无亲比或逆比的情形，有无相应，是否符合该卦的时义，这些就决定该爻的吉、凶、悔、吝。圣人"观象"，指的就是观看、查核这些情形。圣人要阐明的就是这些吉凶。吉、凶、悔、吝虽然系于卦爻辞下面，而它们实际是根源于刚柔两爻迭相推荡产生的变化。

是故吉凶者，失得之象也。悔吝者，忧虞之象也。

"吉"就象征"得"，"凶"就象征"失"。"悔"则象征"忧"，

"吝"则象征"虞"。"忧虞之象"，指忧心、虞安的征象。"虞"，是安定的意思，与"忧"是反义。忧虞还没达到失得，悔吝还没达到吉凶。事情有先后小大，所以卦爻辞也有轻重缓急。悔为阳，吝属阴。悔是直道，自己发现有过失，内心产生悔意，所以为阳。吝则是曲道，安于现状，文过饰非，所以为阴。犹似骄为气盈，吝为气歉。"吉"是顺着义理而有所得，"凶"是逆着义理而有所失；"悔"是在既失之后，困于心，衡于虑，而有所忧心；"吝"是未失之时，习于安、溺于乐，而有所虞安。吉凶是上下两头，悔吝介于其中。悔是由凶而趋于吉，吝是由吉而趋于凶。吉了变吝，吝了变凶，凶了变悔，悔了变吉；就像春夏秋冬（或四象）一样，凶相当于冬（老阴），悔便是春（少阳），吉便是夏（老阳），吝便是秋（少阴）。

变化者，进退之象也。刚柔者，昼夜之象也。

刚柔的变化，就像吉、凶、悔、吝一样。"变"是由阴而阳，由无而有，忽然而变。"化"是由阳而阴，由有而无，渐渐收敛。刚化而为柔，柔变而为刚。柔变而趋于刚，乃是退到极点而进；刚化而趋于柔，则是进到极点而退。既然柔变而刚，便是白昼而属阳；刚化而柔，便是夜晚而属阴。从"吉凶者，失得之象也"到"刚柔者，昼夜之象也"四句交互往来。吉凶悔吝交相贯通。悔是由凶趋吉，吝是由吉趋凶。进退与昼夜相贯，"进"由柔而趋于刚，"退"是由刚而趋于柔。

六爻之动，三极之道也。

卦有六个爻位，由下而上：初、二为地位，三、四为人位，五、上为天位。"动"是指刚柔两爻的变化。"极"是指至极的意思。由于刚柔变化无常，所以是至极之道。三极，就是三才，指天、地、人三才至极之道。这是在说明"刚柔相推而生变化"，而变化的极致则反应在刚、柔二爻流行于一卦的六个爻位之中，也就是一卦备齐了"三极之道"。吉、凶、悔、吝象征了人事的失、得、忧、虞，而变化、刚柔，象征进退、昼夜，六个爻具备天道、人道与地道。

是故君子所居而安者，易之序也；所乐而玩者，爻之辞也。是故君子居则观其象而玩其辞，动则观其变而玩其占，是以"自天祐之，吉无不利"。

第一个"居"字为居住的意思，第二个"居"字是指静对动而说。"易之序"，易的次序，指一卦六个爻的序位，因为消息盈虚而各有它的时义。"玩"是指把玩、详观、反复细思而不厌倦的意思。君子因"易之序"而遵循义理，所以能安适；因"爻之辞"而通晓义理，所以能喜乐。譬如说，居在《乾》的初九，那就是安在"勿用"；居在《乾》的九三，那就是安在"乾乾"。至于观象玩辞，则是在学《易》、研《易》、习《易》；观变玩占，则是在用《易》。平常无事的时候，观卦爻的象，而把玩卦爻辞，就可以了解吉、凶、悔、吝的缘故；当要有所作为时，观卦爻的变化，而把玩占筮，就可以决断吉、凶、悔、吝于几微之中。若能如此，那就能像《大有》上九那样，得到上天的辅祐，吉而无所不利。所以不动则已，动无不吉。吉、凶、悔、吝无不生于动，而吉只占一个而已，要有所行动，岂可不慎？上面提到吉、凶、悔、吝，那是作《易》的事；这里只有吉而没有凶、悔、吝，这是学《易》的极功。

第二章讲圣人作《易》与君子学《易》、用《易》的事。第一章虽然讲作《易》的本原，但其实是在讲造化就是自然的《易》书，所以有人称造化为画卦前的《易》书。本章则阐述作《易》、学《易》、用《易》的事，是承继上章而来，而为以后各章的总纲。

第三章

象者，言乎象者也。爻者，言乎变者也。

"彖"音tuàn，指卦辞，为周文王所作。"爻"，音yáo，指爻辞，为周公所作。"象"，指一卦的全体，因为易有实理而无实事，所以卦立而象显。"变"，指一卦有六个爻画，九六的刚柔变化，各因所处爻位的关系而变。这是因为易有定理而无定用，所以爻立而变著。

吉、凶者，言乎其失、得也。悔、吝者，言乎其小疵也。无咎者，善补过也。

吉、凶、悔、吝、无咎，是卦与爻的占断命辞。"失得"，指事情已完成而显著。所言所行，无不得宜，叫做"得"；通通不宜，叫做"失"；稍不得宜，叫做"疵"；对事情认识不清，而误入不得宜，叫做"过"。"小疵"是指事情的失得尚未明显，却能导致失得。"悔"是指已经察觉自己的言行稍有不宜，并不是不想改正，而是已经来不及改正，于是忧心如焚而有悔意；"吝"是指已经察觉自己的言行稍有不宜，而不愿改正，仍然虞安如故，所以有鄙吝。"善"，嘉。"善补过"，是指嘉美他能修饬惩治原有的过咎。我们身上的过错就像穿在身上的衣服，衣服破损，修补之后，又可穿着；身有过错，修补之后，就复归于善了。人不贵在不犯过错，而贵在能改正过错。"无咎"是指能够修补过咎而复归于善，这样就没有过咎了。

是故列贵贱者存乎位，齐小大者存乎卦，辨吉凶者存乎辞。

"列"是排列的意思。"齐"是分辨的意思。"辨"是辨明的意思。"位"指一卦的六个爻位，由下而上为初、二、三、四、五、上。原则上是上贵而下贱，且以中（即二与五）为贵：二四则二贵而四贱，五三则五贵而三贱，上初则上贵而初贱。要分辨小大则取决于卦体，如泰（䷊）、谦（䷎）为大卦，否（䷋）、困（䷮）为小卦，所以说"齐小大者存乎卦"。要辨明一卦、一爻的吉凶，那就取决于卦、爻辞，所以说"辨吉凶者存乎辞"。

忧悔吝者存乎介，震无咎者存乎悔。

"介"，分界的意思，指善恶初分的地方，是辨别吉凶的端绪，此时善恶虽已分岔，但尚未成形，还不显著。这时能有所忧虑，那就不至于悔吝了。"震"，有动、振作的意思。知道悔过，就能鼓动他修补过错的心志，而得以无咎。研读《周易》的人就应当在悔吝上下工夫，特别是在"介"字上下用功。因为人一知悔过，就能补过而得无咎，虽然不能得吉，却可以远离凶祸。又如果能于悔吝初分的几微处就深予忧虑，忧虑悔吝即将到来，而慎察于几微之处，那就只有吉而已，连悔、吝都没有了。《周易》每提及悔、吝，就含有"介"的意思；提及无咎，就含有"悔"的意思。忧心《豫》六三的盱豫之悔，就取决于迟、速之介；忧心《屯》六三的即鹿之吝，就取决于往、舍之介。震动《临》六三的甘临之无咎，就取决于忧而能悔；震动《复》六三的频复之无咎，就取决于厉而能悔。所以《周易》教导我们，对于吉凶只是"辨别"而已；对于悔吝则要忧心不已，这是慎之于初始的意思。光忧心还不够，更进一步提出要震动，确实远离鄙吝而能有悔。不只能悔，还要能修补过错，那就可以免于过咎了。过不再犯，且不至于悔，这算很可以了。人不贵无过，而贵能悔，因为这样才能改过迁善啊！

是故卦有小大，辞有险易。辞也者，各指其所之。

大卦指吉卦，像《复》、《泰》、《大有》等；小卦指不吉的卦，像《睽》、《蹇》、《困》等。所以说"卦有小大，辞有险易"，小卦的卦辞险阻，大卦的卦辞平易。圣人随着各卦的小大，时的难易，而为它命卦辞，使后生晚辈知所适从。"辞"是各指该卦的所向，凶就指明可避开的方法，吉就指明可趋向的处所。

第四章

《易》与天地准，故能弥纶天地之道。

"易"，指《周易》这部经典。"准"，是符合的意思。《周易》模拟天地、四时、万物生成变化的道理，本来就与天地之道相符合。"弥"是弥缝的弥，也就是糊起来使它没有任何缝隙。"纶"是纶丝的纶，使它变得有条理。"弥纶天地之道"是说弥合得使外面没有任何的隙缝，而里面则事事物物无不条理井然。弥而不纶，则里面乱成一团；纶而不弥，则无法成一整体。天地之道，弥则合万殊为一体，浑然无缺；纶则以一贯万殊，粲然有序。

仰以观于天文，俯以察于地理，是故知幽明之故。原始反终，故知死生之说。精气为物，游魂为变，是故知鬼神之情状。

"以"，指圣人借着《周易》这部经典。"天文"，泛指日月星辰的盈虚变化。"地理"，泛指山川原隰流峙险易。"幽"，暗。天文为阳，地理为阴；但其中又各有阴阳，如日为阳，月为阴；其中又有阴有阳，如月望为阳，月朔为阴。白昼为明，夜晚为幽，上面为明，下面为幽。仰观日月星辰的运行，昼夜四时的变化，可知天文为何有幽有明。南为明方，北为幽方；高峻为明，深邃为幽。俯察南北高深的情况，可知地理为何有幽有明。其实，幽明就是阴阳、刚柔。仰观、俯察，便能知其缘故。易理可以通幽达明，圣人借着《周易》而知其所以然。"原"，是追本溯源。"反"，是要之于后。易理能知死知生，圣人因而推原到人生的起点，而了知受气于天是完整无缺；推算到人生的终点，而了知赋形于地是不能终久。"精"为形质，属阴；"气"主运行，属阳。将阴精阳气融合而成"物"，这是"神"的伸长。魂升魄降，魂魄分离，散而为变，这是"鬼"的归返。"精气为物"，是合精与气而成物。"变"则魂魄相离。传文虽只说"游魂"，而不提

"魄"，而离魄之意自在其中。阴阳两气在我身中消长，聚而为物，就是神；散而为变，就是鬼。以醒、睡来说，醒属阳，睡属阴；以语、默来说，语属阳，默属阴。任何动静、进退、行止无不有阴有阳。属阳的都是魂，是神；属阴的都是魄，是鬼。易理不说"阳阴"，而说"阴阳"，就像"幽明"、"死生"、"鬼神"一样。就天地而知幽明之故，就始终而知死生之说，就聚散而知鬼神之情状，这都是致知、穷理的事。

与天地相似，故不违；知周乎万物而道济天下，故不过；旁行而不流，乐天知命，故不忧；安土敦乎仁，故能爱。

"似"，就是"准"的意思。前面提到易道"与天地准"，这里则说圣人"与天地相似"。"不违"，指圣人没有任何地方违背天地之道。天地之道，其实就是知与仁而已。知与天相似，仁与地相似。能了知遍及万物的是天，能以仁道济助天下的是地。既"知"且"仁"，"知周"、"道济"，皆不过差。"旁行"，犹行权，不能直行，就曲而行之。"流"，像水流没有节制。"旁行而不流"，指妥为权变而不失其大常。旁行是行权的知，不流是固守常道。不流是本，旁行则是应变处。没有固守根本，就不能应变；只懂得权变而失其大本，就流而入于诡诈了。所以旁行是知，不流是仁。既乐天理，又了知天命，所以能无忧。"安土"，是随遇而安的意思。"敦乎仁"，敦厚于天地生物之心的仁德。"安土"而"敦乎仁"，那就无往而不是仁了，所以能爱，这是圣人"尽性"的事。

范围天地之化而不过，曲成万物而不遗，通乎昼夜之道而知，故神无方而易无体。

冶铸金属制作器物时，要先做个模型，再将熔化的金属注入，这个模型就叫做"范"。"围"，是围绕在外面。天地千变万化，而圣人范围这个变化，不使逾越中道。"曲"，是偏的意思。任何偏旁幽曲的地方，随着事物的分量、形质，不论大小、厚薄、长短、方圆，尽皆成就此物的道理。"范围天地",乃极其大来说;"曲成万物",则极其小来说。"范围"就像《中庸》的"大德敦化","曲成"则像"小德川流"。"通乎昼夜之道",是通达于阴阳之道,而知其所以然。"方"、"体",是指形器而言。"方"是上下四方,而神则或在此,或在彼,所以说"神无方"。易则由阴而阳,或由阳而阴,没有定体,所以说"易无体"。神则神妙莫测,易则惟变所适,不能以一方一体来解释。这是圣人"至命"的事。

　　本章赞诵《周易》能弥纶天地之道,而圣人与天地合德,穷理、尽性以至于命,所以准天地而作《易》,其神妙如此。

第五章

一阴一阳之谓道。

"阴"是泛指一切负面的、消极的、被动的、暗淡的、静态的形象或能量。"阳"是泛指一切正面的、积极的、主动的、明亮的、动态的形象或能量。光是阴与阳两者并不是道。必须是一阴而后复一阳,循环不已,那才是道。阴阳不是道,所以阴阳才是道。屈伸往来不是道,所以屈伸往来变化无穷才是道。"一阴一阳之谓道"是兼理与气来说。阴、阳是气,一阴一阳则是理。若以一天来讲,白昼为阳而夜晚为阴。以一月来讲,望(月满)前为阳,望后为阴;以一年来讲,春夏为阳,秋冬为阴。从古到今,以至千百世以后,也只是个一阴一阳而已。

继之者善也,成之者性也。

"之",指道而言。造化所以能够发育万物,是由于"继之者善"。万物能各正性命,是由于"成之者性"。"继",是接续无间的意思。"成",是凝成无亏的意思。《乾》卦发挥此道,创始万物;《坤》卦则顺承乾阳,生育万物。"继之者善",资始万物,生生不已,属阳;"成之者性",资生万物,成就形质,属阴。"继之者善",是天理流行之初,人物借它起始。"成之者性",则此理各自有个安顿处,为人为物,或昏或明,才有个确定。"继之者善",有如水的流行;"成之者性",有如水汇聚而成潭。

仁者见之谓之仁,知者见之谓之知,百姓日用而不知,故君子之道鲜矣。

"知",通"智"。"仁者",有仁德的人。"知者",明智的人。"君子"在此是指圣人。仁、义、礼、智、信配五行:仁配木,在左属东；义配金，在右属西；礼配火，在上属南；智配水，在下属北；信配土，在中分旺四方。因此"仁"为阳，"知"为阴，各得道的一部分。故只能随其所见而看到道的某一侧面。有仁德的人只看到道的发生流行，就将"道"理解为仁；明智的人只看到道的收敛贞静，就将"道"理解为智。一般百姓天天运用此道，习惯久了而没察觉此道的存在，就像每个人天天都要吃吃喝喝，却很少人能真正了知它的味道。真能了知大道的只有圣人，仁者、知者其次，一般百姓就更等而下之了。由于仁者、智者、百姓都不能了知此道，所以圣人有所忧心才造作《易》书。

显诸仁，藏诸用，鼓万物而不与圣人同忧，盛德大业至矣哉！

此"道"：以体来说，显现仁德，泽及万物；以用来说，潜藏功用，不为人知。"显诸仁"，是说此道运行之迹，生育之功，由春生的"元"而成夏长的"亨"，这便是"继之者善也"。"藏诸用"，是说此"道"神妙无方，变化无迹，由秋收的"利"而成冬藏的"贞"，这便是"成之者性也"。此"道"使元气运行于四时之中，鼓动万物，就像《乾》的四德，元、亨、利、贞，让万物由生、而长、而收、而藏。天地无心，而造化自然，不像圣人于生民有所忧心而养育、教导、治理他们。仁德显现是德行圆盛，功用含藏是事业丰大。显现的流行不息，含藏的充塞无间，这是易道盛德大业的极致，所以赞叹为"至矣哉"。

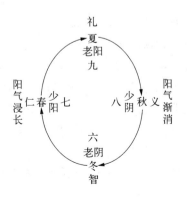

富有之谓大业，日新之谓盛德。

天地生物的仁德，到夏天而日长日盛，显而愈新，德行因而圆盛。由于生生不已，所以才叫"日新"。夏至而后，阳气日渐收敛，万物随之收敛而遂其用，到冬天而包括无余，藏而愈有，事业因而丰大。由于万物至此成其功用，所以才叫"富有"。

生生之谓易。

阴极则生阳，由少阳长为老阳；阳极则生阴，由少阴长为老阴。变化没有穷尽，这就是阴阳由相易转相生的道理。阴生阳，阳生阴，所以说"生生之谓易"。

成象之谓乾，效法之谓坤。

乾是纯阳，气轻清而在天，所以说"成象"；坤是纯阴，气重浊而在地，所以说"效法"。属阳的，只有象而已，尚未成形；已成形的，便属阴。"效"，犹效力。"法"是指已成一定的形质。大概乾只是起个头，做得个模糊的形象；到坤的时候，则渐次详密，以至成个形质完备的物体。也就是《象传》所说的：乾是资始万物，坤则是资生万物。

极数知来之谓占，通变之谓事，阴阳不测之谓神。

一阴一阳，无时而不生生不息，这是易道，是就理来讲。有理自然就会有数。阴阳的消息盈虚就是易数，如老阴（==）为六，少阳（==）为七，老阳（=）为九，少阴（==）为八。由老阴、少阳而老阳，也就由六、七而九，象征阳气日渐升发，这是太极圆图的左侧；由老阳、少阴而老阴，也就由九、八而六，象征阳气日渐收敛，这是太极圆图的右侧。推演易数，可以预知来事，这是用大衍之数来推演的占筮。"穷则变，变则通"，通变趋时，以利天下百姓，这是阴阳的事功。阴阳的屈伸消长，往来不测，这是阴阳的神妙。

第六章

夫《易》广矣,大矣!以言乎远则不御,以言乎迩则静而正,以言乎天地之间则备矣。

"御",止的意思。"不御",犹言无止境。"迩",近的意思。"静而正",指易道就存在该物之中。"备",完备的意思。远近是横着说,"天地之间"则是竖着说。易道既广且大,其理无远弗届,极于八荒六合之际,所以说"远";其理纤巨靡遗,就在吾人自身之中,所以说"迩";彻上彻下,无所不在,所以说"天地之间"。这是说易道广大,不待安排、措置,即使最小、最近、最为鄙陋的事,也无不具备。

夫乾,其静也专,其动也直,是以大生焉。夫坤,其静也翕,其动也辟,是以广生焉。

乾坤各有动、静;静为体,动为用;静为离、分,动为交、合。乾一而实,以质来讲,称"大",象征雄性的生殖器官;坤二而虚,以量来讲,称"广",象征雌性的生殖器官。一般来讲,阴是两片,像阴爻两画。"辟"是两片分开,"翕"是两片合住。如从地皮上生出萌芽来,地皮须张开一样。乾坤乃万物的父母。乾坤各有自己的性气,都有动、静。"专",通"抟",音tuán,下垂貌。乾的性气,静的时候是抟抟的,柔软而下垂;动的时候则刚直而不屈挠。乾的性气一发挥的时候,四方八表无不到,规模极其宏大,所以说"大生焉"。坤的性气,静的时候是紧密闭合而不漏;动的时候则大为开辟而无闭拒。正因为大为开辟而无闭拒,则乾气所到的地方,坤都能承受而度量极为广袤,所以说"广生焉"。乾坤,就是天地,就是大自然的父母。

广大配天地,变通配四时,阴阳之义配日月,易简之善配至德。

"配",相似的意思。易道"广大"之中有"变通"、有"阴阳之义"、有"易简之善",就像"天地"有"四时"、有"日月"、有"至德"。想看易道的广大,就从天地间来看;想看易道的变通,就从寒往暑来的四时流行中来看;想看易道的阴阳之义,就从太阳、月亮的更迭中来看;想看易道的易简之善,就从圣人最为崇高的德行中来看。

第七章

子曰：《易》其至矣乎！夫《易》，圣人所以崇德而广业也。知崇礼卑，崇效天，卑法地。

《系辞》为孔子所作，本不应有"子曰"两字，应该是后人所擅加的。"《易》其至矣乎"，盛赞易道至极，无以复加。圣人借着易道使自己的德行更为崇隆，事业更为广阔。"知崇"象天，是致知的事，致知要力求高明。"礼卑"象地，是践履的事，践履要力求踏实。关于知与行，知尽量要高，行则从近处起。若知不高，则见识浅陋；若履不切，则所行不实。知识高，便象天；所行实，便法地。识见高于上，所行实于下，中间自然生生而不穷，所以下面说"天地设位，而易行乎其中矣，成性存存，道义之门"。《大学》所说格物、致知，是"知崇"的事；而诚意、正心、修身、齐家、治国、平天下，则是"礼卑"的事。

天地设位，而易行乎其中矣。成性存存，道义之门。

天地设位而变化行，就像知礼存性则道义出一样。"成性"，乃本成的性，只是此性，万善具足，毫无欠缺。"成"是对"亏"而说的。"存存"，是存而又存，不敢懈怠的意思。这段传文是接着"知崇礼卑，崇效天，卑法地"来说的，是指天地设位以后，阴阳变易之道就在天地之间运行不断了。圣人知崇礼卑，至于效天法地，而本成的善性则存而又存，因此道义就由此而出。道义所得于吾心的，日新月盛，德行因而益加崇高；道义表现于事业的，日积月累，事业因而益加广阔。圣人体悟易道："知"能穷究万理的本原，这是乾的资始万物；"礼"能遵循万理的法则，这是坤的成就万物。"道"是"义"的本体，"知"的对象；"义"是"道"的施用，"礼"的内容。

第八章

圣人有以见天下之赜，而拟诸其形容，象其物宜，是故谓之象。

"赜"，杂乱的意思。"拟"，比度模拟。"象"，仿效。"形容"，事物的形状容貌。"物宜"，不只要与事物的形状相似，还要能表现它所依循的法则。圣人因为看到天下杂乱无章，万物纷呈，各有形容，各有物宜：于是以健、顺、动、入等辞，来比拟它的形容；以天、地、雷、风等名，来象征它的物宜。将天地万物用六十四卦来比拟、象征，所以称为"象"。"象"是指六画卦的卦画，指全卦而言。以下讲爻。

圣人有以见天下之动，而观其会通，以行其典礼，系辞焉以断其吉凶，是故谓之爻。

"会通"，察看众理交会的地方，选择能够通畅的路来走。"典礼"，常理或常法的意思。会而不通就窒碍而不可行，通而不会就不知许多曲折错杂的地方。"会通"是时中，"典礼"则是庸常。礼根源于《易》，三百八十四爻之中，吉是指合于礼的，至于凶、悔、吝则指背离于礼的。圣人由于看到天下变动无常，而观察能通行的中正至善之道，以落实常法礼仪，由于见理精审，所以行事稳当。圣人将他处事的方法形诸文字而系于各爻的下面，使占筮而遇到此爻的人，如此处事则吉，不如此处事则凶，因此称为"爻"，也就六画卦中个别的爻画。

言天下之至赜，而不可恶也。言天下之至动，而不可乱也。

"恶"，厌恶。"乱"，纷乱。天下的事虽然极为杂乱，但无非是天理的自然流行。天下的事虽然变动无常，但却有天命在主宰着。《易》的卦象能将天下最为幽昧的显示出来，"拟诸其形容，象其物宜"，使人所易知，自然不会厌恶它的繁赜。《易》的爻辞记载内容丰富，处决精当，是人所易从，在变动不居中自然不觉纷乱。

拟之而后言，议之而后动，拟议以成其变化。

拟度而后才口出言辞，商议而后才定其动向。观看卦爻的时义，裁度自身的言动，使合于义理，顺道而动，也就是揭示使人知道所宜自处之道，所以说"拟议以成其变化"。圣人的"拟"、"议"无不本于至诚，从不夹杂人为意计的盘算。下面举"鸣鹤"等七爻，说明如何"拟"、"议"而后"言"、"动"。其余三百七十七爻无不可以依此类推。

"鸣鹤在阴，其子和之，我有好爵，吾与尔靡之。"子曰：君子居其室，出其言善，则千里之外应之，况其迩者乎？居其室，出其言不善，则千里之外违之，况其迩者乎？言，出乎身，加乎民；行，发乎迩，见乎远。言、行，君子之枢机。枢机之发，荣辱之主也。言、行，君子之所以动天地也，可不慎乎？

这是在解释《中孚》卦（䷼）九二爻的爻义。本义是九二以诚信与初九相感通，而这里夫子则专以言、行来讲，因为以诚信相感通的，莫大于言、行。"居其室"释"在阴"；"出其言"释"鸣"；"千里之外应之"释"和之"。君子平素居家，口出善言，虽远在千里之外，还会有人应和，何况近旁的人？要是口出不善之言，虽远在千里之外，都会有人违逆，何况近旁的人？"言"出于自身，而加于百姓；"行"发自近处，而见于远处。言、行可说是君子的户枢与机栝，"枢"动而户开，"机"动而矢发，小则招"荣辱"，大则"动天地"，都是此唱而彼和，相感应为最快捷的。君子幽居独处，与人何干？但是此时，正当慎独以修省自己的言、行，以进于至诚，所以必须善加拟议。

"同人，先号咷而后笑。"子曰：君子之道，或出或处，或默或语，二人同心，其利断金，同心之言，其臭如兰。

这是在解释《同人》卦（☰）九五爻的爻义，说明九五与六二两爻一开始因有三、四两爻的阻挠，而最后终能和同。"断"，截断的意思。"臭"，气味。君子或出而为官，或处而在野，或沉默，或言说，无不合乎中道。行迹虽或有不同，道相同则相应。"断金"指折断三、四两刚，形容九五下应六二的心志坚定，中间虽有三、四两刚阻隔，却影响不了九五的决心。"如兰"，形容气味的纯正，比喻同心之言意味深长。君子之道，或出而有为，或处而在野，或沉默寡言，或高谈阔论，九五与六二志同道合，就像利刃可以削铁如泥。志同道合的言辞，它的气味芬芳有如兰花。道同则心同，心同则言也同。

"初六，藉用白茅，无咎。"子曰：苟错诸地而可矣，藉之用茅，何咎之有？慎之至也。夫茅之为物薄，而用可重也。慎斯术也以往，其无所失矣。

这是在解释《大过》卦（☱）初六爻的爻义。"藉"，衬垫，用东西垫在下面以承受物品。"白茅"，洁白的茅草。"苟"，但。"错"，同"措"，放置的意思。君子要有大过于常的行动，一定要以敬慎作基础。成事不易，慎心稍有不到，便有所失，所以宁愿过于谨慎。本来将祭品直接摆置在地上就可以了，如今却先衬垫上洁白的茅草，这又有什么过咎呢？如此是至为谨慎啊！"茅之为物薄，而用可重"，这句话要对着卦义来看。《大过》卦，上下两个柔爻，中间四个刚爻，取栋为义，以它可以担负重任的缘故。茅草与栋梁相比，何其的单薄。但是栋梁虽能负重，却有曲桡的毛病，当面临大事的时候，就担心它会倾坠。如果衬垫白茅在地上，则上面的祭品不论如何沉重，也不必担心它会倾坠。这就是"物薄而用可重也"的真谛。自古要图谋大事，一定要以小心为基础，所以《大过》卦的时义虽然是用刚，但它的初爻却是柔爻，这就是善于拟议。

"劳谦，君子有终，吉。"子曰：劳而不伐，有功而不德，厚之至也，语以其功下人者也。德言盛，礼言恭；谦也者，致恭以存其位者也。

这是在解释《谦》卦（䷎）九三爻的爻义。"劳"是付出辛勤劳动。"功"是劳已有所成就。九三功虽在己，却归美于人，不自居功，是能谦以下人的人。人的谦傲，关系到他德行的厚薄。德行敦厚的人，不会有骄盈的脸色；德行浅薄的人，连讲话都不懂得谦卑。就像钟、磬一样，愈厚重的，它的声音是沉而缓；浅薄的，则相反。所以德行愈圆盛，则礼节愈恭逊。谦德就是致力于恭谨以保存其位的品德。

"亢龙有悔。"子曰：贵而无位，高而无民，贤人在下位而无辅，是以动而有悔也。

这是在解释《乾》卦（䷀）上九爻的爻义，与《文言传》相同。上面已说明谦德以保存其位，这里则表明，无谦则有悔，因为《乾》卦上九骄亢不谦。所以圣人深深赞扬《谦》卦九三，而要人以《乾》卦上九为诫。"亢"是谦的反面。《谦》九三是致恭存位，《乾》上九则"贵而无位"；九三是"万民服"（见《小象》），上九则"高而无民"；九三能"以其功下人"，上九则"贤人在下位而无辅"。这就是《谦》三所以能谦而有终，《乾》上所以亢而有悔的道理。

"不出户庭，无咎。"子曰：乱之所生也，则言语以为阶。君不密则失臣，臣不密则失身，几事不密则害成。是以君子慎密而不出也。

这是在解释《节》卦（䷻）初九爻的爻义。少讲话，是非就少。人之所以会招惹祸端，大部分是经由言语，所以讲话要十分谨慎。

慎密于言语，就是"不出户庭"的意思。"失臣"，是指臣子尽忠谋划，而君上泄露，以致臣子遇害。"失身"是指自己泄露机密而遇害。"几"是事情的开端。"成"是事情的完成。"害成"，不保守机密就会危害事情的成功。因此君子慎守机密而不泄露言语。《节》卦初九象征一开始就慎于行动，而夫子用节制发言来解释。有些话在义理上本非不可说，但因时机未到，说了就败事，岂可不慎密呢！

子曰：作《易》者其知盗乎？《易》曰："负且乘，致寇至。"负也者，小人之事也。乘也者，君子之器也。小人而乘君子之器，盗思夺之矣。上慢下暴，盗思伐之矣。慢藏诲盗，冶容诲淫，《易》曰："负且乘，致寇至。"盗之招也。

这是在解释《解》卦（☷☵）六三爻的爻义。总结上面"不密则失身"，事情若不能保密，就会给人机会来危害自己，就像钱银随便露白，就会给盗贼伺机来夺取。夫子感叹撰作《易》书的人了解盗寇入木三分。背负重物是小人的事，车舆则是君子所乘坐。小人而乘坐君子的车舆，盗贼就想抢夺他了。在上位的人如果轻慢国家的名器，随便给人加冠晋爵，那在下的小人就会逞其强暴，盗匪也会乘机作乱。"夺"是强取，祸止其身。"伐"是奉辞讨伐，祸及国家。历史上，奸雄无代无之。老是等待政府犯过错，执以为辞；老是利用百姓有怨言，吊而称义。否则，又有何借口来哗众取宠？国家用人不可不慎，怕的是给这些伺机而作的贼寇有可乘之机。"慢藏诲盗"指不将财物收藏好，无异在教诲盗贼来夺取。"冶容诲淫"，指打扮妖艳，等于是在教诲淫贼前来轻薄。拟议就是要"拟之而后言，议之而后动"，凡事要审慎，务必安分循礼。负且乘、上慢下暴就是不安分循礼，而"慢藏"、"冶容"，则是盗由己招，并非无故而至。故必学《易》，拟议而后言动，才可免除祸患。

第九章

天一地二，天三地四，天五地六，天七地八，天九地十。

这段文字本在第十章的章首，北宋大儒程颐认为"宜在此"，现在依程颐的看法，放在第九章的前头。这是在说天地的数，阳为奇，阴为偶，也就是河图的数。其位置是一六在下，二七在上，三八在左，四九在右，五十居中。一到五是五行的生数，六到十是五行的成数。生数是起始的数字，成数是终结、成就的数字。土是五行之主，水、火、木、金得土而成。天一生水，地六成之；地二生火，天七成之；天三生木，地八成之；地四生金，天九成之；天五生土，地十成之。"生"是气的开始；"成"是形的完成。一生一成，互为功用，互藏其宅，各极其盛。

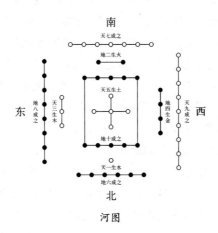

河图

天数五，地数五，五位相得而各有合。天数二十有五，地数三十，凡天地之数，五十有五，此所以成变化而行鬼神也。

"天数"指一、三、五、七、九。"地数"指二、四、六、八、十。天数总和为二十五，地数总和为三十，天地之数总和为五十五。

"相得"指四方顺序相次第，如一、三、七、九，由北向东、南、西左旋画弧，二、四、六、八，由南而向西、北、东右旋画弧，呈现出类似宇宙星云的太极图案。"有合"，指四方的生、成数相交，如一六、二七、三八、四九。"相得"指阴阳二气的迭运，四时的顺播，所以"成变化"；"有合"指动静互为其根，阴阳互藏，所以"行鬼神"。"化"是渐渐的变，"变"是已完成的化。鬼神是造化的消息盈虚，也就是变化的灵妙处。行于二气消息盈虚之间，乃河图的奥妙，实为天地变化的根源，万物由此而生，而筮象也由此而出。

大衍之数五十，其用四十有九。分而为二以象两，挂一以象三，揲之以四以象四时，归奇于扐以象闰，五岁再闰，故再扐而后挂。

"大"，音"太"，广的意思。"衍"，演绎。"数"，蓍的数，指占筮中蓍草的策数。推广、演绎蓍草的策数来统括万物，所以叫"大衍"。"大衍"应为古代的筮法，就像"太筮"一样。天地之数就是河图之数，本为五十五；而大衍之数五十，是以河图的中宫天五与地十相乘而得。五与十是土的生、成之数，而土为五行之首，五、十相乘可包含水、火、木、金，所以五十为筮数。五十五为天地的积数，五十则为天地的用数。"其用四十有九"，虚其一不用，而用才能通。"其用四十有九"，是指从五十策（可以是蓍草，也可以是竹签）中，先拿出一策摆在一旁，王弼指出这个"虚一不用"，是"不用而用以之通，非数而数以之成"。这个不用的"一"就是太极的本体。而剩下的四十九策，象征太极的施用。随意将四十九策分为左、右两簇，则必分为奇、偶数（左边为奇，右边就偶；反之亦然），象征"太极生两仪"，分出阴阳、天地。随意自任一簇中取出一策，放在左手无名指与小指的中间，这是"挂一以象三"。"挂"，悬挂。"三"，指天、地、人三才，意指人要向天地问卜。将左、右两簇的竹策，分别以左、右手将每四策为一组来数，这是"揲之以四以象四时"。"四时"，指春、夏、秋、冬，寒往暑来。万物的生成变化无不发生在天地（空间）与四时（时间）之间。"揲"，以固定的单位来点数。"奇"，零数或馀数。我国古代的算术，还没有整除的概念，因此在揲四以后，左簇馀一，右簇必馀三；左馀二，右必馀二；左馀三，右必馀一；左馀四，右也必馀四。揲四以后，所剩下的竹策，称为"奇"，也就是零散的策数，不是四，就是八。"扐"是勒于二指的中间。将左、右两簇揲四后的馀数，放在左手中三指的两间。"闰"，闰月，累积每月的馀日而成的月份。由于阴、阳历每年相差十一天多，五年就相差五十六、七天，约合两个闰月。挂一之后，为四十八策，揲四之后，左簇的馀数归一次扐，右簇的馀数又归一次扐，这象征"五岁再闰"。到此是初变，含分二、挂一、揲四、归奇等四道程序，所以下文说"四营而成易"，"易"是变易的意思，如此经再变、三变才能得一爻。一卦有六爻，要十八变（即七十二营）才能得出一卦。初变之后，扣掉馀数四或八，剩下四十四或四十。将原先"挂一"放回去，则为四十五或四十一。再经分二、挂一、揲四、归奇，再变之后，扣掉馀数四或八，剩下四十、三十六或三十二。将原先"挂一"放回去，则为四十一、三十七或三十三。再经分二、挂一、揲四、归奇，三变之后，扣掉馀数四或八，剩三十六、三十二、二十八或二十四，也就是九、八、七或六堆（因每四策为一堆），这样就得到初爻。九、六是老阳或老阴，是可变的阳爻或阴爻；七、八是少阳或少阴，为不可变的阳爻或阴爻。如此一、二、三、四、五、六、七、八、九、十全部体现出来：不用的虚一象征太极的体，"四十有九"象征太极的用，"分而为二"象征两仪，"挂一以象三"象征三才，"揲之以四"象征四时，"归奇于扐"象征五岁再闰，到此是生数；经三变而得六、七、八、九，都是成数；生数的五乘以成数的十而成为大衍之数。

《乾》之策二百一十有六，《坤》之策百四十有四，凡三百有六十，当期之日。

《乾》卦六爻，每爻如果都是老阳的话，它的策数就是三十六，六爻的策数就是二百一十六。《坤》卦六爻，每爻如果都是老阴的话，它的策数就是二十四，六爻的策数就是一百四十四。乾坤的策数合起来就是三百六十，相当一年有三百六十天，所以说"当期之日"。

"期"，就是一年。乾为天，坤为地，三百六十象征天地的变化，一年有春、夏、秋、冬，一个循环。

二篇之策，万有一千五百二十，当万物之数也。

《易》书分上、下两篇，有六十四卦，三百八十四爻，阴阳各有一百九十二爻。阳爻以老阳三十六策乘一百九十二，得六千九百一十二策；阴爻以老阴二十四策乘一百九十二，得四千六百零八策。两数相加，合一万一千五百二十策，取它的整数，象征万物，所以说"当万物之数也"。

故四营而成《易》，十有八变而成卦。

分二是一营，挂一是二营，揲四是三营，归奇是四营。"四营"，就是四度营为、营求的意思。"易"，这里是变易的意思。要四度营为，才成一变。三变才成一爻，九变才得三爻，十八变才能得六爻而成一卦。

八卦而小成。

要九变才能得到三画卦，也就是内卦或下卦。

引而伸之，触类而长之，天下之能事毕矣。

"引而伸之"，如引寸以为尺，引尺以为丈。"触类而长之"，指彼此相触，或相因以相生，或相反以相成，变化无穷，则义类也无穷。将三画卦引申到六画卦，就有六十四卦。一卦由六爻的变或不变而定其动静，那么任何一卦都可变为六十四卦：六爻都是不可变爻，那就是本卦；只有一个爻可变，那可变出六个卦；只有两个爻可变，那可变出十五个卦；有三个爻可变，那可变出二十个卦；有四个爻可变，那可变出十五个卦；有五个爻可变，那可再变出六个卦；如果六个爻都可变，那就是本卦的变卦。如此加起来就是六十四卦。可变的爻是九或六，不可变的爻是七或八。如此六十四卦就可变成四千零九十六卦，那就应用无穷了，足以囊括所有的事变，这就是"天下之能事毕矣"。

显道神德行，是故可与酬酢，可与祐神矣。子曰：知变化之道者，其知神之所为乎！

"与"，犹以。"酬酢"，应对，与占筮的人相互问答的意思。"祐"，协助。"祐神"，以占筮协助神明的不测。蓍、卦可以指示人如何趋吉避凶，一阴一阳的易道因而显著。"德行"本为人事，但若经由蓍、卦取决于鬼神，使骄盈变成谦虚，凶咎化为吉祥，如此德行便神妙莫测了。既知趋吉避凶，便可应对事变之来。神又岂能自己告诉人们吉凶？因为有筮法而后才显现，这便是以《易》书来祐助神。天道虽然幽昧，可以阐明给人知道；人事虽然显明，可以推演与天契合。明可以酬酢事变，幽可以祐助鬼神。"知变化之道者，其知神之所为"，是呼应上面所讲的"成变化而行鬼神"而来。河图之数为体，所以说"此所以成变化而行鬼神也"。大衍之数为用，所以说"知变化之道者，其知神之所为乎"。"成变化"所以"行鬼神"，"知变化之道"就"知神之所为"。而神妙离不开变化，知变化之道的人，就能知道神明的作为。

附录：论周易中的"阴阳老少"与"七八九六"

——替朱子为少阴、少阳与"七八常多，而九六常少"正名

易学向来分为义理与象数两大流派。其实，义理离不开象数，象数也离不开义理。因为没有象数的义理就不能称为易学，而没有义理的象数则会流于数术。而在象数学里头，七、八、九、六与阴阳老少则是一个非常重要的问题。在历代的易学著作当中，朱熹的《周易本义》是第一本把图书搜罗在易学著作的专著。里面包括河图、洛书、伏羲八卦次序、伏羲八卦方位、伏羲六十四卦次序、伏羲六十四卦方位、文王八卦次序、文王八卦方位以及卦变图。而其中的《伏羲八卦次序图》里面，有关四象，也就是阴阳老少，朱熹把少阳界定为下阴上阳（⚏），把少阴界定为下阳上阴（⚎）。而朱子在《易学启蒙》中讲筮法时也论断"七八常多，而九六常少"。由于朱子作为传统儒学的巨擘，拥有极为崇高的权威，八百多年来，鲜少有人敢对朱子所界定的少阴、少阳以及"七八常多，而九六常少"的论断质疑过。

朱子所界定的少阴、少阳与一般图书象数不协调

其实，这个少阴和少阳在《伏羲八卦次序图》里头，只是扮演如何由太极生两仪，然后两仪生四象，四象生八卦的形成过程中的一个连结物而已。其实，把朱子的少阳称为少阴，少阴称为少阳，也无所谓，对整个由太极生成为八卦毫无影响。但站在象数图书的立场，朱子所界定的少阳、少阴跟其他易学的各个领域就很不协调了。就像《说卦传》所说的"数往者顺，知来者逆，是故易逆数也"，因为是"逆数"的关系，要画卦一定要由下往上画，就像一卦有六个爻位，一定是由下往上来数，分别为初、二、三、四、五、上。这是易经的基本常识，不容置疑。就像十二消息卦一样，以四月份的乾卦（☰）

乾	姤	遯	否	观	剥	坤	复	临	泰	大壮	夬
四月	五月	六月	七月	八月	九月	十月	十一月	十二月	正月	二月	三月

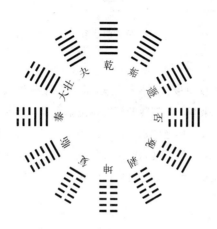

来讲，五月份就一阴生，柔变刚从下面开始，而成为姤卦（☴）；到六月就二阴生，从下走到第二位，就变成遯卦（䷠）；到七月份，阴长到第三位，就成为否卦（䷋）；按照这样，八月、九月分别为观卦（䷓）、剥卦（䷖）。到十月份的时候，就成为坤卦（䷁）了。十一月份，就一阳来复（䷗），相当于冬至；十二月份，阳长到第二位，就成为临卦（䷒）；到正月份，就出现三阳开泰（䷊）；然后阳长到第四位、第五位，就成为大壮卦（䷡）跟夬卦（䷪）。

按照同样的原理，老阳（⚌）物极则反，就从下面一阴生，这个叫做少阴（⚎）；少阴继续发展，就变成老阴（⚏）；老阴物极则反，就变成少阳（⚍）；少阳继续发展，就又变回老阳（⚌）。也就是老阳（⚌）、少阴（⚎）、老阴（⚏）、少阳（⚍）、老阳（⚌）……如此循环不已。其实，太极就像一个圆圈，太极生两仪的时候，就是分阴、阳出来，圆圈下面是地支中的子，上面是地支中的午。子相当于

太极生两仪图

冬至（一年之中夜晚最长的那一天），也就是阳气进入闭藏状态，物极则反，就一阳来复，阳气随着顺时针渐渐升发，到正午的时候，相当于一年的夏至（一年之中白昼最长的那一天），是阳气最旺的时候，过此就是转关，阳气渐渐转入收敛、闭藏。也就是在子午线的左侧半圈，阳气不断升发；过正午时之后，转入收敛。也就是子午线的左侧为阳，右侧为阴。

子时的一阳来复是关键

太极生两仪之后，两仪生四象，仍然是同一个圈。问题在于太极生两仪的时候，地支只用到子、午即可；两仪生四象，则除了子、午要再加上卯、酉。子午是上下（或南北）的经线，卯酉则是左右（或东西）的纬线。还是先从子开始，子就相当于冬至，阳气进入闭藏状态后，一阳来复。阳气渐渐升发，到了卯，相当一年的春分（一年之中白昼与夜晚同样长有两天，一为阳气渐长的春分，另一为阳气渐消的秋分）；再继续升发，到了午，相当一年的夏至。此时阳气达到极至，转关后，阳气开始收敛，到了酉，相当一年的秋分；到了子的时候，阳气完全闭藏。也就是说两仪生四象，在这个时候，子相当于老阴，卯相当于少阳，午相当于老阳，酉则相当于少阴，在这里面阴阳老少怎么配七、八、九、六？七配少阳在左，九配老阳在上，八配少阴在右，六配老阴在下。这样来看由六到七，表示阳气渐渐升发；七到九，由少阳升发为老阳，这只是量变没有质变。由老阳转入少阴的时候就发生质变了，因为物极则反，阳极生阴，所以是一个大转关，也就由九变八转入收敛。再来由八消退到六，是由少阴消退为老阴，这里只有量变没有质变。因为六已经退到极致，由六到七又是一道转关，这是质变。我们来看，由少阳的

七八九六配阴阳老少图

七升发为老阳的九，这意味着阳主进长；由少阴的八消退为老阴的六，这意味着阴主消退。在这里就意味着四象，也意味着二至、二分。接着就四象生八卦，就是在二至、二分的基础上，再加上四立，也就是立春、立夏、立秋、立冬。其实，在四象的时候，子午就是配坎离，卯酉就是配震兑。四立就是配乾、坤、巽、艮：乾配立冬，在右下角；坤配立秋，在右上角；巽配立夏，在左上角；艮配立春，在左下角。这个在《说卦传》第五章讲得非常清楚："万物出乎震，震，东方也。齐乎巽，巽，东南也。齐也者，言万物之洁齐也。离也者，明也，万物皆相见，南方之卦也。圣人南面而听天下，向明

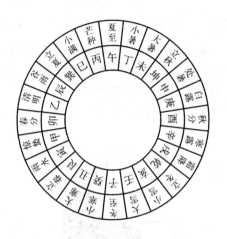

而治，盖取诸此也。坤也者，地也，万物皆致养焉，故曰致役乎坤。兑，正秋也，万物之所说也，故曰说言乎兑。战乎乾，乾，西北之卦也，言阴阳相薄也。坎者，水也，正北方之卦也，劳卦也，万物之所归也，故曰劳乎坎。艮，东北之卦也，万物之所成终而所成始也，故曰成言乎艮。"二十四山配二十四节气的圆图，就是在后天八卦的圆图基础上建构起来。也就是说，以子、丑、寅、卯、辰、巳、午、未、申、酉、戌、亥代表十二个方位。然后壬癸水，配在子的两边；甲乙木，配在卯的两边；丙丁火，配在午的两边；庚辛金，配在酉的两边；戊己土不用。四个隅角则配上乾、坤、巽、艮。也就是二十四山是以十二地支加上扣除戊己土的八个天干，再加上乾、坤、巽、艮四个隅卦，这就是二十四山，刚好配二十四节气，这是古代中国人用来表示方位和时相，也象征着天地人三才合一的一个表征。天就是指二十四节气，地代表二十四方位，而人就立于天地之间，要效天法地。

先天八卦也是起于震的一阳来复

再以先天八卦图来讲，是上乾下坤，左离右坎。在这个圆图的左侧，从震卦的初阳生，历经离、兑两卦，都是两个阳爻，到了上面的乾卦，则是三个阳爻，代表阳气正在升发；而它的右侧，从巽卦的一阴生,历经坎、艮两卦,都是两个阴爻,以至于到下面的坤卦,则是三个阴爻,这说明了阴气的由一阴增长为三阴的过程,意味着阳气日

渐收敛,以至于闭藏。至于八八六十四卦圆图,也是复在坤后,姤在乾后,子在坤、复之间,午在乾、姤之间;而卯则在同人、临之间,

酉则在师、遯之间。在子午左侧有三十二卦，含乾、兑、离、震四宫；右侧有三十二卦，含巽、坎、艮、坤四宫。在卯酉以上有三十二卦，含兑、乾、巽、坎四宫；以下有三十二卦，含艮、坤、震、离四宫。而乾宫八卦之中，下卦为乾，共有二十四个阳爻；上卦有二十四爻，阴阳各十二。所以乾宫八卦，共有三十六个阳爻。兑、离、巽三宫各有八卦，下卦全是两个阳爻，合十六个阳爻，再加上上卦十二个阳爻，为二十八个阳爻。艮、坎、震三宫各有八卦，下卦全是一个阳爻，合八个阳爻，再加上上卦十二个阳爻，为二十个阳爻。坤宫八卦之中，下卦为坤，没有阳爻，上卦有十二个阳爻，所以坤宫八卦，共有十二个阳爻。因此在子午线左侧有112个阳爻（即80个阴爻），右侧有80个阳爻（即112个阴爻）；卯酉线以上，有112个阳爻（即80个阴爻），以下有80个阳爻（即112个阴爻）。这意味着过了冬至（子）之后，阳气已在升发，但阳不及阴；过了春分（卯）之后，阳气继续升发，但阳已过阴；过了夏至（午）之后，阳气转入收敛，但阳还过阴；过了秋分（酉）之后，阳气进入闭藏，阳不及阴。换言之，在卯、酉以上，即每年春分到秋分，昼比夜长，因为有112个阳爻配80个阴爻；以下，即每年秋分到隔年春分，昼比夜短，因为112个阴爻配80

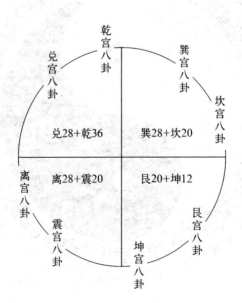

个阳爻。在子午左侧，即从冬至到夏至，阳气日渐升发，因为112个阳爻配80个阴爻；右侧，即从夏至到冬至，阳气日渐收敛，因为112个阴爻配80个阳爻。

朱子也承认七是少阳，八是少阴，但是如果按照朱子把少阳界定为下阴上阳，而把少阴界定为下阳上阴，那就跟所有这些图书象数之学，变得格格不入了。只有把少阳界定为下阳上阴，少阴界定为下阴上阳，才能够与相关的图书象数互相发明。

七八九六来自大衍筮法

至于以七八九六来表示阴阳老少，则来自《系辞上》的"大衍筮法"。朱子主张《周易》本来就是卜筮之书，因此花了大量的篇幅在《周易本义》的开头介绍了筮仪，而在《易学启蒙》中，甚至以一半的篇幅介绍大衍筮法，并论断："七八常多，而九六常少。"

其实，以大衍筮法求卦，必须先准备五十支竹签，竹签不宜太长，并以签面圆润，利于滚动者为佳。由五十支竹签中取一支出来，置于一旁不用。王弼指出这个"虚一不用"，是"不用而用以之通，非数而数以之成"，这个不用的一就是太极的本体，而剩下的四十九支则象征太极的施用。接着便以剩下的四十九支竹签进行《系辞传》中"四营而成易，十有八变而成卦"的占筮程序。所谓"四营"是指"分二"、"挂一"、"揲四"、"归奇"四个步骤。四营为"一变"，每三变得一爻，合十八变才能得六爻而定一卦。第一变的步骤如下：

（一）"分二"：将四十九支竹签置于桌面上，用双手任意分成左、右两堆，要尽量分得匀称，才能克尽"鬼谋"之妙。如此，则两堆必分为奇、偶数（左堆为奇，右堆必偶；反之亦然），象征太极生两仪，分出阴阳、天地。

（二）"挂一"：由左、右任何一堆中取出一支竹签，将它夹在左手的小指与无名指之间，象征人要向天地问卜。

（三）"揲四"：分别将左、右两堆的竹签，每四支一组地向外侧拨开，直到各剩不足四或四为止，象征任何的变化都是在四时之中发生的。

（四）"归奇"：将两堆畸零的竹签，分别夹在左手中三指的两缝之间，象征每五年有两个闰月。

大衍筮法的操作程序

四十九支竹签经过"挂一"之后，桌面上的竹签剩下四十八支，四十八是四的倍数，所以当占筮者把两堆竹签分别每四支一拨，也就是分别除以四的结果，两堆余签的和不是四，便是八。因为我国在殷末周初尚无"零"的概念，所以没有所谓的"整除"。换言之，当左堆余一，右堆必余三；左堆余二，右堆必余二；左堆余三，右堆必余一；左堆余四，右堆必余四。第一变经过"分二"、"挂一"、"揲四"、"归奇"四个步骤，夹在左手指间的竹签数非五即九，即"挂一"的一支加上"归奇"的四支或八支。将"归奇"的竹签置于一旁，原来的四十九支竹签便只剩下四十四支或四十支，然后把"挂一"的竹签放回去。再以所剩的竹签进行第二变。而朱子在《周易本义·筮仪》或《易学启蒙》中，将"挂一"与"归奇"混淆在一起。在《系辞》的注解中，朱子明明说："挂，悬其一于左手小指之间也。三，三才也。"也就是"挂一以象三"意指悬一竹策以象征三才，代表人要向天地问卜。"悬"，有暂时的意思，尤其此一竹策象征要向天地问卜的人，理应在第一变之后，放回扣除了余数的竹签中，然后才进行第二变。传文说："归奇于扐以象闰，五岁再闰，故再扐而后挂。"只说"归奇于扐"也就是揲四之后所剩下的余策，当然不包括"挂一"这只竹签。而朱子竟然将"挂一"连同"归奇于扐"的竹签一起去除掉。《系辞》所说的"再扐而后挂"，是指将左、右两堆经"揲四"之后所剩的余签排除出去。这个"挂"字是排除的意思，与"挂一"的"挂"字不同。由于朱子将"挂一"的竹签连同余数的竹签一起排除掉，这就造成第二、三变的余数会出现左一右二、左二右一、左三右四或左四右三的现象。其实，朱子在上面所引的注解中说："奇，所揲四数之余也。扐，勒于左手中三指之两间也。"明明在第一变只能去除四或八只竹签，由于将"挂一"也一并去除，变成第一变要去除掉五或九只竹签，而第二、三变要去除掉四或八只竹签。其实，如果按照朱子的说法，那在进行第二、三变时，要"四营"的竹签数都是偶数（第二变为44或40，第三变为40、36或32），如此一来"分二"就没办法"象两"，因为竹签数为偶，"分二"的结果，两堆必然全是偶数或全是奇数，就无法分出阴阳，无法分出天地。而这就造成后来朱子会作成"七八常多，而九六常少"论断的依据。

第二变的步骤仍依"四营"推演，即"分二"、"挂一"、"揲四"、"归奇"。然而"揲四"之后，两堆余签的和一定也是四或八。经第二变之后剩下的竹签只有三种可能，即四十、三十六或三十二，把挂一的竹签再放回去，再以所剩的竹签进行第三变。第三变的步骤与第二变完全相同。归奇之后，桌上所余的签数，一定是三十六、三十二、二十八或二十四中的任何一个。因为每四只竹签为一小堆，便会得到九、八、七或六小堆，凡得阳数七或九，就可画出阳爻（—）；而得阴数六或八，就可画出阴爻（- -）。三变的过程以数学程式表示如下：

第一变：49-5/9=44/40（将挂一的竹签放回去，变成45/41）

第二变：45/41-5/9=40/36/32（将挂一的竹签再放回去，变成41/37/33）

第三变：41/37/33-5/9=36/32/28/24

以四除三变之后所剩的竹签数：36/32/28/24÷4=9/8/7/6

每一变余数为四的概率是3/4，余数为八的概率则只有1/4。所以每三变得到九的概率是，每一变的余数都要是四，也就是$3/4 \times 3/4 \times 3/4 = 27/64$。每三变得到八的概率是，只能有一变的余数为八，而余数八可能发生在第一变、第二变或第三变，有三种可能，也就是$(1/4 \times 3/4 \times 3/4) \times 3 = 27/64$，所以每三变得到九或八的概率同为27/64。而每三变得到七的概率是，只能有一变的余数为四，而余数四可能发生在第一变、第二变或第三变，也有三种可能，也就是$(3/4 \times 1/4 \times 1/4) \times 3 = 9/64$。而每三变得到六的概率是，每一变的余数都要是八，也就是$1/4 \times 1/4 \times 1/4 = 1/64$。换句话说，每三变得到六的概率最少，得到七的概率是得到六的九倍，而得到九或八的概率则是得到六的二十七倍。只可惜朱子由于将"四营"中的"挂一"与"归奇"混淆在一起，因此在《易学启蒙·考变占第四》说："及其筮也，七八常多，而九六常少，有无九六者焉，此不可以不释也。"而李光地在康熙五十四年编纂《周易折中》时，竟然高度评价朱子这个论断，说："此说发明先儒所未到，最为有功。"其实，依据大衍筮法，每三变得到六的概率最低，这是毋庸置疑的，但得到九的概率与八一样多，是得到六的二十七倍，得到七的三倍，怎能说"七八常多，而九六常少"呢？没有六是常有的事，但没有九则是极为罕见的事，怎能说"有无九六者焉"呢？换句话说，用大衍筮法占筮得到阳爻的概率是 27/64＋9/64＝36/64，得到阴爻的概率是 27/64＋1/64＝28/64，得到阴、阳爻的比例是 7∶9，也就是得到阳爻的概率稍大于阴爻，这表现出扶阳抑阴的倾向。而阳爻可变的概率高达 75％，阴爻可变的概率则不到 3.6％，这也反应出阳主动、阴主静的定性。

是九八常多，而六七常少

因此，依据"大衍筮法"四营而成一变，三变而得一爻，反复操作十八变之后，就可以得出六爻而组成一卦，这个卦称为"本卦"。除了"本卦"外，断卦还须要参考"之卦"。"之卦"是由"本卦"变化而来。如上所述，用以决定"本卦"爻画的七、八、九、六，四数，有阴阳老少之分："九"为老阳、"六"为老阴、"七"为少阳、"八"为少阴。周易讲变化，少阳与少阴由"少"变"老"，只有"量变"，所以"七"与"八"为"不变爻"。而"九"、"六"所代表的老阳与老阴，物极则反，老阳变为少阴，老阴变为少阳，亦即由"九"变"八"、或由"六"变"七"，这是"质变"，所以"九"与"六"是"变爻"。如此一、二、三、四、五、六、七、八、九、十全部体现出来：不用的虚一象征太极的体，"四十有九"象征太极的用；"分而为二"象征两仪，"挂一以象三"象征三才，"揲之以四"象征四时，"归奇于扐"象征五岁再闰，到此是生数；经三变而得六、七、八、九，都是成数；生数的五乘以成数的十而成为大衍之数。

总之，依照阴极生阳、一阳来复的法则，老阴（☷）之后就是少阳（☳），而少阳由七进长为老阳（☰）的九，这只是量变而已。依照阳极生阴、一阴来姤的法则，老阳之后，就是少阴（☴）的八，而少阴由八消退为老阴的六，这也只是量变而已。同样，在先天八卦图之中，坤（☷）之后，一阳来复为震（☳）；乾之后，一阴来姤为巽（☴）。同理，在八八六十四卦圆图中，坤（☷）之后，一阳来复（☷）；乾之后，一阴来姤（☴）。如此则少阳为七，为阳下阴上；少阴为八，为阴下阳上。条理至为清晰。至于在大衍筮法的操作中，则不是"七八常多，而九六常少"，而是"九八常多，而六七常少"。朱子乃孔子以后无出其右的大儒，也是众所公认的易学大家。笔者身为朱子第二十六代裔孙，向来对朱子至为崇敬，也以弘扬朱子学为己任。朱子学的规模、气象足以反应孔、孟、周、程以来儒学的大根大本，但在一些问题上的讹误，后人则要能"干父之蛊，用誉"，勇于补救前贤之过，相信这是朱子所乐见的，而这也才是弘扬传统优秀文化的正途。

第十章

《易》有圣人之道四焉：以言者尚其辞，以动者尚其变，以制器者尚其象，以卜筮者尚其占。

"以"，犹用。"尚"，为主的意思。"以言"、"以动"、"以制器"、"以卜筮"，是指用《易》来说。"占"与"辞"为一类，只有晓得"辞"，才能解"占"。"象"与"变"是另一类，"变"是事情的演变，"象"是事物的成形。以下面"至精"是配合"辞"、"占"来说，"至变"是配合"变"、"象"来说。《易》书中的辞、变、象、占，看似术数，因此特别表明是"圣人之道"，希望学《易》的人能在辞、变、象、占上多用心。"以言者尚其辞"，是说想要明理断事，就要以卦爻辞为主；"以动者尚其变"，是说想要有所行动，就要顺着一阴一阳之道而变，才能合于易道；"以制器者尚其象"，是说要制作器物，就要体会卦象的启示；"以卜筮者尚其占"，是说要占卜吉凶，就要讲究占卦的方法，这儿卜筮并言，因为卜也离不开阴阳的变化。"圣人之道"，无所不包。"言"必由"圣人之道"，以应万变；"动"不离"圣人之道"，就不会偏离中道；"制器"，虽是形而下，但也是"圣人之道"所寓居，依类取象，不失乎正。"卜筮"，正所以求合于"圣人之道"，彰往察来，趋吉避凶。

是以君子将有为也，将有行也，问焉而以言，其受命也如向，无有远近幽深，遂知来物。非天下之至精，其孰能与于此？

"有为"，有所作为于自身上面。"有行"，有所行动于事业上面。"问焉而以言"，指人用蓍草或竹签向《易》请教，求得相关的卦爻辞，并以之来指导我们的发言处事，这是尚占的事。"受命"，接受询问。"向"，通"响"。"其受命也如向"是说《易》接受人们的询问就像响回应声一样，帮人来决断未来的吉凶。"远"，天下后世的意思。

"近"，瞬息户庭之间。"幽"，事情不明。"深"，事理不浅。"来物"，未来的吉凶。"无有远近幽深，遂知来物"，指不论所问的事，如何地远近幽深，《易》都能预为告知，这是尚辞的事。"至精"，指虚明鉴照，至为精切。《易》如果不是天下至为精切的典籍，怎能"遂知来物"？

参伍以变，错综其数。通其变，遂成天地之文；极其数，遂定天下之象。非天下之至变，其孰能与于此？

"参"，用三来点数。"伍"，用五来点数。"错"，相交错，如阴与阳相错。"综"，颠倒上下，如震（☳）与艮（☶）。因为天一地二，合而为三。木生火，木（三）火（二）同居；金生水，金（四）水（一）为朋，皆合而为五。三是乾坤的定数；五是乾坤相交的数。又乾九坤六，合而为十五，正是参伍之象。参其五为十五，伍其三也是十五，所以举参伍可以涵括所有的数。因"变"而成"文"，因"数"而有"象"，内外错综，刚柔有体。通乎参伍之变，一刚一柔，相间成文，遂成天地之文。极乎错综之数，自内而外，刚柔有体，遂定天下之象。天地之文、天下之象，也就是《易》所有的"文"与"象"。这是尚变、尚象的事。《易》如果不是天下至为变化的典籍，怎能"遂成天地之文"、"遂定天下之象"？

易，无思也，无为也，寂然不动，感而遂通天下之故。非天下之至神，其孰能与于此？

"易"，指蓍、卦。"无思"、"无为"，没有任何私心、私意。"寂然"是感的体；感通是寂然的用。"感"，感于卜筮。"通"，无不畅达。这是针对蓍、卦、爻来赞叹。"遂通天下之故"，"故"为事，指上面的"遂知来物"、"遂成天地之文"、"遂定天下之象"。"至神"至为神妙。《易》能"遂知来物"，并不是出于"思"；能成文、定象，也不是出于"为"。"至神"并不在"至精"、"至变"之外。《易》如果不是天下至为神妙的典籍，怎能"感而遂通天下之故"？

夫《易》，圣人之所以极深而研几也。

"深"，指其理。"几"，指其用。易道弘大，所以圣人用它来穷极幽深而研审几微。因为"无有远近幽深"，这是"极深"，用《易》的至精来穷究"天下之至精"，究极其深，唯至精故极深。"参伍以变，错综其数"，这是"研几"，用《易》的至变来穷究"天下之至变"，研审其几，唯至变故研几。

唯深也，故能通天下之志。唯几也，故能成天下之务；唯神也，故不疾而速，不行而至。

"深"是就心上讲，"几"是就事上说。"深"在心，甚玄奥。"几"在事，半微半显。"无有远近幽深，遂知来物"，故能"通天下之志"，这是指蓍草。"通天下之志"，犹言"开物"，所以下面对"成务"。"研几"，"故能成天下之务"，这是指卦爻。"寂然不动，感而遂通天下之故"，所以"不疾而速，不行而至"。

子曰"《易》有圣人之道四焉"者，此之谓也。

这是第十章，承上章之意，说明《易》的应用，表现在辞、变、象、占上面。

第十一章

子曰：夫《易》何为者也？夫《易》开物成务，冒天下之道，如斯而已者也。是故圣人以通天下之志，以定天下之业，以断天下之疑。

"夫《易》何为者也"，是设为问答以起下文。"开物"，是发明事物的道理。"成务"，是成就事务。"冒"，覆盖。《易》书到底是干什么用的呢？《易》书是用来发明事物的道理，成就事务，涵盖天下万物生成变化的道理而已。上古时代民俗淳朴，风气未开，一般人对天下事不甚理解。所以圣人作《易》书，让人们占筮以便有所依循，借着占筮而得到相关的卦爻辞来开示吉凶，让大家得以趋吉避凶，以便成就事务，所以说"开物成务"，把天下许多的道理都包藏覆盖在《易》书里头，所以说"冒天下之道"。通志是立基于"开物"，定业是立基于"成务"，断疑是立基于"冒天下之道"。

是故蓍之德圆而神，卦之德方以知，六爻之义易以贡。圣人以此洗心，退藏于密，吉凶与民同患。神以知来，知以藏往。其孰能与于此哉？古之聪明睿知，神武而不杀者夫！

"圆而神"，指变动不居、神妙莫测。"方以知"，指事有定理。"易"，变易。"贡"，告诉的意思。"易以贡"，指经由变易来告诉人。"蓍"与"卦"用"德"来讲，"爻"则用"义"来讲。蓍的数，"其用四十有九"，七七四十九策，象征阳与圆，其用变动不定，所以能知来物，这是"蓍之德圆而神"。卦的数，八八六十四卦，象征阴与方。每卦六个爻位，刚柔两爻固定分布在六个爻位，卦爻辞能藏往知来，这是"卦之德方以知"。圆神故能通天下之志，方知故能定天下之业，易贡故能断天下之疑。"洗心"，涤除闲思杂虑，使本心常葆虚灵。"以此洗心"，用易理来洗心，圣人的心浑然只是圆神、方知、易贡，更无别物。所以此心虚明，无一尘之累，故无思；以易理而退藏于密，故无为。而不穷之用，默存于我，这就是"寂然不动"。妙用的根源，就是圣人的心，发而为用，足以酬酢万物而不穷，乐以天下，忧以天下，所以说"吉凶与民同患"，这就是"感而遂通天下之故"。吉凶未判前，它的端绪在几微处已显露出来，将到而未到，叫"来"，吉凶的道理，于此可见。吉凶已经确定叫"往"。神妙而能推知未来的情状，明智而能含藏过往的义理。"神以知来"，是以蓍草预知未来；"知以藏往"，是以卦爻辞包藏过往。"洗心"、"退藏"是讲体，"知来"、"藏往"是讲用。"聪明"，以耳目来说。"睿智"，以心思来说。"杀"，音shài，衰退或减少的意思。有谁而能如此高明，大概只有上古聪明睿智而神武不衰的圣王吧！

是以明于天之道，而察于民之故，是兴神物，以前民用。圣人以此齐戒，以神明其德夫！

天有常理，称为"道"。民无定情，称为"故"。"故"，事。"神物"，指蓍龟。"前"，引导的意思。洗心叫"齐"，通"斋"。防患为"戒"。圣人能够了知天道，知道阴阳吉凶如何变化；了察民故，知道情伪变化如何产生。因此圣人就创作《易》书，将这些道理在蓍龟上面发明出来，让百姓可以用它而预知事物的变化。"圣人以此齐戒，以神明其德夫"，这是在讲应用《易》书的事。圣人使用《易》书，就能使自己的德行变得神妙高明。"斋戒"，至为诚敬的意思。圣人无一时一事而不诚敬，这里是经由卜筮而尤见圣人诚敬之至，就像孔子所谨慎的就是"齐、战、疾"的意思。心是人的神明所居之处，人要是能洗心，使它无丝毫的系累，那此心就虚灵而与神明合一了。在揲蓍求卦的时候，能心存至诚，则能与神明相通。心在即神在。

是故阖户谓之坤，辟户谓之乾。一阖一辟谓之变，往来不穷谓之通。见乃谓之象，形乃谓之器。制而用之谓之法，利用出入，民咸用之谓之神。

"阖"，关闭。"户"，出入房屋所由的门户。"辟"，开启。先言坤，是指由静而动。用门户的阖闭象征坤，用门户的开启象征乾，用门户的一闭一启象征一阴一阳的变化，用一闭一启的往来不穷形容通畅无阻。"见乃谓之象"，指日月星辰的光亮在天所成的象。"形乃谓之器"，指万物生长，在地成形，可以当器物来使用。观象于天，效法于地，圣人制作而予以应用，修礼立教，这叫做"法"。圣人制作器物以备民用，所以说"利用出入"。百姓使用却不知道从何而来，所以叫做"神"。知阖辟变通者，是"明于天之道"；知"利用出入，民咸用之"，是"察于民之故"。

是故易有太极，是生两仪，两仪生四象，四象生八卦。

"易"，指易道。"太极"就是理。道理至为极大，无以复加，所以叫"太极"。"太"是尊大的意思，"极"是至当，不能再给予加损。《系辞》中，乾坤多指奇偶二画。三画卦、六画卦，都是这二画所生；这二画都由太初的一画所生；那太初一画就是太极。"仪"，匹配，一阴一阳互为匹配的意思。"两仪"，初始为一画，以分阴（--）、阳（—），而天地才分开。"易有太极，是生两仪"，若说存在，就同时存在，太极就在这阴、阳之中。须有太极这个实理，才有阴、阳这两种气。从表现在事物上来看，那就是阴、阳含太极；如果从根源上来讲，则是太极生阴阳。"四象"，是在一画的基础上，再加上一画，就成为两画，而分出阴、阳、老、少，也就是老阴（⚏），阴极生阳，就生出少阳（⚎）；少阳长为老阳（⚌），阳极生阴，就生出少阴（⚍）；少阴长为老阴（⚏）。就像春为生，为少阳；夏为长，为老阳；秋为收，为少阴；冬为藏，为老阴。由春（少阳）配东、配木，夏（老阳）配南、配火；秋（少阴）配西、配金；冬（老阴）配北、配水。"八卦"，就是在二画，也就是四象的基础上，再加上一画，就成为三画卦，到此三才之道才初步到位，那就是乾（☰）、兑（☱）、离（☲）、震（☳）、巽（☴）、坎（☵）、艮（☶）、坤（☷），八卦成列，天地之道立，山泽、水火、风雷才定。这几句话，实际上是圣人创作《易》书的自然次第，一点也不假借人力。

八卦定吉凶，吉凶生大业。

有了八卦，就可以判定吉凶，而足以决断天下的任何疑惑。吉凶定而生大业，那就可以成就天下的事务。六十四卦是八卦自相重叠而来，所以只说八卦，事实上，六十四卦并不能逾越八卦的范围。八卦的义理，就是天地万物的道理。依循义理则安，违逆义理则危，吉凶因此而定。知道如此则吉而趋从，就无事不合天理；知道如此则凶而回避，就无事不去人欲。如此一来，任何的圣德、王功都可造就，因此就从八卦生出大业来。八卦本于四象，四象本于阴阳，阴阳止于太极，这就是阖辟之所以神妙莫测的原因！

是故法象莫大乎天地，变通莫大乎四时，县象著明莫大乎日月，崇高莫大乎富贵。备物致用，立成器以为天下利，莫大乎圣人。探赜索隐，钩深致远，以定天下之吉凶，成天下之亹亹者，莫大乎蓍龟。

"法"，效法。"县"，通"悬"。"象"，形象。天地为体，四时为用。上天下地，所以能包含一切的法象。四时变而能通，循环不已，所以能包含一切的变通。白天天下最为明亮的是太阳，夜晚则是月亮，昼夜更迭，亘古弥新，所以日月是天地间最为明亮的。富有四海之内，贵为天子，帝舜都视之如浮云敝屣，有什么好崇高的？但要是让圣人能坐上大位，就能参天地，赞化育，完备各种器物，以供民用。"成器"，指发明网罟、耒耜、舟楫、弧矢、宫室、棺椁、书契之属。创立成器以造福苍生，这是"圣人作而万物睹"，因此视这种富贵为崇高。"探"，深入而抽取出来。"赜"，杂乱。"索"，寻觅而获取。"隐"，隐僻。"钩"，曲而取得。"深"，不可测。"致"，推而穷极之。"远"，难至。"亹"，音wěi，微小。"亹亹"，阴阳刚区别时极其微小，可成可败。顺时者成，逆时者败。朱子说得十分有道理："天下之万声，出于一阖一辟；天下之万理，出于一动一静；天下之万数，出于一奇一偶；天下之万象，出于一方一圆。"太极无所不包，其物至为杂多纷乱，其事甚为隐微而要费心探索；太极所蕴蓄的义理至为深远，也要努力钩致。如此才能定天下之吉凶，使人依理而成就伟大的事业。而有关吉凶的事，不必等到显著才知道，当萌芽之初就已了知。到吉凶已现，原来微微的苗头，到此时就显露无遗，所以不必等到吉凶成形，借着蓍龟就能趋吉避凶。

是故天生神物，圣人则之。天地变化，圣人效之。天垂象，见吉凶，圣人象之。河出图，洛出书，圣人则之。

"天生神物"，指蓍龟。"蓍"字来自耆，指耆旧的意思。龟是长寿的动物。这是在说有什么疑惑就要向经验老道的耆旧请教。"则"，效法。天变化，指日夜与四时的往来相推，循环不已。地变化，指山峙川流，万物的生长收藏。"垂象"，指日月星辰的晦明剥蚀。"河出图"，指黄河有龙马负图。"洛出书"，指洛水有神龟负书。这些都是天地理数的自然呈露。圣人体悟"神物"的前知之妙，而发明卜筮；效法"天地变化"的情状，而演为《易》的变化；依照"天垂象"所呈现的吉凶，而演为《易》的吉凶。效法图书理数的精微，而演为《易》的精微。神物、变化、垂象、图书，都是《易》书所具有的。"天地变化"，讲圣人效法四时作《易》；"天垂象"二句，讲圣人效法天象作《易》；"河出图"二句，讲圣人效法图书作《易》。这都是上天显现给人们，圣人作八卦，使人们知易理，明天道，察民故。

《易》有四象，所以示也。系辞焉，所以告也。定之以吉凶，所以断也。

这里的"四象"，是指上面所讲的神物、变化、垂象、图书。"示"，显示，指显示变化之道，与上面的"通天下之志"相应。"系辞"，就是借着卦爻辞把道理讲清楚，所以说"告"，与上面的"定天下之业"相应。"定之以吉凶"，如何趋避就有所依循，所以说"断"，与上面的"断天下之疑"相应。

《易》曰："自天祐之，吉无不利。"子曰：祐者，助也。

天之所助者，顺也；人之所助者，信也。履信思乎顺，又以尚贤也。是以"自天祐之，吉无不利"也。

"自天祐之，吉无不利。"是《大有》卦（☰）上九的爻辞。上位居《大有》卦的最上面，意味大有的极致，有过亢的嫌疑，而上仍然可以"吉无不利"，是因为它与其他的众阳一样，顺从于孤阴六五，合乎天理，自天祐助六五。六五厥孚，是履信的意思；以柔居中，是思顺的意思。上九除了象征上天，也象征在野的贤人。五以下四个阳爻皆应阴，是人助；五与上相亲比，是天助。六五能履信而思顺，又自下以尚贤，所以"自天祐之，吉无不利"。这是在说，圣人明于天之道，而察于人之故，能够揖合天人。这一段传文与前面文气不相连贯，疑是错简。朱子认为应摆在第八章的结尾。

第十二章

子曰：书不尽言，言不尽意。然则圣人之意，其不可见乎？子曰：圣人立象以尽意，设卦以尽情伪，系辞焉以尽其言，变而通之以尽利，鼓之舞之以尽神。

书面文字无法完全表达作者的言语，言语也无法完全表达作者内心的意念。言辞所能表达的有限，而意象所能显示的则没有界限。所以圣人立四象（神物、变化、垂象、图书）以穷尽天地、四时、万物的意义。即便不说话，而与民同患的意思，也都表露无遗。"设卦"，是指八个三画卦自相重叠为六十四卦、三百八十四爻，而天下事物的情伪真假，就通通包括在里头了。"情"是指顺乎本性而善的。"伪"是指逆乎本性而恶的。文王、周公父子撰作卦、爻辞，系于六十四卦与三百八十四爻的下面。"象"以穷尽其"意"，而"辞"也穷尽其"言"了。随着阴阳变化之道而通于作为，以尽其利。"鼓舞"，鼓动振扬。使百姓远离疑惑而受到鼓舞，勤勉不倦于事业，使阴阳变化不测之道充分发挥它神奇的功用。"变而通之"，指礼乐刑政，都是天理的自然，圣人只是稍加品节防范，以成教于天下。"鼓之舞之"，是指有以作兴振起的意思，使百姓日以迁善而不自知。立象、设卦、系辞是圣人发挥易道的精义表现在书上，变通、鼓舞则是圣人推扩易道，表现在事为上。可见"圣人之意"都已显现在《易》书上了。

乾坤，其《易》之缊邪？乾坤成列，而《易》立乎其中矣。乾坤毁，则无以见《易》。《易》不可见，则乾坤或几乎息矣。

"缊"，指藏在衣中的棉絮。易道的奥妙，全藏在乾坤之中，就像衣有棉絮一样。其实，立象、设卦、系辞，讲到最后都离不开乾坤的奇偶两画。"成列"，指尊卑分列，变化互行。易道就是一阴一阳，一奇一偶，只要乾坤成列，而易道就已经矗立在其中了。"毁"，是指卦画不立，卦义不明，要是乾坤毁了，那么一切的理、气、象、数何由而生？"无以见《易》"，指阴阳、刚柔变易之道不显著。"《易》"不可见"，则乾为独阳，坤为独阴，生生不息的作用终止了，则天地之理不明，人虽在天地之中，却不知其道，乾坤或几乎息灭了。

是故形而上者谓之道，形而下者谓之器，化而裁之谓之变，推而行之谓之通，举而错之天下之民谓之事业。

"道"，就是理，它没有方、体，所以能让器物显得神妙。"器"，就是物，它有方有体，所以能彰显道理的作用。道外无器，器外无道，道与器不能分离。因此"形而上者"与"形而下者"，都用"形"字。形以上者为虚，浑是道理；形以下为实，便是器物。如果用"有形"、"无形"来说，便将物与理隔开了。器是道，道也是器，两者有分别，但不能相离。"化"是慢慢的变，"变"是已完成的化。"化"是顺其自然而化，"裁"是人为的裁截，"变"是顿断有可见处。"推而行之"，则刚柔相推十分流畅而运用不穷，所以才叫做"通"。"举"，取的意思。"错"，通"措"。取变通之用而施在天下百姓身上，使他们各尽所以相生相养之道，所以叫做"事业"。而"裁之"、"行之"、"错之"，都只是裁、行、错这个一阴一阳的变易之道而已。

是故夫象，圣人有以见天下之赜，而拟诸其形容，象其物宜，是故谓之象。圣人有以见天下之动，而观其会通，以行其典礼，系辞焉以断其吉凶，是故谓之爻。

这段除"是故夫象"四字外，重复出现在第八章开头，这是为了开启下文。"象"，指六画卦的卦画全体。"爻"，指变动的爻画。

极天下之赜者存乎卦，鼓天下之动者存乎辞。化而裁之存乎变，推而行之存乎通，神而明之存乎其人。默而成之，不言而信，存乎德行。

卦有卦象，能穷尽天下最为杂乱的事物而没有遗漏，所以说"极"。爻有爻辞，能使天下百姓乐于趋事赴功，手舞足蹈而不能自已，所以说"鼓"。"极天下之赜"总结"立象以尽意，设卦以尽情伪"两句，"鼓天下之动"总结"系辞焉以尽其言"一句。"化而裁之"、"推而行之"总结"变而通之以尽利"一句。"神而明之"以下，总结"鼓之舞之以尽神"一句。上面化裁、推行是泛说天地间的道理，所以说"谓之变"、"谓之通"；这里化裁、推行则是指《易》书中所具有，所以说"存乎变"、"存乎通"。这是在说，就易道"变"的地方看到圣人化裁之妙，就易道"通"的地方看到圣人推行之顺。"神而明之"的"神"来自鼓舞尽神。卦辞鼓舞百姓固然足以尽其神妙，但必定是人心的神妙能与易道的神妙相契合，然后才能受到鼓舞而不自知，这就是所谓的"神而明之"。"默而成之，不言而信"，是指其之所以能神明的原因。虽然象足以尽意，而有画前之易，所以贵乎"默而成之"；虽然辞足以尽言，而有言外之意，所以贵乎"不言而信"。这就是所谓"神而明之"。易道能实得于心为"德"，能实履于身为"行"。易道对人而言，贵在能实得于心，实履于身，而不只是写在书上或讲在嘴上而已。

　　这是第十二章，也就是《系辞上》的最后一章，总结易道归本于人自身的"德行"，而《系辞下》的最后一章也提到"德行"。这个"德行"，其实就是乾坤的易简之道。德行就是易的本原，得到易的本原，那么在我身上、心上的易与天地的易没有两样。而卦、爻、象、辞一以贯之，书本或言语就成为枝微末节的事了。形上、形下，八八六十四卦，其实就是乾坤的推行。变通神明，无不总结在德行上面。一般日用事为的易，无不本于心易。心易，就是中和之极，这就是穷理、尽性、至命之学。不提易，而易就在我身上，如此还用得到蓍龟吗？所以孔子说"不占而已矣"。圣人作《易》，让普天之下共同趋向于吉。君子学《易》，贵在"默而成之，不言而信，存乎德行"而已！

系辞下

第一章

八卦成列，象在其中矣。因而重之，爻在其中矣。

"八卦成列"，指从太极生两仪、两仪生四象、四象生八卦，从而有乾（☰）一、兑（☱）二、离（☲）三、震（☳）四、巽（☴）五、坎（☵）六、艮（☶）七、坤（☷）八。"象"，指由卦的形体所代表的物象，如天、地、山、泽、水、火、风、雷。"因而重之"，指在原来每个三画卦的基础上重复叠加三画，就得到六十四个六画卦。"爻"，指六爻的意思。既重之后，卦体就分为上、下或内、外，位就分为阴、阳，时有初、终，序有先、后。一卦有六个爻，就有乘、承、比、应，也有上下往来的关系。这个爻与那个爻相交，这是相比（比邻的上下两爻）或相应（如初与四应，二与五应），本爻与变爻相交（互错），所以称为爻。爻，就是相交的意思。

刚柔相推，变在其中矣。系辞焉而命之，动在其中矣。

"刚柔"，指卦画，或是阳爻（—），或是阴爻（--）。由刚（七）推到九（老阳），由九推到柔（八）；由柔（八）推到六（老阴），再由六推到刚（七）。天文地理，人事物类，尽在这一刚一柔之中。《系辞上》第二章说："刚柔相推而生变化。"变化之道尽在刚柔两画相推之中。可变，但尚未变，所以说"变在其中矣"。"命"，犹告。圣人在卦爻下面都系上断辞，告诉人们吉、凶、悔、吝。爻的变动，有可变的九或六，有不可变的七或八，因此变动得当与否，尽在卦爻辞之中。

吉、凶、悔、吝者，生乎动者也。

可以有所行动才动，如此则吉。尚未可以有所行动就动，就会有凶、悔、吝。吉、凶、悔、吝无不根源于变动。哎！吉只占四种可能的一项而已，要有所行动怎能不审慎啊！

刚柔者，立本者也。变通者，趣时者也。

刚柔两画是阴阳的本质，是不会变易的实体，是一切变通的根本。"趣"，通"趋"。万物虽然变动不定，而理却有其一定不易，随时变通调整以适合于中道，就是趋时。刚柔就像白昼与夜晚一样，这是立本；变通就像前进与后退一样，这是趋时。

吉凶者，贞胜者也。

"贞"，有正而固的意思。任何事物都是以正理的常胜为吉，悖理的为凶。天下的事，吉凶没有两立的道理，迭相为胜，不是吉胜凶，就是凶胜吉，常相胜而不定。"贞"在五常属智，孟子所谓"知之实，知斯二者弗去是也"。"正"是知之，"固"是守之。只知而不能守，则不可。且贞属冬，大抵北方必有两件事，如朱雀、青龙、白虎只一物，到玄武便有龟、蛇两物。如冬至前四十五天属今年；后四十五天属明年。夜晚子时的前四刻属今日，后四刻便属明日。事有善、有恶，都以贞胜而定。"贞胜"，指坚固积久而后胜出的意思。祸福无不是经由自己作为的累积而来。正所谓"善不积不足以成名，恶不积不足以灭身"，就是"吉凶者，贞胜者也"。

天地之道，贞观者也。日月之道，贞明者也。天下之动，贞夫一者也。

"观"，观示的意思。"一"，理的极致。轻清的气，固积在上那就是天，可以时常观示；重浊的气，固积在下那就是地，也可以时常观示。天地之道如此，日月的贞明之道也是如此，都是以贞正为道。天下的变动，进退存亡，虽然千变万化，但总是顺理则裕，从欲则危，所以说"贞夫一",就是以常为胜的缘故。天下的事或许有善而遇凶、恶而获吉的情况,但这并不是常态。一切都要以常态为胜,像天地就以常态来观示,日月就以常态来照临,偶有变异,不足道也。天下的变动岂不是常归于一个"理"吗?"一"象征太极,太极如如不动,而万事万物的变动无不包含于太极之中。万象繁赜,一则易而不难,简而不繁,所以说始于"元"而成于"贞",所以说"贞夫一"。

夫乾确然示人易矣,夫坤隤然示人简矣。爻也者,效此者也;象也者,像此者也。

"确",刚健的样子。"隤",音tuí,柔顺的样子。这里承接刚柔立本、变通趣时的意思,阐明万物变化所依循的理,就是"一"。乾坤是一切刚柔的祖宗,只要乾坤定了位,一切变化就由此层出不穷了。而乾坤的根本,其实就是易而不难,简而不繁。乾就是易,坤就是简,就这么个贞一之道。让大家知道"贞胜"、"贞观"、"贞明",无不归于"贞夫一",示人以贞,使归于正理,也就是效像乾坤而已。"爻也者效此"是结"吉、凶、悔、吝生乎动"而"贞夫一"的意思。"象也者像此"是结刚柔、变通而归于易简的意思。

爻象动乎内,吉凶见乎外。功业见乎变,圣人之情见乎辞。

七、九为阳爻,六、八为阴爻,九、六可变,而七、八不可变。如果爻为九、六,则爻象变动,吉凶虽尚未成形,却已可预知,所以说"爻象动乎内,吉凶见乎外"。爻象虽变,但卦画如故,所以说"动乎内";失得尚未显著,而吉凶已分,所以说"见乎外"。随着爻象的变化而调整自己的作为,就可以成就功业。圣人与民同患的情意,都表现在卦爻辞上面。

天地之大德曰"生",圣人之大宝曰"位"。何以守位,曰"仁";何以聚人,曰"财"。理财、正辞、禁民为非,

曰"义"。

　　天地的作用在于让万物各遂其生，其德至为宏大。而这个"生"字，一切易简之道都包括在其中。圣人体悟天地的这种生生之德：如果没有得到大位，就不能善加弘扬；得到大位，就能道济天下，所以称这个"位"为大宝。圣人没有仁德就不足以参赞天地的化育，也就无法守住这个大位。没有财货，就聚集不了人们，所以圣人观象制器，让万民都有事可做，能够养家活口。而财货乃是人们所贪爱的，如果不以"义"来处理，就会出乱子。言辞乃是人的枢机，如果不以"义"来节制，就会招来怨辱。百姓做了错事，如果不以"义"来禁绝，就不会改正。"理财"是养民，"正辞"是教民，"禁民为非"是齐民，圣人的礼乐刑政就在妥善处理这三件事而已，所以说"理财、正辞、禁民为非，曰'义'"，义就是在辅助仁德。

第二章

古者包牺氏之王天下也，仰则观象于天，俯则观法于地，观鸟兽之文，与地之宜，近取诸身，远取诸物，于是始作八卦，以通神明之德，以类万物之情。

包，读作páo。"包牺"古作庖牺，也作伏牺。"牺"，也作羲。天垂象，所以说"观象于天"。"法"以形而说，地法天而成形，所以说"观法于地"。震为雷，巽为风，坎为水，离为火，艮为山，兑为泽，这无不象天法地。"鸟兽之文"，指乾为马、坤为牛、离为雉、巽为鸡之类。"地之宜"，指山泽的高低，水土之宜。"取诸身"，指乾为首、坤为腹、震为足、巽为股之类。"取诸物"，指乾为金玉、坤为布釜之类。"始作八卦"，指效法天地间自然的易而创作八卦。六十四卦皆伏牺所定，而六十四卦不外八卦，所以只说八卦。并不是说，伏牺只作了八卦，到文王才演为六十四卦。这从下面所取诸卦就可以得知。神明之德，幽而难测，要借六十四卦才能通晓神明之德。万物之情，千变万化，要借六十四卦才能类比万物之情。

作结绳而为网罟，以佃以渔，盖取诸《离》。

"作"，创作发明。"罟"，网的意思。补兽用"网"，补鱼用"罟"。"佃"，通"田"，田猎的意思。包牺氏发明结绳而制成网罟，来抓补野兽与鱼虾。"盖"，推测之辞。"离"为目，六画卦的《离》（☲），就像两个眼洞上下相承。网罟的创作未必取法于《离》卦，但因卦象与物象确有相似的地方，所以做此猜测，而说"盖取诸离"。自此以下共十三卦，通通在讲"理财、正辞、禁民为非"的事。

包牺氏没，神农氏作，斫木为耜，揉木为耒，耒耨之利，以教天下，盖取诸《益》。

"没"，同"殁"，去世的意思。斫，砍削。耒耜，古代耕作时用来翻土的木犁。"耜"，是耒首取土的部位，砍削木头使其尖锐而取土。"耒"，是耜的柄，将木头揉曲以便于提握。"耨"，锄。在这里"耨"应当作"耜"，系转写致误。比照下面的"舟楫"、"臼杵"、"弧矢"就可一目了然。《益》卦（☲），是由下震（☳）上巽（☴）两卦组成，上下二体都是木。巽象征耒从地上而入，震象征耜在地下而动。包牺氏去世，神农氏继起，教导百姓耕作而食，天下的益，莫大于进入农耕文明。

日中为市，致天下之民，聚天下之货，交易而退，各得其所，盖取诸《噬嗑》。

《噬嗑》（☲）是由下震（☳）上离（☲）两卦组成。《离》卦在后天八卦图位处正上方，配火，为日正中午，"日中为市"，且上明而下面人群走动，乃象征市井交易。交易伊始，有间隔、差距，经一番讨价还价，终于买卖双方互相让步、妥协，谈定价格，完成交易。又"噬"假借为"市"，"嗑"假借为"合"，指在市场上交易，各得所需。这十三卦，由《离》开始，其次是《益》，再来是《噬嗑》，从佃猎而农耕，而交易，这都是民生所必需的。

神农氏没，黄帝、尧、舜氏作。通其变，使民不倦；神而化之，使民宜之。《易》，穷则变，变则通，通则久，是以自天祐之，吉无不利。黄帝、尧、舜，垂衣裳而天下治，盖取诸《乾》、《坤》。

神农氏去世，黄帝、尧、舜等圣王继起。这时在基本的生活需求得到满足后，就得施行教化，建立礼制。任何制度规矩长久施行下来，就难免有所厌倦，要随时创新、调整，才能与时俱进。百姓还没厌倦的，圣王不会急着更易；百姓还没放心的，圣王不会强行实施。时机到了，应当改变，畅通其变，使百姓得到鼓舞而不会厌倦；政策有所调整，要施行得高明，使百姓适应于不知不觉之中。易道就可贵在遇到穷困的时候，懂得权变，权变就能使事物得以畅通。变通不已，循环无终，所以能长久，因此可以达到像《大有》卦上九爻那样"自天祐之，吉无不利"的效果。垂衣裳而天下治，就是顺着"穷则变，变则通，通则久"的易道而治。之所以可以"垂衣裳而天下治"，其实，黄帝、尧、舜等圣王就是效法《乾》（☰）、《坤》（☷）两卦的易简之道而已。

刳木为舟，剡木为楫，舟楫之利以济不通，致远以利天下，盖取诸《涣》。

"刳"，音kū，将树干剖开后挖空。"剡"，音yǎn，斩削木头使变得尖锐。"楫"，是用来划水行舟的曲木。刳空木头以便浮于水上，剡薄其端以便运行木舟。《涣》卦（☵）是由下坎（☵）上巽（☴）两卦组成，下面是流水，上面是浮木，内互震动，木动于水上，流行似风，有舟楫的物象。舟楫，近而可以济不通，远而可以致远，都是有利天下的事。

服牛乘马，引重致远，以利天下，盖取诸《随》。

《随》卦（☳）是由下震（☳）上兑（☱）两卦组成，牛马在下面劳动，坐在上面驾驭的人则满是喜悦。牛性柔顺，用绳子穿过它的鼻子，就可以驯服它。马性刚健，络上马首，就可以驾而乘它。牛也可以走得很远，这里说"引重"，是因为它力气大。马也可以负载重物，这里说"致远"，是因为它跑得快。有舟行驶于水上，也就有车行走于陆上。兑乃坤的少女，震乃乾的长男。乾为马，坤为牛，是动物大而有利于百姓的。

重门击柝，以待暴客，盖取诸《豫》。

"重"，音chóng。重门，指城门。"柝"，音tuò，古时守夜的人报更或警盗的木梆。"待"，防御。"暴客"，盗贼。《豫》卦（☷）是由下坤（☷）上震（☳）两卦组成。坤为关闭门户，内互为艮，就是门阙。震动善鸣，乃有声音的木头，这是柝的物象。又艮为阍人，外互坎为夜。艮又为手，有击柝的物象；而坎为盗，为暴客。"豫"为安逸，豫备的意思。担心懈怠，所以妥为豫备。

断木为杵，掘地为臼，臼杵之利，万民以济，盖取诸《小过》。

"臼"，舂米用的石臼。《小过》卦（䷽）由下艮（☶）上震（☳）两卦组成。外互为兑，兑配金，有震断木头为杵的形象。内互为巽，巽配木，木入艮土，就是臼。杵动于上，而臼止于下，有持杵捣米的形象。圣王以耒耜开启谷食之源，而以臼杵终结谷食之事，这是小事过于精详。

弦木为弧，剡木为矢，弧矢之利，以威天下，盖取诸《睽》。

《睽》卦（䷥）是由下兑（☱）上离（☲）两卦组成。"弦木"，用丝绳系于木条两端，使木条弯曲。"弧"，弓的意思。"矢"，箭的意思。"弧矢"，就是弓箭，箭往后拉，而后向前射出，一前一后，就像《睽》卦，泽水下润，而离火上炎。弦木使曲，剡木使尖。外互为坎，为木坚；内互为离，为木槁；兑为毁折，兑金与离火相见，火克金，见杀机，所以取其有威震天下的形象。

上古穴居而野处，后世圣人易之以宫室，上栋下宇，以待风雨，盖取诸《大壮》。

"易"，更改。"宫室"，房屋。"栋"，屋脊上的梁木。"宇"，房屋四垂的边缘。栋梁高高在上，所以说"上栋"。四墙是垂落而下，所以说"下宇"。《大壮》卦（䷡）是由下乾（☰）上震（☳）两卦组成。风雨是会移动的东西。风雨动于上，栋宇健于下，取它的壮固。上古人们住在山洞或野外，到黄帝时，才发明房屋，这里说"后世圣人",是相对包牺而言。

古之葬者,厚衣之以薪,葬之中野,不封不树,丧期无数。后世圣人易之以棺椁,盖取诸《大过》。

古时后,人死了,只用柴草厚裹遗体,埋葬在荒野,既不堆坟,也不种树,也没有守丧的期限。"棺椁",内层为棺,外层为椁。后世圣人改用棺椁,大概是取法于《大过》卦。《大过》卦(☱)是由下巽(☴)上兑(☱)两卦组成。《大过》,其实是个加厚的《坎》卦,初、上两爻为坤爻,象征上、下都是坤土,而四个阳爻藏于两阴之中,有棺椁的形象。《颐》(☶)与《大过》相错,《颐》为养生,《大过》则为送死。送死为大事,当过于厚。棺椁的创作,始自黄帝。

上古结绳而治,后世圣人易之以书契,百官以治,万民以察,盖取诸《夬》。

《夬》卦(☱)是由下乾(☰)上兑(☱)两卦组成。兑为言语,可以沟通彼此的感情,有书写的形象。乾为健固,可以坚定彼此的信任,有契合的形象。"书"为文字。"契"为合约。后世圣人用书契取代结绳而治,百官也用书契来治理政务,万民也借着书契来稽核庶事。本章从画卦开始,到书契结束,实以万世文字之祖乃起源于卦画,而完备于书契。

这是第二章,讲圣人制器尚象的事。十三卦只是稍微讲个大概,以便包括万事万物,它的含意决不止于这十三个卦。"通变不倦"四句,总括礼乐刑政制度;"穷则变"五句,则在说易道乃是如此。圣王通变神化,无不依循易道。之所以说"垂衣裳而天下治",是指效法乾坤的易简而与天地合其德,赞诵易简之道达于极致。谷食、舟车、防患、救乱、养生、送死,无不包含在内。而从包牺、神农、黄帝、尧、舜,蝉联而下,慨想流连,前圣如此,后圣又如此,有万世不易之道,亦自有历久必易之法。只有圣王才能通变神化,使百姓不倦而相宜,所以能通久而得到上天的祐助。

第三章

是故易者，象也。象也者，像也。

"是故"，乃是承上、结下的连接辞。从包牺到书契，在说明《易》都是以卦模拟器物的形象。"象"，就是像似的意思。圣人发明器物都与卦象相合，取象只能相似而已。

彖者，材也。

"彖"，就是卦辞，讲一卦的材质，论断一卦的吉凶，如"谦，亨，君子有终"。六画如果都是七或八，就是不可变的阳爻或阴爻。六画未变，叫做"材"。"材"就是材质的意思。

爻也者，效天下之动者也。

一卦有六爻，而爻有变动，位有得失。动而合于易道的，为得；动而不合于易道的，为失。人事的情伪，物理的是非，都在六爻之中，以仿效天下的变动。六画本是七或八，由画而变为九或六，那就是"爻"了。天下的变动可以仿效，而不可以画来虚拘，所以七八九六互相流通。《易》书中的阴阳爻都称九六，而不称七八，所以九六称为"爻"。九与六是可变的阳爻与阴爻，爻是仿效天下的变动，所以用九与六来称爻。

是故吉凶生而悔吝著也。

吉凶在事上已经显露无遗，所以叫"生"；悔吝只在心中，尚未外显，所以说"著"。"悔"有改过的意思，至于"吉"则为悔过的显著。"吝"有文过的意思，至于"凶"则为鄙吝的显著。所以吉凶生于悔吝，悔吝显著则为吉凶。彖是讲一卦的材质，论断一卦的吉、凶、悔、吝；爻是讲一爻的变动，论断一爻的吉、凶、悔、吝。

第四章

阳卦多阴,阴卦多阳。

爻有阴爻（--）、阳爻（—），三画卦也分为阴卦、阳卦。乾（☰）为纯阳卦,坤（☷）为纯阴卦。至于其他一阴二阳或一阳二阴的卦,则依照"寡者,多之所宗"的贵寡原理,以孤阴的卦为阴卦,如巽（☴）、离（☲）、兑（☱）；以孤阳的卦为阳卦,如震（☳）、坎（☵）、艮（☶）。所以阳卦阴爻多,而阴卦阳爻多。同样依贵寡原理,六画卦中,孤阳、孤阴的卦共有十二卦,即谦（䷎）、豫（䷏）、师（䷆）、比（䷇）、剥（䷖）、复（䷗）、小畜（䷈）、履（䷉）、同人（䷌）、大有（䷍）、夬（䷪）、姤（䷫）,那个孤阳、孤阴的爻就是统领全卦的主爻。

其故何也？阳卦奇,阴卦偶。

孤阳为众阴所归依,孤阴为众阳所亲附。阳卦是二偶一奇,所以以奇为主；阴卦是二奇一偶,所以以偶为主。

其德行何也？阳一君而二民,君子之道也。阴二君而一民,小人之道也。

阴卦与阳卦的德行不同。阳为君,阴为民。君贵独尊,臣无二王。阳卦一奇二偶,民心统于一尊,君王主事,乃君子之道。阴卦二奇一偶,二君争一民,百姓主事,乃小人之道。

第五章

《易》曰:"憧憧往来,朋从尔思。"子曰:天下何思何虑?天下同归而殊涂,一致而百虑。天下何思何虑?

自此以下,共十一爻,阐述"爻也者,效天下之动者也,是故吉凶生而悔吝著也"。"憧憧往来,朋从尔思"是《咸》卦（☷）九四爻的爻辞。"涂",同"途"。天下感应的道理本就同归一处,但它表现的方式,借着万事万物,有各个不同的途径。天下感应的道理本就同趋一处,但由于客观形势,发展阶段各个不同,因此所发的思虑时而有百种的不同。思虑虽百,而其所到之处则一样;途径虽异,而其所趋归之处则无不同。所以此感彼应的道理,全都出于自然而然,没有丝毫的私意、私心掺杂其间。我们在应事接物之际,无不顺乎天理自然而然的要求,何必别有所思,另有所虑呢?

日往则月来,月往则日来,日月相推而明生焉。寒往则暑来,暑往则寒来,寒暑相推而岁成焉。往者屈也,来者信也,屈信相感而利生焉。

"信",通"伸"。"日往则月来"一段话,是承接上文"憧憧往来"而言。这里说往来屈伸都是感应自然的常理,如果加上"憧憧"就有私意介入了,因此就变成必有所思才会有所从。太阳与月亮往来相推而成白昼、夜晚,寒暑往来相推而成春、夏、秋、冬。屈伸相感而利生,是以至诚相感的缘故。情伪相感则利害生,是杂以虚伪作做来相感的缘故。只要有私意、私欲、私心介入,那就虚妄不实了。夫子撰这段文字是在发明"贞夫一"的道理,所以也从天地、日月来说。日月有往来,而归于生明,这是"贞明"。寒暑有往来,而归于成岁,这是"贞观"。天下之动,有屈有伸,而归于生利,顺理则利,这是贞夫一。讲"天地"就要在"日月"之前,讲"寒暑"就要在"日月"之后。因为四时是日月之所为。《易传》都以天地、日月、四时顺序，如豫、恒的《象传》跟《系辞传》。

尺蠖之屈，以求信也。龙蛇之蛰，以存身也。精义入神，以致用也。利用安身，以崇德也。

"尺蠖"，是一种借着屈而后伸来前进的小虫。"信"，通"伸"。"蛰"，潜藏在地中冬眠的意思。尺蠖这种虫初行的时候一定要将身子中间一段先弯曲，这是为了要向前面伸展。龙潜而蛇藏，这是在寒冬蛰伏静养，用来保存身躯。这告诉我们，要有所行动，必先静处。精研义理，至于入神，这是屈的极致，却是为了所以出而致用作准备。利其施用，无往而身不安，这是伸的极致，却是为了所以入而崇德的凭借，如此内外相交养，相互发明。大家只知道伸的好处，却不知道要先屈而后才能伸的道理。

过此以往，未之或知也。穷神知化，德之盛也。

孔子说"下学而上达"。下学的事，就是致力于"精义"、"利用"，而两相交养、互发之机，自不能已。自此而后，则也无所施用其力了。由于静为动之本，一为万之原。果真能做到"精义入神"、"利用安身"，那么我的德行自能如同天地、四时的运行一般。过此以往，义精仁熟，天机益畅。"未之或知"，指妙不可言。不勉强思虑，而闲思杂虑自然净尽，穷极天地的神妙，而知造化之所以然，这是德盛仁熟的最高境界。"精义入神"，则所知益为精深，这是"穷理"的事。"利用安身"，则所行更为纯熟，这是"尽性"的事。"穷神"，则不止于入神而已，而是本心生机畅旺，直接与神明相契合。"知化"，则不止于利用而已，而是与造化为徒，上下与天地同流。这是"至命"的事。穷理、尽性，这是修道的人所当尽力，至命则无所用其力。这是《说卦》所讲的"穷理尽性以至于命"。

《易》曰："困于石，据于蒺藜，入于其宫，不见其妻，凶。"子曰：非所困而困焉，名必辱；非所据而据焉，身必危。既辱且危，死期将至，妻其可得见邪？

这是在解释《困》卦（☱）六三爻的爻义。该困的时候才可以困，该据的时候才可以据，如此才符合正道。不该困而困，不该据而据，这就背离了正道。"石"，指上六这个柔爻。三往，而上六不应，是"困于石"，所以名必辱；六三以柔爻居阳位，失位而乘刚，所以身必危。所谓"自作孽，不可活"。既辱且危，死期将至，怎还能回家见得着妻子？这是在讲明保全身、名的方法，给那些困人以自困的人警惕。

《易》曰：公用射隼于高墉之上，获之，无不利。子曰：隼者，禽也。弓矢者，器也。射之者，人也。君子藏器于身，待时而动，何不利之有？动而不括，是以出而有获，语成器而动者也。

这是在解释《解》卦（☳）上六爻的爻义。"公"是指第四爻，"君子"是指最上一爻，"隼"为猛禽，指第三爻。"括"，结括的意思。九四是《震》卦的主爻，与六三相亲比，有结括难解的忧患。而上爻与三爻居相应的位置，但两阴不应。九四不自行处理，而是让上六来射除六三，所以可不结括而有所获。射禽的人要准备弓矢这些器具，等待适当的时机行动，才能动而有功，这是为君子要制服小人来讲的。"语"，说的意思。"语成器而动者也"，是说等待适当的时机，可以成就吾器的功用，就会动而有功。

子曰：小人不耻不仁，不畏不义，不见利不劝，不威不惩。小惩而大诫，此小人之福也。《易》曰："屦校灭趾，无咎。"此之谓也。

这是在解释《噬嗑》卦（☲）初九爻的爻义。"畏"，惧怕。"劝"，勉励。"威"，刑威。"惩"，惩罚。"诫"，同"戒"。小人不以不行仁德为羞耻，要见到有利可图，然后才劝勉行仁；不以不合义理为畏惧，要见到刑威逼迫，然后才不敢行不义。羞耻与畏惧，是我们本有的良心。劝勉与惩诫则显然是外在的赏与罚。威逼小人，其实是降福小人，所以说"屦校灭趾"，才一开始就严加惩诫，可免于将来患大错，而受重刑，好像因惩诫而获得福庆一般。

善不积不足以成名，恶不积不足以灭身。小人以小善为无益而弗为也，以小恶为无伤而弗去也。故恶积而不可揜，罪大而不可解。《易》曰："何校灭耳，凶。"

这是在解释《噬嗑》卦上九爻的爻义。"揜"，通"掩"。积善在身，就像小树天天在长高；积恶在身，就像滴水久后自能穿石。小人以善小而不为，以恶小而不去，所以久而久之，恶积而无法掩盖，罪大而不能缓解。这是在说，为善、为恶，务必审慎于细微，善、恶无不经由日积月累而成。一开始不能审慎，终至"何校灭耳"，不可收拾，故凶。

子曰：危者，安其位者也。亡者，保其存者也。乱者，有其治者也。是故君子安而不忘危，存而不忘亡，治而不忘乱，是以身安而国家可保也。《易》曰："其亡其亡，系于苞桑。"

这是在解释《否》卦（☷）九五爻的爻义。"安"，是指养尊处优。"存"，是指国家的巩固。"治"，是指纲举目张。今天之所以会倾危，正因为不知"生于忧患，死于安乐"的道理；之所以会覆亡，正因为"入则无法家拂士，出则无敌国外患"；之所以会动乱，正因为承平日久，法纪松弛。前三句是告诫，"是故君子"以下是如何汲取教益。只有心中长存危、亡、乱的忧虑，才能得到安、存、治的长久。所以君子今天虽然安处，但心永不敢忘倾危的事；国家虽然承平，但心永不敢忘覆亡的事；政事虽然理顺，但心永不敢动动乱的事。要真能如此，那就可以安身，进而保全国家。《否》卦九五爻辞说：心总是畏惧着，会灭亡啊！会灭亡啊！这样才能像系于苞桑那样地牢固。"其亡"二句，将其难、其慎的心描绘得栩栩如生，就是片刻也不敢忘怀的意思。魏徵向唐太宗李世民进谏时，就曾全段引述过这段传文。

子曰：德薄而位尊，知小而谋大，力小而任重，鲜不及矣。《易》曰："鼎折足，覆公餗，其形渥，凶。"言不胜其任也。

这是在解释《鼎》卦（䷱）九四爻的爻义。唐朝的石经，把"力小"写作"力少"，而《汉书》、《三国志》的注解所引的也作"力少"。"德薄"，是说积德不厚，也就是不仁。"知小"，是说智慧不高，也就是不智。"力少"，是说勇力不够，就是不勇。九四是近君大臣，居三公的大位，德、智、力三项一有所缺，就不能胜任其职，如此少有不招惹祸害的。有德而无智，则不足以应变；有智而无力，则不足以成事；如果没有德，虽有智、力，也无法感动天人而致天下于平治。古时候，人君一定要量能度德而后才授以官职，人臣也一定要度能、度德而后才敢任其职。德不能称其任，其祸必酷；能不能称其位，其殃必大。当君主的而不能明智于所用的人，为人臣的而不能审慎于自度才德，以致身亡主危，误国乱天下，都是由于不胜其任的缘故，可不戒慎恐惧吗？

子曰：知几其神乎？君子上交不谄，下交不渎，其知几乎？几者，动之微，吉之先见者也，君子见几而作，不俟终日。《易》曰："介于石，不终日，贞吉。"介如石焉，宁用终日？断可识矣！君子知微知彰，知柔知刚，万夫之望。

这是在解释《豫》卦（䷏）六二爻的爻义。《汉书》所引《易传》中，"吉之"两字中间还有个"凶"字。与在上位的人交往要恭逊，但过于恭逊就变成谄媚了；与下位的人交往要和易，但过于和易就变成渎慢了。因为"恭"与"谄"近，"和"与"渎"近，一偏离中道便至于流了。"谄"本是为了求福，而祸则常基于谄；"渎"本是为了交驩，而怨则常起于渎。所以是否流于"谄"、"渎"，必须在一开始的几微处就予以辨明，否则等到终日的时候，那悔吝就发生了。修身贵在慎独，便要人在这几微处慎加理会。孔夫子用"上交不谄"、"下交不渎"来解释"知几"，那真是所谓知几的人了。"几"，几微。

"知几"，是以理来说；"见几"，是以事来说。"不俟"，是说不用等待，比喻快得很。"介石"，是形容执守的坚固就像国境上的界石一般。正因为他执守得正而固，所以能不必终日就可断然辨明，才说"断可识矣"。"宁"，犹何。"断"，断然。"望"，仰望。只有存察细密的人才能做到上交不谄、下交不渎。"微"为"彰"之本，"柔"为"刚"之用。微而能彰，是"介于石"；柔而能刚，是"不终日"。君子洞见透彻明快，执守坚固，果断行动，是万民所仰望的。

子曰：颜氏之子，其殆庶几乎？有不善，未尝不知。知之，未尝复行也。《易》曰："不远复，无祗悔，元吉。"

这是在解释《复》卦（䷗）初九爻的爻义。"殆"，差不多、大概。"庶几"，说接近大道的意思。赞美颜渊改过十分快速。"有不善，未尝不知"，这是在形容颜渊的明睿，一般人常常有过错而不自知。"知之，未尝复行"，这是在赞美颜渊改过的诚笃，一般人常常一再犯同样的过错。颜渊能做到偏离正道不远，即回复善道，而不至于有悔，因此大善而吉。

天地纲缊，万物化醇，男女构精，万物化生。易曰："三人行则损一人，一人行则得其友。"言致一也。

这是在解释《损》卦（䷨）六三爻的爻义。"纲缊"，阴阳相交绸密的情状。"醇"，形容气化时浓厚而凝结的情状。"化生"，由气而成形出生。"构"，结合，指阴阳的精气相结合。"致一"，达致结合为一体。《损》卦是由《泰》卦（䷊）演变而来，《泰》卦的三、上两爻互换，就变成《损》卦。泰的乾坤为天地，损的艮兑为男女。天地、男女，仍然是阴阳的关系。阴阳二气缠绵交固，万物自然化醇。男女二气构合真精，万物自然化生。《损》卦的六三爻，说明阴阳以交合为贵。将《泰》卦，减损下卦的一个阳爻去增益上卦，这就是"损一人"。三与上为正应，损此益彼，适得其友。两，相合则专一；三，相参则离分。

子曰：君子安其身而后动，易其心而后语，定其交而后求。君子修此三者，故全也。危以动，则民不与也；惧以语，则民不应也；无交而求，则民不与也。莫之与，则伤之者至矣。《易》曰："莫益之，或击之，立心勿恒，凶。"

这是在解释《益》卦（䷩）上九爻的爻义。"安"，安适。"易"，平易。"定"，确定不移。上面的"不与"，是党与的与；下面的"不与"，是取与的与。"全"，是对人、对己都有益，"全"与偏相对。事不顺理，从欲则危，是"危以动"，百姓不会给予支持；心知非理，自觉惶恐，是"惧以语"，百姓不会给予响应；恩非素结，信非素孚，是"无交而求"，百姓就不可能将财物给与他。这全都是偏而不全的邪道，会导致众怒而民叛，那么就会伤害到自己。"君子安其身而后动，易其心而后语，定其交而后求"，君子做好这三件事，百姓自然支持。想求取百姓的支持，不如先要求自己做好这三件事。没有恒心，而要求有所增益，就会有意外的祸患。恒心就能坚守原则。只要能以恒心毅力固守良好的德行，不为外物所诱，那么虽不追求增益，而增益自在其中了。

第六章

子曰：乾坤，其易之门邪？乾，阳物也；坤，阴物也。阴阳合德而刚柔有体，以体天地之撰，以通神明之德。

"门"，出入房屋所必经的门户。《系辞上》提到"阖户之谓坤，辟户之谓乾"，指出《易》书六十四卦的刚柔之体统从乾坤两卦而来。《系辞上》提到"缊"，是指就其中而言，无物不包；这里提到"门"，是指就其出入而言，万事万物无不经由乾坤两卦出入。有形质的，叫"物"。乾是阳刚的物象，坤是阴柔的物象。"合德"，指交相影响。"有体"，指各成形质。有形状可以比拟，所以叫"体"；有义理可以推演，所以叫"通"。"撰"，造作，而神明莫测的意思。"体天地之撰"是承接"刚柔有体"而言，两个"体"字相应；"通神明之德"则是承接"阴阳合德"而言，两个"德"字相应。

其称名也，杂而不越，于稽其类，其衰世之意邪？

"名"，指卦名。"稽"，犹考。这在说明，乾坤两卦是诸卦的源头，而要人探本穷源。万物各有动静，所称的卦名虽然杂多，但动的不会越过阳，静的不会越过阴。所以阴阳可以含盖万象，也就万象无不从乾坤而出，所以为"易之门"。详细考察易卦的事类，无不以吉凶得失为主，显然不是上古淳朴的社会所能考虑到的，所以推测大概是衰世时期的作品，也就指周文王与商纣王的时代。"邪"，只是推测，不敢确定的意思。

夫《易》，彰往而察来，而微显阐幽，开而当名辨物，正言断辞则备矣。

"彰往"，藏往的意思，也就是"明于天之道"而能彰明已往的道理。"察来"，知来的意思，指"察于民之故"，而能预知未来的事。

已经显著的事，就推察它的原因；不明难解的事，就阐发它，以便驾驭它。"微显"，指由人事的彰显而根本于天道，所以微其显；"阐幽"，指以天道之幽而用之于人事，所以阐其幽。"开"，开启、开释。"当名"，指卦爻辞与其时义、爻位相称相适。"辨物"，指物象辨别明晰。"正言"，指卦爻辞无不恰当。"断辞"，指系以吉凶悔吝而言。文王因卦画不同而各个给取一个卦名，并系上卦辞，所以说"开"。文王以前只有卦画，而没有卦名、卦辞，易道尚未施展开来。如此系上卦辞，指出吉凶悔吝，那就十分完备了。

其称名也小，其取类也大。其旨远，其辞文，其言曲而中，其事肆而隐。因贰以济民行，以明失得之报。

"称名也小"是指卦爻辞所取的物象虽然细小，"取类也大"是指其所取喻的事类则极其广大，万事万物无不包罗在内。"肆"，陈列，指事、理、吉、凶尽皆陈列。"隐"，指旨远而辞文，如果没有细加玩索就不能通晓其趣。旨远辞文，指卦爻辞。"其言曲而中"，又在申述旨远辞文的意思。旨远则多隐而约，所以"曲"。辞文则有条理，所以"中"。"其事肆而隐"，是在申明名小类大的意思。名小则事物毕具，所以"肆"；类大则义理包涵，所以"隐"。乾坤两卦已包涵万事万物的道理。后圣如文王、周公推阐阴阳的义理，无非是发明乾坤的义理，以求合于天理，回复天地的正位而已。"贰"，疑也。"失"，背理。"得"，顺理。"报"，报应。如果民心没有疑惑，那《易》书就可以不用创作了。圣人创作《易》书，原来就是为了担忧百姓不知得失、吉凶啊！

第七章

《易》之兴也，其于中古乎？作《易》者，其有忧患乎？

上古时候，伏牺所作的《易》只有八个三画卦的卦名，以及六十四卦的卦画而已，没有卦名，更没有卦爻辞。其时风尚质朴，直观卦象就足以垂教了。到中古时期，世渐浇薄，不能只靠卦象来教导百姓，文王才为六画卦一一命名，并系上卦辞，以显明一卦的吉、凶、悔、吝。易道的义理因此就彰明起来了。六十四卦的卦名与卦辞在文王之前还没有，所以不称为"述"，而称为"作"。文王作《易》的地方是在今天河南省安阳市汤阴县的羑里，当时商纣王将时为西伯的文王拘禁在羑里，所以说"其有忧患乎"。这从文王为六画卦所取的名字，就可看出他有极为深刻的忧患意识。下面三次陈述九个卦，就足以见其忧患之意。

是故《履》，德之基也；《谦》，德之柄也；《复》，德之本也；《恒》，德之固也；《损》，德之修也；《益》，德之裕也；《困》，德之辨也；《井》，德之地也；《巽》，德之制也。

《履》卦（☱）由下兑（☱）上乾（☰）两卦组成，天高在上，泽卑在下，名分尊卑判然分别，这是一切礼制的基础。所谓"礼仪三百，威仪三千"，无不以礼为依据。"《履》，德之基也"，以践履执礼作为成德的起点。"基"，起始的意思。一切的德行要从笃行开始，不笃行则德何由而积？所以笃行、敏于行、勇于力行，乃是进德、成德的起始。不敢自满、有功而不居，这就是《谦》（☷），由下艮（☶）上坤（☷）两卦组成，比喻内怀艮山一般崇高的品德，外有坤地一般柔顺的行为。谦就是不敢自是、自满，人只要一自满，那进德的门就关闭了。时常秉执不敢自满的心，自然善德日积，所以说"谦，德之柄也"。"柄"，是用来持执东西的工具，而谦正式用来持执礼节的握柄。既然能谦逊为人，则善于深自内省，然后能回复其本然的善性。《复》（☷☳）就是一阳来复，返回本来的善性。人性本善，圆融无缺，后来之所以有不善，实为物欲所影响。只要知道物欲之为害，而能予以克制，就能重返善性，而了知此善乃吾性中所固有，这就是"克己复礼"的工夫，也就是脚踏实地践履仁德。遵循我所本有的善性而进德不已，则沛然莫之能御矣，所以说"《复》，德之本也"。如此就内外合致了。因为礼乃"天理之节文，人事之仪则"（朱子语），是用来规范外在行为（即"履"）的动静语默。"谦"则是渐渐转向内省的功夫；至于"复"，则是"明乎善"而"诚乎身"（《中庸》语）的工夫，也就是"明明德"（《大学》语）的事，所以说复是内外相交养的事。

凡是要成德，贵在能持之以恒（☳☴），要求能做到"君子无终食之间违仁，颠沛必于是，造次必于是"（《论语·里仁》）。否则，虽得之，必失之，所以说"恒，德之固也"。君子要修德，就得减损（☶☱）一切的恶德、恶念、恶言、恶行，惩忿窒欲，如此才能进德、修身，所以说"损，德之修也"。见到别人有善行，就赶快学习，发现自己有过错，就马上改正，如此则善日积而德行愈为从容宽裕，所以说"《益》（☴☳），德之裕也"。

人如不面临艰困（☱☵）的考验，那就没办法充分发挥其德行最为光辉的一面，所以说"《困》，德之辨也"。"辨"，分别的意思。遭逢困境时，君子固守原则，不为困境所移易；小人则滥，为了脱困而无所不用其极，其结果是困上加困。谁为君子，谁为小人，遇上困境就像照妖镜一样，善恶立判。井（☵☴）可以养人济物，而君子的德行也能移风易俗，垂范后世，所以说"《井》，德之地也"。"地"与"基"有别，基小而地大：基只是初起脚跟，积累可由此而上；地则是凝成全体，施用的奥妙全由此而出。唯其如此，然后可以有为，有为的人常顺时而制宜。不能顺时制宜，那只是一方一曲的凡人，绝非盛德大业。顺时制宜，并非随俗同流合污，而是像禹、稷、颜子那样的圣贤。时该出而大有作为，就出而大有作为；时该居陋巷、安贫乐道，就居陋巷、安贫乐道，所以说"《巽》，德之制也"。巽（☴☴）字的意义，不是一个顺字讲得尽，它有顺而能入的意思，多有断制裁割的意思，唯其如此，才足以行权应变。

这是在论述九卦与德行的关系。履用来持身，谦用来涉世，复是为了回复其本来的善性。这三个是进德的大端。恒、损、益，讲持身的方法；困、井、巽，讲涉世的方法。始于践履，便可与适道；终于行权，便可与权啰！

《履》，和而至；《谦》，尊而光；《复》，小而辨于物；《恒》，杂而不厌；《损》，先难而后易；《益》，长裕而不设；《困》，穷而通；《井》，居其所而迁；《巽》，称而隐。

《履》卦，兑（☱）以柔悦处下而承接乾（☰）的刚健，所以说"和"；乾天在上，兑泽处下，乃礼节的名分、尊卑最为显著的，所以说"至"。君子立身行世，体履以定行止，所以为"和而至"。为人不谦逊，则自是自雄，自是则得不到别人的尊重，自雄则自身德行得不到进长；能谦逊，则自卑自晦，自卑则得到别人的尊重，自晦则自身的德行更加光明，所以说"《谦》，尊而光"。"小"在此指一身的意思，相对于天下国家，一身当然就小了。"辨"，通"遍"。要践履执礼，要从修身做起，而后才能遍及天下国家。所谓"自天子以至于庶人壹是皆以修身为本"，《复》卦一阳初萌于五阴的下面，初九的《象传》就说："不远之复，以修身也。"

人生在世，送往迎来，事有大小，人情对此，常生厌倦，这就是不能有恒于德行的表现。有恒的人，事务再怎么繁杂也不会露出厌倦的形色。这就是"《恒》，杂而不厌"。人情的常态是处顺则易，处逆则难，只要有人要减损他的过错，他就不高兴，所以是"先难"。既然不得不减损自己的过错而复归于本来的善性，那就能遵循本心的诚与善，所以说"后易"。《益》卦是随时随地见善则迁，因而不断增益自己的德行，也就是在固有良好德行的基础，就在那上面再充长增益善德。"设"，撰造的意思，那就是做假了。所以说"《益》，长裕而不设"。

不努力修德的人，遇到穷困时，就只会怀忧丧志而已。有德君子遇到穷困时，德行愈为精进，对于大道的体悟愈为深入，这就是

"《困》，穷而通"。井是有根本，有源头的东西，所以能恩泽源源不断地利人济物，而却不曾穷困，这就像有德君子能移风易俗，造福社会，泽及后代，而其德行不曾稍减一般，所以说"《井》，居其所而迁"。"居其所"，指井固定而不动。"迁"，指利人济物。有德君子所言所行，无不巽顺于事理，所以动静称宜。之所以称宜，指了无形迹可见，所以为"隐"。能够奉行中道，行权而不悖理，所以说"《巽》，称而隐"。

这是在论述九卦的材质。

《履》以和行，《谦》以制礼，《复》以自知，《恒》以一德，《损》以远害，《益》以兴利，《困》以寡怨，《井》以辨义，《巽》以行权。

这是第三次陈述九卦，告诉我们，圣人如何用九卦来处忧患，所以都用"以"字来说，就像六十四卦《大象》，如"山下有风，蛊；君子以振民育德"，特别突出"以"字，以显明如何运用易道。"《履》以和行"：行为如有不和畅，一定是不遵循礼节的缘故；能遵循礼节，则必能和畅。"《谦》以制礼"：自为尊大则不能合乎礼节，卑以自牧则能自我节制，遵循礼节。"《复》以自知"：稍有不善，未尝不知，这就是自知，自知则能克己复礼。

"《恒》以一德"：不能恒常，那就会二、三，以至于无穷；能恒常，就能专一，始终如一，德乃日新。"《损》以远害"：忿怒、多欲，最为害德；损的本义，在于减损自己的恶德；能减损恶德，自能远离祸害。"《益》以兴利"：有益于己的称为"利"，天下有益于己的，莫大于善德，所以有德君子观易象而日益迁善，所以说"兴利"。

"《困》以寡怨"，君子处困厄的时候，一定能够推致其命，以遂其志，何怨之有？只是困的意思，不必穷厄患难降及自身，只要行有不得，都是困。对于这种困，君子只有反求诸己而已，不会去怨天尤人。"《井》以辨义"，君子之义贵在能移风易俗，所谓"君子所过者化，所存者神，上下与天地同流"(《孟子·尽心上》)。从井能养人，可以辨明君子之义。"《巽》以行权"：君子处事，对于轻重委曲的地方无不深入，就像秤东西一样，权锤是随着物的轻重而移动，那就动静称宜，不会流于悖理。

  这章三陈九卦，申明君子反身修德，如何面对忧患。九卦既成己又成人，无往不宜。圣人不能没有忧患，所凭借的是有其善处忧患的方法，那就是服膺大道而已。六十四卦无不教人修德、成己、成人，这里特举九卦以告后世君子。第二节的"也"字，第三节的"而"字，第四节的"以"字，层次分明。先陈其德，次陈其材，后陈其用。精研这九个卦，就可以通晓易道了。

第八章

《易》之为书也，不可远。为道也屡迁，变动不居，周流六虚，上下无常，刚柔相易，不可为典要，唯变所适。

"不可远"，就是不可远离的意思。《易》书不可须臾远离。"屡迁"，指易道随时变通，而不凝滞于物。易理灵活变通，不拘于物。这是总言《易》的为书之道，以起下文。从"变动不居"到"唯变所适"，这是在说易道的"屡迁"。"居"，定居而不移。"周流六虚"，指刚柔两爻流行于卦的六位上面。爻位本虚，或刚或柔，因爻始见。爻或自上而降，或由下而升，上下并不恒常。柔来文饰刚，或分刚上而文柔，这是"刚柔相易"。"易"，变易。"典要"，一定的常法。"变"，指事变。"唯变所适"，指理求其通，事求其宜。穷则变，变则通。不变则不能通，就不能适。孔子随时处中，就是唯变所适，无不称宜。

其出入以度，外内使知惧。

卦爻辞所说的，都是利用出入的事。举凡一切的出入，都要合于法度。使出而在外，入而在内，都知道有个法度而不敢胡作非为，这就使人知道有所畏惧。如此则在至变之中，自有其不可擅变的准则。所以设置法度告诉人们，知道外、内一原，而警惧于心。

又明于忧患与故，无有师保，如临父母。

不只要使人懂得畏惧，还要能晓知未来的忧患与过往的事故。《易》书淳朴地与百姓同患难，与百姓同忧伤，虽然没有授课与养生的师保们耳提面命，而却有像父母般的俨临，关爱无所不至，考虑无所不周，所以教训也无所不切啊！

初率其辞而揆其方，既有典常。苟非其人，道不虚行。

"方",道的意思。"既",终的意思。初始经由卦爻辞以揆度其道,终则见其有典常啊!易道虽然"上下无常","不可为典要",然必率辞揆方以通其变,虽千变万变而不离其宗,这是终究有典、有常。然而要神而明之,则存乎其人。所谓"待其人而后行"。有易德然后能行易道,如果该人不是确有阴阳之德,则易道也只不过是空谈而已,这是《中庸》所说的"苟不至德,至道不凝焉"。

第九章

《易》之为书也，原始要终以为质也。六爻相杂，唯其时物也。

"原"，察的意思。"要"，求的意思。"质"，指卦的体质。《易》这本书，是文王细察一卦的开始，追求一卦的终结，而定一卦的大义，因以命卦名而系上卦辞。"爻"，是交的意思。周公观六位相交相错，各因六爻的时位，而定一爻的爻辞。六个爻位阴阳交错而处，称"杂"。六爻的爻画"上下无常，刚柔相易"。物以得时为贵。爻以刚柔随卦时而变，所以称"时物"。"唯其时物"就是"唯变所适"。

其初难知，其上易知，本末也。初辞拟之，卒成之终。

这是在讲初、上两爻。事情刚发生的时候，还不显著；到完成的时候，才纤微毕露。初爻是一卦的开始，只见苗头，所以难知；上爻是一卦的终了，事已毕显，所以易知。"初辞拟之"解释"其初难知"，由于初爻拟议起始，所以难知。"卒成之终"解释"其上易知"，因为上爻是事情的终了，而成就终见，所以易知。

若夫杂物撰德，辨是与非，则非其中爻不备。

"中爻"，指初、上两爻之间的四个爻，即二、三、四、五。于初爻尚未明显，于上爻则已完成，一卦的变化取决于中间那四爻。"杂"，指从卦中四爻，杂而又另成两个互体的卦德，所以才叫做"撰"，撰作的意思。外互（即三、四、五爻）象人参天，内互（即二、三、四爻）象人参地。天地之间，人事为多，这是"杂物撰德"的由来。互体是三、四分别为内、外互的中爻，如此德、位分，而是、非定了。"辨"，剖别之于象，以考验之于辞的意思。

噫！亦要存亡吉凶，则居可知矣。知者观其彖辞，则思过半矣。

"噫"，感叹词。"要"，求的意思。"居"，平素在家。想要寻求存亡吉凶之道，经由推敲卦中四爻的关系，平居家中就可得知。"彖辞"，即卦辞。卦辞统论一卦的大体，智者观而细思之，则卦义已可得大半了。

二与四同功而异位，其善不同。二多誉；四多惧，近也。柔之为道，不利远者，其要无咎，其用柔中也。

以下论卦中四爻。"同功"，指二与四同为阴位。"异位"，指远近不同。五是一卦的尊位，故远近都是从五来讲。二与五相应，为远；四与五相比，为近。二离君远，意气舒展，且居下卦之中，所以多美誉；四离君近，势分逼迫而多惧。"多"，指不全然如此，但大多如此。"柔之为道"以下，解释"二多誉"。柔则不能自立，近则有所依靠，远则似乎不利。"要"，归的意思。二远于五，而其归得以无咎，是由于二用柔而居下卦中位的缘故。

三与五同功而异位。三多凶，五多功，贵贱之等也。其柔危，其刚胜邪？

三、五同为阳位，但贵贱有别，三贱而五贵。三如以柔爻居阳位，则不当位；如以刚爻居阳位，则过刚失中而多凶。五如以刚爻居阳位，为刚中，所以多功。"其柔危"以下，解释"五多功"。五为尊位，如以柔爻居之，则不胜其任而危；惟以刚爻居之，则能胜其任而有功绩。"邪"，通"耶"，不确定的意思。有时柔爻居五而得吉，是合于卦时的缘故。"二多誉，四多惧"之上，有"其善不同"四字，而"三多凶，五多功"之上，则无此四字，"誉"与"惧"虽然不同，但皆可称为美善。"凶"则不能称为美善，所以不提"其善不同"。

第十章

《易》之为书也，广大悉备：有天道焉，有人道焉，有地道焉。兼三才而两之，故六。六者，非它也，三才之道也。

"广"，指如地一样无所不载。"大"，指如天一样无所不覆。"悉备"，指万物之理纤悉详备。"才"，才能。天能覆，地能载，人也能参天地而育万物，所以称"才"。三画卦已具三才，天、地、人各一，不两则不能变动，两卦重叠则为六。以上面两个爻位为"天道"，中间两个爻位为"人道"，下面两个爻位为"地道"。三才之道，各自有阴、有阳，不得而不六，绝不是人为的造作。

道有变动，故曰爻。爻有等，故曰物。物相杂，故曰文。文不当，故吉凶生焉。

太极散而为万物之殊，都是从一卦（即"三才之道"）各爻的变动而生，所以说"爻"。"爻之为言效也"，"爻也者，效天下之动者也"，以六爻来效法阴阳变化之道。"等"，种类。"爻有等"，六爻各个分居不同的爻位，而代表不同的物象，所以称为"物"。"文"，文饰。刚柔爻相杂就是文饰。"文不当"，不是专指不当位而已，以得时义为当，不得时义为不当。当就吉，不当就凶。吉凶自然由此而生，并不是勉强附加上去的。

第十一章

《易》之兴也，其当殷之末世、周之盛德邪？当文王与纣之事邪？是故其辞危。危者使平，易者使倾。其道甚大，百物不废。惧以终始，其要无咎，此之谓《易》之道也。

"兴"，指文王演《易》，命六十四卦的卦名并系上卦辞，使易道中微而复兴。因为文王担忧纣王失德，演《易》以明吉凶产生的道理，希望让纣王醒悟而能国祚永存。这是文王事奉纣王之道，所以是周的盛德啊！"易"，慢易。"使"，天地自然之理，若似有意使成此后果。文王以盛德而处忧患，以自己亲身的经历教导后人，所以他所系的卦辞多有危惧的言辞。懂得危惧的人，使他平安；慢易危惧的人，使他倾覆。危平易倾，乃天地自然的道理，凡事因之而分成败。"其道甚大"，巨细靡遗，无不包含。"以"，犹于。既惧于始，使人防微杜渐；又惧于终，使人持盈守成。总结以无咎而善补过，这就是《易》之道。"要"，归，总结的意思。《易》书原始要终，只是畏惧、无咎而已，所以说"惧以终始，其要无咎"。《诗》三百，一言以蔽之，曰"思无邪"；《易》六十四，一言以蔽之，曰"惧以终始，其要无咎"。所以说"学《易》可以无大过"。

第十二章

夫乾，天下之至健也，德行恒易以知险。夫坤，天下之至顺也，德行恒简以知阻。

"健"，刚健，是乾的卦德。"顺"，柔顺，是坤的卦德。实得于心的为"德"，见诸于事的为"行"。乾至为刚健，则所行不难，所以易；坤至为柔顺，则所行不繁，所以简。但在处理事情的时候，都要能够知道有其难，有其繁，而不敢单纯用易、简来面对，这是有深刻的忧患意识使然：那么"天下之至健"就有如自高临下，而知其险峻；"天下之至顺"就有如自下趋上，而知其阻塞。因为虽易而不难，能知险峻，就不会陷入险峻了；既然简而不繁，能知阻塞，就不会为阻塞所困。所以能有知危、知惧的心，就不会有倾颓的忧虑了。

能说诸心，能研诸侯之虑，定天下之吉凶，成天下之亹亹者。

"说"，同"悦"。"侯之"两字显为错简。易而简，所以能喜悦于心情而不忤于理；知险又知阻，所以能精研于思虑而不昧于事。《系辞上》提及"定天下之吉凶，成天下之亹亹"，是专门就蓍龟来说的。这里重提这两句话，是说只要效法乾坤的易简之道，而又能知险、知阻，就能定、能成。"亹亹"两字当解为微微，而不是勉勉。亹亹是分别阴阳的几微处，可导致成败的契机。顺应时势则成，悖逆时势则败。一切的吉凶，不必等到事已显露才知道，当其微微之时，早已预定。到吉凶已形，以前的微微之象到这时才显露出来，所以不必等到事已显著，吉凶早就决定了。

是故变化云为，吉事有祥。象事知器，占事知来。

"云为"，指言动，即"以言者尚其辞，以动者尚其变"中的"尚其辞"、"尚其变"。"祥"，几祥，事先的预兆。"象事"、"占事"则为"尚其象"、"尚其占"。人的所言所行，变化不一。只要能以健顺、易简、知险、知阻为依归，那么吉事一定有祥兆。取法于卦爻象来认识事物，可知器物的形象而来制作。用占筮可以知未来的吉凶，可以决断疑惑的事。在此重申"易有圣人之道四焉"。

天地设位，圣人成能；人谋鬼谋，百姓与能。

天地设位，乾天在上，坤地在下，而圣人则效法乾坤的易简之道，知险、知阻，创作《易》书，以成其能，尽其才。于是借由人谋、鬼谋，一般平凡的百姓也能参赞天地的化育。"成能"和"与能"大有不同："成能"是指圣人能成就天地所不能成就的才能；"与能"，是指百姓得以参与、运用圣人已成就的才能。"鬼谋"，指在神庙卜筮，求鬼神开示。自古卜筮一定是先求谋于人，然后才求谋于卜筮。《尚书·洪范》说："谋及卿士，谋及庶人。"然后才说："谋及卜筮。"三才之中，人处天地之间，不能离天地而独立，天地也不能离人而成能。圣人出类拔萃于百姓之上，所以只有圣人才能成其能。天地能生之，而不能成之；圣人不能生之，却能成天地之所不能。

八卦以象告，爻彖以情言。

"象"，指卦画。"告"，告示。"爻彖"，指卦爻辞。伏羲始作八卦，并使八卦相重叠而为六十四卦，模拟天地万物而告示众人。文王、周公父子所系卦爻辞则是圣人忧患天下百姓心情的显现，所谓"圣人之情见乎辞"。

刚柔杂居，而吉凶可见矣；变动以利言，吉凶以情迁。

一卦六爻刚柔相推，杂居而处，得理则吉，失理则凶，所以说"吉凶可见矣"。圣人变而通之以尽利，指卦理可以指导人事。九、六变动得当则利，而吉凶则随相关的卦爻辞所拟的情态而推移。

是故爱恶相攻而吉凶生；远近相取而悔吝生；情伪相感而利害生。凡易之情，近而不相得则凶，或害之，悔且吝。

"攻"，磋摩的意思。"恶"，厌恶。"取"，求取。"感"，感应。"相攻"，指从相感、相取而达到最极致的情况。"爱恶相攻"以下，都在讲"吉凶以情迁"的事，而以爻与爻的关系来说明。"吉凶"、"悔吝"、"利害"，分别出于"相攻"、"相取"、"相感"，而总属于相近的情形。《周易》的爻辞要能将此爻与它爻的情形表达出来，所以观看爻辞就可以知晓该爻的情形。"利害"，指已出现或利、或害的苗头了；"悔吝"，指已稍露形迹了；"吉凶"，指失得已成定局；而用吉凶涵盖悔吝与利害。"相感"，指与它爻刚开始发生关系的情形，所以用利害来说；"相取"，指与它爻已建立某种关系了，所以用悔吝来说；"相攻"，指与它爻的关系极为密切了，所以用吉凶来说。情伪、远近、爱恶，乃是由浅而深，如果错综来看，则相感、相取、相攻的人，他的行为都有情伪，他的所处都有远近，他的情意都有爱恶。总是以相近一项来说明：近而不相得，则以厌恶相攻而生凶；不以近相取而悔吝生；以虚伪相感则害生。只要相比、相应，都是近。至于"相得"的总例，违背卦义，则爻与卦不相得；阴阳失正，不当位，则爻与位不相得；应爻皆刚或皆柔，那是应爻不相得；以柔乘刚，则是比爻不相得。以真情相感为有利，以虚伪相感为有害。感应不纯真或真情中杂以虚伪，那就有悔吝。大抵情近而相得的爻，就可以得吉、利、悔亡、无悔、无咎；不相得而远的爻没害；但近而不相得的爻就会凶，又有害而悔且吝。

将叛者其辞惭，中心疑者其辞枝。吉人之辞寡，躁人之辞多。诬善之人其辞游，失其守者其辞屈。

"叛"，背叛。"惭"，通"惭"，惭愧。"枝"，枝蔓。"游"，浮游飘移不定。即将背叛的人，有歉于心，所表达的言辞就显得有所愧疚，所以说"将叛者其辞惭"。内心有所疑惑的人，所讲的话必然泛泛，所以说"中心疑者其辞枝"。有吉德的人，凡事依理平直，没有废话，所以"其辞寡"。浮躁的人急于说服别人,所以"其辞多"。诬陷善良的人,一定深隐意图而阴藏其恨,所以"其辞游"。失去其所应坚守的原则的人,必然是见义不明而内无所主,所以"其辞屈"。这是在申明:所以知险、知阻的说法。有吉德的人,是获得易简之理的人。会叛、疑、躁、诬、失守的人,是丧失易简之理的人。所以《易》书能尽情伪而明得失。情伪相感,必见乎辞,所以《论语》引孔子"不知言,无以知人也"以终结全书。孟子又说:"我知言,我善养吾浩然之气。"又说:"诐辞知其所蔽,淫辞知其所陷,邪辞知其所离,遁辞知其所穷。"可见大圣大贤,有知言的实功。只有知言,才不会被群言所乱、术士所惑。圣人论《易》,未尝不总归于人事,所以用知言总结《系辞》。

说卦

《系辞传》是在通论卦、爻、象、占、理、数。这里则是专就八卦的意义、起源，及其所代表的物象来论说，所以称为《说卦传》。

第一章

昔者圣人之作《易》也，幽赞于神明而生蓍。

"幽"，隐幽。"赞"，赞助。神明隐幽难见，以前圣人（指伏羲与文王、周公父子）创造《易》来与神明会通，所以说"幽赞"。"生蓍"，指圣人创造揲蓍求卦的方法，就像《系辞上》第九章的大衍筮法。神明不会说话，用蓍草所显现出来的象数，来替神明说话。

参天两地而倚数。

"参"，就是三。"两"，就是二。天圆而地方。圆的直径为一，要围成圆需要直径三点一四一六倍左右的长度，取整数为三，三为三个一奇，所以参天而为三。方的一边为一，要围成方需要四倍的边长，四相当二偶，所以两地而为二。"倚"，依傍，依此数而得到彼数的意思。所有的数都依靠三与二而起。筮法中的七、八、九、六也是由参天两地而来：三个三为九，三个二为六，一个三、两个二为七，两个三、一个二为八。除了五、十居中宫而外，奇数生于一、三，成于九、七；偶数生于二、四，成于八、六。而以其成数七、八、九、六来记阴阳。阳主进，阴主退：阳之进者为老、为九，退者为少、为七；阴之退者为老、为六，进者为少、为八。

观变于阴阳而立卦。发挥于刚柔而生爻。和顺于道德而理于义，穷理尽性以至于命。

按照大衍筮法，"四营而成易"，其中的"易"是变化。"四营"就是分二、挂一、揲四、归奇等四道工序，以四十九根蓍草或竹策，经过四道工序的运作，就成一变，三变而得七、八、九、六。七、八、九、六分阴阳、老少而得一爻。经过十八变，也就是经过十八次的分二、挂一、揲四、归奇的运作，可以得到六个七、八、九、六，而确定出一卦及其变爻，七、八为不变的爻，九、六为可变的爻。"观变于阴阳"，就是依照大衍筮法，求得六个爻的阴阳、老少而确立一卦，所以说"观变于阴阳而立卦"。既然观变立卦，又就刚柔两画或为少阳（七）、少阴（八），或为老阳（九）、老阴（六），往来上下，微细阐发出来，而生出变动的爻，这叫"发挥于刚柔而生爻"。得到七、八、九、六的数，就可以立卦；立了卦，变爻就出现了。"道"是命，"德"是性，"义"是理。"和顺于道德而理于义，穷理尽性以至于命"，这是反复互相阐明的句法。上面的"理"字，是条理、理顺的意思；下面的"理"字，则是义理。"理"散见于万事，而"性"则为人与生俱有，"命"则是主宰一切的天。"穷"，穷究其精义。"尽"，净除物欲，才能使原本的善性充分展现。"至"，达到其至为深奥、与大道融浑为一的地方。"生蓍"、"倚数"、"立卦"、"生爻"，无不本于天地神明之德，而不是人为的作做。《易》的奇偶：在天之命是阴阳之道；在人之性是仁义之德；在地之宜是刚柔之理。"和顺于道德而理于义"，从天命、人性、物理一路下来，自源而来，从合而分，由幽而显，这是所谓的"显道"。"穷理尽性以至于命"，则是从究穷物理、善尽本性、了知天命一路倒回来，自末而本，从分而合，由显而幽，这是所谓的"神德行"。

　　本章统论"生蓍"、"倚数"、"立卦"、"生爻"。圣人是指伏羲、文王、周公。从本章可见《易》本是卜筮的典籍，也是《六经》的本源。"生蓍"，是确立揲蓍求卦的方法。"倚数"，是起蓍筮的数。"立卦"、"生爻"，则指画卦、系卦爻辞。可见《易》是为卜筮的用途而创作的。"和顺于道德而理于义"，讲卦画既定，则要上合于天之道、性之德，而下能周遍乎万物之所宜。"穷理尽性以至于命"，讲卦爻辞既设，则要能尽乎事之理、人之性，而上达于天命之本。所以《易》以卜筮为教，而道德、性命的奥义以及万事万物的道理与规律尽在其中了。

第二章

　　昔者圣人之作《易》也，将以顺性命之理。是以立天之道曰阴与阳，立地之道曰柔与刚，立人之道曰仁与义。兼三才而两之，故《易》六画而成卦。分阴分阳，迭用柔刚，故《易》六位而成章。

　　"顺性命之理"，就是将上章的"和顺于道德而理于义，穷理尽性以至于命"总结为一句话。"性"，是上天所赋予人的理。"命"，则是上天所赋予天地的理。阴阳、刚柔、仁义，就是"性命之理"。分别阴阳爻位，迭用刚柔爻画，就可以定吉凶、成亹亹，而仁义之道已经在其中了。"兼三才而两之"，是在说重卦。当三画卦出现时，已具三才之道；互相重叠而为六画卦时，则天、地、人之道各分阴、阳，这就是"《易》六画而成卦"。"分阴分阳"，是以爻位来说。一卦有六个爻位，由下而上：初、三、五为阳位，二、四、上为阴位。阴阳各半，所以说"分"。"迭用柔刚"，是指爻画来说，柔为六，刚为九。阳位，刚爻、柔爻都可以居处；阴位，刚爻、柔爻也都可以居处。或柔或刚，更相为用，所以说"迭用"。"迭"，轮流的意思。爻位没有固定的材质，所以用阴、阳来命名；爻画有固定的材质，所以用刚、柔来命名。爻位是阴、阳相间，分布一定；爻画的刚、柔不同，所以迭用以居处。"分"以对待说，"迭用"以流行说。《系辞》所谓"物相杂故曰文"，所以这里使用"成章"。位用"分"以表示其经，爻用"迭用"以为之纬，经纬错综，粲然有文，所以说"《易》六位而成章"。

第三章

天地定位，山泽通气，雷风相薄，水火不相射，八卦相错。

这是在说明伏羲的先天八卦图。乾老于南，坤老于北，乾坤一南一北，确定子午之位而天地合德。西北多山，东南多水，艮居西北为气的起始，兑居东南为气所流注。水气由山脉流入湖泽而为水泉，泽气升腾于山上而为云雨，山泽虽然异体，而气其实互相贯通。风起于西南，阴气初盛；雷动于东北，阳气初盛。阴阳二气相薄而鼓动其机，所以巽居西南，震居东北。雷风各动其气而相薄。"薄"，入的意思。火日生于东，水月生于西，所以坎居西，离居东。水火不相厌而相资。"射"，厌弃。"定位"，以体而言；"通气"、"相薄"、"不相射"，以用而言。八卦的作用，变化如此，所以圣人使八卦互错，阴爻与阳爻互换为"错"：乾与坤错、震与巽错、坎与离错、艮与兑错，而八卦又交互以象征天地、雷风、水火、山泽，两两交错，以体现《易》的卦画与天地准。性命之理，吉凶之数，既往之事，将来之几，通通完备在卦画之中了。

数往者顺，知来者逆，是故《易》逆数也。

先天八卦图

伏羲以乾坤两卦确定上下的位置，坎离两卦分列左右的门户，艮兑与震巽也两相对立，无不以阴阳相错。在先天八卦图左侧，从震（☳）一阳始生，刚过冬至节，经历离、兑（都是两个阳爻）之间的春分，以至于乾（三个阳爻）的夏至。这是倒退而得已然显著的事，就像今天重新点数昨天的事，所以说"数往者顺"。先天八卦图右侧，从巽（☴）一阴初生，刚过夏至节，经历坎、艮（都是两个阴爻）之间的秋分，以至于坤（三个阴爻）的冬至。这是前进而推知尚未成形的事，就像今日逆计来日的事，所以说"知来者逆"。

　　先天八卦的顺序是乾、兑、离、震、巽、坎、艮、坤，在先天图的左侧，由震而离、兑、乾，是"数往者顺"；右侧由巽而坎、艮、坤，是"知来者逆"。也就是先天八卦图左侧，由下而上，阳气升发；右侧，由上而下，阳气敛藏。如果依莱布尼兹以"柔爻"为"零"，以"刚爻"为"一"，将二进制换算为十进制，则震在二进制为001，逆数则为100，合十进制的四。同理，离为五，兑为六，乾为七，也就是左侧阳气日渐升发；巽为三，坎为二，艮为一，坤为零，也就是右侧阳气日渐收敛。《易》是用来逆知来事，以前民用，所以它的数法也用逆数，而画卦也是由下而上。"数"，当读第三声，作动词用，推算的意思。

第四章

雷以动之，风以散之；雨以润之，日以烜之；艮以止之，兑以说之；乾以君之，坤以藏之。

"烜"，音xuǎn，通"晅"，干燥的意思。"说"，通"悦"。乾坤始交而生震巽，震巽互错，雷动则物萌，风散则物解。中交而生坎离，坎离互错，雨润以制干旱，日晅以燥湿润。终交而生艮兑，止之以成其质，悦之以遂其性。这是在说，乾坤是经由六子而发挥作用，所以乾坤殿后。本章先以震雷配巽风，次以坎雨配离日，次以艮止配兑说，末以乾君配坤藏。阳卦在前，配阴卦在后。而将乾、兑、离、震的顺序颠倒。乾是造物之主，号令都发自乾元。坤是养物之府，万物无不成就于坤，含藏于坤，是万物之母。八个"之"字，是指万物而言，指太极真气涵养于万物的意思。这是在说太极的理，是由八卦来彰显其功用，所以"以"字、"之"字，颇有义理。上四句取象义，所以以"象"言；下四句，取卦义多，所以以"卦"言。

上章以天地居首，以尊卑排列。本章以乾坤居后，以总其成功。上章以本体来说，本章以作用来说。

第五章

　　帝出乎震，齐乎巽，相见乎离，致役乎坤，说言乎兑，战乎乾，劳乎坎，成言乎艮。

　　这是在说文王后天八卦的方位。"帝"，万物的主宰。从"出乎震"到"成言乎艮"这八件事都是"帝"所作的，所以冠之以"帝"。"出"，是自隐而显，震在东方，配春分，为木，主生。"齐"，是旁通周遍，在东南，配立夏，也是木。震为阳木，巽为阴木。木生火，离为火。"相见"，指光辉明盛，彼此灿然无所隐避。离在南方，配夏至，主长。火生土，坤为土。"致"，犹委。"致役乎坤"，坤土委役于万物，无不济养。土分旺于四时，尤其旺于夏秋之际，为中央土，能生秋金而养乾阳真气。坤在西南，配立秋，主化。"说"，通"悦"。兑在西方，配秋分，为阴金，主收。在秋天，万物各遂其生，所以喜悦。乾在西北，配立冬，为阳金。"战"，接的意思。立冬为暑尽寒来，阴阳交接之际，西北阴盛而疑于阳，就像坤上六"龙战于野"，所以说"战乎乾"。金生水，坎为水，在北方，配冬至，主藏。坎为熟习、劳苦的意思。寒水没有阳土的温润，则不能生木，所以接下来就是艮土。艮是阳土，在东北，配立春，处在冬、春之际，在冬则"成终"，在春天则"成始"。不克制就不能好好生长，艮为止，就是克制的意思，艮就是如此来积蓄阳春的生气，这是阳土最大的作用，对于济养万物有"成终成始"的功用。

后天八卦配二至、二分、四立图

万物出乎震，震东方也。齐乎巽，巽东南也，齐也者，言万物之洁齐也。离也者，明也，万物皆相见，南方之卦也，圣人南面而听天下，向明而治，盖取诸此也。坤也者，地也，万物皆致养焉，故曰"致役乎坤"。兑，正秋也，万物之所说也，故曰"说言乎兑"。"战乎乾"：乾，西北之卦也，言阴阳相薄也。坎者，水也，正北方之卦也，劳卦也，万物之所归也，故曰"劳乎坎"。艮，东北之卦也，万物之所成终而所成始也，故曰"成言乎艮"。

上面说"帝出乎震"，这里说万物随帝以出入。帝的出入看不到，用万物在四时的出入来表明。万物出乎震雷，就在东方，春雷发声，万物萌动。"齐乎巽"，在东南，立夏时，风摇动而使万物洁齐。"万物皆相见"，是离日照射使万物明亮。离是南方的卦，所以圣人效法"南面而听天下，向明而治"，不使私意蔽障明亮的本心。由震而巽，由巽而离，乃是由阳木接阴木，由木接火，以见春夏同为一气。万物皆致养于地，所以说"致役乎坤"。"坤"，字由左"土"右"申"组成，土位在申，指地气含养使万物秀实。兑值正秋，万物之所悦，草木皆老，就像以泽气而悦成之。"战"，接的意思，指阴阳相薄。西北阴盛，而乾金以纯阳临接阴气。坎是劳卦，水性乃劳而不倦。万物自春生于地，冬气闭藏，又皆入地，所以说"万物之所归也"。由兑、乾而坎，以见金水之直接，乃秋、冬同为一气。"万物之所成终而所成始"，讲万物阴气终，阳气始，都是艮的作用。

后天八卦的顺序，是在两仪既分之后，分布五行于四时。震、巽两木主春，所以震在东方，巽在东南。离火主夏，所以是南方的卦。兑、乾二金主秋：兑为正秋，在西；乾为立冬，在西北。坎水主冬，所以是北方的卦。土旺于四时，所以坤土在夏、秋之交，在西南方，是中央戊己土；艮土在冬、春之交，在东北方，是分旺四季的辰戌丑未。木、金、土各有两卦，乃是以形而王。水、火各有一卦，乃是以气而王。阴卦兑、坤、离、巽居西南为阴方，阳卦震、艮、坎、乾居东北，为阳方。而火气极端酷热，物无由而成；水气极端寒冷，物无由而生。唯有土气最为中和，所以火金之交有坤土，水木之交有艮土，而为万物之所由出入。坤居离兑之间，化相克为相生。艮居坎震之间，以成终而为成始。这些都是土的神妙作用。坤是阴土，所以在阴地；艮是阳土，所以在阳地。震是阳木，所以处正东；巽是阴木，所以近南而接于阴。兑是阴金，所以正西；乾是阳金，所以近北而接于阳。由木（震、巽）生火（离），火生土（坤），土生金（兑、乾），金生水（坎），寒水非阳土（艮）不能生木，所以再来是艮，水土又生木，木又生火，八卦之用，五行之生，循环不穷，这就是造化流行的顺序啊！

第六章

　　神也者，妙万物而为言者也。动万物者，莫疾乎雷。桡万物者，莫疾乎风。燥万物者，莫熯乎火。说万物者，莫说乎泽。润万物者，莫润乎水。终万物、始万物者，莫盛乎艮。故水火相逮，雷风不相悖，山泽通气，然后能变化，既成万物也。

　　这里承接上一章文王后天八卦方位之后，而申论六卦的作用。不提乾坤两卦，是因为乾坤两卦是万物生成变化的主宰，是"帝"，是体现在六子之中，所谓"神也者，妙万物而为言者也"。万物有形迹可见，而神散布在万物之中，没有形迹可见。但是神不会离开物，就在万物之中，而妙不可测，所以说"妙万物"。"疾"，快速。"桡"，吹拂长养。"熯"，燥的意思。雷所以会动，风所以会桡，火所以会燥，泽所以会悦，水所以会润，艮所以会终始，都是由于"乾坤"的神啊！"动"，发萌启蛰，乃是震的"出"。"桡"，吹拂长养，乃是巽的"齐"。"燥"，炎赫暴炙，乃是离的"相见"。"说"，欣怿充实，乃是兑的"说"。"润"，滋养归根，乃是坎的"劳"。"终始"，贞下起元，乃是艮的"成"。且想要成就动、桡、燥、说、润、终始万物这六件事，谁比得上六子？但六子要充分发挥各自的作用，也不能单独完成，也必须两两相逮及、不相悖、相通气，如此才能两相为用，然后能充分变化，而尽成万物。"既"，尽的意思。后天的所以变化，实由先天而来。先天、后天，只不过说明在理上有先后之分，并不是先天没有参与后天，也不是后天没有参与先天。如此太极的体与用就可以思过半了。

第七章

乾,健也;坤,顺也。震,动也;巽,入也。坎,陷也;离,丽也。艮,止也;兑,说也。

乾为奇,为天,为纯阳,为刚健,所以天下的刚健莫如天。坤为偶,为地,为纯阴,为柔顺,所以天下的柔顺莫如地。震为起,一阳初起于下。起是动的意思,所以天下的震动莫如雷。坎为陷,一阳陷于两阴之中。陷是下陷的意思,所以天下的下陷莫如水。艮为止,一阳到此而止,所以天下的静止莫如山。巽为入,一阴入于两阳之下,所以天下的潜入莫如风。离为丽,一阴附丽于两阳之中,其卦错然成文而华丽,所以天下的附丽莫如火。兑为悦,一阴在外,以柔与物相接而悦于物,所以天下的喜悦莫如泽。健始于动(震)而终于止(艮);顺始于入(巽)而终于悦(兑)。由震及艮,乃是阳由动而静;由巽而兑,则是阴由静而动。坎离在中间:坎是由动而趋于静,离是由静而趋于动。

第八章

乾为马,坤为牛。震为龙,巽为鸡。坎为豕,离为雉。艮为狗,兑为羊。

这是"远取诸物"。健而能远行为马,顺而能负重为牛,所以乾为马、坤为牛。雷潜藏在地下,而鸣动于云中;龙也能潜藏于九地之下,而腾飞于九天之上。风随节气而调整风向,从不失时;鸡则时至而啼,与风相应。豕为水畜,善游泳。离为文明,而雉有文章。艮为止,主守御,外刚能止物而内对主人柔媚的,就是狗。兑为悦,外能悦群而内心刚狠的,就是羊。

第九章

乾为首，坤为腹。震为足，巽为股。坎为耳，离为目。艮为手，兑为口。

这是"近取诸身"。首是诸阳所会，圆而在上，象乾。腹为众阴所藏，虚而有容，象坤。震，一阳动于下，为足。巽，一阴随于下，为股。坎是北方的卦，主藏、受，主听，所以是耳。离是南方的卦，主长、发，主视，所以是目。手能止物，所以艮为手。口能言笑，所以兑为口。

第十章

乾，天也，故称乎父；坤，地也，故称乎母。震，一索而得男，故谓之长男；巽，一索而得女，故谓之长女。坎，再索而得男，故谓之中男；离，再索而得女，故谓之中女。艮，三索而得男，故谓之少男；兑，三索而得女，故谓之少女。

万物资始于天，就像子女的元气始于父亲；万物资生于地，就像子女的形体出生于母亲。所以乾"称乎父"，坤"称乎母"。"索"，求而取得。坤与乾相交，求得乾的初画、中画、上画，而得到长男、中男、少男；乾与坤相交，求得坤的初画、中画、上画，而得到长女、中女、少女。"一索"，指交初；"再索"，指交中；"三索"指交上。以索的先后为长、中、少的次序。"称"，是尊敬的辞；"谓"，是卑下的辞。乾坤六子，初为气，末为形，中为精。雷与风是气，山与泽是形，水与火是精。

第十一章

乾为天、为圜、为君、为父、为玉、为金、为寒、为冰、为大赤、为良马、为老马、为瘠马、为驳马、为木果。

乾是纯阳气，轻清而上浮所以为"天"。天行有常，刚健不息，所以为"圜"。"圜"是天体。乾之所以"为君"、"为父"，取其尊高而为初始万物的含意。"为玉"、"为金"，取其刚的清明。"为寒"、"为冰"，取其处在西北寒冰的地方。"为大赤"，取其盛阳的赤。（坎是中阳，为赤，这里说大赤，以有别于坎。）动物中，既阳且健的，就是马。"良马"，取其善于健行；"老马"，取其久于健行；"瘠马"，取其过甚于健行，致骨多而肉少。"驳马"有牙如锯，能吞食虎、豹，取其至为刚健。树木以果实为起始，就像万物以乾为起始。乾卦共取十四种物象。

坤为地、为母、为布、为釜、为吝啬、为均、为子母牛、为大舆、为文、为众、为柄。其于地也，为黑。

坤是纯阴气，重浊而下沉所以为"地"。地能资生万物，所以为"母"。"为布"，取其广而能载。"为釜"，取其能化生而成熟。取地能生物而不转移为"吝啬"，强调其凝滞不移，而不是指鄙吝的意思。地生成万物，不偏好美恶，所以为"均"。"子母牛"是顺而多孕的小母牛，指其繁殖力很强。方而能载重物为"大舆"。乾为质，所以坤为"文"。乾为君，为一；所以坤为臣，为"众"。万物倚地以为本，所以为"柄"。坤是十月的卦，是极阴的色，所以于地为"黑"。坤卦共取十二种物象。

震为雷、为龙、为玄黄、为旉、为大涂、为长子、为决躁、为苍筤竹、为萑苇。其于马也，为善鸣、为馵足、为作足、为的颡。其于稼也，为反生。其究为健、为蕃鲜。

震，一阳动于两阴之下。"雷"，是阳气动于地下；"龙"，是阳刚的生物动于深渊。震是天地的杂色，所以为"玄黄"。 旉（fū），花的通称，象征春气一到，草木皆生，弹动频频。宽阔的大路上，车水马龙，流动不已，所以为"大涂"。一索而得男，为"长子"。"决"，是阳的力；"躁"，是阳的性。一阳而上，要决除两阴，其动也躁，所以为"决躁"。"苍筤"是青色，是震的颜色，因为震配春分。竹与萑（huán）苇都有硬节，就像震卦下面的阳爻，上面两个阴爻象征节上圆而中空的部分。对马来说，震为雷，所以"善鸣"。马的后左足白色为异（zhù），取其动而能见。"作足"，指前两脚并举，上静而下动。"的"，白。"颡"（sǎng），额。"为的颡"，也是取其动而后见。"其于稼也为反生"，取农作物一开始先往下扎根，再往上生长。"其究为健"，极致于震动就是健。"为蕃鲜"，取其春天草木蕃育而鲜明。只有震、巽两卦提到"究"，因为六子之中，这两卦是刚、柔的开始。震卦共取十六种物象。

巽为木、为风、为长女、为绳直、为工、为白、为长、为高、为进退、为不果、为臭。其于人也，为寡发、为广颡、为多白眼、为近利市三倍。其究为躁卦。

巽为阴性的"木"，在后天八卦中，与离火直接。善于入万物的莫如"风"。一索得女，为"长女"。木性曲直，从绳以取直，所以为"绳直"。匠人引用绳的直来制服木头的曲，所以为"工"。木头去掉树皮，露出白色的肉质，所以为"白"。五行之中，只有木才能称"长"。木生而上，所以为"高"。风行无常，所以为"进退"。巽与震相反对，震决躁为果，所以巽为"不果"。"臭"，音xiù，气味的意思。风到，气味就到，所以为"臭"。风吹落树木上的树叶，树叶稀疏，就像人的头发不多，所以为"寡发"。因此"广颡"，取其额阔发寡。"为多白眼"，躁人的眼色多白。"利"为阴，一阴主于内，所以"近利"。"市三倍"，取其木生蕃盛，在市场则有三倍的利润。巽，进退不果，"其究为躁卦"。巽卦共取十六种物象。

坎为水、为沟渎、为隐伏、为矫輮、为弓轮。其于人也，为加忧、为心病、为耳痛、为血卦、为赤。其于马也，为美脊、为亟心、为下首、为薄蹄、为曳。其于舆也，为多眚。为通、为月、为盗。其于木也，为坚多心。

坎在后天八卦图中，位北，配"水"。"为沟渎"，取水流所经过的地方。"为隐伏"，水经常伏流在地下。使弯曲变成笔直为"矫"，使笔直变成弯曲为"輮"。水流曲直无常，所以为"矫輮"。"为弓轮"，弓劲则善发，轮劲则善运，都是矫輮而成的。"为加忧"，取其忧心险难。"为心病"，忧心险难，才得心病。"为耳痛"，坎为劳卦，坎又主受听，听劳则耳痛。"为血卦"，人身上有血，就像地下有水。"为赤"，取血的颜色，又乾为大赤，"赤"则得到乾的中色。对马来说，乾为马，坎得乾的中爻而刚在中，所以是马的"美脊"。"为亟心"，亟，急的意思，取其中坚而内动。"为下首"，水流行时，前头的水一定往低处流。"为薄蹄"，取水流迫地而行。水磨地而行，所以"为曳"。坎卦上画柔，所以"下首"；中画刚，所以"亟心"；下画柔，所以"薄蹄"。又坎以习险而取劳义，凡马劳极则心亟而屡下其首，蹄薄而足曳，都是太过劳累所致。坎为轮，所以象征"舆"，舆为大车。坎为陷，乃舆所忌讳，行则必败，所以为"多眚"。水流而不盈，所以为"通"。月是水气的精华，所以为"月"。刚强隐伏于两阴之中，所以为"盗"。对于木头来说，为"坚多心"，取刚在内。坎卦共取二十种物象。

离为火、为日、为电、为中女、为甲胄、为戈兵。其于人也，为大腹。为乾卦、为鳖、为蟹、为蠃、为蚌、为龟。其于木也，为科上槁。

离在后天八卦图中，位南，配"火"。离火久明似"日"，暂明似"电"。日，是火的精华；电是火的明光。再索得女，为"中女"。"甲胄"外坚，"戈兵"上锐，有外刚上炎的形象。外大而中虚为"大腹"。火性燥，为干（gān）卦。"蠃"，同"螺"。"为鳖"、"为蟹"、

"为蠃"、"为蚌"、"为龟",通通取阳刚在外,而阴柔在内。"科",空的意思。木心中空,上面必定枯槁。离中虚而外干燥,所以为木头的"科上槁",而与坎卦的坚多心相反对。离卦共取十四种物象。

艮为山、为径路、为小石、为门阙、为果蓏、为阍寺、为指、为狗、为鼠、为黔喙之属。其于木也,为坚多节。

艮,一阳在上,进无可进,静止不动,不动如山,所以为"山"。震,阳在初,为大涂;艮,阳在末,为"径路"。《中庸》说"今夫山一卷石之多","卷",通"拳"。拳石,指石小如拳,所以艮为"小石"。艮上画连亘,下峙而虚,有"门阙"的形象,且艮土,位东北,当"万物所成终而所成始"启闭的地方,也是"门阙"的形象。木的实,为"果";草的实,为"蓏"(luǒ)。震为萚、为蕃鲜,乃草木的开始;艮为"果蓏",乃草木的终结。果蓏能终又能始,最切合艮卦的形象。"阍"人主门,"寺"人主巷,都掌门禁。艮为手,所以为"指"。"狗"亲主于内,御暴于外;"鼠"善啮物。狗与鼠皆利牙在外,艮阳居上而刚在前,所以"为狗"、"为鼠"。"为黔喙之属",取依山而居的野兽。对于木头来说,坎刚在内,所以坚多心;艮刚在外,节见于外,所以"坚多节"。艮卦共取十一种物象。

兑为泽、为少女、为巫、为口舌、为毁折、为附决。其于地也,为刚卤。为妾、为羊。

坎为水,为流水,将坎卦的下画改成阳爻,流水就变成止水,止水就是"泽"。三索得女,为"少女"。以言语取悦于神为"巫";以言语取悦于人为"口舌"。兑属秋,秋天树木枯落,一片肃杀,所以上柔则"毁折"。柔附于刚,刚必决柔,所以为"附决"。"刚",指地不柔和。"卤",指地不生物。"刚卤"之地不能生物。少女从姊出嫁为娣,所以"妾"。外柔悦而内刚狠的动物为"羊"。兑卦共取九种物象。

八卦设而万物的取象无不完备,《说卦》只是举例说明而已。这章所取的物象，有不与卦爻辞相符的，如《渐》的鸿鸟、《中孚》的豚鱼。有见于此而卦爻辞没有的，如布、釜、蠃、蚌。

本章用八卦来取象，共有一百一十二种。其中有相对取象的：如乾天、坤地，艮指、兑口舌。上文乾为马，这里则是良马、老马、瘠马、驳马；上文坤为牛，这里则是子母牛。乾为木果，结于上而圆；坤为大舆，载于下而方。震为决躁，巽为不果。震、巽才讲"其究"，这是因为刚、柔的开端。坎内阳外阴，水与月也是内明而外暗；离内阴外阳，火与日都是内暗而外明。坎中实，对人而言为加忧、为心病、为耳痛；离中虚，对人而言，为大腹。艮为阍寺、为指，因艮为止；兑为巫，为口舌，因兑为悦。

有相反取象的：震为大涂，艮为径路；巽为长、为高，兑为毁折。有相因取象的：乾为马，震得初阳，所以对马来说为善鸣、异足、作足、的颡；坎得中阳，为美脊、亟心、下首、薄蹄、曳。巽为木，干阳而根阴；坎中阳，为坚多心；艮上阳，为坚多节；离中阴而虚，为科上槁。乾为木果，艮为果蓏，这是阳上而阴下的缘故。有一卦之中，相因取象的：坎为隐伏，因而为盗；巽为绳直，因而为工；艮为门阙，因而为阍寺；兑为口舌，因而为巫。有不提而互见的：乾为君，可见坤为臣；乾为圜，可见坤为方；啬吝乃阴之禽，可见阳为辟；均为地的平，可见天的高；离为干（gān）卦，可见坎为湿卦；坎为血，可见离为气；巽为臭，可见震为声。震为长子，而坎、艮不提，这是对阳的长者表示尊重；兑为少女，为妾，而巽、离不提，这是对阴的少者表示卑下。乾为马，震、坎得乾的上画、中画都提到马；而艮不提马，因为艮为止，止不是马的本性。其他就可以触类旁通了。

序卦

　　《序卦》是在说明文王如何排列六十四卦的顺序。韩康伯曾批评《序卦》"非《易》之蕴"。张载则说："《序卦》不可谓非圣人之蕴。今欲安置一物，犹求审处，况圣人之于《易》？其间虽无极至精义，大概皆有意思。"朱熹也说："非圣人之精则可，谓非《易》之蕴则不可，周子分'精'与'蕴'字甚分明。《序卦》却正是《易》之蕴。"检视六十四卦的排序，两两相偶，非覆即变（或非综即错）。"覆"是将一卦颠倒过来所得的另一卦，如屯（䷂）与蒙（䷃），古时候可共用一片竹简，需讼、师比、小畜履都是这一类。但有八个卦，本卦与覆卦相同，如大过（䷛），那就要采用变卦来配对。变卦是将一卦的阳爻变为阴爻、阴爻变为阳爻后所得的卦，颐（䷚），与本卦相错，只能各用一片竹简，乾与坤、颐与大过、习坎与离、中孚与小过等八卦属于这一类。而《易》分上下两篇，之所以上经三十卦，下经三十四卦，正与"非覆即变"的排序原则密不可分。上篇，乾、坤、颐、大过、习坎、离六卦需用六片竹简，其余二十四卦互综，合用十二片，因此上篇共用十八片竹简。下篇，中孚、小过二卦需用两片竹简，其余三十二卦互综，合用十六片，因此下篇也共用十八片竹简。上下篇总共用了三十六片竹简。其实，八卦便只是六卦：乾、坤、坎、离四正卦相错，兑与巽、震与艮乃两对互综的卦。六十四卦便只是三十六卦：乾、坤、颐、大过、习坎、离、中孚、小过八卦相错，其余五十六卦乃二十八对互综的卦，合三十六，正是六六三十六，这就是邵雍所说的"暗卦"。小成的卦有八，大成的卦有六十四，正是八八六十四。三十六与六十四同。又中孚（䷼）是个双夹的离卦，小过（䷽）是个双夹的坎卦，大过（䷛）是个加厚的坎卦，颐（䷚）是个加厚的离卦。

　　有天地，然后万物生焉。盈天地之间者，唯万物，故受之以《屯》。屯者，盈也。屯者，物之始生也。物生必蒙，故受之以《蒙》。蒙者，蒙也，物之穉也。

"天地"，指乾、坤两卦。"受"，继的意思。坤在乾的后面，而不提"受"，是因为太极生两仪，一气同时分天地。乾坤是阴阳的根本，万物的祖宗。天地的大德在于长养万物。当屯（䷂）的时候，刚柔始交，天（☰）地（☷）绸缪，雷（☳）雨（☵）动荡，天地之间充满万物，所以说"盈"。说"盈"，是指气而言；说"物之始生"，是指时间而言。物刚开始出生，都是屈而未伸，就像草木有勾萌的情形。"蒙"，幼小的样子。"穉"，通"稚"，幼小的意思。

物稚不可不养也，故受之以《需》。需者，饮食之道也。饮食必有讼，故受之以《讼》。

万物初生的时候，必定蒙昧幼小，如果没有细心呵护养育，就会夭折不遂，所以在屯、蒙的后面接着是需。"需"就是供养。人要活下去就得靠饮食，需是"饮食之道"。有供养的需求就会有所争执，凡有血气的必然会有争执的心意，所以"受之以讼"。

讼必有众起，故受之以《师》。师者，众也。众必有所比，故受之以《比》。比者，比也。

人有饮食的需求，但物质是有限的，不可能使所有人的需求全都得到满足，所以群居杂处，分配不平均，需求不淡薄，纷争就会此落彼起。那就会强凌弱，众暴寡，需求无度的强者会残害天地。圣人崛起而讨伐强暴，翦除凶恶，这是兵众所由来的原因。兵众一起如果不能亲比，则争端无由平息，务必要相亲比，然后百姓才能得到安宁。师以众正为义，比以相亲为主。

比必有所畜，故受之以《小畜》。物畜然后有礼，故受之以《履》。

大畜（䷙）、小畜（䷈），都取于畜。"畜"，通"蓄"。大畜论德行的培养，小畜论口体的滋养。亲比必能有所积蓄，但还不至于丰盈，所以接着是小畜。衣食足然后才能制礼作乐，励行教化，所以接着是履。而人所践履，不能违背礼节。违背礼节，就是不该履行，所以履（䷉）为合于礼节。上天（☰）下泽（☱），也暗示着礼的名分。

履而泰，然后安，故受之以《泰》。泰者，通也。物不可以终通，故受之以《否》。物不可以终否，故受之以《同人》。与人同者，物必归焉，故受之以《大有》。有大者不可以盈，故受之以《谦》。有大而能谦必豫，故受之以《豫》。

在上位的人能安居其位，在下位的人能安分守己，只有合理的礼制才能使上下各得其所。上下都能遵循礼节，然后能够泰通，泰通然后能够安适。履是用来区别尊卑的分际，泰是用来畅通上下的情谊。"履而泰，然后安"，这是万世不易的明训。侧重国家安全的，就有履而无泰；侧重自由人权的，就有泰而无履。各有所偏，不能兼顾，都会导致政局的混乱。"不可"，指不能的意思。"泰"为大通，但事物不可以终久大通，所以接着是否。但物也不可终久否塞，否久就会思通，这是人心所同，所以接着是同人。能够乐以天下，忧以天下，与人相和同，则外物必定随着相继归附，所以接着是大有。获得很多物资的人，不可以骄盈自是，所以接着是谦。所获既多而还能谦逊，那就没有盈满的顾虑，所以能优游不迫而暇豫，所以接着是豫。

豫必有随，故受之以《随》。以喜随人者必有事，故受之以《蛊》。蛊者，事也。有事而后可大，故受之以《临》。临者，大也。物大然后可观，故受之以《观》。

生活起居豫乐安逸，必然有人前来相随，所以接着是随。为了喜乐而随从别人，必然会出事，所以接着是蛊。"蛊"，有事的意思，如此就会出现各种各样的问题，必须加以整治。整治蛊乱，转衰为盛，所以有事而后可大，所以接下来是临。"大"，就是以上临下，以大临小。只要称"临",就是大的意思。"物大"是指德业盛大,可以观示于人,所以接下来是观。

可观而后有所合,故受之以《噬嗑》。嗑者,合也。物不可以苟合而已,故受之以《贲》。贲者,饰也。

可以观示则各方前来合会,所以接下来是噬嗑。君臣、父子、夫妇、兄弟、朋友之间,如何相处相合应有所讲究。如果顺着人情而行,那就是"苟";如果以礼稍加文饰,那就是"贲"。苟就易合,易合就会渎慢,渎慢就会疏离;贲虽难合,难合就会互相尊敬,互相尊敬就能持久。

致饰然后亨则尽矣,故受之以《剥》。剥者,剥也。物不可以终尽,剥穷上反下,故受之以《复》。复则不妄矣,故受之以《无妄》。有无妄然后可畜,故受之以《大畜》。

文饰过头就会伤害到本质,所以文饰太过,亨通就走到尽头了,所以接着是剥。剥是剥落穷尽的意思。自有事而大,大而可观,可观而合,合而饰,这就是所谓忠信日薄而日趋虚伪。所以一变而为剥,剥极则复,穷于上则返于下,复就诚实不妄了。由于不妄,然后能够无妄。无妄然后可畜,德行不断积蓄,所以接着是大畜。

物畜然后可养,故受之以《颐》。颐者,养也。不养则不可动,故受之以《大过》。物不可以终过,故受之以《坎》。坎者,陷也。陷必有所丽,故受之以《离》。离者,丽也。

大凡事物要能积聚充实,然后才可以悠游涵养,所以大畜之后,接着是颐。"颐"就是颐养的意思。善加颐养,君子才能成德。颐养好了,就是为了能有所作为,然而君子平素依中道而立,处事依中道而行。至于应变,则有时要能大过于常,所以接着是大过。必先要有养,然后能动,孟子说:"人有不为也,而后可以有为。"就是这个道理，所以接着是大过。大过就是动，以大过于人的才干，处大过于常的时机，而行大过于常的事功，这种才干无不本于颐养。大过只能偶一为之，如果轻率而干大过于常的事，就很容易陷入坎险，所以接着是坎。熟习坎险就能够出险，如此就会光明来临，所以接着是离。离是附丽的意思，就像《彖传》所说："日月丽乎天，百谷草木丽乎土，重明以丽乎正。"

上篇始于乾坤，而终于坎离，天地是万物的父母，坎离得到乾坤的中气，是天地的大用。人生大端，不外天地、水火，不可片刻离开。伏羲以乾南坤北定子午，而文王以坎离取代乾坤，表明自然造化的功用如此。

有天地然后有万物，有万物然后有男女，有男女然后有夫妇，有夫妇然后有父子，有父子然后有君臣，有君臣然后有上下，有上下然后礼义有所错。

这是在说明《咸》卦何以是下篇的开头。夫妇是指《咸》卦。天没有地的配合，就没办法成就长养万物的仁德；夫没有妇的配合，就无法成就人伦教化的礼义。夫妇相互需求，这是王教的开端。所以《诗》一开篇，便是以《关雎》作为《国风》的开头，而《易》则在《咸》卦详论礼义是如何产生的。之所以先提天地、万物、男女，这是之所以会有夫妇的缘由；后提父子、君臣、上下，这是有了夫妇之后必然导致的发展。有了夫妇，就会有父子关系，由家而国，虽然不是父子，而君尊臣卑的名分有如父子。由国而天下，虽然不是君臣，而上贵下贱的名分有如君臣。礼义是用来分别尊卑、贵贱的等级。"错"，通"措"。乾、坤、咸不提卦名，是因为以这三卦为上、下篇的首卦，刻意不提，以示尊重。

夫妇之道不可以不久也，故受之以《恒》。恒者，久也。

"夫妇"，指《咸》卦，少女配少男是人道的开端，所以说咸是夫妇之道。礼义莫重于三纲，三纲莫先于夫妇。少男与少女相交，而婚姻的大礼完成，这是因为"男下女"的缘故。长男与长女相交，而居室的人伦确立，这是可以恒久之道，所以《恒》卦接在《咸》卦后面。

物不可以久居其所，故受之以《遯》。遯者，退也。物不可以终遯，故受之以《大壮》。物不可以终壮，故受之以《晋》。晋者，进也。进必有所伤，故受之以《明夷》。夷者，伤也。

夫妇之道以恒为贵，而这里并不是就夫妇之道来说，所以特提"物"字予以区别。先天八卦图中，乾原本纯阳，处正南方，遯退到西北方；坤原本极阴，处正北方，遯退到西南方。两卦都因遯退而能长保阴阳之盛。壮与遯适好相反，然则壮为何不是进？《杂卦传》说："大壮则止。"这是因为积畜才德，要养精蓄锐，是以止为进。物不可以终止，所以接着是晋。晋为明出地上，乃壮而后进。进则必伤，所以接着是明夷。"夷"是伤的意思。

伤于外者必反其家，故受之以《家人》。家道穷必乖，故受之以《睽》。睽者，乖也。乖必有难，故受之以《蹇》。蹇者，难也。物不可以终难，故受之以《解》。解者，缓也。

人一穷困就回到根本，疾痛就呼叫父母，所以伤于外就返回老家。家道中落则家人乖离，所以接着是睽。"睽"是乖离的意思。三军同心，胡越一家；六亲不和，舟中有敌。家人乖离，必定有难。屯为难，而蹇也称难，因为这两卦的上卦都是坎。屯是动乎险中，行于患难的意思；蹇则见险而止，只是被险难所阻，而不得前进罢了。所以居屯的人一定要用心经纶才能出险，遇到蹇难的人则要等待缓解才能前进。

缓必有所失，故受之以《损》。损而不已，必益，故受之以《益》。益而不已，必决，故受之以《夬》。夬者，决也。决必有所遇，故受之以《姤》。姤者，遇也。

缓解则宽弛，必会有所失，所以接着是损。减损不已，天道复还，所以必然增益。增益不已，必定盈满，盈满必然溃决，就像堤防一样，所以接着是夬。损的后面，继之以益，有深谷为陵的意思；益的后面，继之以夬，有高岸为谷的意思。夬是柔在上，五刚决除一柔。姤是柔在下，柔遇到刚。善恶不两立，正邪不并行，决除了小人，就会遇上君子。

物相遇而后聚，故受之以《萃》。萃者，聚也。聚而上者谓之升，故受之以《升》。升而不已，必困，故受之以《困》。困乎上者，必反下，故受之以《井》。

"物相遇"，指彼此感情交相遇而聚合的意思。"畜"有止而聚的意思，"聚"则不一定要止。天下的事物，解散就变小了，聚合起来，就会积小而成高大，所以"聚而上者"就是升。冥升在上则穷，所以"升而不已必困"。困极于臲卼，则返下以求安，所以接着是井。"反"，通"返"。

井道不可不革，故受之以《革》。革物者莫若鼎，故受之以《鼎》。主器者莫若长子，故受之以《震》。震者，动也。物不可以终动，止之，故受之以《艮》。艮者，止也。

井是在地底下的东西，时日久了，井水就污秽混浊而不能食用。治井的方法，是将污害此井的脏东西予以革除，所以接着是革。鼎可以将生腥的东西煮熟，使坚硬的东西变为柔和，所以说"革物者莫若鼎"。革故鼎新之后，震长子能继承先君，守住宗庙社稷，所以接着是震。这是周朝树立嫡长子继承王位的制度，取代殷商的兄终弟及制。震为震动，而动静相因，事物没有老是震动的道理，所以接着是艮，艮就是静止的意思。

物不可以终止，故受之以《渐》。渐者，进也。进必有所归，故受之以《归妹》。得其所归者必大，故受之以《丰》。

丰者，大也。穷大者必失其居，故受之以《旅》。

事物没有老是静止不动的道理，所以接着是渐，渐是进的意思，这是消息盈虚屈伸的道理。渐的进与晋的进有所不同。晋的进，有进而已，所以进必有伤；渐的进，是循序而进，怎会没有人来相继归附？"得其所归"，是指得其所依归的意思。妇女得贤夫而配，人臣得圣王而事，都是得其所归。而同人的"物必归焉"，则是指别人归附自己。这两种都足以使德业更加盛大。前面说"与人同者物必归焉"，这里则说"得其所归者必大"。《大有》卦在《同人》卦之后，这是处大之道；《丰》卦在《归妹》卦之后，这是致大之道。大而能谦则豫；大而至于穷极则必失其所安，所以接下来是旅。

旅无所容，故受之以《巽》。巽者，入也。入而后说之，故受之以《兑》。兑者，说也。说而后散之，故受之以《涣》。涣者，离也。物不可以终离，故受之以《节》。

旅居在外的人，身边亲人很少，就像没有容身之地一样，要格外巽顺才能有所入，所以接下来是巽。人情变故，相抵拒则怒，相巽入则悦，所以入之后而悦。"涣"是发畅而没有堵塞壅滞，所以悦而后散之。事物不可以终久离散，应当有所节制，所以接着是节。

节而信之，故受之以《中孚》。有其信者必行之，故受之以《小过》。

既然已有所节制，就该信而固守之，所以接着是中孚。"有其信"，是指以此自信而居有之的意思。自恃其信的人，他的行为必定过于果敢而过中，所以接着是小过。

有过物者必济，故受之以《既济》。物不可穷也，故受之以《未济》终焉。

小过是指"行过乎恭，丧过乎哀，用过乎俭"，如此可以矫世励俗，有所济助。大过逾越常理，必至于坎陷；小过或可济事，所以有济而无陷。坎离相交，是为既济，此乃生生不穷之所从出，而圣人犹以为有穷，又受之以《未济》，这就是咸感之后，继之以恒久的义理。既济，已经终了。通变于未济，则以《未济》而后才终结，然后虽终结而实不曾终结。

乾、坤象征天、地，坎、离象征水、火，上经始于乾坤，终于坎离。兑、艮象征泽、山而为咸，震、巽象征雷、风而为恒；水火既济，火水未济。下经始于咸恒终于既济、未济。这乃是上、下经的纲领，含盖八卦全部。上经以天道、地道为纲，下经以人道为纲，合起来就是三才之道。上经由乾坤起始，乃阴阳的开端，而以坎、离结束。坎月为阴精而一阳生其中，离日为阳精而一阴生其中。悬象著明莫大乎日月，坎、离是乾、坤的大用，这是上经终始的义理。下经由咸恒起始，乃夫妇的开端，人道所由兴。终结以既济、未济，都是水、火的变化。水、火是人生的大用，二济就像坎、离。下经终始四卦，已孕育于上经四卦的终始之中。二济为坎、离合体，就像泰否为乾坤的合体。君子观察消息盈虚的义理，虽然既济而仍存未济之心，这就是思患豫防之道。然则《序卦》虽结束，而实则不曾结束。易道循环无端，周而复始，这就是下经终始的义理。

杂卦

由于以卦义两两相对而言，而且不依照文王的卦序，所以说"杂"。因为事物变化无穷，易道也变动不拘，所以再就上、下经混杂着讲，以表明相反、相对都有意义。其实，《春秋传》解释《系辞》，所谓"屯固比入"，"坤安震杀"等，只用一个字来解说卦义，这在古代的筮书很普遍。《杂卦》就是这一类。孔子特别将它保留下来，以为《易》的羽翼，并不是另创新解。

《乾》，刚；《坤》，柔。《比》，乐；《师》，忧。

卦中的刚、柔，都是乾的刚与坤的柔，所以只以《乾》、《坤》为刚柔。《比》卦，孤阳居尊位，而五个阴爻跟从它，得到大位又有众阴辅佐，因此喜乐。《师》卦，孤阳居下卦的中位，统领众阴，而兵凶战危，所以忧愁。

《临》、《观》之义，或与，或求。

临与所临，观与所观，两卦都有有所与、有所求的意思。只有与而无求，或只有求而无与，都不是临、观之道。

《屯》，见而不失其居；《蒙》，杂而著。

《屯》卦是震下坎上，是震遇到坎：震动，所以"见"；坎险不行，所以"不失其居"。《蒙》卦是坎下艮上，是坎遇到艮：坎，幽昧而"杂"；艮，光明而"著"。

《震》，起也；《艮》，止也。《损》、《益》，盛、衰之始也。

震阳，动而行，所以"起"。艮阳，静而止，所以"止"。减损不会马上衰，但伤了根本，是衰败的起始。增益不会马上兴盛，但培育根本，是兴盛的起始。

《大畜》，时也；《无妄》，灾也。

君子藏器于身，待时而动。然则《大畜》的"多识前言往行，以畜其德"，也是在静俟时机。正因为无妄，才叫做"灾"，否则就是自作孽而已。因为有妄而灾，就不称为"灾"。

《萃》，聚；而《升》，不来也。《谦》，轻；而《豫》，怠也。

萃有聚集的意思，升有往而不返的意思。自以为少，所以谦；自以为多，所以"豫"。少，所以"轻"；多，所以"怠"。

《噬嗑》，食也；《贲》，无色也。

把合不起来的合起来，这是吃的意思。贲，没有一定的颜色。文饰其不足以合于中道，并不是偏好特定的颜色。

《兑》，见；而《巽》，伏也。

"见"，同"现"。兑（☱）是阴外现，巽（☴）是阴内伏。

《随》，无故也；《蛊》则饬也。

"故"，有事的意思。心中有事就不能随人得宜。因此唯有不系累于事，才能随人得宜。"饬"，整治。蛊是整治革新。

《剥》，烂也；《复》，反也。

《剥》卦，一阳穷困于上；《复》卦，一阳反生于下。就像硕大果实烂而落地，而其果核中的仁又可复生。

《晋》，昼也；《明夷》，诛也。

"诛"，灭的意思。《晋》卦，明出地上，所以是白昼。《明夷》卦，明入地中，所以诛灭了光明。

《井》，通；而《困》，相遇也。

井养不穷，所以通。"遇"，相抵拒而不通畅。困欲前行，而刚爻为柔爻所遮掩，所以不通。

从乾坤到此为三十卦，正与上篇的卦数相当。而下篇也是从咸恒开头，由此可见虽称为"杂"，而乾坤、咸恒为上、下篇的开头，则不曾杂啊！

《咸》，速也；《恒》，久也。

咸为没有私心的感应。相感则相应，而物与物间的相应，没有比咸感更快的了。雷风相薄，恒常不易，所以能久。

《涣》，离也；《节》，止也。

涣、节两卦都有坎水，风吹散水则离分，泽潴阻水则静止。涣节正与井困相反。井以木上出水，所以居塞而能通；涣则以水浮木，所以过于畅通而致于离分。节制泽上的水，所以居通而能堵塞；困为泽下的水，因过于堵塞以致于困穷。

《解》，缓也；《蹇》，难也。《睽》，外也；《家人》，内也。《否》、《泰》，反其类也。

解，动而免于险难，所以为缓解。蹇则险难在前，所以为险难。

睽的二女而有二心，分别出嫁在外；家人而如一心，安居在内。君子泰通则小人否塞，小人泰通则君子否塞，各反其类。

《大壮》则止，《遯》则退也。

壮不可轻用，宜止不宜躁。遯与时行，应退不应进。止就难进，退则易退。

《大有》，众也；《同人》，亲也。《革》，去故也；《鼎》，取新也。《小过》，过也；《中孚》，信也。《丰》，多故；亲寡，《旅》也。

《大有》卦，孤阴得尊位而有其众阳，所以说"大有众也"。《同人》卦，孤阴得中得位而和同于人，人也亲近他，所以说"同人亲也"。《革》卦，离火在下，兑金在上，金代火，为"去故"。改朝换代莫先乎立鼎。立鼎，是为了享祀上帝而天下顺，致养圣贤而天下治，所以为"取新"。过越乎中为"过"，诚积乎中为"信"。"亲寡旅也"当作"旅，寡亲也"。丰盛则多故友，旅寓则少亲人。

《离》上而《坎》下也。

离为火，火性往上炎烧；坎为水，水性往下润湿。

《小畜》，寡也；《履》，不处也。

《小畜》卦，孤阴虽得位而畜止众阳，但力嫌寡弱。《履》卦，孤阴履众刚则危，所以不敢安处。

《需》，不进也；《讼》，不亲也。

《需》卦，等待而不急着前进，因为坎险在前，须待时而后进，所以"不进"。《讼》卦，天与水违行，两不相得，所以"不亲"。

《大过》，颠也。《姤》，遇也，柔遇刚也。《渐》，女归，待男行也。《颐》，养正也。《既济》，定也。《归妹》，女之终也。《未济》，男之穷也。《夬》，决也，刚决柔也，君子道长，小人道忧也。

从大过以下，卦与卦虽不反对，实际上是在三画卦上再加一阳爻或阴爻，然后再以这四爻互体而成十六卦。如震（☳）上再加一阳爻为☳，互体即以下三爻为内卦，上三爻为外卦，如此则得《颐》（☶）；加一阴爻为☷，互体则得《复》（☷）。所以三画卦（乾、兑、离、震、巽、坎、艮、坤）上加一阳爻或阴爻后，互体共得《乾》、《夬》、《睽》、《归妹》、《家人》、《既济》、《颐》、《复》、《姤》、《大过》、《未济》、《解》、《渐》、《蹇》、《剥》、《坤》等十六卦。其中前面已提及八卦，这里只取《大过》、《姤》、《渐》、《颐》、《既济》、《归妹》、《未济》、《夬》八卦。《杂卦》以《乾》卦开头，不用其他的卦，而必定要用《夬》卦结尾，因为《夬》是五刚决除一柔，决除了一柔后又回到《乾》。

"颠"，颠覆。《大过》卦本末都是柔爻，"泽灭木"为颠。《姤》卦则是柔遇刚。饮食男女，人之大欲存焉，所以接下来是《渐》，这是强调礼义廉耻的重要性，女子必得等待男方备齐礼数之后，才能出嫁。《颐》是善养正德。《既济》六爻各正其位，变化到此底定，所以说"《既济》，定也"。这是承接上面嫁娶、教养而言，人道之事到此已经大定。归妹以少女从长男，为"女之终"。《未济》六爻都不当位，功未建，业未立，是"男之穷"。归妹女终，未济男穷。《归妹》中四爻都不当位，《未济》则六爻全失正，阴阳未能和合，这都是人事之失，于是总结以刚决柔的夬。夬有书契的形象（参见《系辞下》第二章），《易》书创作之后，"君子道长，小人道忧"，这是圣人经世济民的用意。

《杂卦》前五十六卦打破文王的卦序，从反对取义，两两相偶，非综即错；后八卦又打破反对的常规，而以义理排序，这就是所谓的"杂"。大过刚掩于柔，姤则刚柔相遇，借此说明古今人物死生变化的无常，教人以拨乱反正的方法。所以追本溯原，乱是生于姤，而决除于夬，告诉我们凡事要慎之于微。自夬而乾，有终而复始的意思。自大过以下，皆以男女为言，至夬则明言君子、小人，圣人的用意昭然若揭了。

朱高正　著

易传通解

华东师范大学出版社
·上海·

中卷

目录

《周易》占筮的原理
　　与研习《周易》的方法／123

论太极思维／133

《周易》上篇

☰ | 乾第一／163
☷ | 坤第二／169
　　　附录：《文言》／173
☳ | 屯第三／191
☶ | 蒙第四／194
☵ | 需第五／197
☶ | 讼第六／200
☷ | 师第七／203
☵ | 比第八／206
☴ | 小畜第九／209
☱ | 履第十／212
☷ | 泰第十一／215
☰ | 否第十二／219
☲ | 同人第十三／222
☰ | 大有第十四／225
☷ | 谦第十五／228
☳ | 豫第十六／231
☱ | 随第十七／235
☶ | 蛊第十八／238

临第十九／242

观第二十／245

噬嗑第二十一／248

贲第二十二／251

剥第二十三／255

复第二十四／258

无妄第二十五／262

大畜第二十六／265

颐第二十七／268

大过第二十八／272

习坎第二十九／276

离第三十／280

《周易》占筮的原理与
研习《周易》的方法

《周易》成书于殷末、周初，本为卜筮之书。当人们有疑惑待决时，就通过一定的占筮程序，求得相关的卦、爻辞，占者再依据卦、爻辞来论断吉凶。就如《系辞上》所说："是以君子将有为也，将有行也，问焉而以言，其受命也如向，无有远近幽深，遂知来物。"秦始皇下焚书令时，《周易》以卜筮之书幸免于难，而得以在民间继续流传。此后，不仅儒家将其视为群经之首，道家也将其与《老》、《庄》合称三玄，而传统科技，如炼丹术、中医学、气功、养生、兵法、建筑、风水阳宅和天文历法等，都受到易理的启发。换言之，《周易》不只是传统士人必读的经典而已，它还对民间文化产生了极为深远的影响。然而，由于《周易》原是卜筮之书，流入民间之后，常被涂上一层极为神秘的色彩，各种江湖数术、旁门左道无不援《易》以为说，影响所及，一般人若非将《周易》视为神物，便是将其斥为迷信，不屑一顾。

阴阳互藏　祸福相因

其实，在《周易》六十四卦中，除了《谦》卦（䷎）六爻皆得"吉"、"无不利"外，其他六十三卦，没有一卦从初爻到上爻皆得吉，也没有一卦从初爻到上爻皆得凶。这种现象体现了《周易》阴阳互藏、祸福相因的思想。因此，占筮时卜得吉卦或吉爻，实无须沾沾自喜。因为卦、爻辞常提出某些条件，只有符合这些条件，才能得吉。例如《中孚》（䷼）卦辞说："中孚，豚鱼吉，利涉大川，利贞。"意指人如果能像泽中风而拜的豚鱼一样谨守诚信，则可以得吉，可以做些冒险犯难的大事。但卦辞同时指明，必须固守正道，方为有利；否则违背正道，朋比为奸，纵然诚信，何利之有？这就是"《易》为君子谋，不为小人谋"的道理。此外，吉辞常告诫人处顺境时，应该居安思危，执中守正，方能善始善终。例如《既济》（☲☵）卦辞说："既济，亨小，利贞，初吉终乱。"既济是指已经渡河抵达彼岸，引申为事已完成。常人一成功，则易生骄心，所以卦辞诫以贞固自守才能有利。至于"初吉终乱"则意味着成功是走向败亡的开端，唯有成功而不生骄心，临事以惧，才能持盈保泰。这就是《系辞下》所说的"惧以终始，其要无咎，此之谓《易》之道也"。相反的，卜得凶卦或凶爻，也无须忧心。因为凶辞常勉人只要固守正道，切忌急躁妄动，终能化险为夷。例如《困》（☱☵）卦辞说："困，亨，贞，大人吉无咎，有言不信。"人处于困境，固然有志难伸，但却也能借此动心忍性，激励潜能。因此，处穷困之时，只要能固守正道，时机一到自能脱困而出。"大人吉无咎"是强调唯有执守正道的大人处穷困之时，仍能进德修业不辍，守静以待天命，必能得吉而无咎。反之，对小人而言，穷困反足以露其恶德。这就是"君子固穷，小人穷斯滥矣"的道理。

善为易者不占

记得一九九八年七月，有人拿着一幅长五尺、宽一尺半的丝绢前来求见笔者。丝绢上头密密麻麻写着《周易》的卦画、经文与传文，据说是从清末两广总督府流传出来的。他们除了拜托笔者鉴价外，也好奇地提问："听说将这幅丝绢挂在客厅墙上，就能辟邪，是否真有其事？"笔者对他们说，倘若了解《周易》的基本义理，每天看到这幅丝绢时，便扪心自问有无依照易理自定行止，久而久之，为善日多，为恶日少，自能趋福避祸。相反的，倘若所言、所行尽皆违背易理，就算每天对着丝绢顶礼膜拜，也不可能得到善报、善果。于是他们问《周易》的基本义理为何，笔者就引述《文言传》里所描绘的理想人格"大人"作答："夫大人者，与天地合其德，与日月合其明，与四时合其序，与鬼神合其吉凶，先天而天弗违，后天而奉天时，天且弗违，而况于人乎？况于鬼神乎？"意指大人有天地般的好生之德，大公无私，行事顺从自然规律，而与鬼神同吉凶，先天天弗违，后天奉天时，连天都不会违背大人了，人敢违逆吗？鬼神敢违逆吗？而引文中的"大人"的"大"字当作动词解，意指将"人"的潜能（如孟子所说的仁、义、礼、智等良知、良能）扩而充之，发挥到极致，则"人"直可与天地并参而立。人只要懂得从《周易》中汲取修身处世的智慧，每日进德修业不辍，一旦达到大人的境界，自能与天地合而为一，无须占卜，也能动静得宜。因此，荀子说："善为易者不占。"

然而，人毕竟不是全知全能，临事总会犹豫不决，此时若能诚心问卜，也可以从占到的卦、爻辞中得到启发，以为立身处世的鉴诫。由此可知，即使占筮，也是为了从中汲取古圣先贤的智慧与经验，这绝非迷信，也非一般的江湖数术可比。

占 筮 三 戒

以《周易》进行占筮，必须谨守"不决卜、不戏卜、不疑卜"三条戒律。"不决卜"是指内心要真正有难以解决的疑惑，才可问卜。"不戏卜"是说问卜时必得心怀诚敬，不可视同儿戏。"不疑卜"则指对占筮所得不可心存怀疑，要遵照卦、爻辞的告诫、叮咛，谨慎行事。如果因为求到的卦有凶兆，想重新问卜，这无异是亵渎神明，即使最后占得吉卦，也不过是自欺欺人而已。诚如《蒙》（䷃）卦辞所说："初筮告，再三渎，渎则不告。"意思是说，你有疑惑前来问卜，只要心怀诚敬，《周易》便为你解惑。然而，倘若你就同一件事情再三卜问，那就是缺乏诚敬，《周易》也就不再为你解惑。目前流传下来的《周易》正统占筮法记载在《系辞上》的"大衍筮法"。以大衍筮法求卦，必须先准备五十支竹签，竹签不宜太长，并以签面圆润，利于滚动者为佳。由五十支竹签中取一支出来，置于一旁不用。王弼指出这个"虚一不用"，是"不用而用以之通，非数而数以之成"，这个不用的一就是太极的本体，而剩下的四十九支则象征太极的施用。接着便以剩下的四十九支竹签进行《系辞传》中"四营而成易，十有八变而成卦"的占筮程序。所谓"四营"是指"分二"、"挂一"、"揲四"、"归奇"四个步骤。四营为"一变"，每三变得一爻，合十八变可得六爻而定一卦。第一变的步骤如下：

（一）"分二"：将四十九支竹签置于桌面上，用双手任意分成左、右两堆，要尽量分得匀称，才能克尽"鬼谋"之妙，则两堆必分为奇、偶数（左堆为奇，右堆必偶；反之亦然），象征太极生两仪，分出阴阳，分出天地。

（二）"挂一"：由左、右任何一堆中取出一支竹签，将它夹在左手的小指与无名指之间，象征人要向天地问卜。

（三）"揲四"：分别将左、右两堆的竹签，每四支一组地向外侧拨开，直到各剩不足四或四为止，象征任何的变化都是在四时之中发生。

（四）"归奇"：将两堆畸零的竹签，分别夹在左手中三指的两缝之间，象征每五年有两个闰月。

大衍筮法的操作程序

四十九支竹签经过"挂一"之后，桌面上的竹签剩下四十八支，四十八是四的倍数，所以当占筮者把两堆竹签分别每四支一拨，也就是分别除以四的结果，两堆余签的和不是四，便是八。因为我国在殷末、周初尚无"零"的概念，所以没有所谓的"整除"。换言之，当左堆余一，右堆必余三；左堆余二，右堆必余二；左堆余三，右堆必余一；左堆余四，右堆必余四。第一变经过"分二"、"挂一"、"揲四"、"归奇"四个步骤，夹在左手指间的竹签数非五即九，即"挂一"的一支加上"归奇"的四或八支。将其余置一旁，原来的四十九支竹签便只剩下四十四支或四十支，把挂一的竹签放回去。再以所剩的竹签进行第二变。

第二变的步骤仍依"四营"推演，即"分二"、"挂一"、"揲四"、"归奇"。然而"揲四"之后，两堆余签的和一定也是四或八。"归奇"后，左手指间的签数非五即九，再置于一旁。经第二变之后剩下的竹签只有三种可能，即四十、三十六或三十二，把挂一的竹签再放回去，再以所剩的竹签进行第三变。第三变的步骤与第二变完全相同。归奇之后，桌上所余的签数，一定是三十六、三十二、二十八或二十四中的任何一个。此四数分别用四去除，便会得到九、八、七、六，这四个数字，凡得阳数七或九，就可画出阳爻（——）；而得阴数六或八，就可画出阴爻（— —）。三变的过程以数学程序表示如下：

第一变：49-1-4/8=44/40（将挂一的竹签放回去）

第二变：45/41-1-4/8=40/36/32（将挂一的竹签再放回去）

第三变：41/37/33-1-4/8=36/32/28/24

以四除三变之后所剩的竹签数：36/32/28/24×1/4=9/8/7/6

  每一变余数为四的概率是3/4，余数为八的概率是1/4。所以每三变得到九的概率为3/4×3/4×3/4=27/64，得到八的概率为（3/4×3/4×1/4）×3=27/64，得到七的概率为（3/4×1/4×1/4）×3=9/64，而得到六的概率则为1/4×1/4×1/4=1/64。换句话说，每三变得到六的概率最少，得到七的概率是得到六的九倍，而得到九或八的概率是得到六的二十七倍。只可惜朱子在《易学启蒙·考变占第四》说："及其筮也，七、八常多，而九、六常少，有无九、六者焉，此不可以不释也。"而李光地在编纂《周易折中》时，高度评价朱子这个论断，说："此说发明先儒所未到，最为有功。"其实，依据大衍筮法，每三变得到六的概率最低，这是毋庸置疑的，但得到九的概率与八一样多，是得到六的二十七倍，是得到七的三倍，怎能说"七、八常多，而九、六常少"呢？没有六是常有的事，但没有九则是极为罕见的事，怎能说"有无九、六者焉"呢？换句话说，用大衍筮法占筮得到阳爻的概率是27/64＋9/64=36/64，得到阴爻的概率是27/64＋1/64=28/64，也就是得到阴阳爻的比例是7:9，也就是得到阳爻的概率稍大于阴爻，这表现出扶阳抑阴的倾向。而阳爻可变的概率高达百分之七十五，阴爻可变的概率只有1/28，也就是不到百分之三点六，这也反映出阳主动、阴主静的定性。

  因此，依据"大衍筮法"四营而成一变，三变而得一爻，反复操作十八变之后，就可以得出六爻而组成一卦，这个卦称为"本卦"。除了"本卦"外，断卦还须要参考"之卦"。"之卦"是由"本卦"变化而来。如上所述，用以决定"本卦"爻画的七、八、九、六等四个数且有阴阳老少之分："九"为老阳，"六"为老阴，"七"为少阳，"八"为少阴。《周易》讲变化，少阳与少阴由"少"变"老"，只有"量变"，所以"七"与"八"为"不变爻"。而"九"、"六"所代表的老阳与老阴，物极则反，老阳变为少阴，老阴变为少阳，亦即由"九"变"八"，或由"六"变"七"，这是"质变"，所以"九"与"六"是"变爻"。如此

一、二、三、四、五、六、七、八、九、十，全部体现出来：不用的虚一象征太极的体，"四十有九"象征太极的用；"分而为二"象征两仪，"挂一以象三"象征三才，"揲之以四"象征四时，"归奇于扐"象征五岁再闰，到此是生数；经三变而得六、七、八、九，都是成数；生数的五乘以成数的十，也就是河图的中宫五与十相乘，而成为大衍之数。试以十八变之后所得的六个数由下而上依序为"九"、"九"、"八"、"七"、"六"、"九"为例，得到的"本卦"为兑下离上的《睽》卦（䷥），但因为"九"与"六"为"变爻"，故阳爻变为阴爻，阴爻变为阳爻，而得到艮下兑上的"之卦"，即《萃》卦（䷬）。

占卦的原则

"本卦"与"之卦"一经确定之后，即可依下列七条占筮原则进行断卦：

（一）六爻皆不变（即无变爻）："本卦"的六个爻皆为不变爻时，亦即所得的数不是"七"就是"八"时，直接以以"本卦"的卦辞占断吉凶。

（二）一爻变：只有一个变爻时，以"本卦"变爻的爻辞占断吉凶。

（三）二爻变：当有两个变爻时，应以"本卦"两个变爻的爻辞占断吉凶，并以上爻为主，下爻为辅。

（四）三爻变：当有三个变爻时，应以"本卦"的卦辞为主，"之卦"的卦辞为辅，进行占断。

（五）四爻变：当有四个变爻时，应以"之卦"两个不变爻的爻辞占断吉凶，并以下爻为主，上爻为辅。

（六）五爻变：当有五个变爻时，应以"之卦"不变爻的爻辞占断吉凶。

（七）六爻变：六个爻都是变爻时，应以"之卦"的卦辞占断吉凶。如为《乾》、《坤》两卦，则以"用九"或"用六"为主，而以"之卦"的卦辞为辅，进行占断。

依上述原则，前例"本卦"为《睽》，"之卦"为《萃》，因为有四个变爻，断卦时便以《萃》卦的六三（下爻）爻辞为主，九四（上爻）的爻辞为辅来占断吉凶。

大衍筮法的象征意涵

"大衍筮法"的每一个步骤，都有特殊的象征涵意。以河图的中宫五、十相乘而得大衍之数五十，其用为四十九。"四营"进行之前，四十九支竹签合为一束，象征浑然一体的太极。"分二"象征奇偶，左边为奇，右边必定为偶；左边为偶，右边必定为奇。这"分二"就是分阴、阳，象征由一片混沌之中分出天、地。"挂一"则是代表人向天地问卜，天、地、人就是"三才"。"揲四"象征一年之中春夏秋冬，寒往暑来，运行不息。万事万物莫不发生、变化于天地与四时的"时"、"空"之中。"归奇"是五指的中三指间两个指缝夹着揲四之后剩余的两束竹签，以象征每五年就有两个闰月。因为中国古代历法是阴阳历并用。阳历一年有三百六十五又四分之一天，阴历一年有三百五十四天，一年相差十一又四分之一天。每五年阴阳历相差五十六、七天，合阴历两个月。

此外，竹签数目也有模拟与象征。《周易》经文凡阳爻皆称"九"，阴爻皆称"六"。如《乾》卦（☰）的六个阳爻皆为"九"，其竹签数是三十六，乾有六个"九"，三十六乘以六，得《乾》卦签数二百一十六；《坤》卦（☷）则有六个"六"，"六"的竹签数是二十四，再乘以六，便得出《坤》卦的竹签数一百四十四。《乾》、《坤》两卦的签数合有三百六十，象征一年的日数。《周易》六十四卦，有阴、阳爻三百八十四个，其中阳爻"九"有一百九十二个，阴爻"六"也有一百九十二个，三十六乘以一百九十二，再加二十四乘以一百九十二，合得一万一千五百二十，相当万物之数。由以上的象征涵意可知，通过"大衍筮法"，可在天地四时运行、万物生息之中，求得一卦以反映某一具体事物的象征。

以"大衍筮法"进行占筮，过程条理分明，只要反复练习几次即可熟悉。影响占断结果的，主要还是断卦者对于卦、爻辞涵意的了解与掌握。因此，《周易》的经文才是占筮的主体。对卦、爻辞缺乏基本了解而去占筮，那就与《周易》无关，占筮也就流于虚有其表，乃至于迷信。只有先精研、通晓《周易》的经文，探求卦、爻辞所蕴含的义理，才能真正自《周易》中汲取智慧。

《周易》的经文才是占卦的主体

要研习《周易》是要有方法的，很多人读《周易》，就从《乾》卦开始读起，光是"元亨利贞"，读了两个月都还不知所云，不就六画刚爻而已吗？"元亨利贞"是《乾》卦的卦辞，《彖传》是一种解释，也就是："大哉乾元，万物资始，乃统天。云行雨施，品物流形，大明终始，六位时成，时乘六龙以御天。乾道变化，各正性命，保合大和，乃利贞。首出庶物，万国咸宁。"《象传》又是另一种解释："天行，健；君子以自强不息。"而《文言传》又有四种不同的解释。光一个"元亨利贞"在《易传》里面，就有六种不同的解释，这就给初学者带来了理解上的困扰，难以把六种解释融合为一。其实，研读《周易》，如果要一卦一卦读下来，那将是非常枯燥而辛苦的事情。《周易》的经文总共有四百五十条的卦、爻辞，经常读一个卦，读到第二爻时，初爻在讲什么，早已忘得一干二净了。

其实，《周易》本来就是卜筮之书，研习《周易》，这个"习"就是要操作，要习作，要温习，要熟习，所以要边占筮，边研读，才是学《易》的不二法门。因此我鼓励初学《周易》的人，每天要做一次亲友服务。当身边的亲友遇到疑惑难决或遇事不决的时候，帮忙他们用"大衍筮法"卜一卦。卜出之后，针对相关的卦好好研读一次，再来就涉及变动的卦、爻辞，再多读两次，然后再把所咨询的问题与占筮所得的卦、爻辞结合起来，隔天再将《周易》所提供的咨询意见，告诉求助的亲友。这样每天占一卦，每天就读了一卦。一年下来，大概六十四卦就读过三、五次了。用孔子的话来说，这叫"君子居则观其象而玩其辞，动则观其变而玩其占"，寓教于乐。按照这个方法来学《周易》，学得初步有成的，已经大有人在。至于要读我的易学著作，像《周易六十四卦通解》、《易经白话例解》、《易传通解》（简体字版由华东师范大学出版社，繁体字版由台湾商务印书馆出版），也不是一卦一卦读。大家要先把每卦的第一部分，也就是解释卦画、卦名、卦象、卦义的这一部分，先读熟，然后再借着帮人占卦来研读《周易》。

其实，研读《周易》的基本功，我总结为两个部分。首先要把八个三画卦（乾、兑、离、震、巽、坎、艮、坤）所代表的物象、卦德、父母六子的关系记熟，这是要运用八卦的基本知识。其次则是要熟习"大衍筮法"的"分二"、"挂一"、"揲四"、"归奇"，经过三变，以求取七、八、九、六。这样就可以开始边占筮，边学《周易》，既轻松又有趣。只要花个三年五载，就能欣赏到《周易》的宫室之美、百官之富，那将是多么美好的事啊！

  人生短短数十寒暑，穷其一生所能累积的知识、经验与智能是非常有限的。若能虚心向《周易》这部智慧宝典求教，便能从中学会运用数千年来中国传统智慧与经验的结晶，使我们在人生的道路上走得更为踏实，也更有信心。换言之，对现代人而言，《周易》这部古老的智慧宝典，非但不显落伍，反而因时代的推进而愈显珍贵。无论直接钻研易理，或是通过占筮求取卦、爻辞，《周易》所含藏的智慧宝藏足以为徬徨的现代人提供最好的心理咨商，也是现代人进德修业必备的宝典。

附录：八卦所代表的物象、卦德、人事与卦序对照表

物象	天	泽	火	雷	风	水	山	地
卦德	健	悦	丽	动	入	险	止	顺
人事	父	少女	中女	长男	长女	中男	少男	母
上卦 \ 下卦	☰ 乾一	☱ 兑二	☲ 离三	☳ 震四	☴ 巽五	☵ 坎六	☶ 艮七	☷ 坤八
☰ 乾一	乾 01	夬 43	大有 14	大壮 34	小畜 09	需 05	大畜 26	泰 11
☱ 兑二	履 10	兑 58	睽 38	归妹 54	中孚 61	节 60	损 41	临 19
☲ 离三	同人 13	革 49	离 30	丰 55	家人 37	既济 63	贲 22	明夷 36
☳ 震四	无妄 25	随 17	噬嗑 21	震 51	益 42	屯 03	颐 27	复 24
☴ 巽五	姤 44	大过 28	鼎 50	恒 32	巽 57	井 48	蛊 18	升 46
☵ 坎六	讼 06	困 47	未济 64	解 40	涣 59	习坎 29	蒙 04	师 07
☶ 艮七	遯 33	咸 31	旅 56	小过 62	渐 53	蹇 39	艮 52	谦 15
☷ 坤八	否 12	萃 45	晋 35	豫 16	观 20	比 08	剥 23	坤 02

论太极思维
——有中国特色的思维方式

一、序 论

《周易》是中国传统文化的大根大本。自古以来,《周易》对精英文化或者大众文化均有极为深远的影响。诚如《四库全书总目》所称:"易道广大,无所不包,旁及天文、地理、乐律、兵法、韵学、算术,以逮方外之炉火,皆可援《易》以为说。"自汉武帝建元五年(前136)设置五经博士起算,到清光绪三十一年(1905)废除科举为止,共二千零四十年,其间为《周易》经传注疏的著作就超过四千种。学者皓首穷《易》,历两千年而不衰!

然而自从废除科举以来,经学教育随之中断,全面实行西学,尤其"五四"新文化运动以后,接受西式教育的精英阶层,为了推动国家现代化,往往将传统文化视为"落后"的同义词。这使得当代的知识精英中,拥有留洋博士头衔,却对传统文化所知甚少者,比比皆是。自此原为群经之首的《周易》在知识界就遯隐到古籍专业研究的领域,或者流落到民间,成为算命、卜卦的道具。一般来讲,前者仍挣脱不出传统经学注疏的格局,后者则与民俗、迷信互为表里,两者同为接受现代教育的时代精英所鄙视。

现在即使有部分知识精英想学习《周易》、理解《周易》,却往往不得其门而入。烦琐的训诂考据固然令人望而兴叹,传统上"经传不分",甚至"以传代经"、"以学代传"严重消蚀了读者学《易》的兴趣。譬如《周易》开卷第一卦——《乾》(☰)的《文言传》,并非一人所作,它至少是由出自三个不同时期的人对《乾》卦六爻的注解凑合而成。接受现代教育的读者在研读《乾》卦,试图对《文言传》做出统一的解释本无可厚非,但这先天就注定不可能成功。如果再把《彖传》、《象传》对《乾》卦的解释一并纳入考虑,其难度就不言而喻了。这也就难怪大多数喜爱易学的读者会将《周易》视为天书，《乾》卦卦辞"元亨利贞"四个字还没读完，早就知难而退了。

其次，不少人舍弃《周易》原典，而只从《系辞传》着手来研读《周易》，接着就读《说卦传》、《序卦传》、《杂卦传》，及《文言传》，以为如此就是《易经》。能读到《彖传》与《象传》可说还不多见。因为《彖传》与《象传》中的《大象》已具体涉及六十四卦每一卦的卦象、卦辞与卦义的诠释。而《象传》中的《小象》则直接涉及三百八十四爻（以及"用九"、"用六"）每一爻的爻象、爻辞与爻义的诠释。其实《系辞传》、《说卦传》、《序卦传》与《杂卦传》只是《周易》的导论、概论或总论，而《文言传》则是搜集汉初以前对乾坤两卦较为杰出的诠解而成。《易传》旨在解释《易经》，并不能完全取代《易经》。

其实，研究《周易》，对六十四卦的卦画要能一目了然，乃是基本功夫。然而今天莫说一般的《周易》爱好者，连不少《周易》的专业研究者看到六画卦还得稍为推敲或查阅一下，才能说出卦名，就是长期以来"以传代经"和"以学代传"的结果。研读《周易》数十年，仍不得其门而入者，不乏其人。这就是教学法出了问题。"工欲善其事，必先利其器"，在现代社会，吾人不能期待一个受过良好教育的知识分子去皓首穷"易"，而却仍对《周易》一知半解。

所谓《周易》现代化，绝不仅仅指注释《周易》的经文，让现代人看得懂而已。它更应包括如何让一般的现代人可以深入《周易》的堂奥，以汲取其智慧的源泉，而与其自身的专业互相发明。

本文即试图在方法论上突破传统经学治《易》的格局，运用"以《易》解《易》"的方法，来建立符合现代学术规范的易学理论，从而揭露潜藏在《周易》之中独特的思维方式——太极思维。让这个中国古老传统智慧的结晶不再是难解的天书，甚且还可以成为推动现代化的助力。通过太极思维，易学将以"一般知识学"或"科学（哲）学"的崭新面貌与现代各个学门展开会通。这将使《周易》走出经学研究的窠臼，成为中国当代一般知识分子的学术基底，从而丰富各个学术专业的研究内涵。这样的《周易》才是活的、有生命力的《周易》，也才是与时推移、万古常新的《周易》。

二、太极思维的符号系统及其基本原则

《周易·系辞传》云："是故易有太极，是生两仪，两仪生四象，四象生八卦，八卦定吉凶，吉凶生大业。""太极"是指卦画或卦象形成之前混而为一的状态，依汉易的解释，如同天地未分之前，元气混而为一的状态。从这个混而为一的状态，产生了阴（--）、阳（—）二爻或奇偶两画，是为"两仪"。依汉易的解释，如同阴阳二气或天地。"两仪生四象"的"四象"是指由阴、阳二爻相交之后所得的老阳（⚌）、少阴（⚍）、老阴（⚏）、少阳（⚎），而依虞翻、张载等人的解释，如同"四时"，亦即少阳为春，老阳为夏，少阴为秋，老阴为冬。天地之所以能长养万物，就是因为有春夏秋冬、寒往暑来的交替运行，万物才能展现生、长、收、藏的生命现象。"四象生八卦"的"八卦"，乃是指老阳、少阴、老阴、少阳等爻象再与阴、阳爻相交之后，所得的乾（☰）、兑（☱）、离（☲）、震（☳）、巽（☴）、坎（☵）、艮（☶）、坤（☷）八卦而言。《系辞传》说："是故刚柔相摩，八卦相荡。鼓之以雷霆，润之以风雨。日月运行，一寒一暑。"就是指这个过程。

八卦再自相重叠就产生六十四卦，如明夷（䷎）就是由离下坤上两卦组成，而贲（䷕）则由离下艮上两卦组成。从太极到六十四卦乃一生成或展开的系列。历代的易学家就是试图借六十四卦来模拟、诠释整个宇宙万有的生成变化。所谓"《易》与天地准，故能弥纶天地之道"，"与天地相似，故不违"。因此，可知六十四卦源自八卦，八卦源自四象，四象又源自阴阳两仪，所以说："一阴一阳之谓道，继之者善也，成之者性也。"在两仪的基础上，与阴、阳相交，在阴仪上得出老阴（⚏）与少阴（⚍），在阳仪上得出少阳（⚎）与老阳（⚌），如此就"两仪生四象"了。同理在四象的基础上，再与阴、阳相交，在老阴上得出坤（☷）与艮（☶），在少阴上得出坎（☵）与巽（☴），在少阳上得出震（☳）与离（☲），在老阳上得出兑（☱）与乾（☰）。八卦又称八经卦，是由阴爻（--）与阳爻（—）两种符号所组成的三画卦。而阴爻也称柔爻，阳爻也称刚爻。在《系辞传》

也常将阴爻称为坤，阳爻称为乾，而说："乾坤，其易之门邪？乾，阳物也；坤，阴物也。阴阳合德而刚柔有体，以体天地之撰，以通神明之德。"又说："乾坤，其易之缊邪？乾坤成列，而易立乎其中矣。乾坤毁，则无以见易。易不可见，则乾坤或几乎息矣。"

阴阳相生与贵寡原理

传统上，初学者多从南宋朱熹所编的《八卦取象歌》来记诵八卦。所谓《八卦取象歌》乃是："乾三连，坤六断，震仰盂，艮覆盌，离中虚，坎中满，兑上缺，巽下断。"其实这种记诵方式本来是为当时初学《易经》的蒙童设计的，在现代社会，成年人初学《易经》，如仍沿袭这种记诵方式，其最大缺点莫过于误导初学者不以理性的方式来学《易》，而以威权、约定俗成、死记的方式来学《易》。

其实，要认识八卦只要依循几个理性原则，即可轻易将其含义记诵下来：

首先，以阳爻（—）与阴爻（--）分别象征男、女两性的生殖器。阳主动、阴主静；阳为刚、阴为柔。八卦中代表纯阳卦的乾（☰）与纯阴卦的坤（☷）在《系辞传》中有极其形象的描述："夫乾，其静也专，其动也直，是以大生焉。夫坤，其静也翕，其动也辟，是以广生焉。"这里"专"释为"抟"，同"团"，亦即指"乾"静的时候是团团的，软而下垂，动的时候是刚直的，所以能大生万物。至于"翕"是闭的意思，"辟"则是开的意思，亦即指"坤"静的时候是闭锁的，动的时候是辟开的，所以能广生万物。由于乾坤结合能化生万物，因此，乾坤两卦在人事上象征生育子女的父母。此外，从爻象来看，阳为实、阴为虚，因此阳爻也象征有实才的君子，阴爻则象征无实才的小人。

其次，爻有阴、阳之别，卦亦有阴、阳之别。在八卦中，乾（☰）为纯阳卦，坤（☷）为纯阴卦，其余六卦不是一阴二阳，便是一阳二阴。易经中有一个"多从寡"的基本原则，亦即"贵寡"原理。《易经》坚决反对众暴寡的霸道哲学。一阴二阳之卦，如以阴阳相抵，众暴寡的结果，只剩一阳，则不成其三画卦矣；反之，如以阴阳相生，多从寡的结果，众阳必求孤阴，而阴反为该三画卦之卦主矣。这就是多从寡的贵寡原理。因此,《系辞传》说:"阳卦多阴,阴卦多阳。"一阳二阴的卦,如震(☳)、坎(☵)、艮(☶),皆为阳卦;而一阴二阳的卦,如巽(☴)、离(☲)、兑(☱),皆为阴卦。

画卦应由下往上画

《易经》可贵的地方在于颠覆一般人的思维习惯,上文提及以"多从寡"替代"众暴寡",以"阴阳相生"替代"阴阳相抵",即其著例。所谓无卦不成易,"卦"是《易经》特有的表达思维的工具,任何有关《周易》的诠释皆离不开卦画、卦名、卦象、卦义。而卦画与卦名更是释卦的前提。一般人画卦,不假思索就会由上而下画下来,其观象、释卦自然也将由上而下,如此一来,《易经》就变成一部天书了。其实,正确的《周易》画卦法也是颠覆常人的画卦习惯,画卦要由下往上画,如《说卦传》所说:"数往者顺,知来者逆,是故易逆数也。"由下往上,即是"逆数",表示可以察来事之吉凶。这也就是六十四卦任何一卦最下爻称为"初爻"、最上爻称为"上爻"的道理。而《周易》经文中每卦的爻辞也是依序自"初爻"始至"上爻"终,由下往上排列。

只有正确的画卦法才能导出正确的卦象与卦义。譬如《晋》卦(䷢)是由坤(☷)下离(☲)上两卦组成,离为日、火,坤为地。其卦象,坤地在下,离日在上,由下往上看,就呈现出离日渐渐浮现在坤地之上,乃旭日东升、"明出地上"之"晋"象。反之,如果画卦时由上往下画,释卦时也自然由上往下看,离日即将入于地中,"晋"卦变成夕阳西下,也就是"明入地中"的"明夷"卦(䷣),这就大错特错了。只要懂得画卦要由下往上(亦即由内而外)的道理,就不会出现到处可见画错八卦图的现象。否则连在甘肃省天水市贵为伏羲祖庙的八卦图都画错了,又怎能期待其他的名山古刹在修复时不画错呢?

卦的错综及其相对关系

如果以乾坤两卦为象征生育子女的父母。一阳二阴的三个阳卦则为三子，即长男、中男、少男。一阴二阳的三个阴卦为三女，即长女、中女、少女。乾（☰）与坤（☷）相交而得三子三女：孤阳在下者为长男，即震（☳）；在中者为中男，即坎（☵）；在上者为少男，即艮（☶）。孤阴在下者为长女，即巽（☴）；在中者为中女，即离（☲）；在上者为少女，即兑（☱）。

　　卦有错综关系。所谓"综卦"（也称"覆卦"）是指将本卦的卦画顺序颠倒后所得的卦，如震卦（☳）的综卦为艮卦（☶），巽卦（☴）的综卦为兑卦（☱）。至于其他四卦，即乾（☰）、坤（☷）、坎（☵）、离（☲），其综卦与本卦相同。所谓"错卦"（也称"变卦"）是指将本卦之阴爻皆变为阳爻、阳爻皆变为阴爻后，所得到的卦，如乾卦（☰）的错卦为坤卦（☷），坎卦（☵）的错卦为离卦（☲），震卦（☳）的错卦为巽卦（☴），艮卦（☶）的错卦为兑卦（☱）。我们也称震与艮互综，而与巽互错；巽与兑互综，而与震互错。有错综关系的卦，其卦义也有一定的相对关系，诸如上举的例子即有长少或男女的相对关系。

　　八卦除了在人事上可象征父母与三子三女外，也可以代表自然界的八种物象。乾（☰）为纯阳，阳因轻清而浮于上，万物无不为其所覆盖，故为天。坤（☷）为纯阴，阴因重浊而沈在下，万物无不为其所负载，故为地。乾天既然在上，因此也代表统治万民的君王。坤地在下，则代表顺服的臣民。坎（☵）的卦画如果竖直起来，与水的象形字（𣱵）极似，意为流水。坎的错卦为离（☲），坎为水，则离为火。又坎为流水，若将坎的初爻由阴变阳，即将流水底部堵住，使其不再流动，则成为泽水，亦即兑（☱）。兑的错卦为艮（☶），兑为泽，所谓山泽通气，则艮为山。乾与坤初交，坤以阴极，则阳生于下，犹冬至过而春雷生，故震（☳）为雷。坤与乾初交，一阴入于两阳之下，犹风能入万物，故巽（☴）为风。而坎又可引申为云或雨，离为电或日，巽为木或烟。因云、雨皆为可流动之水，电、日皆有火象。至于看到树木摇动或烟雾飘浮，则知道有风在吹拂。

　　八卦不仅代表物象也代表八种性能，又称"卦德"。乾为天，因其运行刚健不息，故卦德为"健"。坤为地，因其厚德载物，包容广大，故卦德为"顺"。震为雷，一阳处二阴之下，主于上往，故卦德为"动"。艮为山，一阳据二阴之上，进无可进，故卦德为"止"。离为火，火自身无实体，必附丽于他物之上，故卦德为"丽"。坎为流水，深浅难测，流速缓急辄随上游天候晴雨而异，故卦德为"陷"。巽为风，无物不能入，故卦德为"入"。兑为泽，傍泽水而居，无坎水险陷之灾，又无缺水之苦，故卦德为"说"（即"悦"）。

八卦除了可象征父母六子以及八种的基本物象与卦德外，在《说卦传》最后一章，更胪列出了一百一十二种的物象，譬如坎就有二十种的物象："坎为水、为沟渎、为隐伏、为矫𫐓、为弓轮。其于人也，为加忧、为心病、为耳痛、为血卦、为赤。其于马也，为美脊、为亟心、为下首、为薄蹄、为曳。其于舆也，为多眚、为通、为月、为盗。其于木也，为坚多心。"

六十四卦的排列原则

以上笔者将乾、兑、离、震、巽、坎、艮、坤等八卦的卦画、卦象所取之物象及卦德作了简要的介绍，这八个三画卦又称"经卦"。而《周易》六十四卦就是由八经卦相互重叠而成，故又称"别卦"，为六画卦。每一个别卦由内、外两卦组成。内卦又称下卦或下体，外卦又称上卦或上体，内卦代表一个人的内德，外卦则代表其外行。而下卦也代表在下的臣民，上卦则代表在上的君王。现在通行本的易经其六十四卦的排列顺序如下：乾、坤、屯、蒙、需、讼、师、比、小畜、履、泰、否、同人、大有、谦、豫、随、蛊、临、观、噬嗑、贲、剥、复、无妄、大畜、颐、大过、习坎、离（以上为"上经"）、咸、恒、遯、大壮、晋、明夷、家人、睽、蹇、解、损、益、夬、姤、萃、升、困、井、革、鼎、震、艮、渐、归妹、丰、旅、巽、兑、涣、节、中孚、小过、既济、未济（以上为"下经"）。

六十四卦的排列顺序是两卦相偶，非"覆"（或"综"）即"变"（或"错"）。如《剥》卦（䷖）的覆卦是《复》卦（䷗）。但是六十四卦中，覆卦与本卦相同的有八个，故在排列时，舍弃其覆卦而取其变卦。这八个是：《乾》（䷀）与《坤》（䷁），《颐》（䷚）与《大过》（䷛），《习坎》（䷜）与《离》（䷝），《中孚》（䷼）与《小过》（䷽）。研读《易经》的一个基本原则应是要将互综或互错的两卦并看。此外，在此要顺便一提的是，在六十四卦之中，有八个卦其覆卦与变卦相同：《泰》（☷☰）与《否》（☰☷）、《随》（☱☳）与《蛊》（☶☴）、《渐》（☴☶）与《归妹》（☳☱）、《既济》（☵☲）与《未济》（☲☵）。

卦位的属性及其应比关系

六十四卦每卦有六爻，也有六位，六位由下而上称"初"、"二"、"三"、"四"、"五"、"上"。爻分阴阳，位也有阴阳之分。"初"、"三"、"五"为"阳位"；"二"、"四"、"上"为"阴位"。凡爻处阳位则用刚，处阴位则用柔。按人事说，六位各有含意："初"象征一个人尚未进入或刚刚要踏进社会，而还没有社会地位的状态。"上"象征已经退出社会而不在位的离职或退休的状态。《系辞传》说："其初难知，其上易知，本末也。"又说："若夫杂物撰德，辨是与非，则非其中爻不备。"这里"中爻"就是指介于初、上之中的四爻，《系辞》说："二与四同功而异位，其善不同。二多誉，四多惧……三与五同功而异位，三多凶，五多功。""五"为尊位，象征处在事业高峰的状态。"四"为近君大臣，象征身居要津、即将出掌大权的状态。"三"处下卦之上，位亦不低，象征担任地方首长或部门主管的状态。"二"处下卦之中，与处尊位之"五"相应，象征一个地方中坚干部深得最高领导信任的状态。下卦代表处下的臣民，上卦则代表居高的君王。

六十四卦每卦有六爻，凡阳爻（—）皆称"九"，阴爻（– –）皆称"六"。阳爻性刚直，阴爻性柔顺。《乾》卦（☰☰）六爻之称谓由下而上为"初九"、"九二"、"九三"、"九四"、"九五"、"上九"；《归妹》卦（☳☱）六爻则为"初九"、"九二"、"六三"、"九四"、"六五"、"上六"。因此，只要一看到"六三"，就知道它是某卦自下而上的第三爻，且是阴爻。凡是阳爻居阳位或阴爻居阴位，则为"当位"或"得正"，如"初九"、"九三"、"九五"或"六二"、"六四"、"上六"。反之，如阳爻居阴位或阴爻居阳位，则为"不当位"或"失正"，如"九二"、"九四"、"上九"或"初六"、"六三"、"六五"。一般而言，得正多吉，失正多凶。如《谦》九三"劳谦，君子有终，吉"，《豫》六三"盱豫，悔，迟有悔"。

六位又可依三才，分为天、地、人。"初"与"二"为"地位","三"与"四"为"人位","五"与"上"为"天位"。"初"与"上"象征一卦的本末：初爻处一卦之始，犹树木之根本；上爻居一卦之终，犹树木之末梢。《系辞》说："其初难知，其上易知，本末也。"初爻尚看不出一卦的大义，如《泰》初九"拔茅茹，以其汇，征吉"，《否》初六"拔茅茹，以其汇，贞吉，亨"。上爻则因该卦已充分展现，物极则反，濒临往其他方向发展，如《泰》上六"城复于隍"，《否》上九"倾否，先否后喜"。因此，初、上两爻虽为一卦的本末，但要掌握一卦变化的精髓，却非从"中爻"下手不可。《系辞》说："若夫杂物撰德，辨是与非，则非其中爻不备。""中爻"是指"二"至"五"爻。"二"与"五"分居内外卦之中位，由于《易经》充满崇中、贵中的思想，故"二多誉"而"五多功"。如《蒙》九二"包蒙吉，纳妇吉，子克家"，《明夷》六二"明夷，夷于左股，用拯马壮，吉"；《乾》九五"飞龙在天，利见大人"，《损》六五"或益之十朋之龟，弗克违，元吉"。"三"与"四"为人位，周易乃忧患时代的产物，与天位、地位相比，人位尤显艰难，故"三多凶"而"四多惧"。如《小畜》九三"舆说辐，夫妻反目"，《师》六三"师或舆尸，凶"；《晋》九四"晋如鼫鼠，贞厉"，《蛊》六四"裕父之蛊，往见吝"。

释卦除了爻位的属性（即初、二、三、四、五、上等六位的属性，六位还可分为阴、阳位，也可分为天、地、人三位，以及爻与位相配有得正、失正之分），也要衡量六爻之间的应、比关系。

所谓"应"是指内、外卦相对应的爻位而言，如"初"与"四"、"二"与"五"、"三"与"上"。凡阴爻与阳爻相对则为"有应"，有应则能相牵引，如《贲》(☶☲)初九与六四有应，故初九"舍车而徒"，六四则"匪寇婚媾"。反之，凡阳爻与阳爻相对或阴爻与阴爻相对，则为"无应"或"敌应"，无应则不能相奥援，如《渐》(☴☶)之初六与六四无应，无应则初六不急于上往，故能"鸿渐于干"而"无咎"。

所谓"比"是指相邻之两爻而言，当两爻一阴一阳，则下比上为"承"，上比下为"乘"。凡以阴爻承阳爻为"亲比"，可相为辅弼，如《观》(☴☷)之六四亲比九五，故能"观国之光，利用宾于王"。反之，以阳爻承阴爻则为"逆比"，辄致凶祸，如《鼎》(☲☴)之九四逆比六五，故"覆公餗"而"凶"。

主爻为释卦的关键

此外，在释卦的理论上，有"卦主说"，即一卦六爻之中，有一爻为一卦之主，该爻为释卦的关键。除了一阳五阴与一阴五阳等十二卦之外，卦主一般来说是位居尊位的第五爻。依"多从寡"原则，孤阳、孤阴之卦，孤爻即为该卦卦主。如一阳五阴之卦，其立象的原则：一阳在上、下者为《剥》（䷖）、《复》（䷗），象征阳刚势力之消长；一阳居中者为《师》（䷆）、《比》（䷇），象征众阴之所归；一阳在三、四者，处上、下二体之际，以其自上而退处于下者为《谦》（䷎），自下而奋出乎上者为《豫》（䷏）。而一阴五阳之卦，其立象原则：一阴在上、下者为《夬》（䷪）、《姤》（䷫），象征阴柔势力之消长；一阴居中者为《同人》（䷌）、《大有》（䷍），象征众阳之所宗；一阴在三、四者，处上下二体之际，以其自上而退处于下者为《履》（䷉），以其自下而进处于上者为《小畜》（䷈）。

一般而言，"五"为尊位，居"五"之爻常为一卦之主，如果是阳爻居五，则九五象征刚中之君，如果是阴爻居五，则六五象征柔中之君。而"五"与"二"、"四"、"上"分别有应、比关系。九二为刚中之臣，六二为柔中之臣。九四象征有实才，但不得正的近臣；六四则为柔顺守正的近臣。上九为柔中之君所亲比的贤者，上六为刚中之君所宠信的小人。

六四与九五亲比，意味着刚中之君获得柔顺守正近臣的辅弼，凡十六卦大多得吉，如《巽》（䷸）六四"田获三品"而九五则"无不利"。九四处九五之旁，两刚并处，一山难容二虎，爻辞多诫九四必尽其赤诚，方能免除专权越分、欺君夺民之嫌，如《萃》（䷬）九四必"大吉"乃能"无咎"。九四与六五逆比，大有刚强不正的近君大臣僭逼六五柔中之君的态势，九四不能尽其臣节，极易招致凶祸，如《离》（䷝）九四"焚如，死如，弃如"。六四与六五相邻，象征得位守正的近臣辅弼柔中之君，无僭逼之嫌，如《临》（䷒）六四"无咎"。

九二刚中之臣与六五柔中之君相应，凡十六卦大多得吉，九二有实才本可以辅弼六五，但九二的身份毕竟不是近君大臣，而是身处地方的中坚干部，不宜主动上往与六五相应。因为《易经》强调循序渐进的思想，在下者切忌求上，以免有谄媚求宠之嫌，必待在上者有求贤、用贤的决心，并也已付诸行动，才能往应。如《升》（䷭）九二"孚乃利用禴"，谓刚中贤臣当积其至诚，略备薄礼，静俟君王之召。九二与九五虽为敌应，但不像九四对九五有所威胁，九二终将为九五所重用，但亦不宜主动求用，而应以至诚安处，静俟王命前来相求，如《困》（䷮）九二"困于酒食，朱绂方来，利用亨祀，征凶，无咎"。六二柔中之臣与九五刚中之君相应，多能得吉，如《萃》（䷬）六二"引吉，无咎，孚乃利用禴"。六二与六五两者同为柔爻，为敌应关系，六五柔中之君意志不坚定，六二若遽然上往求用，必定遭到疑忌。唯有用其柔中之德，积其至诚，感发六五，则可得吉，如《丰》（䷶）六二"往得疑疾，有孚发若，吉"。

由此可见《易经》告诫吾人，在下者宜贞固自守，积其孚诚，切忌主动上往求用，方可确保为人臣者独立自主的尊严，而免受屈己求宠之辱。如此，一旦获得起用，也才能无所挂虑，一展长才。反之，《易经》也要求在上者应急于求贤，助己为治，如《临》（䷒）六五"知临，大君之宜，吉"，喻六五委信九二刚中贤臣，不劳而治，即不自用其知，乃能兼采众知以为己知。这种"下忌求上"、"上求下宜急"的思想再度体现了《易经》颠覆一般人的思维惯性，从而含有丰富和深刻的智慧。

此外，"五"与"上"相比，在释卦时也有特别的意义。五为尊位，"五"之所以能屈求于"上"，只因为尚贤之故。当君王的人要尊尚有贤德的长者。因此，上九象征高世之贤，而六五则为谦冲为怀的虚中之主，如《大有》（䷍）上九"自天祐之，吉无不利"。反之，九五与上六逆比，象征九五刚中之君尊宠窃据高位的小人，如《夬》（䷪）上六"无号，终有凶"。

三、太极思维的价值取向及其基本哲理

在《易经》六十四卦中，除了《谦》卦六爻皆得"吉"、"无不利"外，没有一卦从初爻到上爻皆得吉，也没有一卦从初爻到上爻皆得凶。这种现象体现了《周易》作者阴阳互藏、祸福相因的思想，以

及极为深刻的忧患意识，所谓"作《易》者，其有忧患乎？""《易》之兴也，其当殷之末世、周之盛德邪？"而《谦》卦六爻虽失位、无应或乘刚，然却无凶、咎、悔、吝，只因为《谦》卦的卦义最能彰显《周易》"满招损，谦受益"的基本哲理。

满招损，谦受益

《谦》（䷎）由艮下坤上两卦组成，艮为止、为山，坤为顺、为地，谦乃止乎内而顺乎外，意指君子内有如山般的崇高之德而不自矜伐，外有如地般的柔顺之行而能退让，如此谦德必能使有道君子先屈而后伸，无往而不利。故卦辞云："谦，亨，君子有终。"

与《谦》成为强烈对比的，莫过于《既济》。既济是指已经渡河抵达彼岸，引申为事已完成。《既济》（䷾）由离、坎两卦组成，从卦象来看，离为火，坎为水，水在火上，火性炎上，而水性润下，两者相交而相济。然水决则火熄，火烈则水涸，相济之中含藏相灭之机。《既济》的卦辞是"亨小，利贞，初吉终乱"。事既已完成，切忌自是自满。所谓"亨小"，是指既已完成还不如刚刚完成之时亨通。因为常人一成功，则易滋生骄心，所以卦辞诫以唯贞固自守才能有利。至于"初吉终乱"则明指"成功是走向败亡的开端"，唯有成功而不生骄心，胸中另有更高远的理想，临事以惧，才能持盈保泰，《系辞》说："惧以终始，其要无咎，此之谓《易》之道也。"

祸 福 相 因

六十四卦卦辞中最不吉利的，当为《归妹》卦的"征凶，无攸利"。归妹是将少女嫁出去的意思，亦即少女不待夫家前来迎娶而自归之意。《归妹》（䷵）由兑、震两卦组成，兑为少女、震为长男，女方主动嫁归男方，已失婚姻之礼。以少女配长男，尤不如以长女配长男为宜。因为长女未出嫁时，在娘家就得帮助妈妈照顾祖父母与弟妹，出嫁之后，身为长媳，要侍候公婆或照顾姑叔，总比平素在家娇生惯养的少女为佳。因此，长女配长男在《易经》就以表示夫妇关系恒久的《恒》卦（䷟）展现出来。《归妹》（䷵）以少女配长男，不合于正礼，故其卦辞颇为不吉。《归妹》的卦画二至五爻皆不当位，而初、上两爻虽当位，但上六阴柔在上，初九阳刚在下，犹如三、五两爻皆以柔乘刚，有妇制其夫之象，故其凶可知。

但偏偏就在如此不吉的《归妹》卦，六五爻却能得吉，这就更加凸显《易经》思维的深刻了。其爻辞是"帝乙归妹，其君之袂不如其娣之袂良，月几望，吉"。六五以柔爻居尊位，复处上卦之中，象征此妹乃高贵的帝王之女，具有柔中的美德。"帝乙"是商代的帝王，其女儿没人敢来提亲，因此，帝乙自己选中了驸马爷，而将女儿下嫁出去。出嫁时，帝王女儿（即爻辞中的"君"）的衣袂反不如随同陪嫁婢女（即"娣"）的衣袂来得华丽，用来暗喻帝女内有贤德，不尚外饰，出嫁之后，仍会嫁鸡随鸡，嫁狗随狗，不会以其帝女身份自傲自是，其妇德之盛几至于盈满（即"月几望"），但仍未尽盈，故不致亢克其夫婿，是以得吉。

天地之气倒置

然而研读《周易》最好不要从《乾》、《坤》，而是从《泰》、《否》两卦着手，如此较易掌握六十四卦的内外卦关系，并理解《周易》处理贵贱关系的基本哲理。

《否》（䷋）由坤下乾上组成，从卦象看，坤地在下，而乾天在上，这反映了上天下地的自然现象。但是从《易经》思维角度来看，重浊的坤阴之气在下而愈下沉，轻清的乾阳之气在上而愈上扬，终将阴阳分隔，天地不交，而无法长养万物。从人事上看，坤所代表的臣民卑屈在下，而乾所代表的君王高居在上，两者不相往来，久而久之，统治与被统治阶级的矛盾对立必然日趋尖锐。最后从个人修养来看，《否》卦内顺外健，一个人若内中柔弱无断，而外有刚健之行，亦即内柔外刚，与人交往必然处处碰壁。因此《否》卦的卦义是否塞、闭塞不通。

《否》的综卦为《泰》，所谓"否极泰来"，《泰》（䷊）由乾下坤上组成，乾天在下，而坤地在上。这颠覆了上天下地的自然观，唯有如此才能使变化持续不断。乾阳之气在下而上浮，坤阴之气在上而下沉，阴阳两气交合，天地大通，可以长养万物。从人事上说，乾所代表的君王肯屈尊就下，而坤所代表的臣民能下情上达，"治"与"被治"的矛盾消融，天下大治。从个人修养上说，《泰》卦内健外顺，一个人若能内怀刚健之德，而外有柔顺之行，亦即内刚外柔，与人交往当无往而不通畅。因此《泰》卦的卦义就是通畅、泰通。

以贵下贱

《泰》卦以乾阳之尊屈就坤阴之下，更加彰显在位者的谦冲尊贵，而使臣民更加乐于顺服，这是《易经》处理贵贱关系的重要原则。这种思维方式在《随》卦有更为凸出的展现。《随》卦（䷐）由震下兑上组成。震卦为一阳二阴，依"多从寡"原则，为阳卦；兑卦为一阴二阳，为阴卦。震体阳卦处在兑体阴卦之下，有震刚随从兑柔之象。进一步来看，震（☳）、兑（☱）两卦，阳爻皆在阴爻之下，也是阳刚随从阴柔。六十四卦之中表现"刚来而下柔"最彻底的莫过于《随》卦。《随》卦的卦义就是追随：君子当以刚下柔，以贵下贱，以多问寡，舍己从人，如此方能德业日进。反之，若以刚强自是，以尊贵自傲，以博学自矜，而有己无人，如此必然为众所不齿。

治蛊治家，崇尚刚严

与《随》卦互综的《蛊》卦则不然。蛊是败坏已极，而生出乱子的意思。"蛊（蠱）"字由"蟲"、"皿"两字组成，"虫"是小毒蛇，三"虫"为"蠱"，意指以器皿畜养众多的小毒蛇。相传古人将众多的小毒蛇置放于密封的器皿之中，不予喂食，而让其自相吞食，最后活下来那条蛇就聚众蛇之毒于一身，这就叫"蛊"。《易经》取蛊之义，用来譬喻祸小不治，终将积为大乱。《蛊》卦（䷑）由巽、艮两卦组成，巽为阴卦在下，艮为阳卦在上。依取象原则，下卦代表臣民，上卦代表君王，《蛊》卦下巽上艮止，意味在下的臣民巽顺听命、唯唯诺诺，在上的君王静止不动、不思有所作为，上下和稀泥，呈现一片颓废偷安之象。而且巽（☴）、艮（☶）两卦，阳爻皆在阴爻之上，即"刚上而柔下"，下情难以上达，在上者也不知体恤下情，日久必致弊乱丛生，《蛊》卦就是在论述治蛊之道，即如何拯弊治乱。

由于蛊乱非一日之积，必经过相当时日才会浮现出来，因此各爻都取亲子关系立论，也就是后代晚辈整饬前代先人生前所积累下来的蛊乱。既然要治蛊就应以严刚为尚，阴柔非但不足以治蛊，反而会让蛊祸愈益恶化。因此《蛊》卦六爻之中，"初六"以柔爻居阳位、"九二"以刚爻居阴位，"九三"以刚爻居阳位，"六五"以柔爻居阳位。这四爻不是刚爻，就是居阳位，因此，皆能治蛊。唯"六四"以柔爻居阴位，不能治蛊，甚至"裕父之蛊"。在此顺便一提，《泰》、《否》两卦与《随》、《蛊》两卦皆互综且互错。

与《蛊》卦相似的是《家人》卦（☲）。《家人》卦由离、巽两卦组成，旨在论述持家、治家之道。离为火，巽为风，在这里引申为烟，烟从火出，有家人之象。《周易》经文创作于三千多年前，当时人们以渔猎或农牧为生，以家为单位，散居各地。家人是同室而居、同爨而炊、同锅而食。在荒郊野外，看到炊烟袅袅，就知烟火之处，有家人定居。从人事上看，离为中女在下，巽为长女在上，象征一家之内长幼有序。如果少女（兑☱）在上，中女（离☲）在下，长幼失序，那就变成《革》卦（☲）了。因为少女平素骄生惯养，毕竟不如长女有恤幼、敬老等持家的美德。传统社会，男子出外营生以养家糊口，女子则留居家中以相夫教子。留于家中除女子外，非老即幼，故女子居家又长幼有序，则家和万事兴。《家人》六二以柔爻居阴位象征女子得位而居中于内卦，九五以刚爻居阳位象征男子得位且居中于外卦，亦即女主内而男主外，两爻皆中正且相应，阴阳相求而相得，颇得家道之正。

治家之道犹如治蛊，应以严刚为尚。大凡家居生活难免以情胜理，以恩夺义，唯有刚正不阿才能不以私情害公理，故《家人》卦六爻之中，"初九"、"九三"、"九五"三爻皆以刚爻居阳位，故皆能治家。"上九"处一卦之终，乃家道之成，以阳爻居阴位，象征"上九"刚柔相济，爻辞特诫以"有孚威如"，意即除孚信之外，仍应辅以威严，才能保家道之"终吉"。

过刚则折，以柔济刚

《周易》虽然有崇尚阳刚的一面，但随着卦时、卦义的不同也强调过刚则折、以柔济刚的思想，有时甚至要求贵柔用阴，如《大壮》卦（䷡）与《夬》卦（䷪）。阳刚正在盛长之际，如果刚爻又居阳位，过分刚强有违中道，多不能得吉。

《大壮》卦（䷡）阳爻已经盛长到第四位，此时阳已过中。依易例，阳为大，阴为小，"大壮"就是"阳壮"，即阳刚壮盛，阴柔正在消退的意思。大壮意味正处于壮盛，就如一个人要权有权，要势有势。在这种状况下，君子唯有固守正道，不轻用其壮，才能长保其壮。务必要做到有权如无权，有势如无势。否则，肆用刚强，极易流于刚暴，如此一来，大壮反足以招殃。因此，《大壮》卦以刚柔相济为尚，如九二以刚爻居阴位，刚柔相济且居下卦中位，不亢而中，故能"贞吉"，最得卦义。至于初九与九三皆以刚爻居阳位，又不得中，过刚则折，故爻辞分别为"征凶有孚"与"贞厉，羝羊触藩，羸其角"，其凶咎可知。

《夬》卦（䷪）阳刚之盛尤甚于《大壮》，阳爻已盛长到第五位，孤阴在上，颇有五刚决除一柔的态势，"夬"就是决的意思。《夬》卦的卦义在强调"健而说，决而和"。《夬》卦乃君子道长，小人道消之时。从卦德上说，乾为健，兑为说（即悦），刚健则能决，兑悦可致祥和，阳刚君子决除阴柔小人，要能两不相伤，才是上上之策。因此，九二以刚爻居阴位，刚柔相济，且居下卦中位，故能"决而和"，最合卦义。至于初九与九三皆以刚爻居阳位，又不得中，过刚则折，故爻辞分别为"往不胜，为咎"与"壮于頄，有凶"。

贵柔居后，不为人先

除了崇尚阳刚、以柔济刚之外，《周易》更强调贵柔居后的原则。以论述为臣之道的《坤》卦（䷁）为例，其卦辞"先迷，后得主"，即要求为人臣者不可为天下先，必待唱而后和，若居"先"则无以和而"迷",唯居"后"乃有以和而得其"主"。为人臣者要居后用柔,方得坤道之正。通观《坤》卦各爻莫不强调贵柔居后的思想。如初六"履霜,坚冰至",要为人臣者见微知著,防患未然。六二要求顺以承天,以阴承阳,则"不习无不利"。六三、六四、六五要为人臣者有功不居("无成有终")、不轻露才华("括囊")、不以爵位高而骄矜自喜("黄裳")。至于上六则诫以为人臣者当以从阳为尚,切忌阴极敌阳,而"龙战于野,其血玄黄"。

  上述这种思想在《旅》卦尤有突出的开展。《旅》卦（䷷）由下艮上离组成,艮为山,离为火,山静止而不移动,火窜行而居无定所。《旅》的卦象"山上有火",意味火随山上干枯的草木而流窜,草木烧尽,火即他迁,犹人旅居在外,不久留一处。《旅》卦即在论述处旅之道。人在他乡与当地人比,终究有许多不便而处于劣势,这有点类似《坤》卦中为人臣者之于君王,故以用柔为宜。在动物行为学上,不少动物有明显的"领域行为"。譬如狗以自己尿骚味的浓淡来辨别自己的"地盘"或"势力范围",愈接近老窝,尿骚味愈浓,其攻击性就愈强,这透露出动物自卫的本能,因为它要保卫住在老窝里的"家小"。动物这种攻击行为的强弱与行为地离其住处的远近成反比的现象,称为"领域行为"。因此,当一只大狗远离自己的住处,而侵入一只小狗的地盘时,这只小狗会舍命地吠叫,而大狗则多悻悻然摇尾离去。《旅》卦正极其形象地将领域行为的理论总结为生活智慧:主张人出门在外宜贵柔守正,尽量不要与人争执,凡事应多加隐忍。因为只身在外,若与人冲突,要呼朋引伴或准备刀枪棍棒,总不如本地人方便。处旅上上之策莫过于旅居地有位强有力的东道主接待,以资倚靠。依此原理,《旅》卦（䷷）六爻,际遇各有不同。初六是一个尚未有社会地位的旅人（初位）,没有才干（柔爻）,却好用刚强（居阳位）,因此自取灾祸。六二以柔爻居阴位,故能用柔;又处下卦中位,故能用中而以谦逊待人;且与九三亲比,故有刚强者可资依靠。所以爻辞形容六二出门在外落脚无虞,盘缠不缺,且有童、仆随身侍候,可说是最善于处旅。九三以刚居阳,过刚失中,又为艮（☶）的主爻,高傲自是。九三显然违反处旅之道,因此居所被焚,童、仆也受不了其以刚暴下,相继亡走。九四以刚处阴,又居离

（☶）体，喻九四有刚明之才，但因失位不中，长期寄人篱下，有志难伸。六五以柔居尊且亲比上九，象征社会地位崇隆的人旅居他乡，受到强有力的东道主接待。至于上九处一卦之终，以刚爻居离体之上，旅居在外而高亢如此，其凶必矣。

这种贵柔思想在《履》、《晋》两卦也有深刻的发展。《履》（☰）由兑、乾两卦组成，兑泽最为卑下，乾天则高高在上，上天下泽，喻上下尊卑各有定分，不可逾越，有践履执礼之象。而且八卦之中，乾最刚健，兑最柔弱，以至弱而蹑于至健之后，唯谨守礼分，临渊履薄，方能远祸。故处履之道，贵在用柔。六爻之中，凡居阴位者，为能用柔而得吉。故九二"幽人贞吉"，九四"愬愬终吉"，上九"视履考祥，其旋元吉"，其他三爻则皆不能得吉。

《晋》（☷）由坤、离两卦组成。坤为地，离为日，日出于地，冉冉升起，有旭日东升之象，故为晋。晋有晋升、上进之意。一个人处上进之时，由于竞争者众，粥少而僧多，若一味自是自雄，必然阻力重重，若能抑己而谦冲退让，反多能获得晋升。故处晋之时凡柔爻皆能得吉，刚爻则危厉难安。

以上所举十四卦，突出地体现了先民的求生智慧或人生哲理，所以《周易》成为历代学人孜孜不倦钻研，从中汲取智慧的典籍。

四、太极思维的思维方式及其特色

《周易》自古以来即为群经之首，圣人借着它来"崇德而广业"，"以通天下之志，以定天下之业，以断天下之疑"。所以《系辞》说："夫《易》，彰往而察来，而微显阐幽，开而当名辨物，正言断辞则备矣。"《周易》是要"开物成务，冒天下之道"，而圣人也借着它来"极深而研几"，其独特的思维方式对中国传统文化有极其深远的影响。这种独特的思维方式表现在太极生两仪，两仪生四象，四象生八卦，八卦相重而生六十四卦的生成变化的图式之上，而具体则显现在六十四卦与三百八十四爻的卦爻辞及爻位关系之上。而"《易》之为书也，不可远，为道也屡迁"，"道有变动，故曰爻。爻有等，故曰物。物相杂，故曰文。文不当，故吉凶生焉"。而太极则是卦爻象变化的总根源，这种思维方式可称之为"太极思维"，此种思维也是易学思维的核心。太极思维的特色有三：独特卦爻符号的"形象思维"、部分与全体合一的"整体思维"，以及充满忧患意识的"辩证思维"。

照我的理解，太极思维涵盖微观与宏观思维架构，小自一物一太极，大至广袤无垠的宇宙也是一太极。任何一件事物绝非单独存在：一件事物就其内在关系而言，可无穷分割为两个互为条件的组成部分，而与该事物本身共在；任何一件事物就其外在关系而言，也可无穷展延，与其他事物发生共在关系，终而与全宇（即"空间"）宙（即"时间"）的存有共在。这就是一物一太极的微观与宏观思维架构。

从"太极"中生出"两仪"，两仪指阴阳二爻，就宇宙观说，象征阴阳二气或天地，但二者乃对立与统一的关系。就阴阳来说，《系辞传》云："一阴一阳之谓道，继之者善也，成之者性也。"阳与阴是指凡事皆可从显与隐、正与反、进与退、刚与柔、上与下……等既对立又统一的两方面来观察。正所谓"乾知大始，坤作成物；乾以易知，坤以简能"，凡事都是阳起个头，而阴要承阳而成就万事万物。阴与阳既相克又相生，既相反又相成，可说是"阴阳合德"、"阴阳互藏"，亦即阴中有阳，阳中有阴，阳极则生阴，阴极则生阳。"两仪生四象"中的"四象"就是指阴阳老少爻象的消长有如春夏秋冬、寒往暑来的循环不息。所谓"阳极生阴"是指"老阳"（⚌）的阳刚已极，物极则反，一阴就开始滋生，而出现"少阴"（⚏）。其阴的一方持续增长，就变成老阴（⚏）。阴极生阳，就出现少阳（⚎）。其阳的一方持续增长，就又变回老阳（⚌）。"四象"反映在四时的寒往暑来，春夏秋冬，反复循环，就如同阴阳老少的消长一样。"两仪"就天地来讲，象征"空间"；"四象"就四时来讲，象征"时间"。宇宙任何事物莫不在"空间"与"时间"中生成变化。吾人无法想象不在"空间"中的存有，也无法想象不在"时间"中的变化。因此，"两仪"与"四象"可以成为宇宙生成变化模式的形式要件。

"八卦"代表自然界的天、地、雷、风、水、火、山、泽等八种物象，或人事上的父母与三子三女，或健、顺、动、入、陷、丽、止、说等八种性能。当八卦两两相重就产生六十四卦，六十四卦代表六十四种"卦时"，亦即六十四种状况或模式。每一种卦时依照其内外卦的关系，有其各个不同的"卦义"。六十四卦每卦有六个爻位，也代表在六十四种模式中，每一种模式又细分为六个不同的发展阶段。因此，三百八十四爻又意味着三百八十四种状况，而其意涵则由其卦时与爻位关系所决定。按照《系辞传》所记载的"大衍筮法"，每一可变的阳爻，其策数为三十六，而每一可变的阴爻其策数为二十四。六十四卦三百八十四爻，其阴阳爻数各为一百九十二，因此六十四卦的总策数为一万一千五百二十，取其整数"一万"，就以六十四卦象征"万物"之数。借着"大衍筮法"，我们就可以"显道神德行，是故可与酬酢，可与祐神矣"。而万物莫不在天地、四时之内生成变化，这样太极生两仪，两仪生四象，四象生八卦，八卦相重而生六十四卦的图式，便成了宇宙生成变化的模式。

甲、形象思维

《系辞传》有云："圣人立象以尽意。"《周易》以独特的卦爻符号系统展现深奥的哲理。观"象"玩"辞"是《周易》独有的思维方式，这也凸显了卦爻符号乃是太极思维独特的思维工具，离开卦画、卦象就无法诠释《周易》。六十四卦的卦时、卦义乃建立在其卦画与卦象之上。所谓卦画系指奇偶两画以及三画卦和六画卦由下而上的排列次序。所谓卦象系指阴阳爻象的结构以及整个卦所象征的物象或内外两卦所象征的物象及其性能、意义的综合。如《泰》卦，下卦三阳为乾，象征天气，上卦三阴为坤，象征地气，二气相交，万物生长，故卦名为泰。又如《鼎》卦（䷱），初六象鼎足，二、三、四爻象鼎腹，六五象鼎耳（因鼎耳为虚，可容鼎铉穿过），上九象鼎铉，这是就整个《鼎》卦的卦象来讲；就其由下巽上离两卦组成，巽为木，离为火，"木上有火"也有烹饪之象。鼎乃烹饪之器，引申为烹饪、养贤之意。又如《颐》卦（䷚），阳为实，阴为虚，初上两阳爻象上下两排牙齿，二、三、四、五爻皆为阴爻，象口中空无一物，故有颐口之象；就其由下震上艮两卦组成，从卦德来看，下震动，而上艮止，有如人之咬嚼食物，下腭动而上腭止。《颐》卦即在论述颐养之道，由口体之养论及德行之养，由如何养己到如何养天下万民。

从形象思维的角度来看，《周易》符号系统所蕴涵的哲理，十分丰富。譬如《损》卦（䷨）是由下兑上艮组成，兑为泽，艮为山，艮山在泽水之上，则山上的土石剥落下来，从而壅塞泽水。就像《剥》卦（䷖），由其整个卦象来看，阴已盛长至五，即将把上九的孤阳剥落，这是小人道长，君子道消之卦。其由下坤上艮组成，卦象是"山附于地"，有土石剥落之象。而对《损》卦而言，兑泽比坤地更为卑下，处于兑泽之上的艮山自然就剥落得更为严重，从而也壅塞了兑泽。如此山不再那样高，泽水也不再那样深，对山是损，对泽也是损，所以是"损"卦。《损》卦主要在论述"损过以就中"和"损有余，补不足"的中道思想。

最凸显《周易》形象思维的，莫过于《贲》卦（䷕）。"贲"依《杂卦传》乃无色之意，《序卦传》则又为文饰，借着"无色"与"文饰"这组相对立的概念，《贲》卦论述本质（"质"）与表象（"文"）既对立又统一的关系。《贲》卦由下离上艮组成。从卦象所取之物象来看，八经卦之中有实体的卦当推乾（天）、坤（地）、坎（水）、艮（山）、兑（泽）五卦，其中以山最为具体而笃实。至于其余三卦，与震（雷）、巽（风）相比，则以离火之文采最为亮丽。因此以艮、离两卦分别代表本质与表象。大凡人认识事物总是由表象渐次及于本质，故《贲》的立卦之道，离在下而艮在上。

以卦爻符号表现事物的性能及其相互关系，与数学符号、图式相比，非但毫不逊色，而且包括事物的质和量及其变化规律等内涵，更具启发性。形象思维是整体思维与辩证思维的基础，太极思维没有形象思维是不可设想的。

乙、整 体 思 维

一物一太极，太极乃一"整体"。整体乃是扬弃"部分"与"全体"对立之后的统一体。"部分"乃瞬间的"全体"，"全体"乃长时段的"部分"。部分与全体是相对、而非绝对的区别。缺乏对全体的观照所了解到的部分是片面的，同样，缺少对部分深入的认识所了解到的全体也是虚妄不实的。吾人对客观世界的认识正是建立在一连串

"部分—全体—部分—全体—……"永无止境的辩证超越之上。"部分"与"全体"都是经验概念，唯有扬弃"部分"与"全体"对立的统一体——"整体"——才是理性概念（或称"理念"）。

太极思维就是一种整体思维模式，它深刻地影响了中国传统文化，诸如中医、围棋、兵法、太极拳等，它通过卦爻符号，即六十四卦与三百八十四爻，来掌握宇宙万有的生成变化。要判定某一卦爻的吉凶，其方式如下：

先辨别该爻所处的卦时。譬如同样是处于尊位的九五爻，《乾》（☰）九五为"飞龙在天，利见大人"，可以大有作为；而《屯》（☳）九五为"屯其膏，小贞吉，大贞凶"，意谓处在屯难之时，君王膏泽未施及臣民，此时不能急着大事变革，而应修德任贤，以道驯致，如此还可得吉，否则将招灾惹祸。因此，卦时不同会导致同一爻位吉凶迥异，亦即一爻的吉凶非得从整体思维的角度去衡量，则难以判读。

其次是确定该爻的爻位性质。一卦从下到上有六个位，分别是初、二、三、四、五、上，其中有阴位、阳位之别，也有"天位"、"地位"、"人位"之别。二、五分别为内外卦的"中位"。所谓确定爻位性质就是在辨识该爻是否当位，是否得中，到底处在天、地、人哪个位。譬如《乾》卦九五爻，当位得中，又高居天位，乃刚健中正而居至尊之位，故有"飞龙在天"之象，比喻九五大人具有刚健中正之德，腾飞在九天之上，而为万民所瞻仰。唯有从该爻在全卦中的爻位性质，才能判定该爻的吉凶。

确定该爻本身的爻位关系之后，就得推敲该爻与他爻的应比关系。譬如《贲》卦（☲）旨在论述本质与表象对立与统一的关系。贲之道，初则以阴柔文饰阳刚，终则返璞归真，以阳刚文饰阴柔。初九与六二逆比，而与六四有应，因此，接受六四的文饰。六二与六五无应，与初九逆比，却与九三亲比，因此，六二文饰九三。六五与六二无应，而与上九亲比，由于贲道已极，有过度文饰而伤害本质之弊，因此物极则反，接受上九阳刚的文饰。这意味着爻与爻之间的关系，也意味着整体思维的脉络。唯有依循一卦的卦义，才能就爻与爻的关系定其吉凶。

上面已经提及，六十四卦的排列顺序非覆（综）即变（错），亦即原则上是相综的两卦并列,如《剥》(☷☳)与《复》(☷☳)。如果其本卦与综卦相同,则取相错的两卦并列,如《乾》(☰☰)与《坤》(☷☷)。研读《周易》,懂得相综或相错的两卦并看,算是入了门。只看《乾》卦而不看《坤》卦,则其所了解到的《乾》卦是片面的;只看《坤》卦而不看《乾》卦,则其所了解到的《坤》卦也同样是片面的。这就凸显了太极思维重视整体思维的理路了。

然而按照阴阳爻象推移的法则,任何一卦皆可"变为"其他六十三卦,这也称为"之卦"。任何一卦一爻变与五爻变各可变成六个之卦,二爻变与四爻变各可变成十五个之卦,三爻变可变成二十个之卦,六爻皆变可变成其变卦。譬如《乾》卦(☰☰)一爻变可变成《姤》(☰☴)、《同人》(☰☲)、《履》(☰☱)、《小畜》(☴☰)、《大有》(☲☰)、《夬》(☱☰)等六卦,五爻变可变成《复》(☷☳)、《师》(☷☵)、《谦》(☷☶)、《豫》(☳☷)、《比》(☵☷)、《剥》(☶☷)等六卦。依此而论,其实可视六十四卦为一卦,任何一卦随着其变爻的多寡(由一至六),其之卦的数目分别是六、十五、二十、十五、六以及一。研读《周易》若能视六十四卦为一卦,已可谓深得易理矣!

但是,学《易》的最高境界应为"胸无定卦",正如《系辞传》所云"神无方而《易》无体","《易》之为书也,不可远,为道也屡迁。变动不居,周流六虚,上下无常,刚柔相易,不可为典要,唯变所适"。所谓"胸无定卦"是吾人将六十四卦视为作《易》者(即古圣王)提示给咱们后代子孙探究宇宙万有生成变化的一种途径,一种思维路向:六十四卦代表六十四种时义。其实,宇宙万有的生成变化又岂有固定的图式,然而借着六十四卦与三百八十四爻特定的卦时、特定的爻位性质及与他爻的关系,再加上两卦的错综关系,合六十四卦为一卦,变一卦为其他六十三卦,终至胸无定卦,则吾人直可以与大化流行共其趋避,合其祸福,同其吉凶,岂非人与天地并参而立!

丙、辩证思维

太极思维的特色,除了上述形象思维与整体思维外,在辩证思维方面尤其有极为丰富而深刻的底蕴。

古希腊的辩证法（Dialektik）作为一种思维的方式，其原意来自"对话"（Dialog）。西方哲学首先将"矛盾"区分为"分析矛盾"与"辩证矛盾"。所谓矛盾是指主词相同而宾词却互相对立、不能兼容的两个命题。分析矛盾是指两个相矛盾的命题，如果正命题为真，则逆命题为假；反之，若正命题为假，则逆命题为真。对分析矛盾而言，一般逻辑的思维法则"同一律"（即"A为A自身"）与"矛盾律"（即"A不得同时为非A"）有效。而辩证矛盾则是指两个看似不兼容的矛盾命题，皆只具有"局部真理"。而正命题不能直接证明其自身为真，只能借着证明其逆命题不可能为真，来间接证明其自身为真。反之，逆命题也不能直接证明其自身为真，只能借着证明正命题不可能为真，来间接证明其自身为真。对辩证矛盾而言，同一律与矛盾律不能适用，亦即"A可以是非A"。因为在此只要有时间因素介入，A就可以变成非A。要化解辩证矛盾只有让正、逆命题互相诘难，从而得出一个综合命题。它既能包容正、逆命题中的局部真理，同时又可以扬弃正、逆命题中的局限性，从而达到一个更高的认识水平。一般来讲，在"对话"中，双方各执一词，以己之矛攻彼之盾，重点不在论证己方论点为是，而在批评对方论点为非。譬如某甲认为"张三戴眼镜"，某乙则认为"张三没戴眼镜"，争辩后得出结论：原来张三在阅读时才戴眼镜，平常则不戴眼镜。这就消解了某甲与某乙对张三到底有没有戴眼镜这个问题的矛盾了。如果将这种对话"内化"为吾人的思维方式，那就是辩证法。

柏拉图在其《对话录》中曾一再使用辩证法做为其主要的哲学方法。通过"对话"，与对手辩难，不断从对方的主张中挑出理论上的漏洞，从而提出逆命题，再得出综合命题，终而达到更高的认识水平。在柏拉图之前，赫拉克利忒斯（Herakleitos）被认为是"辩证法之父"，他曾于宇宙论层面，提出"万物流变"的命题。近代则有康德、黑格尔、马克思等大家使用辩证法，而且获致可观的成就。尤其是黑格尔为西方哲学的辩证法建立了基本的理论架构：由正命题引出逆命题，从而得出综合命题，复以综合命题为正命题，重复上述"正—反—合"程序，这是一种锯齿状的思辩方式。而马克思和恩格斯则将黑格尔的观念的辩证法广泛应用在经济、政治、历史、社会及自然的研究方面，被称为"唯物辩证法"。

《周易》的太极思维在起源上较西方"辩证法之父"赫拉克利忒斯至少还早六百年。且《周易》本身就是一部"变经"，即以探讨变化为宗旨的经典，所谓"蓍之德圆而神，卦之德方以知，六爻之义易以贡。圣人以此洗心，退藏于密，吉凶与民同患。神以知来，知以藏往"。其所蕴含的哲理经过历代学人的阐发，早就形成独树一帜的风格。太极思维中的辩证思维，其最原始的形式，是以阴阳两仪的对立与统一出现的。中国民间普遍流传的阴阳鱼太极图颇能反映出"阴阳相克而相生"、"阴阳合德"（即"一阴一阳之谓道"）、"阴阳互藏"（即阴中有阳，阳中有阴），少阳而老阳与少阴而老阴是"量变"，老阳而少阴与老阴而少阳是"质变"也就是"物极则反"（阳极生阴，阴极生阳）等辩证思维的基本原理。而阴阳老少的消长所代表的四象，则具现为寒往暑来的大化流行之上。任何变化只能发生在"时间"之中。没有时间因素的加入，"变化"是不可能的。太极思维通过六十四种卦时与爻位关系，充分凸显随"时"适"变"的辩证思维方式。而黑格尔所建构的"正—反—合"锯齿状辩证法，与太极思维一比，毋宁显得呆板而单薄。

《易经》的《恒》卦（䷟）即在论述"常"与"变"的对立与统一。《恒》卦由巽、震两卦组成，巽为长女，震为长男，从卦象看，长男为夫而动于外，长女为妇而顺于内。在传统社会，长女最适合匹配长男，而五伦关系中就以夫妻关系最为恒久，所以《恒》卦旨在论述恒久之道，其卦辞云："恒，亨，无咎，利贞，利有攸往。"意即恒久有达致亨通的可能，唯有亨通才得无咎。恒久之所以能够亨通，在于要能贞固守正，不随波逐流。然而如果拘泥于守常而不知道及时权变，则又不能亨通了，必须利有所往，随时适变，方能久于"恒"道。"利贞"乃不变之恒，"利有攸往"则为不已之恒。唯其不变，所以不已，两者相辅相成。譬如站岗的卫士，如果两腿站得坚挺而笔直，动也不动，那种姿势大概维持不了五分钟。反之，如果两腿站得挺立，却偶而稍微松弛一下，那么站岗时要维持同一姿势两小时也没问题。这就是"利贞"与"利有攸往"，亦即"常"与"变"的对立与统一，权变是为了守常，守常过当，反而不能守常。易言之，唯有不断微调，才能免于巨变。《恒》卦深刻地论述了常与变的对立与统一，强调唯有执中才能恒久，所以初、四两爻处内外卦之初，而未及中，故拘泥于守常而不知权变；三、上两爻则已过中，好变而不能守常。

此外，诚信本是一种美德，但太极思维对诚信也有极为辩证的论述。《中孚》卦（䷼）辞云："中孚，豚鱼吉，利涉大川，利贞。"《中孚》由兑、巽两卦组成，兑为泽，巽为风，上风下泽，豚鱼生于大泽之中，风将起，则浮出水面，朝风而拜。起南风则口向南，起北风则口向北，从不失信。卦辞意指人如果能像泽中朝风而拜的豚鱼谨守诚信，可以得吉，可以做些冒险犯难的大事，但要固守正道，方为有利。诚信固然可取，但如果死守诚信，背离中道，反招灾殃。倘使主客观条件都已发生重大变化，而仍信守当初的承诺，过度在乎诚信的虚名，为《周易》所不取，故《中孚》上九爻辞云："翰音登于天，贞凶。"如此深刻的辩证观点，孔子与孟子皆续有阐发。孔子说："言必信，行必果，硁硁然，小人哉。"又说："君子之于天下也，无适也，无莫也，义之与比。"孟子也说："言不必信，行不必果，唯义所在。"这里"义"通"宜"，是指吾人立身行世要合于事理，入于人心。

由此可知，《周易》作为"变经"而言，将太极思维深刻地融入六十四卦与三百八十四爻之中。六十四卦以两卦相偶的方式，非覆即变，交错互综，既对立又统一，如《乾》（䷀）之与《坤》（䷁），《剥》（䷖）之与《复》（䷗）。每卦由初爻渐次向上辩证发展，这取决于该爻所处的卦时、爻位性质及与他爻的应比关系。有些卦一进入上卦（亦即第四爻）就开始往相反方向发展，如《泰》卦（䷊）与《无妄》卦（䷘）。除了"变经"之外，《周易》也为君子修己安民而立教，要求人要能"惧"、能"悔"。一位有德君子如何在急剧变化的环境中自处，如何面对逆境的挑战，《周易》提出三条可行的途径：

首先是遇到困境时，一般人多急于脱困，反而困上加困。《周易》则从辩证思维的角度，主张要耐心地等待，直至客观环境好转后，再行脱困。《需》卦（䷄）与《困》卦（䷮）最能代表这种思路。

其次，等待并非只是消极、被动地等待客观环境的好转。太极思维告诉吾人，等待也可以是积极、主动的。那就是有德君子在等待期间要充实自己的才德，以增强脱困的实力。只要时机一到，不动则已,动必有功。《大畜》卦(䷙)即是最好的例证,要人"多识前言往行,以畜其德"。

最后,身陷困境的时候也要调整自己的心态,要能够逆来顺受,"反身修德","恐惧修省"。譬如《晋》(䷢)初九"晋如摧如,贞吉,罔孚,裕无咎"。初六地位卑下,而处在上进之初,岂能一下子就获得在位者委以重任?此时初六如能宽裕自处,固守正道,不以不获重用而稍减其敬业精神,俟时而后进,则可无咎。否则,自以为怀才不遇,怨天尤人,满腹牢骚,以后纵使机会来了,也很难受到重用。

有些马克思主义者宣传"唯物辩证法",试图描绘出客观世界的规律性是不随着人的主观意志而转移的。这固然有其阶段性的进步意义,但由此将客观世界与主观意志截然划分的做法,其本身就流于武断,而且违反辩证思维的基本原理。因此,人的主动性与能动性就有意无意间遭到漠视。其实,"主观意志"与"客观世界","能知"与"所知",都是处于既对立又统一的关系,绝不能用一刀切的方式,来草草处理主客问题。能认识的主体与被认识的客体,彼此间的关系是互为条件且互为限制。太极思维一方面固然承认客观规律的必然性,另一方面却也凸显了认识主体的能动性。如上所述,当一位有道君子遇到困境时,不必急于脱困。因为刚刚面临困境,意味着对新状况及(与之相关的)新法则尚未充分了解,因此须要耐心等待。但又不是傻傻等待,而是借机充实自己的才德,以完善脱困的条件,这就凸显了主体的能动性。要是主体能更进一步调整自己的心态,不让自己成为惯性或个性的奴隶,则自由意志就彰显出来了。在太极思维中,"自由"与"必然"的关系也是既对立又统一。

西方的辩证法传统固然也讲对立与统一,但却是偏重在对立面的抗争。赫拉克利忒斯早就说过:"斗争是万物之父,万物之母。"西方的辩证法将对立视为对抗或斗争,认为斗争是社会进步的原动力。黑格尔也认为对立面的斗争是事物发展的唯一泉源。这个传统也反映在马克思主义的唯物辩证法上。太极思维,就其价值取向来说,则强调"阴阳合德而刚柔有体,以体天地之撰",相反相成,即对立面的互补,而不是阴阳隔离、相反相抗。

《易经》《睽》卦(䷥)专门论述对立与统一的关系。《睽》卦由兑、离两卦组成，兑为泽，离为火，火性炎上，兑泽润下，两相背离，有睽乖离散之象。但睽乖对立之中，却也含藏相济相通之理。故《彖传》说："天地睽而其事同也，男女睽而其志通也，万物睽而其事类也。"这就在强调对立之中，也有统一的一面。此外，《乾》卦《彖传》也说："乾道变化，各正性命，保合大和，乃利贞。"意指《乾》卦六爻的变化，各爻有其特定的时位，一方面应让各爻尽其性命，另一方面各爻彼此之间也要保持高度的和谐，如此才能有利而正固。这里的"各正性命，保合大和"也适用于其他各卦。由此可见，太极思维在处理个别的爻与全卦之关系的基本立场：每个爻要"各正性命"，充分发挥其个性，但也要"保合大和"，彼此互助互补。部分与全体的对立与统一在"保合大和"中再度充分彰显出来。中西的辩证思维各有其特征，亦可以相互补充。

五、结　论

本文扬弃传统经学治《易》的途径，试图通过"以《易》解《易》"的方式，来建构"太极思维"的理论框架。将《周易》的太极思维定性为"一般知识学"或"科学（哲）学"，俾与当代学术的各个领域相会通，从而达成《周易》现代化的目标。

传统经学治《易》的途径，势将使《周易》逐渐丧失其生命力，而退缩到古籍专业研究领域，其结果甚至流为博物馆中的陈列品。如此一来，《周易》将彻底与现代社会的生活实践脱钩，永难再为人们所理解。所谓"以《易》解《易》"乃是指用潜藏在《易经》的卦画、卦名与卦爻辞中的理路，来诠解《周易》的经传。由于《周易》有其独特的符号系统、价值取向、思维方式，只有掌握住基本的理路——亦即太极思维——才能对易经六十四卦与三百八十四爻做出完整而系统的解释，才能发挥出其生命力，这也是历代易家的共同心愿。

传统的中国知识分子，由于《周易》为群经之首，对《周易》都有一定程度的了解。即使在盛行科举的明、清两代，虽然考试是以朱熹《四书章句集注》为出题范围，但读书人对《周易》仍不陌生。因此，《周易》在民初以前有条件与其他学门会通。以治史为例，《史记》作者司马迁父子即对《周易》有相当的研究,其父司马谈更是跟从汉朝第一位易博士杨何学《易》。《资治通鉴》作者司马光钻研《周易》有年,《通鉴》中的精华"臣光曰"(即司马光在评论历史事件)即常常引《易》评史。近代史论巨著《读通鉴论》作者王夫之本身即有《易》著多种,因此其评史常可发人所未发,深刻入微。

《周易》与文艺理论相会通的最重要成果,莫过于刘勰所著的《文心雕龙》,其篇目五十即仿自《系辞传》的"大衍之数五十"。《文心雕龙》虽然是一千五百年前的著作,但其探讨文艺的创作、鉴赏与批评等问题的广度与深度,迄今为止仍无人能出其右,这都得归功于太极思维的锤炼。至于《周易》与中医、气功、太极拳、养生、建筑、科技、算术、兵法等的会通,更不待言。因此,吾人可称《周易》为中国传统学问的"一般知识学"或"科学(哲)学"。

随着工业革命的推展,人类正渐渐进入一个后工业的现代社会,各种专业学门如雨后春笋,纷纷成立。只可惜当代一般中华学人对太极思维,由于历史的不幸无缘深入了解,遑论以太极思维与其本行专业相会通。其实,如果运用太极思维在当代史学或当代文艺理论的研究,其成果的丰硕应可预期。如将太极思维进一步与新兴学科相会通,应也可有相当成绩。譬如在经济学领域如何处理好效率与公平的对立与统一,亦即建立"社会主义市场经济"的理论依据。在伦理学领域,要处理好个人与群体的对立与统一,否则会流为极端的个人主义或压制个性的群体主义。在社会学领域如何处理白道与黑道的对立与统一,否则将出现物极则反,黑白逆转的现象。在文化学领域如何处理传统与现代化的对立与统一,亦即建立"老干新枝"的理论,在维护文化主体意识的同时,也能完成现代化的目标。在计算机研究的领域为如何开发人工智能,推动程序设计的革命。

凡此种种,只是举其大要。总而言之,只有让《周易》研究走出传统经学的窠臼,才能使接受现代教育的各个学门知识精英了解《周易》,如此,《周易》与现代各个学科的会通才有可能,这也是《周易》再度大放异彩的契机,也是《周易》现代化问题的关键所在。

《周易》上篇

䷀ 乾　第一　乾上乾下

"䷀"由两个乾卦（☰）组成。三画卦的乾，是由三个阳爻（⚊）组成，是个纯阳卦。阳气轻清而上浮，因此由三个阳爻组成的乾，就象征天，也象征健。《说卦》说："乾为天、为圜、为君、为父、为玉、为金、为寒、为冰、为大赤、为良马、为老马、为瘠马、为驳马、为木果。"又乾于动物为马，于人身为首（头部），是西北方的卦。《易》书共有六十四个六画卦，以乾、坤两卦开头。乾为天，坤为地，《序卦》说："有天地，然后万物生焉。"乾坤是阴阳的根本，万物的祖宗。《系辞》认为乾坤是"易之缊"，是"易之门"，"乾坤毁则无以见易"。而天地最伟大的德行，在于长养万物。《系辞》说："黄帝、尧、舜，垂衣裳而天下治，盖取诸《乾》、《坤》。""乾"是卦名，音qián，它的卦德是刚健，卦象是天，又为父、为君。六十四卦的卦画，在伏羲作八卦时，已经有了，但当时只有八卦的卦名，六十四卦还没有卦名。六十四卦的卦名是文王所命。

乾。元亨利贞。

《彖》曰：大哉乾元，万物资始，乃统天。云行雨施，品物流形，大明终始，六位时成，时乘六龙以御天。乾道变化，各正性命，保合大和，乃利贞。首出庶物，万国咸宁。

"元亨利贞"是卦辞，古时候称为"彖"，是文王所系，用来论断一卦的吉凶。"彖曰"以下文字为《彖传》，分上、下两篇，是孔子为《易》所作的十篇《易传》（又称"十翼"）中的两篇，是专门解释六十四卦的卦辞。而卦辞原来称为"彖"。换言之，《彖传》就是由六十四篇文章组成，每篇解释一卦，先解释卦名，再解释卦辞。只是乾、坤、坎、离、震、艮、巽、兑这八个重卦不解释卦名。因为八卦的名称，文王沿袭伏羲的称谓，而八卦的卦德与卦象相传已久，不必再解释。只是坎卦特别在上面加个"习"字，有取于重习、熟习的意思，所以特别加以解释。《彖传》专门以天德来阐明"乾"的意义，又分别就"元"、"亨"、"利"、"贞"四项德行来论述。

首先解释"元"。"大哉"，极度赞美的叹辞。"元"，是巨大或起始的意思。"乾元"，是天德的大始，是创生万物的仁德，万物的创生都要依赖这个乾元起个头。"资始"，是借着乾元的气而开始。"乾元"是"元亨利贞"四德之首，贯串整个天德的始终，所以说"统天"；就像仁是仁义礼智四德之首，仁也是贯串整个仁义礼智的终始。"云行雨施"，指气的亨通；"品物流形"，指形的亨通。前面讲"万物"，这里讲"品物"，这是因为"元"是禀气的开始，事物还没分化，所以总称之为"万"；"亨"则流动见形，而洪纤、高下各有区别，所以特称之为"品"。"大明终始"，指人能彻底明了"终始"。"始"，指"元"；"终"指"贞"。不能终结，就不能再起始，就像果仁成长为果树，结成果实，果实成熟落地，果仁又起始。没有从元、亨、利，发展到贞，就没法贞下起元。六爻之所以能够确立，就是由此而立。这在说明，圣人大明乾道的终始，则见到卦的六位各以时成，而成就这六个刚爻来践行天道，这就是圣人的元亨。"六龙"，指六个刚爻，以龙来譬喻刚爻。说明六爻之义，潜、见、惕、跃、飞、亢，以时而动，这便是"乘六龙"，便是"御天"。"变"是"化"的完成，"化"是"变"的过程，物所受于天的为"性"，天所赋与的为"命"。"大和"，阴阳合洽的冲和之气。"大"，通"太"。"各正"，指受得于有生之初；"保合"，指保全于已生之后。这是在说，乾道变化，无所不利，而万物各得其性命以自全，这是在解释"利贞"的意义。"各正性命"，指各得其性命的正理。"保合大和"，指保合这个大和的生生之理。万物各自保合它的生理，不能善加保合就难以生存发展。又"仁"为四德之首，而"智"则能成终成始。就像"元"为四德之长，但"元"不生于"元"，而生于贞。因为天地的变化，不翕聚就不能发散，仁、智交际之间，是万化的机轴，此理循环不穷，吻合无间，没有"贞"就无以为"元"了。"首出庶物，万国咸宁"，指圣人的聪明睿知，远远高出众人之上，君临天下，万国皆得安宁了。《礼记》说："聪明睿知，足以有临也。"圣人就是天，天就是圣人。圣人得居天位，行天道。总而言之，"元"是物的始生；"亨"是物的畅茂；"利"则趋于成熟；"贞"则成熟落地，可以再种而生。所以"元亨利贞"四德是循环不穷的，而四德之间，生气流行，不曾间断，这就是"元"可以包含四德而统天的缘故。"大哉乾元，万物资始，乃统天"，是说明乾的"元"；"云行雨施，品物流形"，是在说明乾的"亨"；"大明终始，六位时成，时乘六龙以御天"，是在说明圣人的"元亨"；"乾道变化，各正性命，保合大和，乃利贞"，是在说明乾的"利贞"；"首出庶物，万国咸宁"，是在说明圣人的利贞。

《象》曰：天行，健；君子以自强不息。

"象曰"以下的文字为《象传》，也分上、下两篇，针对六十四卦的卦象与三百八十四爻的爻象所作的解释。前者称《大象》，后者称《小象》。这里是《大象》，就一整卦的卦象而论。在这里把"乾"训为"健"。不提"乾"而提"健"，表示对乾卦的尊重，就像《春秋》的首年，不说"一年"，而说"元年"；首月，不说"一月"，而说"正月"。在《大象》中的"君子"，泛指天子、诸侯、公卿、大夫等有地位的人。如果只限于天子，则称"先王"。如果称"后"，则包含天子以及诸侯。六十四卦中，凡重卦都取重复的意思，如习坎的"水洊至"，离的"明两作"，震的"洊雷"，艮的"兼山"，巽的"随风"，兑的"丽泽"。乾、坤则不然，因为天地只有一个而已，所以这里只说天行。至诚无息，所以"天行"为"健"，就像文王的德行"纯亦不已"。君子还不能做到"无息"，只好要求"不息"，所以君子要自强。就像颜渊三月不违仁一样，始于"不息"，终能"无息"，这就是君子庄敬自强的方法。"以"字，是教人如何用《易》，指君子看到"天行健"的物象，就要向上天来学习，用"自强不息"来砥砺，成就事业。

初九 潜龙勿用。《象》曰：潜龙勿用，阳在下也。

初九是爻名。"潜龙勿用"是爻辞。在爻下面的"象曰"是《小象》,是用来解说一爻的爻象。爻分奇、偶:"—"为奇,为刚爻,其数为九。"--"为偶,为柔爻,其数为六。凡画卦,由下而上,所以下爻称为"初"。"初九"是卦下刚爻的名称。爻辞相传为周公所系,用来论断一爻的吉凶。夫子在乾、坤两卦的初爻,首提"阴"、"阳"两字,以说明《易》的大义。乾初说"阳在下",坤初说"阴始凝",这很明显是在扶阳抑阴。"龙",比喻阳气。"阳在下",指初九处在乾的开端,阳气潜藏,就像龙还潜藏在地下,不可急于有所作为,而应努力修养德行,积蓄才学,安自晦养,以待时机。

九二 见龙在田。利见大人。《象》曰:见龙在田,德施普也。

"二",指由下而上的第二爻。三、四、五仿此。二、三、四、五合起来,称为"中爻"。这四个爻的爻名,九、六在上,爻位在下,如九二、六三、九四、六五。"见龙"的"见",通"现"。"大人"指有大德、有大位的人。"利见大人"指见九五大人为有利。九二处在下卦的中位,阳气逐渐显发,与九五同德相应,比喻九二这个时候利于往见九五大人,以行其道。阳气出现在田野上,就能长养万物利于百姓;圣人出现在人世上,就能以其高贵的德行广为普及施行,教化百姓,所以说"德施普也"。

九三 君子终日乾乾。夕惕若。厉无咎。《象》曰:终日乾乾,反复道也。

"乾乾",九三处内、外卦的交界处,下乾终了而上乾继续,比喻行事乾而又乾,刚健不息。"夕",傍晚,与"朝"相对。"惕",警惧。"若",语助辞。"厉",危厉不安。九三以刚爻居阳位,过刚不中,又居下卦的上面,是处在危地的意思。"反复道也",指返而复归于正道。"反",通"返"。九三当终日自强不息,乾乾而行,进退动息,无不依循正道而行,即使到了日暮的时候,但仍然心怀戒惕,如此虽处危地,仍然可以没有过咎。

九四 或跃在渊。无咎。《象》曰：或跃在渊，进无咎也。

"或"，想进而不确定的意思。"跃"，跳跃，但还未至于飞。"渊"，广阔深远的地方。九四以刚爻居阴位，刚主进而阴主退，进退不定，所以有"或跃在渊"的物象。九四处将进而未必于进的时候，必定要依正理而随时进退。如此，则其进，并不是贪图富贵；其退，也不是沽名钓誉。量可而进，适得其时，何咎之有？

九五 飞龙在天。利见大人。《象》曰：飞龙在天，大人造也。

九五以刚爻居阳位，处上卦的中位，是刚健中正而居尊位的大人。乾卦纯阳，至为刚健。变化到第五爻的天位，阳气盛长到天，有"飞龙在天"的物象，就像圣人有刚健中正之德，腾飞而居天位，为万民所瞻仰。这时九五之君利于会见有大德、大才的贤人，和衷共济，以成就大业。"大人造也"："大人"解"龙"字，"造"解"飞"字。"大人造也"，就是圣人奋然而起，龙以飞而在天上，犹大人兴作而居上大位。

上九 亢龙有悔。《象》曰：亢龙有悔，盈不可久也。

"上"，一卦最上面一爻的名称。初、上两爻是一卦的"本末"，"其初难知，其上易知"。这两个爻的爻名，爻位在上，九、六在下，如初九、上六。"亢"，过于上而不能下。九五飞龙在天，极乎得位又得时，而上九以刚爻处乾卦的终极，过中而极其阳刚，则走向反面。过中则能上不能下，极其阳刚则知进不知退。九三虽过中而犹能"惕"，所以"无咎"；上九则过中而"亢"，所以"有悔"，如此怎能持久呢？"盈"，指时势与心态都过于高亢自满。"不可"两字，圣人深为处盈者戒。所以在《文言》与《系辞》两度如此解释"亢龙有悔"："贵而无位，高而无民，贤人在下位而无辅，是以动而有悔也。"

用九 见群龙无首。吉。《象》曰：用九，天德不可为首也。

"用九"，指九的作用。九的作用在于可变为阴。占筮时，从本卦引出之卦，也就是"变卦"。乾卦六爻如果通通是九而不是七，则阳变为阴，乾变为坤。因为九是老阳，七是少阳。少阳变则进为老阳，还是阳，只是量变，所以七是不可变的阳爻；老阳变则为少阴，由阳变阴，这是质变，所以九是可变的阳爻。少阴是八，少阴变则退为老阴，还是阴，只是量变，所以八是不可变的阴爻；老阴是六，老阴变则为少阳，由阴变阳，这是质变，所以六是可变的阴爻。"群龙"，指乾卦六爻，阳都变为阴，则刚而能柔，刚柔相济，这是吉道。"天德不可为首也"，乾是纯阳而至健，应当柔和以待下，切忌肆用刚强而为物之首，乃可得吉。

☷ 坤第二　坤下坤上

"☷"由两个坤卦（☷）组成。三画卦的坤，是由三个阴爻（- -）组成，是个纯阴的卦。阴气重浊而下沉，因此三个阴爻组成的坤，就象征地，也象征顺。《说卦》说："坤为地、为母、为布、为釜、为吝啬、为均、为子母牛、为大舆、为文、为众、为柄。其于地也，为黑。"又坤于动物为牛，于人身为腹部，是西南方的卦。"坤"是卦名，它的卦德是柔顺，卦象是地，又为母，为臣。《系辞》说"乾知大始，坤作成物"，凡是都是由乾起个头，后面则全部要依赖坤来完成，所以说"乾以易知，坤以简能。易则易知，简则易从"，"易简，而天下之理得矣"。

坤。元亨。利牝马之贞。君子有攸往。先迷。后得主。利西南得朋。东北丧朋。安贞吉。

《彖》曰：至哉坤元，万物资生，乃顺承天。坤厚载物，德合无疆，含弘光大，品物咸亨。牝马地类，行地无疆。柔顺利贞，君子攸行。先迷失道，后顺得常。西南得朋，乃与类行；东北丧朋，乃终有庆。安贞之吉，应地无疆。

《彖传》以地道说明坤的意义，首先解释"元"。乾就像天一样，至为广大，坤效法乾，也就达到像乾天那样广大才会停下来，所以"乾元"说"大哉"，而"坤元"则说"至哉"。"至"是到达的意思。万物先是借着乾阳的气起始，后来则是借着坤阴的气生成定形的。"始"只是起个头，"生"则是孕育而出生。"乾元"是气的起头，"坤元"是形的成就。"乃顺承天"，指地道乃顺承接受天道的施降，守"无成有终"的义理，乾坤合德以共成生造万物的事功。坤地既柔顺又敦厚，能承载万物，"德合无疆"，与乾天相适配。能含育万物为"弘"，光华万物为"大"，"含弘光大"是坤的"亨"。万事万物无不因此而各遂其性，所以说"品物咸亨"，这是说万事万物随着坤亨而亨通。"牝马地类，行地无疆",这是以物象来讲;"柔顺利贞",则是以义理来讲。"牝马",是母马,用来比喻坤道。"牝"取其阴顺,"马"取其健行。"牝马地类"是顺,"行地无疆"是顺而健。顺是坤的"元",行是坤的"亨",顺而健则是坤的贞。"柔顺利贞",比喻坤德顺而健,不敢自作主张:顺承天的施降以生万物,这是"柔顺";顺承乾天而成就、造作万物直至于有终,这是"利贞"。"君子攸行",指君子所行应当像坤的"柔顺利贞"一样。坤道主成,成在事后。所以先乾而动,则迷惑而偏离正道;从乾而动,则顺势而获得常理。西、南两方在后天八卦图中,为阴方,为后,所以往西南是以阴从阴,"乃与类行";东、北两方为阳方、为先,所以往东北是以阴从阳,"乃终有庆"。"与类行"是本;从于阳是用。阴体柔躁,所以从于阳,就能安贞而吉,呼应地道的无疆。《象》有三个"无疆":"德合无疆",指与天道配合的无疆;"行地无疆",指马的健行无有疆界;"应地无疆",指呼应地道的无有穷尽。

《象》曰:地势,坤;君子以厚德载物。

地是坤的物象,与天一样也只有一个而已,所以不提"重",而提地势的顺,则见其高下相因的无穷,至顺极厚,万物无不承载。君子从中要学到,为人要有敦厚的仁德,包容并承载一切的事物,不论这些是否称我心、合我意。

初六 履霜。坚冰至。《象》曰:履霜坚冰,阴始凝也。驯致其道,至坚冰也。

初六以柔爻居阳位,一开始阴气十分微弱。"驯",狎顺的意思,就像驯服鸟兽要顺着它们的习性,循序渐进。初六阴气刚开始凝聚而为霜,当我们脚踩到霜的时候,就知道坚冰很快就会到来了。阴气虽仍微弱,但顺着阴柔之道,渐积渐厚,终至坚冰。这是在说凡事要防微杜渐,慎终于始。

六二 直方大。不习无不利。《象》曰:六二之动,直以方也。不习无不利，地道光也。

"习"，重习，反复温习的意思。六二以柔爻居阴位，又处下卦的中位，是坤卦的主爻。"初"是阴之微，"上"是阴之极，"三"是不中不正，"四"是不中，"五"是不正。只有六二柔顺中正，最合卦义，因此在此统论坤道。天是圆而动，地是方而静。乾德为大、为直，所以说"大哉乾元"，"其动也直"；坤德为方，是至静而德方。六二独得坤道之纯，而"直"、"方"、"大"并举，因为"方"的东西必然是以"直"为基础，最后则以"大"为终极。坤是顺承乾的德以为德，阳动则阴应，所以为"直"。天无所不覆，地也无所不载，能够顺以承天，所以为"大"。六二承天而动，既直又方，所以为大。直、方的义理，其大无穷，地道光显，其功顺成，所以不待反复温习也无所不利。夫子担心人们不晓得六二何能兼有乾直，所以说"六二之动，直以方也"：坤顺乾而动，其动也刚，所以能"直"。又忧心人们不晓得六二何以"不习无不利"，所以说"地道光也"：六二以顺德处中正之位，六爻能全尽地道的，只有六二，因此赞扬六二能光扬地道。

六三 含章可贞。或从王事。无成有终。《象》曰：含章可贞，以时发也。或从王事，知光大也。

"无成"，不居功，不敢有其成功的意思。六三居下卦的上面，是部门或地方领导，如果能内含章美的才华，贞正而固，待时而发。有事时，从不敢带头，一定要待天王的赐命，才敢有为；到事成之后，也要归美于上，不敢居功。这是为臣处下的道理，必要含藏章华，才能正固而可久。在义所当为时，则以时而发，不敢居其功，不可含藏而终，没有作为。"或从王事"而能"无成有终"，这是由于智慧光大的缘故。"知"，通"智"。唯其智慧光大，所以才能含晦他章美的才华，又不敢居有其功。

六四 括囊。无咎。无誉。《象》曰：括囊无咎，慎不害也。

"括"，束起来的意思。"囊"，贮藏物品的大袋子。"括囊"，指将囊袋束结起来，以喻谨密的意思。六四以柔爻居阴位，谨守人臣之道，应晦藏其智，像括结囊口而不露，则可免除疑忌，而没有过咎，也没有美誉。六四能够忘掉他囊袋中的才德，且丝毫不露括结的形迹，谨慎如此，就可以远离祸害。

六五　黄裳。元吉。《象》曰：黄裳元吉，文在中也。

"黄"是中色，在五行居中配土。上服为"衣"，下服为"裳"。"元"是大而善的意思。六五以柔爻居尊位，具中顺之德。坤为臣道，身为人臣，位虽崇高，仍应守中、居下，而用柔，如此则善而大吉。"在中"，指文采岂是从外面抄袭得来，文采实具于中，就像《诗》所说的："衣锦尚絅。"厌恶其文彩过于显著，所以"君子之道闇然而日彰"。"文在中"，乃闇然之章，不显之文。中具于内为黄中，见于外则为黄裳。

上六　龙战于野。其血玄黄。《象》曰：龙战于野，其道穷也。

乾卦六爻，以龙为象。"龙战"，指阴亢极而与阳相敌，以致阳来伐阴。城外为郊，郊外为野。"野"，比喻一卦极远之处，也就是上爻。"玄"，黑色。上六处坤卦的终了，阴极则敌阳。阴柔本来应当顺从阳刚，今与阳为敌，则被阳所讨伐，所以说"龙战于野"。阴阳交战，两败俱伤，因天玄而地黄，所以说"其血玄黄"。初六以阴消阳，上六则阳来伐阴，阴不足以敌阳，所以说"其道穷也"。

用六　利永贞。《象》曰：用六永贞，以大终也。

用六之道，利在于常永贞固。六的用处在于可变为阳。占筮时，坤卦六爻如果通通是六而不是八，则阴变为阳，坤变为乾。阴柔至极，济之以阳刚则有利。因为阴柔不足以固守，只有变为阳刚，才能常永贞固。而阳为大，阴为小，阴通通变为阳，所谓"以大终也"，是指起始是小，终而为大。阳先于阴，所以阳要"无首"；阴小阳大，而阴的极致则以大终结。

附录：《文言》

　　《文言》曰：元者，善之长也；亨者，嘉之会也；利者，义之和也；贞者，事之干也。

　　"文"是文饰的意思。"文言"就是文饰乾、坤两卦的言辞。其他六十二卦只有《彖》与《象》两传解释卦爻辞，唯独乾、坤两卦，孔子另著《文言》，来申述《彖》、《象》的涵意，以尽陈乾坤两卦的义蕴。而其余各卦，可以以此类推。之所以要特别为乾坤两卦作《文言》，是因为孔子认为"乾坤，其《易》之门邪？"又认为"乾坤，其《易》之缊邪？乾坤成列，而《易》立乎其中矣。乾坤毁，则无以见《易》。《易》不可见，则乾坤或几乎息矣"。也就是说，乾坤是易道的门户，也是易道的大要，没有乾坤，就没有易道，所以要对乾、坤两卦深入"微显阐幽"，以作为诠释其他六十二卦的楷模。

　　"元"，是生物的起始，相当于春天，对人性而言则为"仁"，是众善的头领。"亨"，是生物的畅通，相当于夏天，对人性而言则为"礼"，是众美的交会。"利"是生物的熟稔，相当于秋天，对人性而言则为"义"，使事物各得其所的和。"贞"，是生物的完成，相当于冬天，对人性而言则为"智"，而为众事的成就。"干"，是树木的躯干，为树叶所依托。一贯的道理，却有四个名称：在事情的开头为"善"，善的众盛为"嘉"，各得其宜为"义"，义所成立为"事"。所以分而为四，就是元、亨、利、贞；分而为二，就说"乾元者，始而亨也。利贞者，性情也"；混而为一，就说"乾始能以美利利天下，不言所利，大矣哉！"

　　《文言》才开始有四德的说法，将文王的言辞，纯然以义理来申论。子夏《易传》开始用"四德"来称"元亨利贞"，汉以后的儒者沿袭这种说法。

　　"元"德是本然的善。有一毫的不善，就不是"元"；有一息的不善，就不是"元"。所有的善都由此而出，所以说是"善之长"。"嘉"是美。"会"是齐聚。嘉会是众美齐聚，万物无不尽美，这就是"亨"。万物到"亨"的时候，都盛大长茂，无有不善，所以说是"嘉之会"。对人来说，动容周旋无不中礼，便是"嘉之会"。

"利"与"义"似相矛盾，求利如果只为私己，则害义而不利；求利如果全然为公，则与义和合而成就大利。如君臣、父子各得其宜，便是"义之和"，安可谓之不利！如果"君不君，臣不臣，父不父，子不子"，这便是不和，安得谓之利？木以干而能立，事以贞而能成。"贞"，为正而固，犹孟子所说"知斯二者，弗去是也"，"知斯"是"正"的意思，"弗去"是"固"的意思。能正而固，则事无不成，所以说"事之干"。既"利"且"贞"，所以能成其"亨"，也就能成其"元"。

君子体仁足以长人，嘉会足以合礼，利物足以和义，贞固足以干事。

上面"元者善之长也"以下四句，是在解释天德的自然。这里"君子体仁足以长人"以下四句，是在解释人事的当然。"体"，是以仁为体，以仁作为我的骨柱子，我以仁为体，一切的仁德都是从我这儿发出，所以无物不是所爱，这样才能当众人的君长。嘉美其所交会，则一切厚薄、亲疏、尊卑、大小的相接礼节，各有节文，所谓"礼仪三百，威仪三千"，动容周旋无不合于礼。使事事物物各得其所宜，使不相妨害，自无乖戾而各得其分的和谐。知其正之所在，固守而不悖，所以足以为事之干，就像版筑时要有桢干。古人筑墙，必先立一木头在土中以为骨，没有桢干则土墙不能筑起来。木头横的叫"桢"，直的叫"干"。没有是非之心，就不是智。知得是是非非之正，紧固确守，不可移易，所以为"智"。"体仁"有以存乎中，"嘉会"则美现于外，"利物"有以方乎外，而"贞固"有以守于中。仁是众善之长，而礼则"显诸仁"，所以礼乃仁的显著；义是施用得宜，而智则"藏诸用"，所以智乃义的闭藏。体仁长人、贞固干事，是由义理及于施用；嘉会合礼、利物和义，是由施用及于义理。

君子行此四德者，故曰"乾元亨利贞"。

乾天的元、亨、利、贞四德，是从它生成万物的角度来说；就像圣人的仁、义、礼、智四德，是从君长天下的角度来说。到这里所谓"四德"又只是就君子一身所"行"而说。一身所行乃是体；君长天下则是用。君子向上效法天德，贵在能身体力行。天行健，君子效法乾天也行健。乾天有元亨利贞四德，君子效法乾天，也笃行仁义礼智四德，所以尽全人道以合天德。若不是君子至为刚健，则无以行此四德，所以说"乾元亨利贞"。到这里是《文言》的第一节，申述卦辞的意义。

初九曰"潜龙勿用"，何谓也？子曰："龙德而隐者也。不易乎世，不成乎名。遁世无闷，不见是而无闷。乐则行之，忧则违之，确乎其不可拔，潜龙也。"

从这里以下谈乾的作用，即通论用九之道。"龙"，譬喻圣人。"龙德"，指圣人的德行。初九在一卦最下面，所以为"隐"。"易"，指变其所守。"忧"，指非其所乐。"违之"，不作为的意思。初九是阳气始发，尚属微弱。龙德潜隐，指圣贤在野，尚未见用的意思。此时要恪守大道，不随世而变，用舍在我，所以"遁世无闷"；自晦其行，不求知于时，不成乎名，所以"不见是而无闷"。自信自乐，见可而动，知难而避，其所进退莫不求合于至理，不曾枉道以徇人，所以说"确乎其不可拔"，这是潜龙的德行。"不易乎世，不成乎名"两句说明潜龙的外行；"遁世无闷，不见世而无闷"两句说明潜龙的用心；"乐则行之，忧则违之"两句是化其行迹。"乐则行之"两句更重于"遁世无闷"两句。"乐则行之"两句表明其没有意、必之心，论龙德的潜藏，要达到这种境界才算合格。

九二曰"见龙在田，利见大人"，何谓也？子曰："龙德而正中者也。庸言之信，庸行之谨。闲邪存其诚，善世而不伐，德博而化。易曰'见龙在田，利见大人'，君德也。"

"庸"，常的意思。"闲"，防的意思。九二处下卦的中位，道不离中，而中即在于庸。九二平常的言说也信实，平常的行为也谨慎，是盛德之至。防闲邪恶，自存诚实。乾画━，实则诚；坤画--，虚则敬。所以乾九二说诚，坤六二说敬。诚、敬两字，实一切圣学所自出。有善于世而不自伐其功，德行广博而能移风易俗，乃能正己而使物正的人。初爻全隐遁世；二爻渐见他的德行可以移风易俗，这些都是大人的事，虽还不能登上君长的位置，但已经拥有君长的德行。自古大臣都已具备了君长的德行，然后才能够辅弼君长以成大治。

九三曰"君子终日乾乾，夕惕若，厉无咎"，何谓也？子曰："君子进德修业。忠信，所以进德也。修辞立其诚，所以居业也。知至至之，可与几也。知终终之，可与存义也。是故居上位而不骄，在下位而不忧，故乾乾因其时而惕，虽危无咎矣。"

三居下卦的上头，君德已颇为显著，应当致力于进德修业。内心充满忠信，就是为了德行能够有所进长。修省言辞，诚笃其志，就是为了能够居业守成。"知至至之"，指知道所将到达的地方，然后努力达到，知之在先，所以"可与几"。"几"是动之微，而能预先见到吉凶的意思。"知终终之"，指既然知道所将终了的地方，然后笃行而终了，守之在后，所以"可与存义"。"存"是保留，"义"就是适宜。九三处上、下卦交接处，要进就得知几，要退就得存义，可进可退，无不得宜。这也是进德修业的起始与终了，所以君子知道如何安处上、下的义理，在上不会骄慢、在下也不会忧愁，乾而又乾，努力不懈，而知所惕惧，如此就算处在危疑的地方也不会有任何过咎。

"德"与"忠信"，都主宰于心。"业"与"辞"则见于事上。事已成就，称做"业"："修业"，指业尚未有成，则修治而成就之；"居业"，指业已有成，则安居而执守之，时时如此，不稍间断。譬如房屋，"修"是还在营造，盖成了就可以"居"住。修业、居业只是一贯的意义。"进德"是日日新，"居业"是日日如此。"德"是就心上说，"业"是就事上说。"忠信"是心中诚实。"修"，为修省，不是修饰。"修辞立其诚",修省言辞正是为了树立自己的诚意。忠信是此心真实,如孝则真是孝,悌则真是悌。实心行善,则善心日以充长,善念日以彰著,这就是"进德"。实心行善就是诚。如果辞不修省,讲孝、悌都是空谈。则此诚意终将消散,何由以立,又何业可居?所以工夫全在修省言辞,要先行其言,而后从之,言必有物,只要嘴巴讲出来的,都是真实无妄,这才叫"修辞"。辞修则行成,孝成个孝,悌成个悌,吾心的诚聚集而不消散,所以说"立其诚"。诚立则业修而可居,并不是立诚之外,还别有个居业的工夫。合进德修业,总是《中庸》的诚身,《大学》的诚意、正心、修身。

忠信、修辞是进德修业的大纲,知至、知终则是进德修业的始终工夫。忠信是心的工夫;修业是事功的显现。但是蕴蓄于心的,会彰显在事业上;修治于事的,也可以培养我们的善心。这就是圣人之学所以是内外相交养的缘故。"知至"真正了知得大道所到之处,"至之"是诚意笃行以验证其所知,这个"知"是指进德的知;"知终"洞见大道的极致,"终之"诚笃践行而期待能固守之,这个"知"是指居业的知。"进德","日日新,又日新",进进而不已的意思;"居业",日日守定在这儿的意思。知而行,行而知。"知至至之",指心之所知,心真个到那所知之处,虽行未到而心已到,所以是精微几密,无不了然,所以说"可与几",所谓"始条理者,知之事也"。"知终终之",指能知到极处,便笃行到极处,是真实表见在行事上,天下义理丝毫不差,所以说"可与存义",所谓"终条理者,圣之事也"。"忠信"、"进德"与"知至至之"、"可与几也"都是进取、攻取的意思,"修辞"、"立诚"与"知终终之"、"可与存义"都是安居、固守的意思。

九三居下卦的上头,上体的下面,九三所处的地位,知道处上之道而不敢骄横,知道处下之道而不必忧伤,只是与时俱进而已。"乾乾因其时而惕","厉"是九三的爻象,乾惕正所以处危厉的方法,所以"因其时","时"字用来诠解爻辞"终日"之义,足见圣人省察的心,未尝稍有懈怠。内卦主德,外卦主修业。三、四两爻都说"进德修业",但意义各有偏重。

九四曰"或跃在渊,无咎",何谓也?子曰:"上下无常,非为邪也。进退无恒，非离群也。君子进德修业，欲及时也，故无咎。"

龙"跃"则飞而不必"在渊"，"在渊"则潜而不必说"跃"。九四的爻象则不然，所以有"上下无常"、"进退无恒"的物象。"上下"以位来说，"进退"以时来说。出位、逾越本分就是"为邪"，矫世、与俗乖戾就是"离群"。"上"与"进"解释"跃"字，"下"与"退"解释"在渊"，"无常"与"无恒"解释"或"字，"非为邪"、"非离群"与"欲及时"解释"无咎"。二爻提到"中"字，三、四爻提到"因时"、"及时"，这都是君子的时中之道。"因时"是平时用功，"及时"是临时审择。进德修业，在九三爻已讲得很完备了，这里是要九四爻能及时而进。三、四为人位，皆宜进德修业。大抵德业多败于邪，四虽不当位，而犹能审处，则"非为邪"；德业的进修，多有赖于同道的砥砺，四居三爻之上，似乎离群，但是上承九五而不遽进，那就"非离群"。所以九四上下、进退都要成就其德业，有时前进，有时后退，不能恒常，所以说"或跃在渊，无咎"。

九五曰"飞龙在天，利见大人"，何谓也？子曰："同声相应，同气相求。水流湿，火就燥。云从龙，风从虎。圣人作而万物睹。本乎天者亲上，本乎地者亲下，则各从其类也。"

"作"，振起的意思。"物"，指人。"睹"解释"利见"。"本乎天者"，指动物；"本乎地者"，指植物。九五以龙德高升尊位，万人莫不景仰，况同德的九二？"同声相应，同气相求"，指上应于下，下从于上。水往湿处流，火往燥处烧，龙腾于云中，虎啸于风中，都是气类相从，所以圣人兴起于上，人皆相从。本来受气于天的为动物，天体运动，含灵之物也运动，这是亲附于上的缘故。本来受气于地的为植物，地体凝滞，植物也不移动，这是亲附于下的缘故。天下只担心没有君长，不担心没有臣属。有怎样的君长，自有怎样的臣属。即使没有君长，也必会有新的君长出来。云从龙，风从虎，只怕不是真龙虎，若是真龙虎必能生风致云。

上九曰"亢龙有悔",何谓也?子曰:"贵而无位,高而无民。贤人在下位而无辅,是以动而有悔也。"

最尊贵的莫贵于五的上面,最崇高的莫高于一卦的上爻。九五位乎天位,上爻又过之,虽高贵却不当事任,所以说"贵而无位"。无位则民非其民。贤人九三得位,变则不贤,不变则不能与上相应,不能辅佐上九,所以说"贤人在下位而无辅"。所以会"无民"、"无辅",是因为上九太过高亢而不通人情。圣人在上位,要移风易俗,感化群众,就要先能动之以情。动于上而不得应于下,就是因为所下的命令与情感相殊,所以说"亢龙有悔"。这是《文言》的第二节,申论爻辞的作用与意义。

潜龙勿用,下也。

《象传》说"阳在下",是以气来讲;这里是以人来讲,由于仍然在野还不能大展长才。

见龙在田,时舍也。

"舍",通"舒"。"时舍",指时势渐次舒展,可以为时所用。

终日乾乾,行事也。

"事",指所当戮力而为的事,就是进德修业。"终日乾乾",随时行其所当为的事而不止息。

或跃在渊,自试也。

凡是想飞,必先学习跳跃,所以作出飞冲的姿势。小鸟要学习飞翔,必先跳跃于鸟巢,以自试它的羽翰,九四的跃也是如此。这里以"试"解释"跃"。君子唯恐举措失时,必先自试其所学,才能自知所得的深浅。别人能看到的浅，而自己感受到的深。必自家测试之后，才知道所学、所得的深浅。

飞龙在天，上治也。

"上治"，居在上面，以治理下面的众人。

亢龙有悔，穷之灾也。

穷则变，变则通。穷而不知变，就是"穷之灾"。

乾元用九，天下治也。

九为天德，刚而能柔，刚健中自有柔顺。善用刚柔相济之道，则天下无不大治。这是第三节，再申前意。

潜龙勿用，阳气潜藏。

微阳要细心潜藏，愈养则愈厚；否则轻易施用，那就发泄无余了。比喻君子此时也要效法天德，深自晦藏，不可轻易施用其才。

见龙在田，天下文明。

阳气上达，离潜出地，百草萌芽莩甲，所以为"文明"。谓君子虽不在上位，但天下因其德行而潜移默化。

终日乾乾，与时偕行。

"偕"，音 jiē，又音 xié，一同的意思。"偕行"，一起同行。"与时偕行"，即第二节"乾乾因其时"的意思，指终日之间，无时不乾乾，努力不懈。

或跃在渊，乾道乃革。

三仍然在下卦，到四则革而为上卦。卦革，则道也革。解释上、下卦之交，下乾已终，上乾方始，就像天道更替的时候。指君子此时应将初爻的"潜"变革为九四的"跃"。

飞龙在天，乃位乎天德。

五居天位，不以天位为位，而以天德为位，所以说"位乎天德"。"天德"，指大人的美德。只有具备天德的人，才适宜居于天位。

亢龙有悔，与时偕极。

"与时偕极"，指时已极，而处时者也极。要是消息盈虚都能与时偕行，则无悔；"偕极"则穷，所以有悔。此节上下卦都相应：初、四为始，初"潜藏"，四"乃革"，革"潜"为"跃"；二、五为中，二"文明"，五"天德"，指德与位要相称；三、上乃终，三是"与时偕行"，上则"与时偕极"。

乾元用九，乃见天则。

用九之道，是天的法则。"则"，有准而不过的意思。"天则"，指天道的意思。天以无首为准则。说"乾元用九"，就是要统六爻而归于"元"。亢极而变的时候，正是"贞"的极至而复归于"元"。乾的所为，终始相因而无首，所以说"乾元用九"。只有以乾元之理来用九，才能与时偕行，时虽似穷极，但大道永不穷极，如此乃见天道的法则。如果天道不变，怎能使春夏秋冬各有其限？如果圣人不变，怎能使仁义礼智各有其节？"用九"，正是天的准则不过处，所以说"乃见"。不变，是天道的法则；至变，是天道的致用。惟其法则千古不变而有常，故能至变以神妙其施用而不失常。不变的法则不可见，必要用九乃可见。因此不变之道，实寓于至变之中。这是《文言》的第四节，又申前意。

乾元者，始而亨者也。

不起头则已，一起头必能亨通，所谓"继之者善也"，这是理势使然。乾元，始而亨通，所以始亨。

利贞者，性情也。

这里的"性情"是说本体。收敛归藏，才能见得性情的真实。始而亨时，是乾的起头、发用处；利贞，是乾元的性情，是乾元收敛归藏于本体处。就像春时发生；到夏长茂条畅；至秋结子，有个收敛撮聚的意思，但尚未坚实；到冬方成，一物有一物的性情，百谷草木各有其性情，正是"成之者性也"。譬如一颗树，在秋天虽是已实，若未经冬天，便种不成。必定是受得气足，便是将要相离的时候，便将千实来种，便成千树，如"硕果不食"。方其自小而大，各有生意。到冬天，似乎了无生意了，不知却自收敛在里面，每实各具生理，便见生生不穷之意。周敦颐说："元亨，诚之通；利贞，诚之复。""通"，就是发用；"复"，就是本体。如果受气不足，便种不生，所以要到冬天才能成就这一切。健，是乾的性；情，则是其显著得见处。"性"，指它静的一面，"情"，指它动的一面。凡物动到极致，则主于收敛而归藏，而返复其本体的"贞"，"贞"的下面，还有个"元"接续着。动生于静，静中也还存在着动。贞下起元，静中有动。所以说"利贞者，性情也"。

乾始能以美利利天下，不言所利，大矣哉！

"乾始"，就是"乾元"。"元"是生物的起始，"美"就是"亨"，"亨"是众美所会。第一节以植物的生、长、收、藏，解释元、亨、利、贞四德，这里则归其功于"乾始"而赞其大。乾虽有四德的流行，而重要的是由一元所统领。四德总合为一是"乾元"，又称"乾始"，而四德全包含在其中。乾既能起始万物，由此而亨通，就能以美利遍乎天下，又收敛于内、归藏于贞，而不明言其所利，这些都是乾始所作的，岂不十分伟大！因为万物归根复命的时候，造化生成万物的功绩是隐而不见的。

大哉乾乎！刚健中正，纯粹精也。六爻发挥，旁通情也。时乘六龙以御天也。云行雨施，天下平也。

"大哉"，盛赞乾道的伟大，相当《彖传》的"大哉乾元"。"刚"，以体而言。"健"，以用而言。"中"，指其行，无过与不及。"正"，指其立，不偏不邪。"大哉乾乎"，指阳气方始流行，固然已刚而能柔，所以说"刚健中正"。但不可说夹杂阴柔，所以说"纯粹精"。六爻全是阳，所以是"纯粹"。不杂，所以为"精"。以"刚健中正"、"纯粹精"，来形容乾的大全，这是指全卦而言。及其散而有为，各有表现，则指个别的爻。六爻全阳，发越挥散，旁通万物之情。"时乘六龙"，即每个阳爻，各当天运。如此天的功用就显发出来了，所以看到"云行雨施"，阴阳溥畅，乃是天下和平之道。《彖传》提到"云行雨施"而继之以"品物流形"，则"云雨"是乾的"云雨"。这里说"云行雨施"而继之以"天下平也"，则圣人以乾道平治天下，而"云雨"则是圣人的德泽。

这是《文言》的第五节，申明贞、元为体，而亨、利为用，然而即体即用，不可拆离。即用即体，未可分开。本节可总结为："乾元"，是起始的意思。然而只要一起头而亨通的义理就已包含在其中，不必等到真亨通了，才知道可以亨通。"利贞"，是成就的意思。事业的成就，取决于是否得到"性情"之正而已，难道还靠其他外在的因素吗？因为此心一发用，散而为万用的施为，而万理之所宜，全归于此性情，所以能一起始就必然亨通。所以"乾始能以美利利天下"，及其结果，利及天下而"乾始"本身并无加损，又有何利可言？这就是乾元所以统天，而其德所以伟大的缘故。可见，乾德的"元亨"，是它的动直而刚，不息而健；乾德的"利贞"，是裁制而中，确守而正；对于乾德的一元之妙，是心普万物而无心，不累于功利的杂驳而纯粹，不滞于声臭的粗糙而至精。天道如此，王道亦然。王者之道，其发也刚，其行健，其裁也中，其处也正，要以体天地生物之心，能使仁而复天下，而没有人知道是谁做的，如精金美玉没有瑕疵，如太虚浮云了无痕迹。卦中只有九五全体此德。虽然六爻发挥，可以旁通乎乾的情，而惟独九五兼统众爻之德，以处崇高之位，其象为"飞龙在天"，正如"时乘六龙以御天"。龙而在天，岂有不兴云致雨，而让下土太平安康的呢？当其膏泽博施，这就是乾的"以美利利天下"，以至于荡荡平平，大化无迹，这岂不是乾的"不言所利"吗？孔子发扬阐明天德、王道，于此为至极。

孔子赞美乾卦，三次称其伟大：大哉乾元，资始统天，这是就其本体也来说；乾始美利，不言所利，大矣哉，这是就其施用来说；大哉乾乎，纯粹精也，这是合并乾的体用不可分割来说。有刚健之德以坚固其体，所以资始统天；有中正之德以弘大其用，所以能美利不言。要不是浑然赞诵其大，不足以尽其妙，所以又申述"纯粹精也"。天积众精以自刚，圣人积至精以自强，无非以元为体用。纯粹以精，乃在于赞诵其光明至极，无量无边，这就是乾所以伟大的地方。

君子以成德为行，日可见之行也。潜之为言也，隐而未见，行而未成，是以君子弗用也。

"德"，是一切善行的根本。"君子以成德为行"，一提到德，则行在其中矣。"德"，是实有所得于心，施行出来才看得见。"日"当作"曰"。品德养成之后，方可施用于外，这就是"可见之行"。先要成就善德，但其行为骤不可见。"行而未成"，只因事业尚未成就。"未成"，尚未显著的意思。所以君子随时养晦，不急于施用。因为德成在己，而行成在时。君子先能为可行，而不能必于其行。

君子学以聚之，问以辨之，宽以居之，仁以行之。《易》曰"见龙在田，利见大人"，君德也。

"学"所以聚集众理。"问"所以辨别清楚所当行于学聚以后。"宽"所以贮存已知于仁行之前。"仁"所以立身行事。宽之所居，就是学之所聚。仁之所行，就是问之所辨，学聚、问辨是知的工夫，宽居、仁行是把义理放在胸中，优柔厌饫，使透彻贯事，是属于行的工夫。君子所居、所行无不以天理为依归，纯而不杂，何必一定要居天位才能如此？只要德行足以移风易俗，有益世道，那就是大人之德。"君德"，指经由学聚、问辨、宽居、仁行，以成大人之德。圣人在下，德虽已显而尚未得位。

九三重刚而不中，上不在天，下不在田，故乾乾因其时而惕，虽危无咎矣。

三、四两爻都在上、下两乾之交，又是内互与外互的中爻（内互即二、三、四爻组成的卦，外互即三、四、五爻组成的卦）。三、四都体乾而互乾，所以是"重刚"。其爻位不是二、也不是五，所以"不中"。上未至于天，下已离开田，是危厉的地方。因为随时乾乾戒惕，不敢懈怠，所以无咎。

九四重刚而不中，上不在天，下不在田，中不在人。故或之。或之者，疑之也，故无咎。

四的爻位不是二、也不是五，所以"不中"。上未至于天，下已离开田。三、四都处人位，而人下近于地，上远于天。九三近二，正是人道；九四上近于天，下远于地，非人所处，所以特别说"中不在人"。"疑"，难以下决定的意思。这个"疑"，不是狐疑的疑，只是为了详审而下不了决定。或进或退，或行或止，唯求合于道而已，所以无咎。

夫大人者，与天地合其德，与日月合其明，与四时合其序，与鬼神合其吉凶。先天而天弗违，后天而奉天时。天且弗违，而况于人乎？况于鬼神乎？

"大人"，指九五爻辞中有大德、又有大位的人。"天地"共此"一阴一阳之谓道"，"日月"指阴阳的精华，"四时"指阴阳的运行，"鬼神"指阴阳屈伸往来的灵变莫测。覆载无私为"德"，照临无私为"明"，生息无私为"序"，祸福无私为"吉凶"。"合德"，是包含遍育的仁。"合明"，是精义入神的智。"合序"，是变化鼓舞的教，如春夏奖赏，秋冬惩罚。"合吉凶"，是庆赏刑威恰当，如福善祸淫。人与天地鬼神本无二理，只因被私意、私欲所蔽，所以桎梏形体，而不能与大道相通。大人无私，以道为体，怎会有彼此、先后？先天不违，指大人意之所向，默与道契，而天自不能违乎大人。后天奉天，指大人知理如此，奉而行之，自不会违乎天。这是因为大人就是天，天就是大人。尊贵而遥远的天都不会违背大人了，何况渺小而邻近的人与鬼神，岂敢违逆大人？

　　亢之为言也，知进而不知退，知存而不知亡，知得而不知丧。其唯圣人乎！知进退存亡，而不失其正者，其唯圣人乎！

　　"亢"，刚亢，处极高处而不知回返的意思。万物的道理，有进必有退，有存必有亡，有得必有丧。刚亢是知一而不知二，所以穷困而致灾。人固然能知进退、存亡，但大多为了趋吉避凶，未必合于正道。不能与正道相合，那就与天地不相似了。知进退、存亡而又能不失其正，大概只有圣人才做得到吧！"知"，就不敢刚亢；"不失其正"，则虽处安乐而朝乾夕惕，不敢忘却正道。两次提到"其唯圣人乎"，是因为强调处在亢极的情形非常不容易，而只有乾元，所以乃见天则啊！"贞"，是正而固的意思，是乾元的最后归宿。乾道四德，起始于元，到这里又提到圣人体乾而归于"正"，意味深长。因为圣人有阳德，无论"潜"、"见"都不失于正，都能了知天道，这是乾道之所以正大光明的缘故。这是《文言》的第六节，再申第二、三、四节的意义。

　　坤，至柔而动也刚，至静而德方。

　　乾刚、坤柔，是一定而不易的本体。坤固然至为柔顺，但是乾一施用，则坤马上禀受，随之而动，不可止遏屈挠，这又是柔中的刚了。乾动、坤静，乃一定而不易的本体。坤固然至为宁静，但它顺承乾的施用，陶冶万物各有定形，不可移易，这又是静中的方了。"静"无形而"方"有体。"方"，是指其形方正一定，确然不易，而生物有常。"静"，是指其本体，不可得而见；"方"，是指其形体昭昭著见。柔、静，是坤的本体；刚、方，是坤的施用。"刚"，指六二爻辞中的"直"；"方"，指六二爻辞中的"方"。乾的九五，不只刚健，还能中正，所以乾元为"大哉乾元"；坤的六二，不只柔静，还能刚方，所以坤元为"至哉坤元"。"刚"、"方"，是用来解释卦辞的"牝马之贞"。

后得主而有常。

坤以乾为主，一切以乾为马首是瞻，且让功于乾，常若居后，实得其主而有常。坤道之常，在于处后，不可争先。要是争先，则大失坤道之常。只有处在乾阳的后面，顺乾而行，则得其所主，而不失坤道之常。

含万物而化光。

正因为坤顺承乾，其动也刚，所以能与乾相应，而成化育万物的事功；正因为其德也方，所以能不违正道，而顺从万物性命的义理。这是坤的德行能够与乾天相配的道理。含容万物，其功化光大，这是在申述《象传》的"含弘光大，品物咸亨"的意义。

坤道其顺乎，承天而时行。

坤道顺承天道而时行，不敢先时而作起，也不敢后时而不及时呼应，这就是与乾天相配，绵密无间。

以上是在申述《象传》的意义："至柔而动也刚"，解"德合无疆"；"至静而德方"，解"贞"；"后得主而有常"解"后顺得常"，"含万物而化光"解"含弘光大，品物咸亨"，"坤道其顺乎，承天而时行"解"乃顺承天"。这里极度赞诵坤的顺乾。不分别解释四德，因为坤的元亨利贞，就是乾的元亨利贞。

积善之家必有余庆，积不善之家必有余殃。臣弑其君，子弑其父，非一朝一夕之故，其所由来者渐矣，由辨之不早辨也。《易》曰"履霜坚冰至"，盖言顺也。

"顺"，古时候与"慎"相通，指当辨明于微小的时候。"不善"，阴刚开始凝结的现象。殃有余，是"坚冰"的形象。夫子解释爻辞，为说明不善由渐而积，特先说明善由渐而积，以引起正面的意念。善、不善的积蓄，生于一念之间，而成驯致。夫子为了解释"履霜坚冰至"，而感叹善、不善之积，必会有"余庆"、"余殃"。又以特别大的灾殃，来说明绝非成于一朝一夕，要人及早积善，而戒不善于隐微之时。小人以小善为无益而不为，以小恶为无伤而不去，所以恶积而不可掩，罪大而不可解。以至于犯大不韪而成弑逆之祸，无不由一念的不善为起始啊！

直，其正也；方，其义也。君子敬以直内，义以方外，敬义立而德不孤，"直方大，不习无不利"，则不疑其所行也。

"敬"解"直"字，"义"解"方"字，"不孤"解"大"字。"敬"是戒慎恐惧的意思。"义"是决断于内，而外自方正。敬是立己之本，义是处事截然方正，各得其宜。敬立则内自直，义形则外自方。坤卦卦辞最重利贞。六二既中且正，其德与卦辞同，而爻辞只说直方，不说利贞，所以夫子特别予以申明。指出二的"直"就是正的意思，直是直上直下，胸中无丝毫委屈。二的"方"就是"义"的意思，方是割截方整。贞，就是正；利，是"义之和"。所以直方就是利贞。"敬以直内，义以方外"，就是合内外之道。"德"是元的意思，坤元与乾元相通，所以"不孤"。必须敬义立，才能不孤。与人交往，事君忠，事亲悦，交友信，不待温习而无不利。不孤然后大，这在说利贞正所以终结元亨的事。阳一而阴二，顺承乾阳则无歧路之迷，有什么好疑惑的呢？

阴虽有美，含之以从王事，弗敢成也。地道也，妻道也，臣道也。地道无成而代有终也。

三并不是有美而不发用，只是不敢暴露其美罢了。身为下属，不敢居功。含晦章美，以从王事。代替君上以终结王事，而不敢有其成功，就像地终天功，妇终夫业，臣终君事，所以说"代终"。天地日月一般，月光其实就是日光。地中的生物，无不是乾天的气所成就。无成代终，乃是地的道、妻的道、臣的道。地道的"代有终"，正是对着乾的起头而说。

天地变化，草木蕃。天地闭，贤人隐。《易》曰"括囊，无咎，无誉"，盖言谨也。

四居上、下卦更易之交，值天地变化之时。可否未卜，咎誉皆无。这是在说，要谨于藏身，才合天地之道。天地变化而泰通，草木蕃茂，人更不待说；天地变化而否塞，天地闭，贤人隐，怎可躁动？坤动辟，应二的德；静翕，应四的位。动是随乾阳而动，静是四以柔爻居阴位。天地否闭的时候，贤人不可轻露才华。

君子黄中通理，正位居体，美在其中，而畅于四支，发于事业，美之至也！

"黄"，是土的颜色，且黄也是颜色的中。"黄中通理"，解释爻辞的"黄"。"正位居体"，解释"裳"字。"黄中"，指黄为中色，有中庸之德在内的意思。"通理"，指黄中处通而理。如果黄中不通，则不能应对外面；通而非理，则处事不能得其至当。"正位居体"，指五虽在尊位，而能居下（衣为上服，裳为下服），譬喻六五柔顺之德成形于外。"美在其中"，指黄中通理。"支"，通"肢"。"畅于四支，发于事业"，指正位居体。二、五都居中位，二居内卦的中位，其发见于外，则"不疑其所行也"；五居外卦的中位，其施于外有可观的事业，坤道的美，到此达于极致。

阴疑于阳必战，为其嫌于无阳也，故称"龙"焉。犹未离其类也，故称"血"焉。夫"玄黄"者，天地之杂也，天玄而地黄。

"疑"，指势均力敌，没有明显的强弱之别。"战"，指阴与阳交战。上六已发展到阴的穷极处，正所谓"坚冰至"的时候。阴盛达于极致，而疑于阳，阴不顺从阳，则必与阳交战。卦虽纯阴，但未曾没有阳，恐人们误以为无阳，所以称"龙"，因为看到它与阳交战。"血"，属阴，而气属阳。上六虽盛极而不离阴类，而与阳相争，其伤可知，所以称"血"。阴既然盛极，致与阳争，虽阳不能无伤，所以其血玄黄。"玄"，是天的颜色。"黄"，是地的颜色。血成玄黄，则天地杂类而阴阳不分，所以说"夫玄黄者，天地之杂也"。阴阳相战虽达到天地杂乱，但上天下地的大分，终不可易，所以最后又分别而说"天玄而地黄"。以上申述坤六爻《象传》的意义。

乾爻论"学"有两个爻：九二说，言信行谨，闲邪存诚；九三则说，忠信以进德，修辞立诚以居业。坤爻论"学"也有两个爻：六二说，敬以直内，义以方外；六五则说，黄中通理，正位居体。

乾二的存诚就是乾三的忠信，都以心的信实来说；乾二的信谨就是乾三的修辞立诚，都以言行的信实来说。二为大人，是以成德来说，经由他的言行来探查他的心地，看到"纯亦不已"如此；三为君子，是以进学来讲，根本于心而达于言行，看见他内外交养，不懈如此。这是乾卦二、三两爻的不同。坤二的直内就是坤五的黄中，都以心的中直来说。二说直而五说中，直没有不中的，而中则是直的极至；二说方而五说正，方没有不正的，而正则是方的极至。二居下位，不疑所行而已；五居尊位，有发于事业的美。这是坤卦二、五两爻的不同。

乾的两爻，诚的意思多，用实心来体物，这是乾德；坤的两爻，敬的意思多，用虚心来顺理，这是坤德。总之，未有诚而不敬，也未有敬而不诚的，乾坤同此一德，诚敬同此一心。圣人所以要把诚、敬分开来讲，是因为乾阳主实，而坤阴主虚，人心的德一定要兼具虚实。其实，没有实就不能虚，天理为主，自然人欲退听；没有虚则不能实，人欲净尽，然后天理流行。从实的角度看，就说"诚"；从虚的角度看，就说"敬"：这都是本心原有的善德。但在圣人则纯乎诚矣，他的敬，是自然的敬；圣人以下，则主敬以至于诚。未能真诚，那就要持敬而后才能诚。

屯第三　震下坎上

屯，音zhūn，是产难，指乾坤始交、物之始生，而郁结不畅的苦难，由震、坎两卦组成。《序卦》说："有天地，然后万物生焉。盈天地之间者，唯万物，故受之以《屯》。屯者，盈也。屯者，物之始生也。"从卦象来看，震为雷，坎为云、为雨、为流水。云雷初兴，是乾坤始交，坤索取乾的初爻而成震，索取乾的中爻而成坎。"屯"这个字，从中贯一。"屮"，是初生的草木；"一"，指地。所以草木初生，历经艰难，穿地而出，所以称"屯"。

屯。元亨。利贞。勿用有攸往。利建侯。
《彖》曰：屯，刚柔始交而难生，动乎险中，大亨贞。雷雨之动满盈，天造草昧，宜建侯而不宁。

乾、坤两卦后面，三画卦的乾、坤相交：坤索取乾的初爻，得到震卦，这是"刚柔始交"；坤索取乾的中爻，得到坎卦，这是"难生"。坎为险陷，所以是坎难。屯所以"元亨利贞"，因为震则能动，就可以亨通，但在险难之中，应固守正道，因此占筮得到屯卦，虽为大亨，但要贞正方为有利。这是用震、坎两卦的卦德来解释卦辞。"雷"是震的物象，"雨"是坎的物象。"天造"，指时运。"草"，杂乱无序。"昧"，冥昧不清。刚柔始交而雷雨满盈于天地之间，生物各遂其生。天造万物于草创之时，此时不宜有所作为，王者则要广建诸侯，抚恤众民，而不得安居无事。这是用震、坎两卦的物象来解释卦辞。

《象》曰：云雷，屯；君子以经纶。

震为雷，坎为云、雨、流水。由于云在雷上，阴阳尚未和合，还不能下降成雨，郁结未畅，所以为屯。"经纶"是治丝的事，引申为治国。"经"，所以引其纲；"纶"，所以理其绪。屯难之世，正是君子大有作为、经纶天下的时候，就像大禹治理洪水，周公制礼作乐。

初九 盘桓。利居贞。利建侯。《象》曰：虽盘桓，志行正也。以贵下贱，大得民也。

"盘桓"，盘旋难进的样子。"建侯"是广建诸侯。初九是震卦的主爻，有诸侯的形象，以刚下柔，又上承互坤（即二、三、四爻），是有土、有民的物象，是君子下于民，而四方归趋。初九居屯卦的初始，有济屯的才干，但出险条件尚未齐全，只能盘桓流连，否则冒险邅进，就犯难了，此时利于居正而固守其志。屯难的时候，阴求于阳，弱求于强，百姓思主心切之时。夫子担心有人将"盘桓"误以为迟疑不决，将"建侯"误以为威服，所以说："虽盘桓，乃心存济世，想要平治天下，志行端正；"建侯"则是俯从民望，以贵下贱，大得百姓望治之心。乾坤两卦的初爻提"阳在下"、"阴始凝"，在这里则提贵贱、君民，阴阳之义，更为严明。

六二 屯如邅如。乘马班如。匪寇婚媾。女子贞不字。十年乃字。《象》曰：六二之难，乘刚也。十年乃字，反常也。

"邅"，难进的意思。"如"，语助辞。"乘马"，想要前进的样子。"班"，分布排列。六二以柔居阴，所以称"女子"。"字"，女子许嫁夫家。"十"，数之终。六二以柔居中，上应九五，主于上往。"乘刚"，指六二与初九逆比，阴在阳上，这是"乘刚"而来的患难。六二当屯难的时候，邅回难进，乘马欲行，却为初九所掣，无法往应九五。"反"，通"返"。"反常"，指六二守其中正之道，拒与初九苟合，至于十年之久，乃得返其常道，而与其正应九五相合，共出屯难。

六三 即鹿无虞。惟入于林中。君子几不如舍。往吝。《象》曰：即鹿无虞，以从禽也。君子舍之，往吝，穷也。

"即"，就。"虞"，打猎的时候引路的虞人。六三以柔居阳，失中不正。处屯难的时候，六三质柔而才弱，不足以济屯难；失中而用刚，不免于躁动。就像猎鹿而没有虞人带路，一心贪于得到猎物，那就会陷于林莽之中。古时田猎的规矩，是先驱轻车以惊起禽兽。如果禽兽逆而出围，则听任之；如果顺行而入围，就射杀它，这称为"舍逆取顺"。"惟入于林中"就是违反了这个规矩，一味追逐禽兽，贪图利益。"君子舍之"就是舍逆而失前禽（《比》九五），才不背离仁义之道。君子见到事的几微，不如舍鹿而勿逐，若执意前往就可鄙吝而穷困了。

六四 乘马班如。求婚媾。往吉。无不利。《象》曰：求而往，明也。

六四以柔爻居阴位，当位得正，上承九五刚中之君，但其才不足以济屯难，想前行而往，所以说"乘马班如"。六四自知能力不足，以柔下求初九之刚，以为婚媾，比喻六四求其正应初九的贤人以自辅，而后往济九五，可说非常的贤明，如此而往，则吉而无不利。

九五 屯其膏。小贞吉。大贞凶。《象》曰：屯其膏，施未光也。

"小贞"，以渐进来矫正。"大贞"，以急骤来矫正。九五阳刚中正而居尊位，但是逢屯难的时候，陷于坎险之中，既没有贤士相辅佐，而初九又独得百姓于下，众皆归之。这时九五政令难行，膏泽尚未光大，所以有"屯其膏"的物象。这时不适合大事更张，而应修德任贤，以道驯致，渐进矫正，如此可以得吉。如果好高骛远，刚猛反足以败事，因为时处屯难，不可以勉强施为。

上六 乘马班如。泣血涟如。《象》曰：泣血涟如，何可长也？

"涟"，哭泣流泪。"如"，语助辞。上六以柔爻处屯难之极、坎险之终，没有应援，居则不安，进无可进。上六乘马欲行，至为困厄，至于"泣血涟如"，颠沛如此，怎么能长久啊？

蒙第四 坎下艮上

蒙为启迪蒙昧的意思，由坎、艮两卦组成。《序卦》说："屯者，盈也。屯者，物之始生也。物生必蒙，故受之以《蒙》。蒙者，蒙也，物之稚也。""蒙"是蒙稚，物初生而形体尚未健壮、显著。人而幼稚称为"童"。从卦象来看，坎为流水，艮为山，水乃必行之物，刚由山上流出来，不知流向何方，有蒙昧待启的物象。从爻象讲，刚爻是治蒙的师长，柔爻是处蒙的幼童。

蒙。亨。匪我求童蒙。童蒙求我。初筮告。再三渎。渎则不告。利贞。

《彖》曰：蒙，山下有险，险而止，蒙。蒙亨，以亨行时中也。匪我求童蒙，童蒙求我，志应也。初筮告，以刚中也。再三渎，渎则不告，渎蒙也。蒙以养正，圣功也。

"蒙，山下有险，险而止，蒙"，这是用卦象、卦德来解释卦名。坎为险，艮为山，坎下艮上，所以说"蒙，山下有险"。坎为险，艮为止，所以说"险而止，蒙"，也就是见险在前而能止而不进，不会躁进妄动。"蒙亨，以亨行时中也"，指九二老师衡量学童的学习能力，因材施教，启发幼童的蒙昧，行其时中之教。"匪我求童蒙，童蒙求我，志应也"，"我"指九二，"童蒙"指六五，二不求五而五则真心诚意求教于二，其志相应。占筮的时候，"初"则至诚专一，"再三"则疑贰渎慢。"初筮告，以刚中也"，指六五以初筮的真诚向九二求教，因九二刚中，而能告之有时。"再三渎，渎则不告，渎蒙也"，指如果就同一问题再三提问，那就渎慢而没有学习的诚意，纵予指导，亦属徒然。"蒙以养正，圣功也"，以纯一未发的蒙昧而善养其正，这是作圣的工夫。因为发而后禁就扞格难治，养正于蒙昧之初，是为学的至善境界。

《象》曰：山下出泉，蒙；君子以果行育德。

水刚从山下冒出来为"泉"，泉水必然滚滚而流，愈流愈远。君子看到"山下出泉"的物象，就要体悟坎的刚中而果敢行动，像水的必行；就要效法艮的止德培育德行，像山的笃实。

初六 发蒙。利用刑人。用说桎梏。以往。吝。《象》曰：利用刑人，以正法也。

"刑"，通"型"，型塑、范塑的意思。"说"，通"脱"。初六以柔爻居阳位，失正不中，上承九二。比喻初六是蒙昧不守正道的幼童，端赖九二刚中师长的教诲。治蒙的初始，要设立防限，明其罪罚，这就是"正法"，使初六有所遵循，渐至于化，如此可以摆脱日后桎梏一类刑具加于其身的大祸。否则，不辨之于将萌，不惩之于初犯，而任其蒙昧滋长，则可鄙吝。

九二 包蒙吉。纳妇吉。子克家。《象》曰：子克家，刚柔接也。

九二以刚爻居阴位，刚柔相济，为能包容蒙昧的物象。九二处下卦中位，能行时中之教，以宽容的心，启发幼童，不致过刚，得吉。九二与六五相应，以阳受阴，有"纳妇"的物象，比喻二、五合志相得。二因材施教，五虚心向学，处蒙之时，吉莫大焉。二居下任事，有"子克家"的物象，比喻其才干大可施展。子而克治其家，实因乃父信任之专；二能成治蒙之功，实由五信任之专而来。五以柔接二的刚，所以九二才能行其刚中之道，而成包蒙的事功。易道是以天包地，以阳包阴，以君子包小人。泰的"包荒"、姤的"包鱼"、蒙的"包蒙"，全都主于九二的刚、中：没有刚，其力不足以包；没有中，其量不能够包。

六三 勿用取女。见金夫。不有躬。无攸利。《象》曰：

勿用取女，行不顺也。

"金夫"指刚中的九二。三与上正应，与二逆比。三阴柔，失中不正，舍弃正应上九，而投靠九二金夫，女子行事不合正理，不能善保其身，何利之有，这种女子不宜迎娶。比喻六三蒙昧，求师不以正道，不堪教化，为师所不取。六爻之中，只有此爻不提"蒙"，这是因为三乘刚又应刚，不中又不正，难以承教。

六四 困蒙。吝。《象》曰：困蒙之吝，独远实也。

六四以柔居阴，是最为昏昧的幼童。"实"，指阳刚，即二、上两爻。六四所居、所比、所应，通通是阴，独远于阳，所以困于蒙昧，不能亲近贤明师长，以启迪蒙昧，有所鄙吝。

六五 童蒙。吉。《象》曰：童蒙之吉，顺以巽也。

六五以柔居阳，处上卦的中位，下应九二，纯一未发而资于人，有"童蒙"的物象。六五处贵而柔中，有中顺之德；降志而下求九二，这是卑巽。这都是虚己下贤的物象，可以得吉。

上九 击蒙。不利为寇。利御寇。《象》曰：利用御寇，上下顺也。

上九以刚居上，治蒙过刚，有"击蒙"的物象，是刚极而暴躁的严师。所以特别为此设诫，严师如果任其刚暴，对幼童而言，则与盗寇无异，对启迪蒙昧无所利；若能谨其刚严，而去学童悖道之心，制止其为盗寇，则有利。九二得中，所以"包"；上九过中，所以"击"。上九的"击"不如九二的"包"，但这是出于不得已。"寇"是以邪击正，"御寇"是以正击邪。蒙的结尾提"御寇"，乃是刑以弼教之义。如此，则上下皆得其顺，上不为过暴，下得击去其蒙，合"御寇"之义。

需第五　乾下坎上

需，须待，等待的意思，由乾、坎两卦组成。《序卦》说："蒙者，蒙也，物之稚也。物稚不可不养也，故受之以《需》。需者，饮食之道也。"从卦象来看，乾为天，坎为水，水在天上，所以为云，云上于天，尚未下降为雨，有须待的物象。

需。有孚。光亨。贞吉。利涉大川。
《彖》曰：需，须也，险在前也。刚健而不陷，其义不困穷矣。需有孚光亨贞吉，位乎天位，以正中也。利涉大川，往有功也。

以乾的刚健而能须待不轻于进往，就不会陷入坎险，其义不至于穷困。九五以刚实居中，是有孚的物象。以乾刚而至诚，所以其德光明而亨通，能固守正道则吉。之所以如此，以九五居天位而得正又得中。以如此而涉险犯难，往则有功。

《象》曰：云上于天，需；君子以饮食宴乐。

云上于天，尚未成雨；就像君子畜养才德，尚未施用。因此君子尚未出而为世所用的时候，就得怀其道德，安以待时。"饮食"以养其气体，这是《中庸》的"素其位而行"；"宴乐"以和其心志，这是"不愿乎其外"。

初九　需于郊。利用恒。无咎。《象》曰：需于郊，不犯难行也。利用恒无咎，未失常也。

城外为"郊"，离水尚远。"恒"，常。初九刚出城门，城郊离水尚远，不用冒险犯难而行。初九理宜安静自处而不失其常，就可以无咎。

九二 需于沙。小有言。终吉。《象》曰：需于沙，衍在中也。虽小有言，以终吉也。

"沙"，近水之地，但还没入水。"小有言"，指言语上的责难，只是小灾。"衍"，宽绰。九二虽然接近坎险，但宽绰自处，虽小有言语之伤，终能得吉。因为九二以阳刚之才，居阴守中，不躁进妄动，善于处需待时。

九三 需于泥。致寇至。《象》曰：需于泥，灾在外也。自我致寇，敬慎不败也。

"泥"，接水之地，即将入水。"寇"，大害。坎在外卦，是"灾在外"。九三的"致寇"，是由己前进而招致贼寇前来。但九三仍具乾德，不失其正，如果能敬以居心，慎以行事，量宜而进，就不会有丧败的危险。

六四 需于血。出自穴。《象》曰：需于血，顺以听也。

"血"，杀伤之地。坎为血卦，为隐伏，有穴的物象。"穴"，险陷之地。六四以柔居阴，当位得正，本就可以须待，而四已进入坎体，所以有"需于血"的物象。六四上承九五，可上往，所以说"出自穴"。六四顺以听从九五，得九五之助，得以出险。

九五 需于酒食。贞吉。《象》曰：酒食贞吉，以中正也。

"酒食"，饮食宴乐。九五阳刚中正，居尊位而须待。如果内心多欲，则有求治太急的弊端。惟有中正，所以其须待合于贞而得吉。惟贞则吉，言以中正之德，而不是耽溺于酒食。

上六 入于穴。有不速之客三人来。敬之终吉。《象》曰：不速之客来敬之终吉，虽不当位，未大失也。

"穴"，险陷之地。"速"，邀请。"不速之客"，不待邀请而自己前来的客人。"三人"，指下体的乾卦三阳。上六下应九三，下卦三阳需极而并进出险，所以说是"不速之客"。需卦的卦义是待而后进，卦到九五，需道已成，乾体三阳乃不待召而自来，以求一起出险，这对上六构成威胁。上六处此险极之境，只有以柔顺之德，对三阳敬而待之，不与之争，终能化险为夷。"不当位"，指以柔爻而居上，因为柔爻宜在下，今居上为不当位。但上六只要能敬以自处，则阳不能陵，终得其吉，虽不当位，却不至于有大过失。

讼第六　坎下乾上

"讼"字，左"言"右"公"，是言之于公众，让大家一起来评评理的意思。讼，争讼的意思，由乾、坎两卦组成。《序卦》说："饮食必有讼，故受之以《讼》。"从卦德来看，内坎为险，外乾为健，一个人如果内怀险陷之德，而外有刚健之行，那就很容易与人起争讼。

讼。有孚。窒惕。中吉。终凶。利见大人。不利涉大川。
《彖》曰：讼，上刚下险，险而健，讼。讼有孚窒惕中吉，刚来而得中也。终凶，讼不可成也。利见大人，尚中正也。不利涉大川，入于渊也。

"孚"，信实。"窒"，阻塞难通。"惕"，戒慎恐惧。"讼，上刚下险"，是以外刚健而内险陷，解释讼卦。"险而健，讼"，是说人如果内险而外健，就易于与人争讼。"讼有孚窒惕中吉"，指与人争讼必定要有几分信、实的理由，但却又不十分充足，所以与人争讼要常怀戒惕之心。九二"刚来而得中"，因九二以刚实处中，为"有孚"的物象，处讼之时，以刚兴讼而不太过，可以得吉。与人争讼不是好事，乃不得已而为之，岂可终极其事？极意于讼，则凶咎随之，所以说"讼不可成也"。"成"，指穷尽其事。争讼的目的，在求辨明是非，辨之妥当，即为中正，所以说"利见大人"。"大人"指九五有中正之德，善于理讼。争讼如果恃刚冒险，则有入于深渊的物象。

《象》曰：天与水违行，讼；君子以作事谋始。

坎为水，乾为天。对作《易》者而言，最大的流水是黄河，天则假日月星辰而运行。黄河的水由西向东流，日月星辰则由东向西转，天与水逆着走，乃是天地间最大争衡的气象。君子看到"天与水违行"，知道人情会有争讼之道，所以做任何事，必须慎谋其始，绝讼端于作事的起始，则争讼就无由而生了。

初六 不永所事。小有言。终吉。《象》曰：不永所事，讼不可长也。虽小有言，其辩明也。

"永"，长久。"小有言"，小有言辞上的争辩，是小灾。初六才质柔弱，地位卑下，与九四近君大臣争讼，岂能得胜，所以这种争讼不可长久。如果一味争讼，灾祸就会很快降临。既然兴讼必有小灾，初六苟能不长永其事，辩明事理即罢，终能得吉。

九二 不克讼。归而逋。其邑人三百户无眚。《象》曰：不克讼归逋，窜也。自下讼上，患至掇也。

"归"，退回。"逋"，逃离。"眚"，非自取的灾祸。九二如果以阳刚的材质与九五中正大人争讼，其势难敌，自下讼上，祸患的到来就像拾掇而取。因九二居阴而能用柔，又处下卦的中位，刚柔相济，不与九五争讼，乃退归而后逋逃，所以近邻没有连坐的灾祸。"窜"，逃窜。"掇"，自取的意思。

六三 食旧德。贞厉。终吉。或从王事。无成。《象》曰：食旧德，从上吉也。

"食"，犹食邑的食，指其所享的俸禄。"旧德"，指旧有的德业，即俸禄。"无成"，不居功，不敢居其成。君子的俸禄必定要与他的德行相称，才能安其分所当得。六三以柔爻居阳位，应上九而成讼，但因材质阴柔处险而承乘皆刚，不能赢得争讼。所以六三应退守其平素旧有的俸禄而不妄求，从上从刚则吉，不敢居功自是。强调六三随人则吉，如果自主行事，则无成功之理。

九四 不克讼。复即命。渝。安贞吉。《象》曰：复即命渝安贞，不失也。

"复"，返。"即"，就。"命"，正理。"渝"，变。九四以刚居阴，失正不中，本为好讼，其正应在初，但初"不永所事"，所以无法成讼。九四居阴则能柔，苟能返就正理，变其好讼之心，安顺守正，则得吉。"失"，失己。九四刚健能讼，居阴位，有弃讼求和之象，所以说"复即命渝安贞"，正所以不自失的意思。

九五 讼。元吉。《象》曰：讼元吉，以中正也。

"讼"，在此不是与人争讼，而是替人决讼。九五为卦辞所说的大人，是治讼之主，以其阳刚中正之德，来辨是非、断曲直。九五治讼，阳刚则无所陷溺，中则不太过，正则不偏倚。争讼只要真有道理，遇到九五大人必能伸张正义，所以才会大吉而尽善。九五有大人中正之德，所以未讼则感之而化，已讼则就之而直。

上九 或锡之鞶带。终朝三褫之。《象》曰：以讼受服，亦不足敬也。

"锡"，通"赐"。"鞶带"，朝廷命服的大带，比喻享受高官厚禄的待遇。"终朝"，终一朝会。"褫"，夺。上九处讼的穷极，居高而用刚，争讼不已，乃取祸丧身之道。纵可胜讼于一时，而获赐鞶带，也将终一朝而三见褫夺。足见讼乃"中吉"而"终凶"，当适可而止。"服"，指鞶带。以讼而得赏，侮而侵之者必众。纵然服未必见夺，但也不足以尊敬。

师第七　坎下坤上

师，兵众，师卦在论述兴师动众、行军作战之道，由坎、坤两卦组成。《序卦》说："讼必有众起，故受之以《师》。"从卦象来看，坎为水，坤为地，地中有水，就像古时寓兵于农或选农训兵，乃兵农合一的意思。地喻农，水喻兵，地可涵养水源，就像农可提供兵源。

师。贞。丈人吉。无咎。
《彖》曰：师，众也。贞，正也。能以众正，可以王矣。刚中而应，行险而顺，以此毒天下，而民从之，吉又何咎矣！

一阳在下卦的中位，为五阴所宗，能使众人复归于正道，就可以称王于天下。九二刚中，上应六五，能行中道，又得到六五君王的委信，虽行险事，而以顺道，乃是义兵，是王者之师。"毒"，害。从"毒"字可知王者之师不轻用，如用毒药治病，要不是有沈痼坚症，绝不轻用。师旅之兴必伤财害人，而民心之所以会顺从，是因为以义起兵。如此则吉，又怎么会有过咎呢？

《象》曰：地中有水，师；君子以容民畜众。

水不外于地，兵不外于民，有聚众的物象，所以为师。君子看到地中有水的物象，就要容保其民，畜聚其众。

初六　师出以律。否臧凶。《象》曰：师出以律，失律凶也。

"律"，原为行军的乐器，古时出师必吹律，律和则士卒同心，进退有节；失律反是。后来引申为兴师的律令法纪，或行军的号令节制。

初六处用师的开始，出师的目的是要禁乱诛暴，方合出师之义；行师则贵军纪严明，才合行师之道。"臧"，善。"否臧"，不善。师出当以律，失律则凶，就算侥幸而胜，也是致凶之道。

九二 在师中。吉无咎。王三锡命。《象》曰：在师中吉，承天宠也。王三锡命，怀万邦也。

九二以刚居阴，居下卦的中位，刚柔相济而为五阴所归附，且上应六五，是卦辞中的"丈人"，居中军，为主帅，总制用兵行师，大权独揽。"天"，指王，即六五。九二承六五的宠任，得专征的大权，必吉乃可无咎。因为恃专则失为下之道，不专则无成功之理，所以以得中为吉。"锡"，通"赐"。六五对九二宠信深、倚赖重，所以王锡宠命，以至于三，为的是九二能够怀绥万邦。不说"威"，而说"怀"，可见王者用师兴兵的本意。

六三 师或舆尸。凶。《象》曰：师或舆尸，大无功也。

六三以柔乘阳，质柔用刚，乃才弱志刚、有勇无谋的裨将。九二是孤阳，是师卦的主爻，六三失位过中，以柔乘刚，想分散九二的指挥权，擅自用兵，致用大车运载尸体，以喻战况恶劣，凶何如之？所以说"大无功也"。

六四 师左次。无咎。《象》曰：左次无咎，未失常也。

"左次"，退舍。六四以柔居阴，虽不中但得正，才不足以克敌致胜，却能全师而退，保存战力，得无咎。依古礼，左尊而右卑，兵非吉事，所以军礼尚右，偏将军居左，上将军居右，所以以右为常，左次则失常。但六四以柔顺之资，量敌而后进，虑胜而后会。所以退而左次，并没有失常。

六五 田有禽。利执言。无咎。长子帅师。弟子舆尸。

贞凶。《象》曰：长子帅师，以中行也。弟子舆尸，使不当也。

六五是柔顺中正的用师之主。只有在敌国挑衅的时候，方不得已而应之。就像禽类在山林，本来并不想猎取它，如今既入于田中，侵害稼穑，则要猎取它。"执言"，指有了正当的理由，可以奉辞讨伐。如此来用兵，得无咎。"长子帅师"，"长子"，即卦辞中的"丈人"，自兵众言，尊称为"丈人"；自国君言，称之为"长子"。九二以中正之德应于六五，受任以行专征。"弟子舆尸"，指六三、六四弟子，都不是将才，不当使之为帅，否则任将不专，致败之道，所行虽正，终不免于凶。

上六 大君有命。开国承家，小人勿用。《象》曰：大君有命，以正功也。小人勿用，必乱邦也。

上六以柔居师卦的终了，坤顺至极，是论功行赏的时候。"大君"，指天子。"有命"，以爵命奖赏有功人员。"开国"，封之为诸侯。"承家"，任之为卿大夫。"正功"，指赏必当功，不可有差失。开国承家的初始，切不可任用小人，否则家邦必乱。"王三锡命"，命于行师的开始；"大君有命"，命于行师的终了。"怀邦"、"乱邦"、"丈人"、"小人"，分得一清二楚，这就是圣人所以深虑而远戒啊！

比第八　坤下坎上

比，亲密比辅的意思，由坤、坎两卦组成。《序卦》说："众必有所比，故受之以《比》。比者，比也。"从卦象来看，坤为地，坎为水，流水行于地上，与地亲密无间，故有比象。

比。吉。原筮。元永贞。无咎。不宁方来。后夫凶。
《彖》曰：比，吉也。比，辅也，下顺从也。原筮元永贞无咎，以刚中也。不宁方来，上下应也。后夫凶，其道穷也。

与人相亲比，是吉道。比是与人相亲辅。五以阳刚中正，且居尊位，群下顺从，上也亲下，所以为比。"原"，再。"筮"，占决。六十四卦中，只有蒙、比两卦提到"筮"，蒙贵初筮之诚，而比则贵再筮之审。因为蒙是求教于人，取决于人，不一则不专。比是与人亲比，取决于我，不再则不审。之所以"原筮元永贞无咎"，九五以刚中之德与众柔亲比，必定再筮以自审，确定有元善、常永、正固等美德，而后可以为群柔所亲比而无咎。"宁"，安宁。"方"，各方诸侯。"不宁方来"，指各方诸侯不安宁的都前来比辅。"上下应"，指初、二、三、四都应和五而归附。当亲比的时候，上六高亢自是，无德而骄，如后来之夫，理穷势蹙，失其所依，所以说"其道穷也"。

《象》曰：地上有水，比；先王以建万国，亲诸侯。

流水亲比于地，不容有丝毫的间隙。"建万国，亲诸侯"，则是先王赖以亲比于天下的方法。因为"建万国"是为了亲比百姓，但百姓不可尽得而比，所以"建万国"使诸侯来亲比百姓，而天子所亲比的则是诸侯而已，这便是天子亲比天下的方法。

初六 有孚比之。无咎。有孚盈缶。终来有它吉。《象》曰：比之初六，有它吉也。

"孚"，中心诚信。"盈"，满。"缶"，朴素的瓦器。"有它吉"，不是期于必得而得的吉。初六处比的开始，必以诚信与人亲比，乃得无咎。初六居下而位卑，离主爻九五最远。初六想亲比九五，当诚信充实于内，就像祭物盈满于缶中，其外又朴素不加任何的文饰。则九五虽远，终能来与初六相亲比，无它患，而有它吉。

六二 比之自内。贞吉。《象》曰：比之自内，不自失也。

六二以柔顺中正，应九五的阳刚中正，是以中正之道自内而与九五亲比。"自内"，指由内心的意思。六二以柔居阴，恐其自失，故宜守中正之道，静待九五相求，然后应之，这就是"比之自内，不自失也"。如果太过于主动，汲汲以求亲比于九五，则失君子自重之道。

六三 比之匪人。《象》曰：比之匪人，不亦伤乎？

六三以柔居阳，失中不正，而其承、乘与应都是柔爻，乃是所比皆非其人的物象。初与五比"有它吉"，二与五比以中正，四与五比以正德，六三都没有，且其正应在上六的"比之无首"，所以说"比之匪人"，所亲比的皆非其人，不是也可哀伤吗？

六四 外比之。贞吉。《象》曰：外比于贤，以从上也。

九五阳刚中正，以德来说，是贤明；以位来说，是君上。六四以柔居阴，当位得正，与初无应而外比九五，亲贤从上，得比之正，所以说"贞吉"。

九五 显比。王用三驱。失前禽。邑人不诫。吉。《象》

曰：显比之吉，位中正也。舍逆取顺，失前禽也。邑人不诫，上使中也。

"显"，明。"显比"，显明其亲比之道。"三驱"，古时王者狩猎不合围，只合左、右、后三面，而前开一路，舍逆取顺，以示王者仁民爱物之心。三驱之礼，去害而不嗜杀，显示以仁道亲比天下。"舍逆"，指"前禽"上六，去则不追；"取顺"，指下面四柔，来则不拒。借着田猎以显明人主亲比天下之道：前禽失而不追，以见王者心量的广大；邑人居而不诫，以见民情的大顺。所以说"显比之吉，位中正也。舍逆取顺，失前禽也"。至于"邑人不诫，上使中也"，"上使中"，指上之使下，中平不偏，远近如一。可与师卦九五的"田有禽"相对而观。

上六 比之无首。凶。《象》曰：比之无首，无所终也。

"首"，始。亲比之道，开始善的，终局也会善；开始善而没有善终的，容或有之；而没有善始而能善终的，是不曾会有的。上六居比卦的终了，与九五逆比，孤处于外，险陷至极，是卦辞所说的"后夫凶"。比喻上六处比，始而不以其道，岂能善终，其凶必矣。

小畜第九　乾下巽上

"畜",通"蓄",储积、畜养的意思。小畜是以阴柔畜止阳刚,以小畜大的意思,由乾、巽两卦组成。《序卦》说:"比必有所畜,故受之以《小畜》。"从卦象来看,乾为天,巽为风,风行于天上,而还未行于地上,是不急于济物,而重在积聚实力。

小畜。亨。密云不雨。自我西郊。
《彖》曰:柔得位而上下应之,曰小畜。健而巽,刚中而志行,乃亨。密云不雨,尚往也。自我西郊,施未行也。

"柔得位",指六四以柔爻居阴位,当位得正,因为孤阴,所以是全卦的主爻。"上下",指六四上下的五个阳爻。以一阴而畜止五阳,只能暂时系累而不能固制阳刚,这是以小畜大使然。内刚健而外巽顺,二、五居中,为"刚中"。阳性主进,下又乾体刚健,志在上行。六四孤阴力寡,没有九五的支持则不能畜止三阳,所以说"刚中而志行乃亨"。畜道不能大成,就像密云尚不能成雨,阴阳二气还没调和,阳尚往而上,所以说"密云不雨,尚往也"。这是云来自我的西方,"西"是阴方,阴方之气先倡,不能成雨,所以是"施未行"。

《象》曰:风行天上,小畜;君子以懿文德。

乾天的刚健被巽风所畜止,因为刚健只能以柔顺才能予以畜止。虽说畜止,但不能真的固制乾的刚健,只是以柔顺扰系而已,所以是小畜。君子看到小畜的物象,就要懿美其文德。君子所蕴蓄的,大的就是道德经纶之业,小的则是词赋文章之才。

初九　复自道。何其咎。吉。《象》曰:复自道,其义吉也。

"复"，返。"自"，从。"复自道"，返而从道的意思。初九在下而以刚爻居乾体，志想上往，但值小畜的时候，应接受正应六四的畜止，而自守以正。初九以阳刚之才，不躁动妄进，从其道而返，合于义理，所以是吉。

九二 牵复。吉。《象》曰：牵复在中，亦不自失也。

"牵"，牵连。九二居中，刚而能柔，本不急于上往，又与九五无应，因此受其同类初九的牵连，返而固守本位，则也不自失。之所以说"亦"，这是承上爻之义，初九不失，而九二"亦不自失"。

九三 舆说辐。夫妻反目。《象》曰：夫妻反目，不能正室也。

"舆"，大车。"说"，同"脱"。"辐"，连接轴与轮的木条。"舆说辐"，比喻大车不能行走。九三以刚爻居阳位，过刚不中，急于上往，当小畜的时候，且处下体，不利于行，所以说"舆说辐"。九三虽有六四畜止，但因阳在下而阴在上，成为逆比，而有"夫妻反目"的物象。比喻九三过刚失中，不能像初、二两爻自畜其刚德，则不能正其室，其凶可知。初的畜以应四，二的畜以居中，三的畜以迫近于四，而为四所制，所以深责三不能正其室。

六四 有孚。血去。惕出。无咎。《象》曰：有孚，惕出，上合志也。

"孚"，信实。"血去"，远离杀伤之地。"惕出"，免于危惧。六四以柔居阴，当位得正，又与九五亲比，有近君大臣得君王信任的形象。"上"，指九五。《象传》只提"惕出"，则"血去"可知，因为恐惧都免除了，则伤害更不必讲了，这是举轻以见重。六四只有尽其孚诚之道，以取信于九五，与九五志同道合，可远离伤害，免除危惧，而无咎。

九五 有孚挛如。富以其邻。《象》曰：有孚挛如，不独富也。

"挛"，相连系而不断绝。"如"，语助辞。"富"，指九五。"以"，及。"邻"，指六四。九五居尊位而乘六四，六四积诚孚信以畜止九五。九五也能自畜其德，推诚以待下，接受六四的畜止。九五富不独富，能并六四而富之，如此阴阳交孚，君臣一德，天位与共，天禄与食，这就是"富以其邻"。

上九 既雨。既处。尚德载。妇贞厉。月几望。君子征凶。《象》曰：既雨既处，德积载也。君子征凶，有所疑也。

"处"，止。"尚德"，指六四尚其柔顺之德。"载"，积满。"妇"，阴。"月望"，月亮盈满。"月几望"，月亮几至于盈满。上九以巽顺至极而处小畜的终了，阴阳和洽，"密云"终于化而为雨，所以说"既雨"。此外，乾体三阳本来要上往，六四畜止之而不能固，《象传》乃说"密云不雨，尚往也"，到上九已达畜之极而无可进，所以说"既处"。以阴畜阳，不和则不能止，既和而止，畜道乃成，所以说"既雨，既处"。"尚德载"，指六四尚其顺德，积满以至于成，才能畜止群阳。但小畜是以阴畜阳，以柔制刚，妇人如果固守此道而不知权变，必有危厉。反之，在阴德几至盈满的时候，阴疑于阳而敌刚，君子若不知时而强为上往，那就凶了。在阴德正盛的时候，既戒阴以尚德，又戒阳勿妄动。"既雨既处"，指畜道积满而成。阴将盛极，君子动则有凶。阴敌阳，则必消阳，小人将害君子，君子岂可不有所疑虑呢？

䷉ 履第十　兑下乾上

履是践履美德、执守礼节的意思，由兑、乾两卦组成。《序卦》说："物畜然后有礼，故受之以《履》。"从卦象来看，兑为泽，与坤地相比尤为卑下；乾为天，最为尊高。上天下泽，比喻上下尊卑，各有定分，不可逾越，有执守礼节的物象，所以为履。履卦是《系辞下》三陈九卦中的一卦。"作《易》者，其有忧患乎？"而九卦正是教人如何处忧患，而以履为首卦。"《易》之兴也，其当殷之末世、周之盛德邪？当文王与纣之事邪？是故其辞危。"卦辞之危，莫危于"履虎尾"，所以说"履，德之基也"。

履虎尾。不咥人。亨。
《彖》曰：履，柔履刚也。说而应乎乾，是以履虎尾不咥人亨。刚中正，履帝位而不疚，光明也。

"履虎尾"，蹑在老虎尾巴的后面，小心翼翼而行。"咥"，咬。六三是全卦主爻，也是兑卦的上爻，所以称"尾"。六三以柔而下履二刚之上，上蹑乾刚之后，似危而实安，因为是以柔顺来处危境。"说而应乎乾"，指以兑的柔悦应乎乾刚而履垫其后，下顺乎上，阴承乎阳，自持恭敬而和悦，何事不成？所以说"履虎尾不咥人亨"。"疚"，疵病，指九五"夬履"而自任刚明，挟势自雄。九五以阳刚中正，尊履帝位，如果有疚病，以致所履不正，而蹈于非礼，就会政令纪纲松弛于上，谗邪贼寇纷起于下，岂可不慎？九五如果能体大中至正之道，尽去疚病，那就可以得履道的至善，光大而明亮。践履的功夫体现在最危、最难的地方，"履虎尾"是从危而安，"履帝位"是从尊而卑、从难而易。

《象》曰：上天下泽，履；君子以辨上下、定民志。

《象传》不说"天下有泽"或"泽在天下"，而刻意说"上天下泽"，这主要是强调上下、尊卑的名分。上下等级辨别清楚，然后百姓的心志才能定下来；各得其所，各安其位，然后才可以平治天下。

初九 素履往。无咎。《象》曰：素履之往，独行愿也。

"素"，质朴、没有文饰。初九以刚爻处履的初始，而礼以质为本，文为辅，所以履初言"素"。初九上往是遂行心中的夙愿，不为情所迁，不为物所累，像《中庸》所说的"君子素其位而行，不愿乎其外"。初九安履其位而往，外不求应，内不失正，独行向来的志愿罢了，宜其无咎。

九二 履道坦坦。幽人贞吉。《象》曰：幽人贞吉，中不自乱也。

九二居中用柔，履道而得其平坦。走在道路上，从中则平坦，从旁则崎岖。"幽人"是与六三的"武人"相对。"武人"，比喻人的刚愎自用、恣行妄为；"幽人"，比喻人的幽静安恬、与世无争。九二得履道之中，没有行险徼幸之心，幽人守其志节而不变，所以贞吉，不会因物诱、利欲而自乱其心。

六三 眇能视。跛能履。履虎尾。咥人凶。武人为于大君。《象》曰：眇能视，不足以有明也。跛能履，不足以与行也。咥人之凶，位不当也。武人为于大君，志刚也。

"眇"，目斜而不能正视。"跛"，足偏不中而瘸。归妹初九不中为"跛"，九二不正为"眇"；履三不中不正，所以既"眇"又"跛"。归妹与履的下卦都是兑。六三以柔居阳，失正不中，虽能视而所视不明，虽能履而所履不中。六三不当位，质柔而用刚，不善于履危地，其履于虎尾的后面，必见咥，凶厄至极。三是人位，依《说卦传》，巽究为躁卦，所以称"武人"。六三为卦主，据阳位，想要使群阳归附它。以武人想履大君之位，以武夫而称帝号，像项羽、安禄山那些人，暴虎冯河，死而无悔，其凶甚矣。

九四 履虎尾。愬愬。终吉。《象》曰：愬愬终吉，志行也。

"愬愬"，恐惧的样子。九四以刚爻居阴位，不中不正，而履九五之刚，也有"履虎尾"的物象。九四质刚而用柔，处近君多惧之地，如能以恐惧自处，则终免于危而获吉。三与四都"履虎尾"，为何三凶而四吉？三柔而志刚，勇于行而不知惧；四刚而志柔，慎于行而知所惧。惧而能防，所以终吉而能行其志。

九五 夬履。贞厉。《象》曰：夬履贞厉，位正当也。

"夬"，通"决"。九五以阳刚中正居尊位，其刚足以决，其明足以照，其势足以专。九五如果自任刚明，挟势自雄，则有悖中正之道。所以告诫九五当体会乾乃"天下之至健"，要"德行恒易以知险"，常怀危厉的心，礼贤下士，虽刍荛之微必取，如此就能履帝位而光明。

上九 视履考祥。其旋元吉。《象》曰：元吉在上，大有庆也。

"旋"，周旋完备。上九处履卦的终了，前无可履，可以回顾检视其所履行，以考其祥，辨其善恶祸福，周旋完备，履道大成而元吉。"在上"，履卦的终了。指在履卦的终了而得元吉，则大有福庆。

泰第十一　乾下坤上

泰是通畅、大通的意思，由乾、坤两卦组成。《序卦》说："履而泰，然后安，故受之以《泰》。泰者，通也。"从卦象来看，乾天在下，坤地在上。从天道来说，乾阳之气在下，轻清而上浮，坤阴之气在上，重浊而下沉，阴阳交会，天地大通。从人事来说，原本高高在上的君王（乾）肯屈尊就下，而原本卑微在下的臣民（坤）能够下情上达，如此就能国泰民安。

泰。小往大来。吉。亨。
《彖》曰：泰小往大来吉亨，则是天地交而万物通也；上下交而其志同也。内阳而外阴，内健而外顺，内君子而外小人，君子道长，小人道消也。

"小"，指阴。"大"，指阳。"往"，往而居于外卦。"来"，来而居于内卦。坤阴往居于外，乾阳来居于内，阴气由上而下降，阳气由下而上升，阴阳和畅，滋生万物。泰之道，既吉且亨。"则是"，是就卦辞而赞叹："天地交而万物通也，上下交而其志同也"。阳刚在内，阴柔在外，是"内阳而外阴"。乾健在内，坤顺在外，是"内健而外顺"，这是君子之道。君子在庙廷之内，小人在庙廷之外，这是"君子道长，小人道消"，所以为泰。因为天地的形体不能相交，只能以气相交；气相交而物相通，这是天地的泰。上下的名分不可相交，但心志可以相交；心志相交，这是人事的泰。"小人道消"，并不是要消除小人，而是要感化小人成君子。善于养身的人，可以化痰邪为气血；善于治国的人，要能化盗贼为良民。

《象》曰：天地交，泰；后以财成天地之道，辅相天地之宜，以左右民。

"后",指人君。"财",通"裁"。"裁成"以抑制太过。"辅相"以补充不及。"道",以其本体的自然来说。"宜",以其施用的当然来说。"左右",通"佐佑",扶植的意思。人君应当体悟天地交泰之象,而裁成天地之道,辅相天地之宜,以扶植亿万生民。

初九 拔茅茹。以其汇。征吉。《象》曰:拔茅征吉,志在外也。

"茅",茅草。"茹",相连的草根。"汇",类。初九以刚爻居阳位,上有正应,志在上往。"拔茅茹,以其汇",指拔茅草时,连根而起,比喻同类互为牵引。"外",指在外卦的六四。君子处泰的初始,群贤都想相互牵引而上进,其进为吉。

九二 包荒。用冯河。不遐遗。朋亡。得尚于中行。《象》曰:包荒得尚于中行,以光大也。

"包荒",包容荒秽。"冯",通"凭"。"冯河",徒步涉水过河,指其刚决足以济难。"遐",远。九二以刚爻居阴位,上应六五,是刚柔相济,且与君王合德的刚中大臣。九二理宜包容荒秽,而又刚决果断,不遗遐远,而又不私昵朋党,如此才能合于中行之道。初九的上往必"以其汇",因为他是在野的贤人;九二则要求"朋亡",因为他是在位的大臣。"包荒"是致泰的根本,而包荒能得乎中道,是由于九二正大光明。心量容得下一国,才能治好一国;心量容得下天下,才能治好天下。所以包荒是治道的根本。四海一家,所以"不遐遗"。天下为公,所以"朋亡"。明断无私,所以"用冯河"。

九三 无平不陂。无往不复。艰贞无咎。勿恤其孚。于食有福。《象》曰:无往不复,天地际也。

"陂",不平。"恤",忧虑。"孚",信。九三处乾体的终了,在三阳的上面,是泰的极盛。盛极则衰,泰极则否,这是天道循环的规律,不可移易。所以告诫九三以"无平不陂",天底下没有常安而不险陂的;又告诉九三以"无往不复",即将进入上卦,天底下没有常往而不返回的。九三处于泰的极盛,应当知艰难而固守贞正之德,那就可以常保其泰而无咎。如此则不必担心天道循环,但知恪守贞正之德,于食禄的事,自有福庆。"天地际",指天地的交际。阳降于下,必复升于上;阴升于上,必复降于下。因天地交际之道,显明否泰不常的道理,意味深长。

六四 翩翩。不富以其邻。不戒以孚。《象》曰:翩翩不富,皆失实也。不戒以孚,中心愿也。

"翩翩",快速群飞而下的样子。"不富",指六四。按照《易》例,阳为实,阴为虚,所以阳为富,阴为不富。"不富",谦虚不自满的意思。"邻",指其同类,也就是五、上两个阴爻。六四处上下两卦的交会处,是天地、君民交泰的爻,所以在上者以谦虚接待下属,在下者以刚直事奉领导。坤阴正应在下面,为了求阳,所以六四疾飞而下,五、上两爻亦以其朋类,不待戒令而信从之,翩翩而下以应三阳。爻辞说"不富",《象传》则说"失实"。阴本为在下的东西,今乃居上卦,这就是失实。不待告戒而能诚意相与,因为是心中真正的愿望。处泰的时候,上下不相疑忌,所以说"中心愿也"。

六五 帝乙归妹。以祉。元吉。《象》曰:以祉元吉,中以行愿也。

"帝乙",商王,或指商汤,或指商纣的父亲。"归妹",嫁女儿。"祉",神所降下的福祉。六五以柔居尊,下应九二,有降其尊贵以从阳的物象,就像"帝乙归妹",比喻帝女下嫁贤者,以其有柔顺中正之德,而行此志愿,屈尊事夫,以之受祉,乃大吉而至善。

上六 城复于隍。勿用师。自邑告命。贞吝。《象》曰:城复于隍,其命乱也。

"复",同"覆"。"隍",环绕于城墙外的无水壕沟。"用师",以兵旅攻克。上六处泰的终了,将变为否,一开始取隍土以筑城,终则城倾而土复返于隍。乱久则治,治久则乱,治乱相循,这是天道的规律。"命",政令。城虽坚,久不治则坏;政虽美,久不修则敝。世将治,则命自上而下;将乱,则命自下反上。此时上六切忌兴师动众以平乱,只能就其城邑颁行政令,勤于自修,固守正道,以免除鄙吝。

否第十二　坤下乾上

否是闭塞、否塞不通的意思，由坤、乾两卦组成。《序卦》说："物不可以终通，故受之以《否》。"从卦象来看，坤地在下，乾天在上。从天道上说，坤阴之气重浊在下而愈往下沉，乾阳之气轻清在上而愈往上浮，阴阳隔离，天地不交。从人事上说，坤代表臣民卑屈在下，乾象征君王高高在上，互为隔绝，不相往来。

否之匪人。不利君子贞。大往小来。
《彖》曰：否之匪人不利君子贞大往小来，则是天地不交而万物不通也，上下不交而天下无邦也。内阴而外阳，内柔而外刚，内小人而外君子。小人道长，君子道消也。

从两体来说，内为坤顺，外为乾健，内柔外刚，内怀小人之德，外有君子之位，是小人道长、君子道消之时。"匪人"，不合人道。"大"，指阳。"小"，指阴。"往"，往之于外卦。"来"，来居于内卦。否塞的时候，不是人道畅行的时候，小人得势，枉直而害正，不利于君子恪守正道。此时，君子当固守其光辉的明德，并使不形之于外，如此才可免于祸害。"则是"，指就卦辞而叹息。慨叹此时是人道偏失，而天运也不对劲。不交、不通，不成造化；不交、无邦，不成平治。阳来阴去，于时为春，万物初生，所以为泰。阳去阴来，于时为秋，万物敛藏，所以为否。"小人道长，君子道消"，不合正理。阴阳以能相济为功，阴阳平和，乃成功化。六十四卦在《彖传》中，只有泰、否两卦提及阴阳。乾、坤，本即纯阴、纯阳。只有泰、否两卦，内、外卦都得到乾坤的全体，因此以阴阳来立论。

《象》曰：天地不交，否；君子以俭德辟难，不可荣以禄。

"俭德",简约其德,使不外露。"辟",通"避"。"辟难",远离小人的祸害。"不可荣以禄",指人不得以禄位荣宠他。否是小人得志的时候,君子如居显要的地位,祸患必及其身,所谓"苟全性命于乱世,不求闻达于诸侯"。

初六 拔茅茹。以其汇。贞吉。亨。《象》曰:拔茅贞吉,志在君也。

"茅",茅草。"茹",相连的草根。"汇",类。初六以柔爻居阳位,虽然上有正应,然处在否塞的初始,只有牵引其同类贞固自守,才能得吉。君子固守气节以处下,不是乐于不进,而是时未可进。心未尝不在天下,其志常在得明君以进,以道济天下,所以说"志在君也"。

六二 包承。小人吉。大人否。亨。《象》曰:大人否亨,不乱群也。

"包",以阳包阴。六二以柔爻居阴位,上应九五刚中之君。对小人而言,处否塞的时候,能承顺乎上,以济其否,这是致吉之道。至于大人在否塞的时候,宁安于否塞,固守正道,不杂乱于小人的群类,绝不枉己屈道、自毁原则,身虽否,而道犹亨。

六三 包羞。《象》曰:包羞,位不当也。

"包",以阳包阴。"羞",羞辱。六三以柔爻居阳位,失正不中,又居群阴的上面,其位不卑。但是六三处否塞的时候,不能守道安命,而切于上应,急于求宠,自取其辱。说"位不当",指六三居位不当,见包于上九,君子耻之。

九四 有命。无咎。畴离祉。《象》曰:有命无咎,志行也。

"畴",同"俦",类。"离",附丽。"祉",神明所降的福址。否到九四已进入上体,渐具致通之道,可下往与阴柔相交,转否为泰。九四是近君大臣,以刚爻居阴位,其质之刚足以辅君,其用之柔可以避忌。九四处否转泰之际,下与初六相应,无不出于君命,而不居功,宜得无咎,致初的同类二与三,同受福祉。"志行",指济否之志得君命则行,戒九四不可自用。

九五 休否。大人吉。其亡。其亡。系于苞桑。《象》曰:大人之吉,位正当也。

"休",止息。"亡",危亡、败亡。"桑",树木名,其根深固。"苞桑",指桑树丛生在一起,其根盘错,尤为牢固。"系",固结的意思。九五是阳刚中正、居尊得时的大人,能止息否塞,转为泰通,所以吉。《系辞》说:"危者,安其位者也;亡者,保其存者也;乱者,有其治者也。是故君子安而不忘危,存而不忘亡,治而不忘乱;是以身安而国家可保也。"九五还没远离否塞,常人都以为安矣、治矣,只有大人才能安而不忘危,存而不忘亡,治而不忘乱,所以戒以"其亡,其亡,系于苞桑"。意指吾人当戒惧危亡,有如系于苞桑那样坚固不移。九五有大人之德,而得至尊的正位,其位正当,所以能止息天下的否塞而得吉。

上九 倾否。先否后喜。《象》曰:否终则倾,何可长也?

上九以阳刚处否塞的终了,所以能倾覆否塞,就像泰的上六以阴柔处泰的终了,而不能长保泰通。倾覆在先,所以说"先否"。及其既倾之后,转为泰通,所以说"后喜"。否终则倾,岂有长否之理?但是反危为安,改乱为治,必要有阳刚之才方能胜任。所以否的上九能够倾否,屯的上六则不能变屯。

同人第十三　离下乾上

同人，与人相和同，和同于人，不与人争的意思，由离、乾两卦组成。《序卦》说："物不可以终否，故受之以《同人》。"从卦象来看，离为火，乾为天，乾天在上，而火性也是往上炎烧，有与人相和同的物象。而且同人卦唯一的柔爻，以柔爻居阴位，处在离体之中，中正柔顺，象征六二内怀文明之德，外行中正之道，诸刚爻都想与它相和同。

同人于野。亨。利涉大川。利君子贞。

《彖》曰：同人，柔得位、得中，而应乎乾，曰同人。（同人曰）同人于野亨利涉大川，乾行也。文明以健，中正而应，君子正也。唯君子为能通天下之志。

城外为郊，郊外为野。"同人于野"，指与极远野外的人也能相和同，何况左右近邻。"柔"，指六二，"乾"，指九五。六二得位居下卦的中位，与九五正应，这是同人成卦的义理。同人以六二为主爻，但光柔还不足以与人相和同，还要有天德的支撑，所以六二得位、得中，而且与九五正应，才能称为"同人"。"同人曰"三字应该是衍文。至于"利涉大川"，则又说"乾行也"，指明光靠柔爻不能成就利涉大川。所有孤阴的卦无不如此。如履卦六三，不能以自亨，必说"应乎乾"，所以"履虎尾不咥人亨"；小畜的六四不能以自亨，必说"刚中而志行乃亨"。大有的六五不能以元亨，必说"应乎天而时行，是以元亨"。"乾行"是在解释"利涉大川"，取其刚健无私的意义。因为健德主要表现在无私，必也要有六二的"文明"在先，而所知无不明，然后有"中正"在后，而所与无不当，然后可以全尽无私的意义，这才是君子的贞正。天下的心志虽有千万之殊，但理则一定。君子明理无私，所以能"通天下之志"。文明则能烛理，所以能昌明大同之义；刚健则能克己，所以能全尽大同之道。

《象》曰：天与火，同人；君子以类族辨物。

不说"火在天下"或"天下有火"，而说"天与火"，因为天在上，而火性炎上，火与天同，所以为同人。"类族"，是就人上说，"辨物"，是就事上说。君子效法乾天覆盖无私，于殊分的族群而类以聚之，在不同之中找出相类似的；效法离日照临平均，于相似的物品而辨以析之，在相似中找出不同的。同其所不得不同，异其所不得不异，这样才是同的大用啊！

初九 同人于门。无咎。《象》曰：出门同人，又谁咎也？

"门"，是用来分隔房屋内外的进出所在，门内常溺于人情之私，门外则公理畅行。初九居同人之初，上无系应，没有偏私，是以公理与人相和同。初九刚一出门，就与人和同于外，与他相和同的人甚为广泛，无所偏私，内不失己，外不失人，谁能指出他的过咎呢？

六二 同人于宗。吝。《象》曰：同人于宗，吝道也。

"宗"，宗党。"同人于宗"，指和同于其所系应的。六二以柔爻居阴位，既正且中，与九五正应。一般来讲，各卦以中正相应为善，而在同人卦则为可鄙吝。因为同人以广为贵。六二是全卦的主爻，众阳都想与六二和同，而六二却独系于九五，只与宗党和同，不能大同于世，所以是鄙吝之道。

九三 伏戎于莽。升其高陵。三岁不兴。《象》曰：伏戎于莽，敌刚也。三岁不兴，安行也？

九三以刚爻居阳位，过刚不中，且与六二亲比，想要夺取五的正应，但理不直，气不壮，不便显发，而有"伏戎于莽"的物象。"敌刚"，指三与五相敌，九三偶而登高陵以顾望，自知不是九五的对手，所以畏惮伏藏，至于三年之久，仍未有所行动，安能有所行啊？

九四 乘其墉。弗克攻。吉。《象》曰：乘其墉，义弗克也。其吉，则困而反则也。

"墉"，高墙，指九三，三在下卦之上，是二的高墙。九四与六二隔着九三，有陵下之志，为乘墉下攻的物象。九四以刚居阴，质刚而用柔，质刚则能攻，用柔则有自反而不克攻的物象。九四虽想与六二和同，但以五为二的正应，其义不胜，困穷而用柔，返就法则，所以得吉。三与四都想与五相争，来与六二相和同，因此三、四两爻的爻辞不提"同人"。

九五 同人先号咷而后笑。大师克相遇。《象》曰：同人之先，以中直也。大师相遇，言相克也。

九五独与六二正应而相和同，然中间隔着三、四两阳。因九三伏戎于莽，九四乘墉欲攻，九五自以义理胜，而不胜愤抑，至于号咷。之所以会先号咷，是因为中诚理直，不胜其忿切。因三、四刚强，非大兴师旅不能克。九五得同人之实，而失同人之义。二尚以同人于宗为吝，何况五是高居尊位？《系辞》解释"同人先号咷而后笑"说："君子之道，或出或处，或默或语，二人同心，其利断金，同心之言，其臭如兰。"

上九 同人于郊。无悔。《象》曰：同人于郊，志未得也。

上九虽处一卦的极端，但居外无应，且与六二为三阳所隔，同人的志愿未得尽伸，仅能及于"郊"，而未能如卦辞所言及于"野"，所以只得无悔。

䷍ 大有第十四　乾下离上

大有是盛大丰有、所有至大的意思，由乾、离两卦组成。《序卦》说："与人同者，物必归焉，故受之以《大有》。"从卦象来看，乾为天，离为火，火在天上，火是日火，所处既高，其明远照，是大有的物象。从爻象来看，孤阴得尊位大中，上下皆应，万众归心，按照易例，阴为小，阳为大，五阳尽为一阴所有，也是大有的意思。

大有。元亨。
《彖》曰：大有，柔得尊位，大中而上下应之，曰大有。其德刚健而文明，应乎天而时行，是以元亨。

"柔得尊位"，指五以柔居尊位。孤阴六五得大中之道，为诸阳所宗，所以"上下应之"。在同人卦，孤阴居下卦中位，势不足以得众，只能推其所有以与人相和同，所以为"同人"；在大有卦，孤阴居上卦中位，为诸阳所宗，诸阳尽为我所有，所以为"大有"。《彖传》在同人卦说"应乎乾"，是我呼应别人；在大有说"上下应之"，是别人呼应我。履卦柔在下卦，也说"应乎乾"；小畜卦柔在上卦，也说"上下应之"。由此可以推出卦例了。六五文明之君，对应刚中贤臣，当大有之世，没有用柔便无法得到天下贤才的归心，这是"柔得尊位，大中而上下应之"。至于"其德刚健而文明，应乎天而时行"，是说任何乱亡的端绪，都能（离）明以烛之，（乾）健以决之，居不失中，行不失时，则能善保家国天下，至善而大吉。

《象》曰：火在天上，大有；君子以遏恶扬善，顺天休命。

火在天上，则所照至为广大，所以为大有。大有是繁庶众多的意思。有德君子看到大有的物象，行事刚健而文明，于恶则遏之使复归于善，于善则宣扬使能止于至善，所以顺天的美命，长保大有。

初九 无交害。匪咎。艰则无咎。《象》曰：大有初九，无交害也。

"无交害"，指无交往则无伤害。初九阳实而富，居大有的初始，与六五没有应、比，没有交往就不涉及利害。初九本无过咎。但是如果以"无交害，匪咎"，而有慢易之心，那就有过咎了。处大有的初始，要能克念艰难，则骄溢之心，无由而生，所以没有交往，就不会有任何伤害。

九二 大车以载。有攸往。无咎。《象》曰：大车以载，积中不败也。

"大车"，指古时载重的大车，用牛牵引。九二刚中在下，上应六五，有"大车以载"的物象。九二是刚中贤臣辅弼虚中明君，就像牛在牵引着大车，比喻九二为六五之君所倚任。因九二以刚爻居阴位，又处乾体之中，其才刚健，其德谦顺，刚柔适中，笃行中道，足以胜大有之任。阳多的卦都用"积"。"积中不败"，指九二积阳德而居中，且与六五相应，没有致败的道理。九二刚中上应六五，合群贤共事一人，任重而不专，让功于五，所以无咎。就像牛车能负重积载于其中，不致倾败。

九三 公用亨于天子。小人弗克。《象》曰：公用亨于天子，小人害也。

"亨"，通"享"，指朝献。九三以刚居阳，当位得正，与六五没有应比。九三是在外的公侯，比喻守正道的外臣，不会私其所有，而将其所有通通献予天子，增益天子的所有；如果小人居此位置，则专其富有以为私，非但不能"用亨于天子"，尚且将为害作恶，悖义犯上，而损天子的所有。

九四 匪其彭。无咎。《象》曰：匪其彭无咎，明辨晢也。

"彭"，盛大的样子。九四处大有的卦时，已经过中，是大有的富盛。但是一过中，则凶咎随之，处之之道，不敢有其彭大，则得无咎。"晢"，通"晰"，清楚明白。九四居离体的初位，能明于初始，是辨晢清楚的人。九四以刚居阴，刚柔相济，自知处多惧招嫌之地，能够"匪其彭"，将其所有归诸六五，所以无咎。

六五 厥孚交如。威如。吉。《象》曰：厥孚交如，信以发志也。威如之吉，易而无备也。

"厥"，其。"孚"，信。"威如"，有威严的样子。六五是大有卦的主爻，以柔居尊，有虚中孚信的气象。六五用柔守中，以诚信与诸阳相交，更足以感发诸阳也以诚信相助，上下交相孚信，所以"厥孚交如，信以发志"。"易"，训为"治"。"无备"，无所戒备。六五以柔爻居阳位，阳则有威。六五的威严，来自治己之道，明乎"遏恶扬善"，顺理而行，而不是上下相防，有所戒备。

上九 自天祐之。吉无不利。《象》曰：大有上吉，自天祐也。

"祐"，助。上九亲比六五，而为六五所有。且阳在阴上，其象为天。上九处大有之极，不有其所有，将其所有归诸六五。上居大有之极，疑于过亢，而上之所以吉，是因为同众阳以下顺六五，合乎天理，所以得到上天的祐助，而"吉无不利"。《系辞》四次提到"自天祐之，吉无不利"，这段爻辞可说是最为吉利的。《系辞》说："祐者，助也。天之所助者，顺也。人之所助者，信也。履信思乎顺，又以尚贤也。"上九处大有的上面，其余诸爻承柔，只有上乘五之柔，这是"思顺"。五为信德，而上履焉，这是"履信"。居大有之世，不以外物系累其心，高尚其志，这是"尚贤"。

谦第十五　艮下坤上

谦是谦虚、谦退，是有德不居、有功不伐的意思，由艮、坤两卦组成。《序卦》说："有大者不可以盈，故受之以《谦》。"从卦象来看，艮是山在下，坤是地在上，是高山屈居于卑地之下，比喻内有像山那么崇高的德性，外有像地那么柔顺的行为，人能如此，则"尊而光，卑而不可逾"。谦卦是《系辞下》三陈九卦中的一卦。

谦。亨。君子有终。
《彖》曰：谦，亨，天道下济而光明，地道卑而上行。天道亏盈而益谦，地道变盈而流谦，鬼神害盈而福谦，人道恶盈而好谦。谦，尊而光，卑而不可逾，君子之终也。

九三孤阳为全卦的主爻。艮为阳卦，阳为乾、为天道，降在下卦，是"天道下济而光明"。坤为地道，处势至为卑下，今乃升在上卦，是"地道卑而上行"。"下济"与"卑"用来解释"谦"字，"光明"与"上行"用来解释"亨"字。从人事来讲，尊贵的人，奉行谦道，则益加光明，就是"天道下济而光明"；卑下的人奉行谦道，则不可逾越，就是"地道卑而上行"。"逾"，过越。卑而不可逾如地，一开始虽然谦下，终必光明，这是"有终"。开始似乎委屈，其终必伸，持谦始终不渝，所以为"君子"。自"天道亏盈"以下，都极言谦的必有福报，质之于天、地、鬼神、人心，以彰明有终之意。"天道"以气的盈虚来说，指日月阴阳的变化；"地道"以形质的增损来说，指山谷川泽的变化；"鬼神"以理来讲，指灾祥祸福；"人道"以情来讲，指予夺进退。"变"，倾坏。"流"，聚而归之。凡卦以孤阳为主，《彖》都以"刚"来论：剥说"变刚"，复说"刚反"，师、比说"刚中"，豫说"刚应"。谦的《彖传》独不提"刚"，是因为谦无所用于刚，用刚就不能谦了。三有刚而不用，所以才为谦。

《象》曰：地中有山，谦；君子以裒多益寡，称物平施。

"裒"，减少。"益"，增加。不说"山在地中"，而说"地中有山"，凸显在卑下之中，蕴酿着崇高。君子看到"地中有山"的物象，就要用裒减多余的，增益不够的，随着物资的多寡，而公平地施给众人。人情大多把自己看得太高，把别人瞧得太低，谦则能抑制自己，谦卑待人。

初六 谦谦君子。用涉大川。吉。《象》曰：谦谦君子，卑以自牧也。

初六以柔处在谦的起始，是处在最为卑下的地方，是谦而又谦，所以说"谦谦"。有谦谦之德，那么众人便会前来相从，此时虽然涉猎险难，也可以得吉。"自牧"，自处。君子以至谦之道自处，则无往而不利。

六二 鸣谦。贞吉。《象》曰：鸣谦贞吉，中心得也。

"鸣"，声名远播。六二以柔爻居阴位，所以柔顺谦退；得中，则无过与不及。"中心得"，指君子谦德积于中，而发于声音，乃中心身积谦德，以至声闻流传于外，所以"贞吉"。

九三 劳谦。君子有终。吉。《象》曰：劳谦君子，万民服也。

九三以刚居阳得正，是全卦唯一的刚爻，为众柔所依归。三是下卦的上爻，乃上为君所任，下为众所从，谦退守正，有功劳而能谦。谦不是难事，以有功而不伐、劳而能谦为难，九三最得卦义，所以说"君子有终"，为万民所悦服，得吉。《系辞》说："劳而不伐，有功而不德，厚之至也，语以其功下人者也。德言盛，礼言恭；谦也者，致恭以存其位者也。"

六四 无不利。㧑谦。《象》曰：无不利㧑谦，不违则也。

"㧑"，同"麾"，挥散。六四以柔居阴得正，处坤体下面，可谓谦矣。但六四处近君之地，居九三功臣之上，应当挥散一切的功德，分散于上下，如此才合于法则，所以说"不违则也"。

六五 不富以其邻。利用侵伐。无不利。《象》曰：利用侵伐，征不服也。

阳实为"富"，阴虚为"不富"。潜师为"侵"，声罪为"伐"。六五上下都阴虚不富，上卦坤体三爻，没有不谦的流弊，却有过谦的嫌疑，过谦就像不谦。六五柔顺居尊，有天下而不与，所以"不富"。君子不以有国为富，则臣不以有家为富，这是"不富以其邻"。六五谦柔有余，但威武不足。因此，宜利用侵伐，以征不服，二到上互体为师，所以利用侵伐。以谦德用师，用大顺征不顺，所以"无不利"。

上六 鸣谦。利用行师。征邑国。《象》曰：鸣谦，志未得也，可用行师征邑国也。

"行师"，指使用刚武。"征邑国"，指治理自己的城邦，比喻克制自己的意思。上六以柔处坤体上面，又处谦卦的极处，他谦让的声名远播，反而不能成就极谦的志向。上六鸣谦，乃谦柔过甚，必须辅以刚武，所以利在以刚武自治其邑国，而不是去征讨他人。谦的极至，没有利用行师不足以济功；师的成就，没有戒用小人不足以保治。

豫第十六　坤下震上

　　豫为和豫、安和悦乐的意思，由坤、震两卦组成。《序卦》："有大而能谦必豫，故受之以《豫》。"从卦象来看，坤为地，震为雷，雷出于地上，阳气本来潜藏于地下，当它动而出于地面，奋其发声，通畅和豫，有豫乐的物象。《系辞》说："重门击柝，以待暴客，盖取诸豫。"从卦德来看，坤为顺，震为动，比喻在上面的人有所行动，而在下面的人顺从，下面顺从以呼应上面的行动，这也是和豫的意思。九四以一刚统率众柔，是一卦之主。各爻以与九四没有系应为吉。处豫之道，放纵则失正，沉溺则得凶。除六二外，多不得正，足见处豫不可不慎。

　　豫。利建侯行师。
　　《彖》曰：豫，刚应而志行，顺以动，豫。豫，顺以动，故天地如之，而况建侯行师乎？天地以顺动，故日月不过，而四时不忒；圣人以顺动，则刑罚清而民服。豫之时义大矣哉！

　　豫是和乐逸豫，在下面的人顺从以应和上面的行动，此时适合"建侯行师"。"建侯"，为的是广建万国，树立屏障，以共安天下，这需要臣民的顺服，才能为之。"行师"，为的是讨伐不正，捍卫公理正义，保护百姓。出师不依正理则民怨，要众心和顺，才能有功。"刚应"，指九四为群柔所应。"志行"，指刚爻志在上行，一动而上下顺从，其志得行。"顺以动豫"，震动而坤顺，是动而顺理，被大众所信服，所以为豫。《彖传》提到卦德，都是先内而后外，而文义则有别。如说"而"，是两字并重，如讼的"险而健"，小畜的"健而巽"，大有的"刚健而文明"。如说"以"，则侧重在上一个字，如同人的"文明以健"，此卦的"顺以动"。"顺以动"，指行其所无事。"天地如之",就像"天且弗违"。得其民,是因为得其心,所以豫"利建侯"。多助之至,天下顺之,所以豫利"行师"。"过",失度。"忒",差错。天地运行,因为"顺以动",所以日月之度不过失,四时之行不差忒。圣人以顺动,顺理以顺民心而动,则刑罚清简而万民服。"豫之时义大矣哉",要人深研其理,优柔涵泳而默识心通。各卦的"时"、"义"、"用"特别大的,都赞诵其"大矣哉",凡十二卦:豫、随、遯、姤、旅,讲"时义",都是看似浅显,实有深意,所以说"时义大矣哉";习坎、睽、蹇,讲"时用",都不是好事,而圣人有时才用它,所以说"时用大矣哉";颐、大过、解、革,讲"时",都是大事、大变故,所以说"时大矣哉"。只说"时",重在"时"字,"时义"重在"义"字,"时用"重在"用"字。其实,"时"字,贯穿六十四卦,随时都有时义、时用。

《象》曰:雷出地奋,豫;先王以作乐崇德,殷荐之上帝,以配祖考。

雷出地奋,是冲和至极的意思。坤顺而震动,和顺积于中而发于声,有"作乐"的物象。"殷",盛。"荐",进。先王看到雷出地而奋的物象,大功告成就要作乐以褒崇功德,而这莫大于祀天,更莫切于飨祀先祖。祀上帝以配祖考,使其与天同飨其功的意思。

初六 鸣豫。凶。《象》曰:初六鸣豫,志穷凶也。

"鸣",发自心声。初六以柔居下,上应主爻九四。比喻小人得志,被上面所宠信,不胜其豫,至发于声。谦卦,鸣则吉;豫卦,鸣则凶。因小人智虑短浅,不懂得居安思危,时势虽尚未穷困,但豫鸣则其志已穷,必然骄肆而致凶。

六二 介于石。不终日。贞吉。《象》曰:不终日贞吉,以中正也。

"介"，正直不屈。"介于石"，其介如石。六二以柔居阴，得正居中，与九四毫无系应。其他各爻溺于豫乐，只有六二能以中正自守，其介如石，坚定不移。六二不溺于豫乐，思虑明审，见几而作，其去豫之快，不待终日，是因为居中得正的缘故。《系辞》说："知几其神乎？君子上交不谄，下交不渎，其知几乎？几者，动之微，吉凶之先见者也。君子见几而作，不俟终日。"

六三 盱豫。悔。迟有悔。《象》曰：盱豫有悔，位不当也。

"盱"，仰目张视。上"悔"字，改悔；下"悔"字，悔吝。六三失正不中，上承九四，喻六三为不中不正的小人，仰视九四，溺于豫乐。但六三以柔居阳，阳则能悔，应当速悔。如果悔改迟后，那就过而不改，其悔大矣。六三之所以会"盱豫有悔"，主要是与九四亲比，"位不当"的缘故。

九四 由豫。大有得。勿疑。朋盍簪。《象》曰：由豫大有得，志大行也。

"盍"，聚合。"簪"，束发的头饰。九四是卦主，豫之所由以为豫。九四也是震主，动而众阴莫不随之以豫。九四以刚居阴，处近君之地，刚而能柔，因此大行其志，所以说"由豫，大有得"。但九四以刚承柔中六五之君，独当上的倚重，应当至诚不疑，开诚心，布公道。"勿疑，朋盍簪"，指九四的朋类如同发簪的束发而聚合，使上下人心莫不信服。

六五 贞疾。恒不死。《象》曰：六五贞疾，乘刚也。恒不死，中未亡也。

六五以柔居尊，下乘九四之刚，不敢逸豫。人君导致危亡的原因不一而足，而以豫为多。六五当豫的卦时，虽然贵为至尊，由于乘刚，而不敢放纵豫乐，反而战兢畏惕，常如疾病在身，所以老是不死。六五"贞"而"疾"，由于"乘刚"，被九四所逼。"恒不死"，由于"中"的尊位"未亡"，不致死于安乐。

上六　冥豫。成有渝。无咎。《象》曰：冥豫在上，何可长也？

"冥"，暗昧。"渝"，变。上六以柔处豫的极处，是耽溺于豫，昏昧而不知返，所以说"冥豫"。但上六也处震体的上面，有渝变的物象，指上六虽然昏昧，已成"冥豫"，如果能有所渝变，则可以无咎。知过能改，善莫大焉，由于上六处震体，能渝变悔悟，其冥豫岂能长久？

随第十七 震下兑上

随是随从、跟随的意思,由震、兑两卦组成。《序卦》说:"豫必有随,故受之以《随》。"从卦象来看,震是一刚二柔,为阳卦,兑是一柔二刚,为阴卦。震体阳卦在兑体阴卦的下面,有震刚随从兑柔的物象。从爻象来看,上下两卦,刚爻都在柔爻的下面,也是阳刚随从阴柔。六十四卦中,"刚来而下柔",只此一卦。能以刚下柔,以贵下贱,以多问于寡,舍己从人,则德业日进,这是随的要义。《系辞》说:"服牛乘马,引重致远,以利天下,盖取诸随。"

随。元亨。利贞。无咎。
《彖》曰:刚来而下柔,动而说,随。大亨贞,无咎,而天下随时。随时之义大矣哉!

随,以刚下柔,以贵下贱,以己随人,那么别人也会来随己,彼此相随相从,为大通,所以说"元亨"。但随必依循正道,才能无咎。"刚来而下柔",指否卦(䷋)的上九,下来居初,而处在二柔的下面。《彖传》所说的"刚来",都是否卦一刚自乾来与坤相交;"柔来",都是泰卦一柔自坤来与乾相交,这都是针对三刚三柔的卦来讲的。"说",通"悦"。震为动,其性刚;兑为悦,其性柔。今震在兑下,是刚下于柔,就像圣贤君子以至刚之德、至尊之位、至贵之势,接于臣,而下于民。所以赏罚号令一出于上,则下民都喜悦而随从于下。大亨贞正,无有咎害。以正道相随,所以随之者也广。君子之道,随时而动,从宜适变,不可为典要,所以说"随时之义大矣哉"。《中庸》说"君子时中","中"为经道,"时"为权道。"随时",指通权达变而不偏离常道,"合外内之道,故时措之宜也"。

《象》曰:泽中有雷,随;君子以向晦入宴息。

"晦"，昏暮。"宴"，安。"息"，休。雷发于震春，收声于兑秋，由震而兑，雷藏于泽中。随时之道，最为显著的莫过于随昼夜。所以君子白天不居内，自强不息；夜晚不出外，宴息以安其身。日出于东方的震，落于西方的兑，由震而兑，自明向晦。天地的随，是昼夜、是寒暑、是古今；君子的随，是动息、是语默、是行藏。

初九 官有渝。贞吉。出门交有功。《象》曰：官有渝，从正吉也。出门交有功，不失也。

"官"，主。"渝"，变。初九是下卦震体的主爻，乃震动之主。处在随的卦时，动就随从于人，由主变而为从，所以说"官有渝"。既然有所变易，不能保其没有偏私，所以必须依循正道而变，乃吉。如果变易而背离正道，则过犹不及，不如不变。所以说"官有渝，从正吉也"。此外，居处家中，多以亲昵而苟随，常为私情所系绊，而于步出门庭之后，就遇见六二，以刚从柔，见善则前往随从，必有功而无所失，所以说"出门交有功，不失也"。

六二 系小子。失丈夫。《象》曰：系小子，弗兼与也。

"小子"，指初九。"丈夫"，指九五。六二与初九逆比，与九五正应。但六二阴柔不能静待九五的正应以相从。因此，六二被初九所牵系，舍正应而从不正，大有过咎。随卦以刚下柔为义，所以六二不能"兼与"。以刚从人为"随"，以柔从人为"系"。随则公，所以无失；系则私，所以有失。

六三 系丈夫。失小子。随有求得。利居贞。《象》曰：系丈夫，志舍下也。

"丈夫"，指九四。"小子"，指初九。六三虽与初九同处震体，但与九四亲比，且九四无应，因此六三舍弃下面的初九而随从上面的九四，是有求必得，因此嘉美其志。然而随从之道在于从善、从正，所以说"利居贞"。

九四 随有获。贞凶。有孚在道。以明。何咎。《象》曰：随有获，其义凶也。有孚在道，明功也。

"贞"，这里不作"正"解，而是"贞夫一"的意思。由于吉凶常相胜，"贞凶"为凶胜吉，表面上虽然是凶，却潜藏着致吉之道。九四是近君大臣，获得六三前来随从，有招纳的嫌疑。所以说"随有获，其义凶也"，指"有获"却不可轻易相随。九四只有诚信孚积于内，动静举止合于道，明察事理，使恩威一出于上，悉心追随君上，才可无咎，所以说"有孚在道，明功也"。"明功"，指明于此相随之道则有功。初与二相随，五与上相随，这是处在同一个卦体。三、四不处在同一个卦体，担心不会相随，所以这两爻都明言"随"。

九五 孚于嘉。吉。《象》曰：孚于嘉吉，位中正也。

"嘉"，善。随道的吉，全在于随善从正而已。九五至尊居中得正，信孚于善德，以刚从柔，屈尊尚贤，尊礼上六，天下大治，理当得吉。

上六 拘系之。乃从维之。王用亨于西山。《象》曰：拘系之，上穷也。

"西山"，岐山，是周代肇兴王业的地方。随卦发展到上爻，穷极则变，由随从转向离散。正因上六转向离散，而九五尚贤，于是强予挽留，拘系上六，又从而以至诚维系上六贤人，使不离散，以成就王业。本卦的柔爻都说"系"，上六独说"拘系之"，是因上六不易系的缘故。拘系而不可解，是随的穷极。上六是兑卦主爻，处随之极，无所随而远走，如果不强加拘系，那就失去贤才了。

蛊第十八　巽下艮上

　　蛊是败坏已极而有事的意思，由巽、艮两卦组成。《序卦》说："以喜随人者必有事，故受之以《蛊》。蛊者，事也。""蛊（蠱）"字，从"蟲"、从"皿"。"虫"为小毒蛇，三"虫"为"蠱"，蠱指众多的小毒蛇，以器皿畜养众多的小毒蛇为蛊。古人以众多的毒蛇放在密封的器皿之中，不予喂食，任其自相吞食，直至众蛇之毒汇聚于最后存活的毒蛇身上，用以譬喻积小祸为大乱。从卦象来看，巽以一柔二刚为阴卦，艮以一刚二柔为阳卦，阴卦在下而阳卦在上，乃指在下面的臣民巽顺听命、唯唯诺诺，而在上的君王则静止不动、不思有所作为，有尊卑上下不交，一片颓废偷安的景象。从爻象来看，上下两卦也都刚爻在柔爻的上面，即"刚上而柔下"，六十四卦之中，就此一卦。蛊卦在论述蛊乱之后，如何拯弊治乱，也就是整治蛊乱之道。

　　蛊。元亨。利涉大川。先甲三日。后甲三日。
　　《彖》曰：蛊，刚上而柔下，巽而止，蛊。蛊，元亨而天下治也。利涉大川，往有事也。先甲三日后甲三日，终则有始，天行也。

　　蛊有元亨大通的道理，因为在蛊乱至极的时候，含藏着拨乱反正的契机。"利涉大川"，指涉渡大川为有利，比喻可以干些冒险犯难的大事。处在蛊的卦时，适合大有作为、大事变革，以整饬蛊乱。古人以天干记日，举凡新政令都选定在甲日施行，以示新始之意，就像现在新法律的实施都选在元旦或是四月一日、七月一日实施。"先甲三日"，就是辛日，"辛"与"新"是同音假借，引申为更新、改新的意思。施行新政令前三天，应预先布告周知，以免有人因无知而犯禁，切忌不教而杀，这是仁道精神的体现。"后甲三日"，就是丁日，"丁"与"叮"是同音假借，引申为叮咛、告诫的意思。新政令刚施行，或有未尽熟悉的，偶有犯禁，不宜骤然绳之以法，应当先予告诫、叮咛，这彰显了恕道的精神。"刚上而柔下"，指泰（☷）的初九，上而为上九；上六下而为初六。阳刚原本尊而在上，今往居于上；阴柔原本卑而在下，今来居于下。器物要常使用，身体要常劳动，天下要常有事。下巽顺而上艮止，这说明导致蛊乱的缘由。整治蛊乱而至于元亨，则乱而复治，乃乱之终，而为治之始。值天下坏乱之际，宜涉大川以往而救济，这是"往有事也"。有开始必有终结，既终结则必又有开始，这乃是"天行"。圣人知终始之道，所以能原其始而究其所以然，要其终而备其将然。"先甲三日"、"后甲三日"而为之详虑，所以能治蛊而致元亨。一般都说"往有功"，蛊卦独说"往有事"。因为事虽已治，却不可以无事视之，掉以轻心。

《象》曰：山下有风，蛊；君子以振民育德。

小畜为"风行天上"，观为"风行地上"，涣为"风行水上"，由于了无阻挠，所以都说"行"，蛊则"山下有风"，风为山所阻，不能条畅，所以不说"行"，而说"有"。蛊乱的时候，民德败坏，要化育百姓，就要振作他们，使他们更改故习。振济于民，就像以巽风为号令；养育民德，就像以艮山来畜养美德。其实，振作万物的莫如风，育养万物的莫如山。

初六 干父之蛊。有子。考无咎。厉终吉。《象》曰：干父之蛊，意承考也。

"干"，整饬蛊事。父殁称"考"。蛊不是一天就能累积而成，必须经过好长一段日子才会出现，所以各爻都取亲子关系来说，好似蛊祸要经一代人之后才会显现。初六以柔爻居阳位，才弱而志刚。蛊的初始，祸未深而易治，初六承继先父的意志，整饬先父生前所留下的蛊事。先父因有子为其补过而免遭责难。处治蛊之初，当知危厉而能戒惕，则终吉。初六不得已而"干父之蛊"，其意则与先父的意志相承接，其事则不可得而承接。承接其事，则蛊不能除，那就不是善继先父遗志的人。

九二 干母之蛊。不可贞。《象》曰：干母之蛊，得中道也。

九二以阳刚上应六五的阴柔，有母子之象。九二刚中之子，以中正巽顺之道，整饬老母所作的蛊事。子干母蛊，如果流于专断，则失承顺之意，所以诫以"不可贞"，也就是不可贞固尽其刚直之道。所幸，九二处巽体之中，尚能巽顺而中正。

九三 干父之蛊。小有悔。无大咎。《象》曰：干父之蛊，终无咎也。

"悔"，是以心来说，"咎"是以理来说。父亲还健在，儿子想要整饬他所作的蛊祸，不够刚健固然不足以治蛊，但太过刚健也不妥当。九三以刚居阳，显然过刚失中，但仍居巽体，尚非不顺。而顺从是服事亲长的根本。而且九三当位得正，没有大过。因为治蛊非刚直就不能有为，虽不免伤了父子之情而小有愧悔，毕竟终无大咎。

六四 裕父之蛊。往见吝。《象》曰：裕父之蛊，往未得也。

"裕"与"干"相对而言。"干"是强勉以立事。"裕"，是怠惰而委事。六四以柔居阴，虽所处得正，但质柔才弱，非但不能整治父亲的蛊祸，而且蛊上加蛊，未能实现治蛊的意图。因循以往，非但不能治蛊，且使蛊乱愈深，终见吝。

六五 干父之蛊。用誉。《象》曰：干父用誉，承以德也。

六五以柔居阳，治蛊可以刚柔并济。九三治蛊失于过刚，六四治蛊失于太柔。大凡儿子有干蛊之名，则过错归于亲长。干蛊而能使亲不失于令名，乃承父德用誉以治蛊，因为六五干蛊是善继志、善述事，治蛊而归美于亲，不彰显父亲的过失，而人们也因此而歌颂他的父亲，这是最善于治蛊的。

上九 不事王侯。高尚其事。《象》曰：不事王侯，志可则也。

本卦到六五爻治蛊已完成。子女对父母的事是家事，永远不能置身事外；但对王侯的事是国事，君子有时可以因故回避。"王"指天子，"侯"是诸侯。上九处蛊卦的终了，是艮卦的主爻，有艮止不作为的物象，也就是不替王侯的事情操劳，可以退居在野，洁身自守，以终其天年。"高尚其事"，就是孟子所说"居仁由义"、"尚志"之事，而不是以放情物外为高尚，所以说"志可则也"。"则"，效法。这个"高尚其事"，正所以砥砺一世的人心，存万古的名教。就像孔、孟都不事王侯，而孔子作《春秋》以明王道，孟子著七篇以正人心，这都由"尚志"而来。

临第十九　兑下坤上

　　临是以尊降卑、以刚临柔的意思，由兑、坤两卦组成。《序卦》说："有事而后可大，故受之以《临》。临者，大也。"从卦象来看，兑为泽，坤为地，泽上有地，泽上的地与泽水相临，居高临下，所以为临。从爻象来看，二阳正在浸长而盛，且九二刚中而应，有阳刚降尊而临阴柔的气象。

　　临。元亨。利贞。至于八月有凶。
　　《彖》曰：临，刚浸而长。说而顺，刚中而应，大亨以正，天之道也。至于八月有凶，消不久也。

　　临卦，阳刚正在盛长，且已到中位，乾道方兴，所以说"元亨，利贞"。由于二刚盛长，而逼临于柔，是刚长柔消的时候，悦而顺，所以大亨而利于固守正道，合于天之道。"说"，通"悦"。"至于八月有凶"，应与复卦卦辞的"七日来复"合并解释。"至于"，是说还没到而预防其到来。因为阳到九而极，少阴生于八；阴到六而极，少阳生于七。阴配月，阳配日。"八"是少阴的数，"七"是少阳的数。所以说阴来之期为"八月"，阳来之期为"七日"。也就是阳刚方盛的时候，就要想到"消不久"，想到不久就要消退了。及早考虑其衰，所以天下治而忧其乱，居安而思危，当长而思消，因此诫以到了八月就会有凶咎。

　　《象》曰：泽上有地，临；君子以教思无穷，容保民无疆。

　　地够大，可以容纳再多的湖泽；湖泽满盈顶多也只能齐地。泽对地而言，有滋润之利而无枯竭之忧，所以君子以"教思无穷"；地对泽而言，有受纳而无阻绝，所以君子以"容保民无疆"。"教思无穷"，是以至诚恻怛的心思教导百姓，无有穷尽，与兑泽同其渊源；"容保民无疆"，是含容保护百姓无有疆界，与坤土同其博大。孔子"诲人不倦"，就是"教思无穷"；"有教无类"，就是"容保民无疆"。

初九 咸临。贞吉。《象》曰：咸临贞吉，志行正也。

"咸"，无心的感，也就是没有私心的感应。"咸临"，指临的速度有如无私心的感应那样快。阳刚正盛长的时候，二刚临四柔，阳动而上，与阴相交感应，所以二阳都有"咸临"的物象。初九以刚居阳，当位得正，而上应六四近君大臣，是以正道而为在位者所倚重，得遂行其志，所以得吉。

九二 咸临。吉。无不利。《象》曰：咸临吉无不利，未顺命也。

九二以刚居中，上应六五柔中之君。阳正长而渐盛，九二刚中贤臣感动六五中顺之君，而为君所倚重，得遂行其志。九二有刚中之德，宜其得吉；初九则以刚得正而吉。九二为刚长之主，宜持盈若虚，因为"至于八月有凶"，即《象传》所说的"消不久也"。《象传》以"未顺命"与《象传》的"大亨以正，天之道也"相应，以表明君子顺道，而不是顺命。君子知道命的无常，所以不会委顺于命，而有立命之道，所以盛而不敢矜，衰而犹可挽。因此九二在盛长的时候，既然不会委顺于命，就算"至于八月有凶"，也自会有转祸为福的可能。

六三 甘临。无攸利。既忧之。无咎。《象》曰：甘临，位不当也。既忧之，咎不长也。

六三以柔居阳，与九二逆比，与上六无应。六三为兑卦的主爻，不中又不正，以甘甜喜悦来临人。六三在上，口出甜言蜜语，以取悦于下，失德太甚，所以说"甘临，无攸利"。但因适值阳长阴消之际，六三如能以乘刚为忧,顺时退避,以静待刚的上往,则可无咎。"位不当",指六三本身失位不中,又乘二刚之上。六三既能忧惧,则必强勉自改,所以过咎不会长久。

六四 至临。无咎。《象》曰:至临无咎,位当也。

"至",抵达、到达的意思。六四以柔居阴,下应初九,"初"象征地,六四下应"初"而到达地,所以说"至临"。处在临的卦时,二刚逼三,而不逼四,且六四当位得正,居近君之位,守正而任贤,如此而临下,所以无咎。

六五 知临。大君之宜。吉。《象》曰:大君之宜,行中之谓也。

"大君",指贤明的天子或诸侯。六五是中顺之君,下应九二。比喻六五委信刚中贤臣,不劳而治,以智慧君临天下,所以说"知临"。"知",同"智"。夫天下至广,岂一人所能独治?所以自任其智的人,反为不智。《书经》说:"自用则小。"只有不自用其智,才能兼采众智,而为大智,这就是"行中之谓也"。像帝尧光被四表,帝舜睿哲文明,都是大君,能行中道,"允执厥中",合天下的智慧为自己的智慧,理当得吉。

上六 敦临。吉无咎。《象》曰:敦临之吉,志在内也。

"敦",厚。上六处坤的极、临的终,是敦厚于临的人。上六虽与二刚无应,但处阳刚浸长之时,其志意常在内卦的二刚,有尊贤取善之意,有敦厚之道,所以说"敦临"。如此则德厚而物无不载,道久而化无不成,宜其吉而无咎。

观第二十　坤下巽上

观为观示、仰观的意思,由坤、巽两卦组成。《序卦》说:"物大然后可观,故受之以《观》。"从卦象来看,坤为地,巽为风,风行地上,有周观的气象。从卦德来看,上面的巽是君主发号施令,下面的坤是臣民听令顺从,也就是君令所出,万民顺从。从爻象来看,二刚在上,四柔在下,阳刚居尊,为群小所仰观。人君应当上观天道,下观民俗,行不言而化之教。

观。盥而不荐。有孚颙若。
《彖》:大观在上,顺而巽,中正以观天下。观盥而不荐有孚颙若,下观而化也。观天之神道,而四时不忒。圣人以神道设教,而天下服矣。

"盥",祭神前的洁手礼。"荐",奉献酒食以享神明的礼节。"颙若",威严的样子。君子的言行是天下的表率,礼应极其庄敬,那么万民就会仰观而自化。观之为道,应当像祭祀宗庙一样,笃恭诚敬,一如始盥之初。因为祭祀之前,要先行洁手礼,这时人心无不尽其精诚,至为庄严。一到奉献酒食的时候,就会礼数繁缛,人心散漫,其精诚已远不如始盥的时候。君子只有庄敬如始盥之初,才能孚诚之念存于中,颙然之容形于外,以行不言而化之教。卦以观示为义,九五为主;爻以仰观为义,仰观九五,不提应比。按照易例,阳为大,阴为小,二刚为天下所观仰,其德甚大,所以说"大观在上"。下坤而上巽,所以能"顺而巽"。顺以宅心,如尧舜的温恭克让;巽以制事,通人情,酌物理,物各付物,因时而制宜。九五以阳刚中正之德观示天下。"下观而化",指在下面的人,仰观居上位的人所作所为,自然感化。因为"盥"、"荐",是外在的文饰;"有孚",是内心的诚信。诚信存于礼文之先,也就是诚信通于未祭之前,不只通神,也可通人。

而天道至为神妙，所以四时运行，化育万物，没有差忒。至为神妙的天道，难以称道，只有圣人默契，体其妙用，设为政教。天下百姓涵泳其德，不知其功，鼓舞其化，而莫测其用，自然仰观而戴服，所以说"以神道设教而天下服矣"。

《象》曰：风行地上，观；先王以省方，观民设教。

"省方"，巡狩四方。"观民"，观察民俗。"设教"，设法施教。坤为方，有省方之象；巽为申命，有设教之象。风为教主，施诰四方，所以先王巡省四方，观示民俗，设为政教。如奢侈则约之以俭朴，俭朴则示之以礼义。"省方"，所以"观民"；"设教"，则是为民所观。

初六 童观。小人无咎。君子吝。《象》曰：初六童观，小人道也。

初是阳位在下，有"童"的物象。初六质柔才弱，离九五最远，所以有"童观"的物象。比喻初六对九五治国之道茫茫然无所见，正所谓"百姓日用而不知"。占者如果是小人则无咎，如果是君子则可鄙吝。

六二 窥观。利女贞。《象》曰：窥观利女贞，亦可丑也。

六二以柔居阴，处内卦的中位，居内而观外，有"窥观"的物象。六二仰观九五，由屋内往外窥视，仅能稍见，而不及国政的全貌，但因有中正柔顺之德，以女子贞正之道顺从九五为有利。但如果为君子，则亦可羞丑。因为九五"大观在上"，六二独应九五，以私窥测，自守门户之见，不知天高地厚，与"童观"相比，更加难以感化。固步自封，君子之耻。

六三 观我生。进退。《象》曰：观我生进退，未失道也。

"我"，指九五。"观我生"，观我之所以生者以为进退之道。六三以柔居阳，质柔用刚，处上、下两卦之际，值阴长阳消之时，必主于进。但六三盱衡客观情势，观仰九五以决定自身的进退，终于决定退据本位，而未失应守之道。

六四 观国之光。利用宾于王。《象》曰：观国之光，尚宾也。

六四以柔居阴得正，且切近亲比于五，能亲观国政的盛德光辉，而顺从九五中正之君，所以说"观国之光"。明君在上，人才都愿入朝为官，辅弼国政。六四宜进贤为上宾，为明君效其智力，所以说"尚宾也"。

九五 观我生。君子无咎。《象》曰：观我生，观民也。

"我"，指九五。九五为全卦的主爻。所谓"大观在上"，下面四柔仰观九五，有"君子"之象。为人君者应当时时观民俗以自省自察，必要求自己的言行都阳刚中正，"下观而化"，才能无咎。所以说"观我生，观民也"。观流可以知源，观影可以知表，观民则可以知己政的得失。

上九 观其生。君子无咎。《象》曰：观其生，志未平也。

上九以刚居阴，处在尊位之上，虽然不当事任，却也被四柔所观仰。上九是不在位的贤人，其道德学问足以为天下所仰观，岂能不审慎？"观其生"，指上九自观其所生，无不合于君子之道，则无咎。百姓的善恶，由于我的德化。观民俗，其志未平，担心百姓尚未德化。文王视民如伤，望道而未之见，就知道其志未平。

噬嗑第二十一　震下离上

"噬"，啮，以齿咬食的意思。"嗑"，合。噬嗑是口中有东西，而不能合，吃而合之，由震、离两卦组成。《序卦》说："可观而后有所合，故受之以《噬嗑》。嗑者，合也。"从卦象来看，上下两刚，外实中虚，有颐口之象，中虚之中又有一刚九四，是口中有物的物象。口中有物间隔，则口不能合，必嗑之而后合，为噬嗑。《系辞》说："日中为市，致天下之民，聚天下之货，交易而退，各得其所，盖取诸噬嗑。"在人事上，九四引申为使天下不得和合的作梗小人，当用刑罚予以矫治，天下才能复归于治。又震为雷、为威。离为火、为明。是声威动于内，明察照于外，有用狱的物象。六爻之中，初、上两爻没有爵位，为受刑之象，中四爻则为用刑之象。

噬嗑。亨。利用狱。
《彖》曰：颐中有物，曰噬嗑。噬嗑而亨，刚柔分，动而明，雷电合而章。柔得中而上行，虽不当位，利用狱也。

有物间隔于颐口之中，则为害，噬而嗑之，则排除其害，无不亨通。刚爻与柔爻相间，刚柔分而不相杂，是明辨之象。明辨，是断狱的根本。震下离上，是动而明。雷震而电耀，相须并见，合而成章。明与威并行，是用狱之道。能明则无所隐情，有威则莫敢不服。六五以柔居中，为用柔得中的断狱之主。上行，指否卦的初六往上居尊位，成为六五，虽不当位，却"利用狱"。治狱之道，太刚则伤于严暴，过柔则失于宽纵。五为用狱之主，以柔处阳而得中，得用狱之宜，震雷动于下，离电明于上，合以成文，所以说"章"。人君以仁柔居心，宽猛得宜，有哀矜之心，而无姑息之过。

《象》曰：电雷，噬嗑；先王以明罚敕法。

"罚",一时所用的法。"法",平时所用的法。"明",辨,辨别轻重,象电之明。"敕",正,正其得失,象雷之威。"明罚",所以示民而使之知所避。"敕法",所以防民而使之知所畏。这是以立法来讲,是"先王"的忠厚之意;至于丰卦的"折狱致刑",则是以用法来讲,是"君子"的断案准则。

初九 屦校灭趾。无咎。《象》曰:屦校灭趾,不行也。

"屦",贯穿足趾。"校",木制刑具的总称:放在颈上为枷,手上为梏,脚上为桎。"灭",没,没而不见,不是伤灭的意思。初九居噬嗑的初始,且地位卑下,一则象受刑的下民,二则象人身上的脚趾头。"屦校灭趾",指屦校于足,遮没其趾,使不进于恶,所以无咎。初为震主,好动,灭趾使其不敢如震之动,动则进于恶矣。《系辞》如此解说:"小人不耻不仁,不畏不义,不见利不劝,不威不惩。小惩而大诫,此小人之福也。"

六二 噬肤灭鼻。无咎。《象》曰:噬肤灭鼻,乘刚也。

"肤",柔脆的肉。"灭",没。六二以柔居阴,当位得正,是六爻中最为柔顺的,有"肤"的物象。六二有如嫩肉,以柔乘刚,处初九利齿之上,易啮而至灭没其鼻。因六二有柔中之德,譬喻六二用刑无不中正,则犯禁者易服,犹噬肤而没鼻,得无咎。

六三 噬腊肉遇毒。小吝。无咎。《象》曰:遇毒,位不当也。

"腊肉",干腊而坚韧的肉。"毒",腊肉陈放太久致有异味。六三以柔居阳,有腊肉的物象,这是因为肉以柔取象,腊以刚取象。六三远离初、上两排牙齿,未能及时啮食,以致成为有恶味的腊肉。比喻六三失位不中,用刑难以服人,小可鄙吝。但因处于噬嗑之时,只要去除其间隔之物,噬而嗑之,宜其无咎。

九四 噬干肺。得金矢。利艰贞。吉。《象》曰：利艰贞吉，未光也。

"肺"，带有骨头的肉。九四以刚居阴，为肉中带骨，有"肺"的物象。"干肺"，干肉又带骨，至为坚硬而难以啮食。"得金矢"，指得刚直之德，有如金的刚、矢的直。本卦除初、上两爻，只有九四一个刚爻，比六三更为坚硬，所以有"噬干肺"的物象。但九四以刚居阴，刚柔相济，颇得用刑之道。干肺虽是最为难噬，九四宜有金矢刚直之德，利在能克艰其事，而贞固其守，则吉。离本光明，九四居离体的下面，所以"未光"。知道"未光"而持之以艰贞，不敢自以为是，就像孔子"入太庙，每事问"一样。

六五 噬干肉。得黄金。贞厉。无咎。《象》曰：贞厉无咎，得当也。

"干肉"，比"肤"硬，而比"腊"、"肺"嫩的肉。"得黄金"，指得到刚中之德，因黄为中色，金为刚物。六五虽承上九利齿，但以柔居阳，其肉较六二为坚硬，所以有"噬干肉"的物象。比喻六五为用狱之主，自上用刑于下，其势之易，就像吃干肉一样。六五柔顺中正之君居阳，而九四近君大臣又辅之以刚，有"得黄金"的物象。六五宜贞固于正道而常怀危厉之心，乃得无咎。"得当"，得用刑之道，指六五居中而用刚，能守正而虑危。

上九 何校灭耳。凶。《象》曰：何校灭耳，聪不明也。

"何"，通"荷"，负。"灭"，没。上九是受刑的人犯，以刚处噬嗑之极，积小恶而成大罪，过咎很大。上九被绳之以法，其肩负荷木枷，致遮没耳朵，则有耳而无聪，不明之甚，十分凶咎。《系辞》如此解说："善不积不足以成名，恶不积不足以灭身。小人以小善为无益而弗为也，以小恶为无伤而弗去也。故恶积而不可掩，罪大而不可解。"

贲第二十二　离下艮上

贲，依《杂卦传》，是无色；依《序卦传》，是文饰。借由"无色"与"文饰"这对相矛盾的概念，贲卦展示本质与表象的关系，由离、艮两卦组成。《序卦》说："物不可以苟合而已，故受之以《贲》。贲者，饰也。"从卦象来看，八卦中有实体的卦当推乾（天）、坤（地）、坎（水）、艮（山）、兑（泽）五卦，其中以艮山最为具体、笃实。其余三卦，与震（雷）、巽（风）相比，则以离（火）的文采最为亮丽。所以用艮、离两卦分别代表本质与表象。大凡人认识事物都是由表象渐及本质，所以贲卦，离在下，而艮在上。以二体来说，下卦离以刚为质，以柔为文；上卦艮以柔为质，以刚为文。下体三爻文胜质，所以文明；上体三爻质胜文，所以笃实。六爻之中，阳为实，阴为虚，贲之道，初则以柔文刚，如六四文初九，六二文九三；终则返璞归真，以刚文柔，如上九文六五。

贲。亨。小利有攸往。

《彖》曰：贲，亨，柔来而文刚，故亨。分刚上而文柔，故小利有攸往，天文也。文明以止，人文也。观乎天文，以察时变；观乎人文，以化成天下。

贲有导致亨通的道理。凡是事物一定要有本质，但光有本质还不足以亨通，定然要稍加文饰，才可亨通。但文饰过了头又会伤害到本质，所以只能小有文饰，不能务为尽饰。文饰只能增益文采而已，并不能增益其实质，所以说"小利有攸往"。"柔来而文刚"，指泰卦的上六来居于二，文饰九三，而六四则来文饰初九，则初、三两刚不偏于刚，故亨。"分刚上而文柔"，指泰卦的九二往居于上，文饰六五。刚上而文柔用"分"，乃本于内在的诚实，以节制文饰过头，是由中而分，所以说"分"。"文明"，指离；"以止"，指艮。用此文明之道，裁止于人，是人之文，德之教。由于离明足以致亨，文柔又能小利有攸往，这是"天文"；"文明以止"，是人文。阴阳刚柔相文，是天之文；止于文明，是人之文。质必有文，是自然之理；理必有对，是生生之本。天文，是天的理；人文，是人的道。"天文"，指日月星辰的罗列，寒暑阴阳的代变。观看天象的运行，以察觉四时的改迁。"人文"，指人道的伦序。观乎人文以教化天下，使天下成其礼俗，乃圣人用贲之道。"观乎天文"而裁成、辅相之事有所依据，"观乎人文"而礼乐、文为之法变得详密。这些都是顺乎自然，而止乎其所当然。

《象》曰：山下有火，贲；君子以明庶政，无敢折狱。

敢于折狱，是人主的大戒。当官的人要有无敢折狱之心，而升斗小民的生机乃能活泼。"无敢"，是不敢自用的意思，体现出艮止之道。"明庶政"，指政令公开，以教导百姓于未犯之先，这体现出离明之道。

初九 贲其趾。舍车而徒。《象》曰：舍车而徒，义弗乘也。

初九以阳刚而居离体下面，比喻君子有刚明的才德而还没社会地位，只能文饰自己的脚趾头，脚趾头在人身最下面，主于行进。"车"，指六二。初九与六二逆比，与六四有应，舍弃近的逆比而选取远的正应，是"柔来而文刚"，接受六四的文饰。就像刚明守义的君子，宁愿舍弃近便的六二车舆，而徒步远行以应六四。"舍车而徒"，乃是在义理上不可乘坐六二这辆车舆。

六二 贲其须。《象》曰：贲其须，与上兴也。

九三到上九（☶）有颐口的物象，而二在颐口的下面，就像胡须一样。六二与九三都得位而无应，而六二亲比九三，六二纯柔，必等待九三动了而后才动，所以有"贲其须"的物象。六二文饰九三，随九三而动止。"与上兴"，指六二与在它上面的九三同动止的意思。"上"，指九三，处离体，火性往上炎烧，所以象"兴"。

九三 贲如濡如。永贞吉。《象》曰：永贞之吉，终莫之陵也。

九三以一刚而陷三柔之间，卦中就属这个爻文饰最盛，所以说"贲如"。文饰极盛，以致光彩润泽，所以说"濡如"。九三要长久固守阳刚的本质，不耽溺于阴柔的文饰，致以文灭质，才能得吉。"陵"，陵侮。下卦三爻都取离的意义，三处文明的极致，文饰最盛。因为九三能长久固守阳刚的本质，不会耽溺于文饰，阴柔无法凌侮它，所以得吉。

六四 贲如皤如。白马翰如。匪寇婚媾。《象》曰：六四当位，疑也。匪寇婚媾，终无尤也。

发白为"皤"，马白为"翰"。四处在由内卦进入艮体，正值贲道之变，由文饰而返归质朴，所以说"贲如皤如，白马翰如"。六四尚质而不尚文，以白发素装为饰，骑着白马，徘徊犹豫，不敢轻易下应初九。要等到认清初九不是敌寇，而是婚媾之后，才与之相应。按照易例，下求上不可以急切，如屯二要等"十年"才应五；上求下不可以迟缓，如贲四乘"白马"以应初。"尤"，怨尤。四处进退之际，其所当之位是疑位。"四多惧"，乾四"或跃"，《文言传》说"或之者，疑之也"。贲道将变之际，虽从事文饰，而心怀疑惧。"贲如皤如"，相持于文辞之间，文胜质而将变，当其位者不得不疑。但四与初毕竟是正应，虽起先有所疑虑，终必得合，所以说"终无尤也"。

六五 贲于丘园。束帛戋戋。吝。终吉。《象》曰：六五之吉，有喜也。

上九有贤人的气象，是艮卦之主，处卦外山野之地，所以说"丘园"。六五与上九亲比，比喻六五柔顺中正之君接受上九贤人的文饰。因为上卦以柔为质，以刚为文，上九以刚文柔。"帛"丝织品的总称。五匹为"束"。"戋戋"，浅小的意思。六五以君王之尊，只准备五匹丝帛的薄礼，聘请隐于丘园的贤人，显得鄙吝，但终将吉而有喜。因为处质胜文的时候，要以文就质，简朴从事。

上九 白贲。无咎。《象》曰：白贲无咎，上得志也。

上九以刚文柔，乃文饰穷极而归返质朴，所以有"白贲"的物象。白，不是贲，而是贲极而返于白，以白为贲，正所以善其贲。上九处贲之极，有文过伤质之弊。贲之为道，有质则有文，不可以文害质，所以始则质以文为饰，终则文饰复归于质，贲道乃成。"得志"，在上而文柔，成贲之功。上九居一卦之上，在事之外，不假文饰，而有自然之文，便是悠游自得。

䷖ 剥第二十三 坤下艮上

剥，剥落，以阴剥消阳，阴长而消阳将尽的意思，由坤、艮两卦组成。《序卦》说："致饰然后亨则尽矣，故受之以《剥》。"从卦象来看，坤地在下，艮山在上，山附于地，有土石剥落于地的物象。又剥这个卦，五柔在下，一刚在上，有床象，所以用剥床来比喻阴消阳，而以床上的人比拟孤阳。阳退而阴长，有柔变刚之势，是君子道消、小人道长之时。从卦德来看，坤为顺，艮为止，处剥之时，君子要内顺而外止，才能免于祸害。剥卦一阳将尽，上九即将被五柔所剥落，柔爻凡与上九有应、比关系的，都没有剥阳的意思。

剥。不利有攸往。
《彖》曰：剥，剥也，柔变刚也。不利有攸往，小人长也。顺而止之，观象也。君子尚消息盈虚，天行也。

剥，以群阴盛长而消阳剥刚，比喻小人得势，毁坏正道，君子不利有所往，须要谨言慎行。夬卦（䷪）的《彖传》说"刚决柔"，而剥卦的《彖传》则说"柔变刚"，为什么有"决"与"变"的不同？夬是五刚决除一柔，君子要去除小人，声讨其罪，与天下共弃之，名正言顺，所以用"决"。剥则是五柔剥消一刚，小人要去除君子，辞不顺，理不直，只能曲折浸润来侵蚀君子，所以用"变"。一字之别，君子、小人的情状一清二楚。小人方盛，不可逆止，不利于有所往。有顺止之象，也就是要内顺而外止，这是处剥之道，君子当观而体之。"尚"，犹贵。"消息"，盈虚的开始；"盈虚"，消息的完成。"天行"，天道的自然运行。君子之所以"顺而止之"，无所往，是领会"天行"的"消息盈虚"而来，不是私智避害可比。

《象》曰：山附于地，剥；上以厚下安宅。

剥，一阳在上，不说"大人"、"君子"，而说"上"，这是观象的微旨，"上"是因有下而为上，泛指人君与居在上位的人。观剥的象，居上位的人要敦厚对待下面的人，要安固自己的宅屋。"下"是"上"的根本，所以"上"会被剥消，一定从"下"开始。"下"被剥消，则"上"就危险了。

初六 剥床以足蔑。贞凶。《象》曰：剥床以足，以灭下也。

"以"，及、到。"蔑"，通"灭"。"贞"，固守。阴剥阳，由下而上。"灭下"，指灭初九，变刚为柔。在剥床则先从床脚开始剥消，渐次而上，终及于在床上的人。处在剥的卦时，柔变刚，邪侵正，是小人道长的时候，不宜逆势而为，要顺时而有所不为，如果固守而不知权变，那就会凶咎随之。床靠足而稳，国赖民以安；足坏则床倾，民离则国危。

六二 剥床以辨蔑。贞凶。《象》曰：剥床以辨，未有与也。

"以"，及。"辨"，床干。既已灭床脚于下，又灭床干于中，阴长到第二位，更为凶恶，如果仍不知随时适变，而坚守其位，其凶可知。之所以会继续往上剥消，这是阳爻与六二没有应与的缘故，所以说"未有与也"。譬如六三与上九有应，虽不如六二的中正，但却可无咎。

六三 剥之。无咎。《象》曰：剥之无咎，失上下也。

剥卦孤阳在上，只有六三与之正应而没有相剥的意思。处阴剥阳的时候，六三志在从正，与其上下的阴爻不同，所以得无咎。"上下"，指四、二、初等阴爻。三居剥而能无咎，是因为与其同类相失，于处剥之道为无咎，剥以顺止为善，六三浑居小人之间，独与上九孤阳相应，所以能"剥之无咎"。

六四 剥床以肤。凶。《象》曰：剥床以肤，切近灾也。

"以"，及。六四与上九没有应、比的关系，剥阳的态势正盛。四居上体，是躺卧在床上的人，剥到他的皮肤，及将灭没他的身体。灾祸已切身，所以不言"贞凶"，而是直言"凶"。

六五 贯鱼以宫人宠。无不利。《象》曰：以宫人宠，终无尤也。

"鱼"，阴物。"贯鱼"，指一串鱼，是众阴在下的物象。"宫人"，后妃嫔妾的总称。"宠"，得宠于君上。六五是群阴之主，与上九亲比，非但不会剥阳，还反制群阴，使不得进逼，而令其共同归附于上九。"贯鱼以宫人宠"，指五阴如同宫人顺次排列成串，有如"贯鱼"，而得宠爱于孤阳，六五能如此，则无所不利，终无过咎。单看"贯鱼"，就知道圣人不会绝小人之路；光看"硕果"，就知道圣人亲爱君子。

上九 硕果不食。君子得舆。小人剥庐。《象》曰：君子得舆，民所载也。小人剥庐，终不可用也。

"硕果"，孤阳在上的物象。依《说卦传》，乾为木果。众阳皆变，而上九独存，有"硕果不食"的物象。果中有核、有仁，是生生不息的根本。上九处剥的极端，孤阳独存，剥极则复，就像硕果没被吃掉，将见复生的机会。上九一刚乘众柔，有"君子得舆"的物象，因为处阴道盛极将变的时候，百姓久乱思治，愿意共载君子以拨乱反正。如果小人此时仍无视正道之不可无，而只知一味剥阳，那上九就有如覆盖五阴的庐舍，如今也遭剥消，则五阴自身也无容身之处，何其凶咎！只有君子才能包容小人，而小人也要依赖君子以自保。自古小人陷害君子于无事之日，而欲求君子于有事之时。"民所载"，剥极将复，民心翼载君子，希能安逸。"终不可用"，丧失庇护场所，没有安身的处所。

复第二十四　震下坤上

　　复是刚返而阳长的意思，由震、坤两卦组成。《序卦》说："物不可以终尽，剥穷上反下，故受之以《复》。"从卦象来看，震为雷，坤为地，雷震于地中，有阴极而阳气复生于下的物象。从卦德来看，震为动，坤为顺，有阳动于下，而顺以上行的意思。从卦象来看，一刚居五柔之下，有刚长而柔消的走势。复是君子道长，小人道消之时。初九为全卦主爻，复之所以为复，全在初爻。复卦是《系辞下》三陈九卦中的一卦。

　　复。亨。出入无疾。朋来无咎。反复其道。七日来复。利有攸往。
　　《彖》曰：复，亨，刚反。动而以顺行，是以出入无疾朋来无咎反复其道七日来复，天行也。利有攸往，刚长也。复，其见天地之心乎？

　　"反"，通"返"。复卦来自剥卦，剥卦的上九被群阴所逼，刚返而来居于初，所以为复，是一阳生于下而渐长，因此有导致亨通的道理。"出入无疾"，指出而刚长或入而刚返，出入内外都没有疾害。"朋来无咎"，指五阴虽结朋而来，但当刚长之时，没有过咎。因为下动而上顺，是"动而以顺行"，所以"出入无疾，朋来无咎"。"反复其道"，指反复依循阴阳消长之道，而知天运有定期。"七日来复"，以阴极于六，而少阳生于七，以阳配日，所以说"七日"。这是天地的运行，本该如此。阳刚君子之道长，所以"利有所往"。"天地之心"，指天地创生、长养万物的仁心。"天地之心"无处不在，圣人于一阳来复，静极而动之初，发见"天地之心"未尝片刻中断。"见"，指心光的发露。其实，人的本心不夹杂任何私意、私欲，那就是天地之心。"无疾"、"无咎"，指不戕贼自己天生的本心。

《象》曰：雷在地中，复；先王以至日闭关，商旅不行，后不省方。

"雷在地中"，正是一阳来复，相当于冬至日，阳始生时甚为微弱，安静而后才能长养。先王顺奉天道，在冬至日，一阳初生的时候，安静以养微阳，所以封闭关卡，使商旅不得通行，人君也不省视四方。"后"，古代的诸侯。

初九 不远复。无祗悔。元吉。《象》曰：不远之复，以修身也。

"祗"，通"抵"，至的意思。"无祗悔"，不至于悔恨。初九是震主，处复的开始，方动即复。因为人非圣贤，孰能无过，过则勿惮改，就是"不远复"。指初九能失之不远，即复归于善，而不至于有悔，所以说"元吉"。只要一察觉自己的行为偏离中道，即回复本善；只要一察觉自己的动念背离正道，即回复本善等等；这些都是修身的工夫。《系辞》说："颜氏之子，其殆庶几乎？有不善，未尝不知。知之，未尝复行也。"

六二 休复。吉。《象》曰：休复之吉，以下仁也。

"休"，美。六二具有柔顺中正之德，下乘初九，处阳长阴消之时，主动退让而使复者得伸，所以是美好的回复。《易》三百八十四爻，只在这个爻提到"仁"字，大有深意。孔子说："克己复礼为仁。"克去私欲，回复天理，所以为仁。二比初爻，上无系应，能俯就从初而复，所以为"下仁"。朱子说："学莫便于近乎仁。既得仁者而亲之，资其善以自益，则力不劳而学美矣。"

六三 频复。厉。无咎。《象》曰：频复之厉，义无咎也。

六三以柔居阳，失正不中，又处震极，是心志不坚，没法固守善道的人。回复正道以安固为贵，之所以会频频回复，是因为屡屡失守而不能安固于回复善道。告诫其屡屡失守，所以说危厉。屡屡失守而犹能频频回复，所以说"无咎"。屡屡失守，又能频频回复，虽然危厉，但复善之义，则无可过咎。

六四 中行独复。《象》曰：中行独复，以从道也。

六四以柔居阴，当位得正，因上下各有两个柔爻，四居五柔的正中间，所以说"中行"。群阴只有六四与初九相应，所以说"独复"。六四守正而独应初阳，是能"正其谊不谋其利，明其道不计其功"的仁人君子，不会在意或吉或凶。"从道"，指六四所独自回复的，正是随从初九阳刚君子的善道。复的六四与剥的六三，异曲同功。在剥，取其失上下以应乎阳；在复，则取其独复以从道。

六五 敦复。无悔。《象》曰：敦复无悔，中以自考也。

"敦"，厚。六五以中顺居尊，能敦厚于回复善道，所以说"无悔"。临以上六为"敦临"，艮以上九为"敦艮"，都取积厚的极致。而复则于五就提"敦复"，这是因为上六迷而不复，所以复到五就算极致了。复卦的前五爻，初在最前，所以"不远"，五在最后，所以为"敦"。"不远复"，指善恶初萌，是入德的事；"敦复"，指善行敦厚，是成德的事。"考"，成。"中以自考"，以中道自成的意思。六五以柔居尊处中而体顺，能敦笃其志，以中道自成，则可以"无悔"。

上六 迷复。凶。有灾眚。用行师。终有大败。以其国君凶。至于十年不克征。《象》曰：迷复之凶，反君道也。

"灾"自外而来，"眚"由己造作。"以"，及。"十"，数的终结。上六以柔居阴，处坤体的极至，复卦的终了。坤为众，所以"用行师"。坤本"先迷，后得主"，而今上处坤极，乃迷惑最甚。上六迷而不知复，是因为位高而没有下仁的美德，远刚而没有迁善的机会，厚极而有难开的弊端，柔终则没有改过的勇气，宜其凶而有灾、有眚。以迷复而行师，则终有大败，以迷复而治国，则其君必有凶。"至于十年不克征"，指迷复则终不能前进。"反君道也"的"君"，指初九。初阳是本觉光明，为众阴之君。上六不从阳，先迷失道，所以说"反君道也"。"反"就是不顺。顺就无疾、无咎，反则"有灾眚"、"有大败"。复则回复而合于善道；迷复则迷惑而不知回复，与初九善道相逆反，其凶可知。

无妄第二十五　震下乾上

"妄"，虚假不实。"无妄"，至诚不伪、天理本然的意思，由震、乾两卦组成。《序卦》说："复则不妄矣，故受之以《无妄》。"从卦象来看，震为雷，乾为天，天下雷行，则阴阳交合，相薄而成声，惊蛰藏，振萌芽，生长万物，无有差妄。从卦德来看，震为动，乾为健，震动而刚健不息。君子立身处世，心存至诚，其动不以私欲，唯遵循天理而行，祸福一付之于天，夫复何忧？

无妄。元亨。利贞。其匪正有眚。不利有攸往。
《彖》曰：无妄，刚自外来而为主于内，动而健，刚中而应。大亨以正，天之命也。其匪正有眚不利有攸往，无妄之往，何之矣？天命不祐，行矣哉？

无妄是至诚不伪。人而至诚，其动以天而不以人，则天道畅行；人而不伪，则言行举止无不发乎天理的本然。如此而行，直与天地合其德，所以无妄有大通之道，以贞固为有利。如果不依正道而行，其动以人而不以天，则窒碍难行，虚妄不实，宜其有过眚。所行不正，往则妄矣。坤卦的初爻变而为震，是"刚自外来"。初九是无妄的主爻，所以说"为主于内"。动以天为无妄。下动而上健，九五刚中，六二以柔中相应，是顺理而不妄。所以其道大为亨通而贞正，这是"天之命"。天命就是天道，就是"无妄"。无妄就是正而已。稍微有失于正，则为有过，便是虚妄不实。所谓"匪正"，就是由于有往。已经无妄而不往，怎会有"匪正"呢？无妄本是正理，如更有所往，则将入于虚妄，往则悖于天理，天道所不祐助，岂可更有所往？

《象》曰：天下雷行，物与无妄；先王以茂对时育万物。

"物与无妄",指一物给它一个无妄,也就是使物物各自正其性命的意思。"茂",盛。"对时",顺奉天时。"天下雷行",震动发生,万物各得其性命之正,无有差妄。前古圣王观看到天下雷行发生"物与无妄"的现象,而以其盛德顺奉天时,养育万物,使各得其宜,有如上天给与的无妄。所谓"对时育万物",是因物的本性,使万物各尽其性的意思。

初九 无妄。往吉。《象》曰:无妄之往,得志也。

初九以刚居阳,当位得正,且应爻也刚,纯阳不杂,没有私系的弊病,实而不妄,依天道而行,无往而不吉。以无妄而往,无不得其志。因为至诚能感动万物,用来理事,则事理;用来感人,则人感而化。无所往而不得其志。

六二 不耕获。不菑畬。则利有攸往。《象》曰:不耕获,未富也。

"菑",新开垦一年的生田。"畬",已开垦了三年的熟田。六二以柔居阴,当位得中,又应九五,主于上往。处在无妄的卦时,六二不方耕就计较收获,不新开垦生地就期待熟地的丰收。因为有所为而为,都是计功谋功的私心,也就是妄心。自始至终绝无计功谋利的心,所以说"利有攸往",也就是必定要如此而后才利有所往。"未",非必的意思。"富",利。既耕则必有获,既菑则必成畬,非必为获、畬之利而为。方耕而望获,方菑而望畬,不只获、畬的愿望会落空,连耕、菑的工夫也荒废了。如果为了获、畬之利,心就不会专注在耕、菑上面,那就虚妄不实了。

六三 无妄之灾。或系之牛。行人之得。邑人之灾。《象》曰:行人得牛,邑人之灾也。

"无妄之灾",指无故而有灾害。六三以柔居阳,失中不正,与上九有应,又处震体之极,是多欲而不能遵循天道的人,虚妄最甚。六三以这样的德行,处在无妄的卦时,就算本身没有过咎,灾害也难以避免。就像有人将牛只系于乡邑之中，本来不会走失，却偶脱所系，而为外地的行人所得，以致本乡邑的人遭到诘问的困扰。"邑人"，指六三；"行人"，指九四。六三阴虚为失，九四阳实为得。行人不期得而得，邑人不期失而失，这就是"无妄之灾"。

九四 可贞。无咎。《象》曰：可贞无咎，固有之也。

九四以阳刚居乾体，且应爻也刚，真实而不妄。初九因处震初，行其当行，所以说"往吉"；九四则已入上体，止其所当止，宜固守不动，才得无咎，所以说"可贞"。四为乾的初爻，于人就是天性之初，固有之理，因此"可贞无咎"。坤卦六三柔爻失位，这个刚爻也失位，都不是"贞"。但阴阳互为其根，坤三柔爻居阳位，无妄四刚爻居阴位，所以两爻都是"可贞"。爻位所含的阴阳，都是它所固有的。所以坤三说"含章可贞"，这里则说"可贞无咎"。

九五 无妄之疾。勿药有喜。《象》曰：无妄之药，不可试也。

九五以刚居阳，中正而居尊位，下应六二，本不会致疾，如果对无妄之疾轻试无妄之药，也许反而变成痼疾，以致难以医治。"勿"字是告诫人不要以祸福利害为意。如果稍有灾患就急着想方设法免除，这样就会生妄心而灾患更不可解。反之，如能顺其自然，患当自息，而有喜。

上九 无妄。行有眚。无攸利。《象》曰：无妄之行，穷之灾也。

上九以阳刚而处无妄的终了，再往前行就过于理而妄了。所以上九而行，必定有过眚而无所利。上九值时位之穷，没有可行之理，所以说"穷之灾也"，与乾卦上九的"亢龙"相似。无妄贵诚，尤贵时中。上九时穷势极，妄行必然有过眚。

大畜第二十六　乾下艮上

"畜"，通"蓄"，积蓄、畜止的意思。大畜，指所畜止的至为巨大，由乾、艮两卦组成。《序卦》说："有无妄然后可畜，故受之以《大畜》。"从卦象来看，乾天在艮山之中，以艮山来畜止乾天，有所畜止的至为巨大的物象。就像人心虽小，却可蓄藏无限的知识、感受与经验。从卦德来看，艮体畜止乾体的刚健，引申为人才的畜养与才德的积蓄。主政的人如果能尚贤、任贤、畜养人才，使野无遗贤，则天下自然太平。学者如果能不断积蓄前言往行，不要自是自满，则德业自然进进不已。

大畜。利贞。不家食吉。利涉大川。

《彖》曰：大畜，刚健笃实，辉光日新其德。刚上而尚贤，能止健，大正也。不家食吉，养贤也。利涉大川，应乎天也。

大畜以艮畜乾，下体的初、二两爻被上体的四、五两爻所畜止，可以培育刚健而笃实的人才。至于三与上则分别居内、外卦之极，畜极而通，不取止义。德才俱优的有道君子利于固守正道，不宜自食于家中而独善其身，应该要出任公职，受领俸禄，以兼善天下，所以说"不家食吉"。所畜既大，就应大有作为，以济时艰，所以说"利涉大川"。乾为刚健，这是以内心所存主的来说；艮为笃实，这是以外在所践履的来说。艮阳外焕，所以能辉耀光荣；畜之不已，则其德日新。六五虚中从上，不自用，所以才能"大"；尊贤上九，所以为"正"。小畜（☴）与大畜所不同的就在第五爻，小畜以刚中受畜，大畜以柔中畜贤。能畜止刚健，然后各正性命，如此才能"利贞"。"养贤"，也取"尚贤"之象。"应乎天"，指六五之君下应乾的中爻，是大畜之君应乾而行。所行能够应乎天，还有什么艰难不可济呢？

《象》曰：天在山中，大畜；君子以多识前言往行，以畜其德。

人的蕴畜，无不由学而大，要多闻前古圣贤的言与行，考察他们的事迹以观其用，研究他们的言论以求其心，识而得之，以畜成其德。《中庸》说"尊德性而道问学"，德性所以能益为尊贵，必定是经由问学而得。这也是《大学》所说，"明明德"一定要立基于致知、格物。孔子说："思无益，不如学也。"又说："我非生而知之，好古，敏以求之者也。"而为学正是从"多识前言往行"入手，继而贯以通之。

初九 有厉。利已。《象》曰：有厉则已，不犯灾也。

"已"，止。初九以刚居阳，勇于上进，比喻不待才德积蓄，就急于有所作为。所以告诫初九有危厉，要接受六四的畜止，轻进则危，止则有利。"厉"，危。畜止而不往，就不会犯灾了。

九二 舆说輹。《象》曰：舆说輹，中无尤也。

"说"，同"脱"。九二本也想急于有为，但因居中，所以能进退有节。虽志在上往，然审时度势，尚非可为之时，乃止而不行，接受六五的畜止。有如车舆脱落了轮輹，不能前进。"中无尤"，指九二处中得宜，没有前行，所以没有过尤。

九三 良马逐。利艰贞。曰闲舆卫。利有攸往。《象》曰：利有攸往，上合志也。

"闲"，闲习、熟习。"逐"，追奔。九三与上九同居乾、艮两体之终，值穷极变通的时候，两个都是阳爻，不相畜止而俱进，有"良马逐"的物象。但九三过刚锐进，所以告诫它要艰难其事，严守贞正之道，且每天闲习车舆、防卫技能，才能利有所往。"上"，指上九。"上合志"，指上九与九三合志。

六四　童牛之牿。元吉。《象》曰：元吉，有喜也。

"童牛"，小牛。牛最为刚健的部位是角。"牿"，是将横木放置在牛角上，以防止牛角触伤人。六四处上体而当位，比喻有正德的近君大臣，肩负着蓄养人才的责任。初九居最下，是阳之微，微而畜之则易制。就像小牛在它牴触的野性还没发作以前，就将牿木放在它的角上，就大善而吉。四畜止微阳于初，而初也安于为四所畜，喜其不必费太大劲就可以畜止初阳。

六五　豶豕之牙。吉。《象》曰：六五之吉，有庆也。

"豕"，猪。猪最为刚健的部位在牙。"豶豕"，指去掉势的猪，牙就不再那么锐利。六五驯化九二有方法，就像将公猪去掉势，它的利牙就不会再伤人，可以得吉。"喜"是对自己来说，"庆"则兼人、己来说。在位的人如果不懂得止恶之道，只会用严刑峻法来治理，那将徒劳无功。如果知道问题的根本，制之得法，就可以不劳无伤而俗美，这是天下的福庆。

上九　何天之衢。亨。《象》曰：何天之衢，道大行也。

"何"，同"荷"，负荷。发展到上九，畜道已成，是贤路大通的时候，所谓"用力之久，而一旦豁然贯通"。"何天之衢"，四通八达，无往而不利。上九与六五亲比，为五所尚，是《彖传》所说的"刚上而尚贤"。上九畜极而通，所以"道大行也"。

颐第二十七　震下艮上

颐是颐口，引申为颐养，由震、艮两卦组成。从爻象来看，上下两个刚爻，中间四个柔爻，刚为实而柔为虚，酷似上下两排牙齿，中间空无一物，有颐口的物象。《序卦》说："物畜然后可养，故受之以《颐》。"从卦德来看，下震动而上艮止，在咀嚼食物时，只有下腭在动，上腭则静止不动。颐卦从口体之养论及德行之养，从养己、养人，以至养天下万民。

颐。贞吉。观颐。自求口实。
《彖》曰：颐，贞吉，养正则吉也。观颐，观其所养也。自求口实，观其自养也。天地养万物，圣人养贤以及万民。颐之时大矣哉！

颐养要坚守正道，才能得吉。天地育养万物，各得其宜，人也要依循正道来养己、养人。观察人所以养身之术及其颐养之道，是否合于正理：德行的培养是大的，口体的颐养是小的。养大的，就是大人；养小的，就是小人。天地育养万物，遵循正道而已；圣王能够颐养贤人，就能育养天下万民。卦中有初、上两个刚爻，都能自养并养人，中间四个柔爻则须给养于人。下面三爻，属震体，震为动，动则多欲，比喻贪食无厌，所以下面三爻都凶；上面三爻，属艮体，艮为止，止则寡欲，比喻食饮有节，所以上面三爻都吉。上下两体的关系：下动而上止，为以卑养尊；始动而终止，是以少养老。动于春夏，止于秋冬，这是天地育养万物；动于日出，止于日落，这是生民的养生。所以说"颐之时大矣哉"。

《象》曰：山下有雷，颐；君子以慎言语，节饮食。

言语一出就不能收回，饮食一入就不能复出。所以颐的养正，效法雷的动，要慎其所出；效法山的止，要节其所入。"慎言语"，是为了养德；"节饮食"，是为了养生。将"言语"之类充扩，则只要颁布任何的号令政教，都要谨慎，而不可悖理而出；将"饮食"之类充扩，则只要征收任何的货财税赋，都要节制，而不可悖理而入。

初九 舍尔灵龟。观我朵颐。凶。《象》曰：观我朵颐，亦不足贵也。

"尔"，你，指初九。"我"，指六四。"朵"，动。颐（☲）、损（☲）、益（☲）都外实而中虚，有离（☲）象，所以象龟（见《说卦传》）。初九以刚居阳，本可自养，就像灵龟一样，几乎可以不食而长寿。但初九是震体的主爻，以阳居动体，处颐的初始，则欲念萌动而求食于六四，以刚而从柔，何所不至，所以凶。所以说初九舍弃它原本足以自养的美德，贪图正应六四，不能自守，嗜欲太强，不能守正，不足以贵，所以凶。

六二 颠颐。拂经。于丘颐。征凶。《象》曰：六二征凶，行失类也。

"颠"，倒。"拂"，违背。"经"，常。"丘"，远而高的地方，外卦是艮，艮为山，所以上九有"丘"的物象。六二阴柔不能自养，须求养于人。六二求养于初，颠倒而违背于常理。一般来说，都是在上位的人要颐养在下位的人，现在六二在上反而求养于初，这是违背常理。而六二与上九无应，如果求养于上九也是背道妄动，所以凶。当颐的时候，大家都求养于上，只有二因与初同属震体，反倒求养于初，所以说"行失类也"。

六三 拂颐。贞凶。十年勿用。无攸利。《象》曰：十年勿用，道大悖也。

六三虽与上九正应，得其所养，但六三阴柔，不中不正，又居震体之极。它求养于人，无所不用其极，拂逆于颐养之道，虽有正应，也凶。"十"，数的终了。"十年勿用"，指终不可用。颐养以静为主，各爻都以求养于同体为义。六三居动之极，拂逆颐养之道，不求养于初，而求养于上，大悖颐养的正道，终不可用，无所往而有利。

六四 颠颐。吉。虎视眈眈。其欲逐逐。无咎。《象》曰：颠颐之吉，上施光也。

"眈眈"，视近而志专。"逐逐"，相继不绝。颐卦一进入艮体，就以养德为主。六四以柔居阴，比喻近君大臣之才不足以自养，但当位得正，且与初九正应，而求养于初九。以上养下为顺，六四居上反求养于初，所以说"颠颐"。六四能以贵下贱，使没有官守的初九贤人经由自己也能有所作为，上下合志而施于民，所以吉。能自养于内的莫如龟，要求养于外的莫如虎。六四必须养其威严，眈眈然像老虎专心往下看，他所要求养于初九的也必逐逐相继而不绝，这都是用来比喻六四大臣诚心求助于初九专一不二，永不自足，既有威严，而所求又不穷，切合于上求下之道，所以无咎。"上施光"，指居上的六四能求贤、用贤，光明被于天下，才有"颠颐"之吉。以上养下是颐道之正，若在上而反求养于下则颠倒了常道。二与四都求养于初，因此同为"颠颐"。但二志在外物，四志在求道，所以四颠颐而吉，而二则征凶。

六五 拂经。居贞吉。不可涉大川。《象》曰：居贞之吉，顺以从上也。

六五亲比上九。六五柔中之君，其才不足以养天下，承上九贤人的辅助，才能济养天下，所以说"拂经"。六五如能居守贞固，笃于委信上九，可以得吉。但六五毕竟资质柔弱，终究无法旋乾转坤，戡定艰难变故，所以诫以"不可涉大川"。"居贞之吉"，指六五能坚固顺从上九贤人，以济养天下。

上九　由颐。厉吉。利涉大川。《象》曰：由颐厉吉，大有庆也。

六五给养于上九，乃天下由上而养。以人臣而担此重任，必定要常怀危厉之心，兢兢业业，如临深渊，如履薄冰，才能得吉。上九既蒙君侯委任如此，理当竭智尽忠，以济天下，所以说"利涉大川"。上九位高任重，君臣都待养于己，所以说"大有庆"，庆其得君侯信任而能大行其志，不只是自喜而已。

大过第二十八　巽下兑上

大过是大的过越、大过于常的意思，由巽、兑两卦组成。《序卦》说："颐者，养也。不养则不可动，故受之以《大过》。"从卦象来看，巽为木，兑为泽，木在泽下，有"泽灭木"的物象。树木本来依赖湖泽的润养而成长，现在反而被泽水所淹没，大过于常，有大过的物象。《系辞》说："古之葬者，厚衣之以薪，葬之中野，不封不树，丧期无数。后世圣人易之以棺椁，盖取诸《大过》。"从爻象来看，大过是四个刚爻在中间，且上下两卦都是刚爻居中，而刚为大，柔为小，大的过越，所以是大过。"刚过而中"，适合大有作为，成就大过于常的功业。大过各爻以刚柔相济为善，不以当位得正为美。爻位关系不取远应，只取近比。

大过。栋桡。利有攸往。亨。
《彖》曰：大过，大者过也。栋桡，本末弱也。刚过而中，巽而说行，利有攸往，乃亨。大过之时大矣哉！

"栋"，房屋的脊梁。"桡"，曲折。小过（䷽）是阴过于上下，大过则阳过于中，都是取君子内刚外柔的含义。大过卦，阳刚过于壮盛，刚爻聚集于中间四爻，中强而本末弱，有栋桡的物象。"栋"是刚而能担起重任的意思。"桡"是因本末弱而不胜其重。四个刚爻居中，所以说"刚过"。二、五两刚处内、外卦的中爻；三、四两刚处全卦之中，所以说"刚过而中"。人处在大过的时候，就要建立非常的大功，成就绝俗的大德。"刚过而中"，正是所谓的"时中"。"过"并不是有过于理，而是以"过"为"中"。就像治疗疾病，病情十分严重，只能以重药攻治，从治理一般疾病的角度来看，认为太过，但从所用的药对所要治的病来讲，则为适中。大过并不是太过，只是由于常人的思虑所不及，就以为是大过。就像尧舜的禅让，汤武的革命，孔子作《春秋》，或孟子的好辩，都看似太过而实未曾太过。能顺巽而和悦，则是处大过之道。处在大过的卦时，以中道"巽而说行"，所以利有所往，因此亨通。如果时机不当，或有其时机而无其德与才，都不得借口于大过，所以说"大过之时大矣哉"。

《象》曰：泽灭木，大过；君子以独立不惧，遯世无闷。

兑泽本能润养巽木，如今乃至灭没巽木，这是大过于常的现象。君子看到大过的物象，就能"独立不惧，遯世无闷"。"独立不惧"，指不论穷困或顺达，由于守理至精，笃信善道，所以不会苟同于世俗。"遯世无闷"，指道足自乐，根本不在乎世俗能否理解、认同，乐天知命，不怨天，不尤人。没有大过于常人的德与才，就做不到"独立不惧，遯世无闷"。"独立"像似巽木，高耸矗立；"无闷"像似兑说，怡然自得。

初六 藉用白茅。无咎。《象》曰：藉用白茅，柔在下也。

"藉"，祭祀时承放祭品的草席。"茅"，草。初六以一柔承四刚，只有畏慎之至，才能无咎。处在大过的卦时，阴柔本己能慎，初六又居巽体之下，是慎而又慎，它的谨慎大过于常，虽大过而不为过。就像祭祀的时候，祭品不直接放在地上，而是先垫上至柔、至洁的白草。如此畏慎，所以无咎。《系辞》说："苟错诸地而可矣，藉用白茅，何咎之有？慎之至也。夫茅之为物薄，而用可重也。慎斯术也以往，其无所失矣。"

九二 枯杨生稊。老夫得其女妻。无不利。《象》曰：老夫女妻，过以相与也。

树木过老为"枯"。泽边的树木为"杨"。"稊"，植物的嫩芽。荣于下的为"生稊"。"老夫"，指已娶过的丈夫，指九二。"女妻"，指未嫁的女子，指初六。九二以刚居阴得中，上无应，而下比初六，近于根本，所以有"生稊"的物象。处大过的时候，九二得中用柔，能成就大过于常的功业。就像杨木虽已枯槁，嫩芽却能荣于根部，而再生于上。而老夫也能得到他的女妻，虽年龄相差很大，"过以相与"，却还能成就生育之功。因为阳虽过，而未至于极，且九二居中而用柔，所以没有过极之失，宜其无所不利。

九三 栋桡。凶。《象》曰：栋桡之凶，不可以有辅也。

九三虽与上六有应，但以刚居阳，过刚失中，上六无法坚固九三的心志。处在大过的时候，想建立大过的功业，只有刚柔相济，才能有成。九三失中过刚，十分凶险。就像栋梁桡曲，倾覆屋舍，所以凶。其实，三、四两刚居全卦的中间，有"栋"的物象。下卦（☴）上实而下虚，下虚则上倾。三居下卦的上面，之所以会有"栋桡之凶"，是因为下面虚弱而不能有所辅助。

九四 栋隆。吉。有它吝。《象》曰：栋隆之吉，不桡乎下也。

"隆"，高起的样子。九四以刚居阴，刚柔相济，处大过的时候，阳刚能得到阴柔的辅助，没有过刚的缺失，就像栋梁隆起而不向下曲桡，所以为吉。其实上卦（☱）上虚而下实，下实则可载。九四处大过的时候，如果下应初六，就会有过柔的弊病，所以诫以有它则吝。

九五 枯杨生华。老妇得其士夫。无咎。无誉。《象》曰：枯杨生华，何可久也？老妇士夫，亦可丑也。

"华"，同"花"。荣于上的为"生华"。"老妇"，指上六。"士夫"，指九五。九五处大过的时候，虽然中正居尊，但下面无应，而上比过极的阴，五近于末，所以有"枯杨生华"的物象。杨木开花对于枯槁的缓解没有帮助。上六是过极的阴，比喻已无生育能力的老妇，九五与她相较，虽老犹壮。九五得上六没有好处，但过极的阴得九五相济，不为无益，所以说"老妇得其士夫"。对九五而言，与上六相合，虽无过咎，但终非美事。杨树已枯老而开花，这是在加快它的枯槁，怎么能长久呢？老妇而得到士夫，岂能成就生育之功，也是可羞丑的。初以柔居阳，二以刚居阴，都未过甚，且在卦初，所以两者"过以相与"，尚可成生育之功；五以刚居阳，上以柔居阴，两者都太过，又处卦终，所以五上相比，不能为美。其相反如此。九五过时而将衰，所以不久而可丑。

上六 过涉灭顶。凶。无咎。《象》曰：过涉之凶，不可咎也。

上六以柔居阴，才质柔弱，又一柔乘四刚，必然凶险。但处大过的终了，勇于必济，有冒险过越、涉渡而灭顶的物象，极为凶险。上六想以柔来济助九五的刚，反遭摈斥，乃不避艰险，慷慨赴义，杀身成仁，所以其义无咎。上六时无可为，祸无可避，甘承其凶，所谓"独立不惧"，"不可咎也"。

习坎第二十九　坎下坎上

三画卦的坎，竖立起来，稍加弯曲，像似流水。三画卦的坎是阳卦，刚爻居中，上下两柔，无以为据，一刚陷于二柔的中间，所以有险陷的意思。《说卦》说："坎为水、为沟渎、为隐伏、为矫鞣、为弓轮。其于人也，为加忧、为心病、为耳痛、为血卦、为赤。其于马也，为美脊、为亟心、为下首、为薄蹄、为曳。其于舆也，为多眚。为通、为月、为盗。其于木也，为坚多心。"坎于动物为豕，于人身为耳，是正北方的卦。习坎由坎卦相叠而成。《序卦》说："物不可以终过，故受之以《坎》。坎者，陷也。"八卦的卦德，乾为健，坤为顺，震为动，艮为止，坎为险，离为丽，巽为入，兑为悦。只有险不是吉德，所以坎的重卦，独以"习坎"为名。"习"有重习、熟习的意思。"习"的本意是小鸟反复学飞的意思。流水虽然危险，只要反复熟习水性，虽出入乎水而不能溺。习于险难，然后可以济险、出险。

习坎。有孚维心。亨。行有尚。
《彖》曰：习坎，重险也。水，流而不盈，行险而不失其信。维心亨，乃以刚中也。行有尚，往有功也。天险不可升也，地险山川丘陵也，王公设险以守其国。险之时用大矣哉！

习坎，有两层意思：一个是"重险"，也就是险上加险；另一个指熟习于坎险，以求出险。习坎，二、五两刚居中，是有孚诚信的物象。"有孚维心，亨"，指维系其心诚一，所以能亨通。由于水性就下，行而不止，流而不盈，虽历千山万壑，行险而不失其信，终必奔流入海。只有行才能出险；不行，则常在险中矣。所以行以出险，为可嘉尚而有功。"刚中"，是指中存刚正，而不偏任刚强。天的险要靠气势，地的险要靠地形。天的险是高不可升，地的险则是山川丘陵。王公观看习坎的物象，知道险要不可陵替，所以因地制宜，设置城郭沟池等险要，以守卫其国。"时用"，指有时而用，而不是常用。人要习于坎险，然后才可以履险如夷。

《象》曰：水洊至，习坎；君子以常德行，习教事。

"洊"，指流水相续不绝而出。起而上为"作"；趋而下为"至"。始终如一为"常"。一再不已为"习"。"教事"，指求道与学习诗书六艺的事。水在流动，习而不已，以成大川；人在为学，习而不止，以成大贤。君子平居在家，要恒常其德行，所以遇险难而不变其所守；也要熟习其教事，所以遇险难而能应变得宜。

初六 习坎。入于坎窞。凶。《象》曰：习坎入坎，失道凶也。

"窞"，深穴。初六处重坎之下，以柔居阳，质柔用刚，入于坎窞，非但无力出险，反而陷入深穴之中，正是"小人行险以徼幸"，宜其得凶。君子常德行、习教事，所以能习坎以济坎。"习坎入坎"，则是以非贤为贤，以非法为法，背离正道，入之愈深，出之愈难，所以"失道凶也"。

九二 坎有险。求小得。《象》曰：求小得，未出中也。

九二陷入二柔之中，为陷入坎险的物象。但九二以刚居中，刚则可以济险，中则动不失宜。九二处在坎险之中，上面还有坎险，是险中又有险。九二虽尚未能出险，因有刚中之才，还可以"求小得"。二为阳实，故"得"；居阴位，故"小得"。二由于"未出中"，只能"求小得"，积而后流，盈科而后进。"未出中"是因为还没盈科。"求小得"是积细流以成大川。

六三 来之坎坎。险且枕。入于坎窞。勿用。《象》曰：来之坎坎，终无功也。

"之",往。"枕",息而未安。六三居下坎的上面,上坎的下面,退来与进往都险,所以说"来之坎坎"。且六三以柔居阳,失中不正,所以居也难安。既然进退都险,宁于可静止的地方暂且休息。如此虽未出险,也不至于陷入坎窞之中,所以诫以"勿用"。否则"入于坎窞",凶咎大矣。此时宜静不宜动,所以说"终无功"。

六四 樽酒。簋贰。用缶。纳约自牖。终无咎。《象》曰:樽酒簋贰,刚柔际也。

"樽",木制的盛酒器。"簋",祭祀用以盛黍稷的圆形竹制食器。"贰",副,用来称呼成套的器物。"缶",瓦质的敲击乐器。"牖",壁窗,房屋受纳阳光的处所。六四是近君大臣,以柔居阴,当位得正,上承九五刚中之君,值天下险难之际,刚柔相济,上下合志以出险。六四准备一樽薄酒、二簋粗粮、瓦缶乐器等菲薄俭约的祭品来享祀上帝,比喻六四以至诚无华上交于九五之君。祭品愈为简约,代表内心愈为诚挚,尤其在坎险的情况下相交际,能不力求简约吗?以简约而犯错的,是少之又少,所以"终无咎"。"纳约自牖"指从房屋通明的地方受纳这些至为简约的祭品。因为人臣想以正道善言进谏于君,一定要从君心的明处切入,才能顺利被采纳。人心有所蔽,也有所通,所蔽之处为暗,所通之处为明。要从君心听得进去的明处来说,这样就易于被采信。"纳约自牖",就像睽九二"遇主于巷",都是坎陷艰难的时候,君臣相见不能用平常的礼节。其始虽险,终则无咎。"刚柔",指九五与六四的君臣关系。"际",指刚柔之间相比而相亲。

九五 坎不盈。祗既平。无咎。《象》曰:坎不盈,中未大也。

"祗",适。坎水的性,流而不盈。九五阳刚中正,刚能出险,中则不盈,比喻坎水流到下游,即将入海,适至于既平,没有盈溢之患,险失其险,所以无咎。"中未大"的"中",指坎;"未大",指不盈。任何的险无不生于自满,九五有刚中之德,在险中而不自满,以未大不盈来自处，就可化险为平。

上六　系用徽纆。寘于丛棘。三岁不得。凶。《象》曰：上六失道，凶三岁也。

"系"，系缚。"徽纆"，绳索的名称，三股为"徽"，两股为"纆"。"寘"，通"置"，囚禁。上六以柔居阴，处坎险之终，本可出险。但与九五逆比，反设险以阻止九五出险。上六失道如此，所以被用徽纆系缚，囚禁于丛棘之中，以至于三年之久，使不得脱离，宜其得凶。初、上两爻都提到"失道"：在险之初，就告诫不可失道；在险之终，更希望能够得道。由此可见圣人关爱百姓的深意。

离第三十　离下离上

三画卦的离为附丽，这是取一柔附丽于两刚的意思。《说卦》说："离为火、为日、为电、为中女、为甲胄、为戈兵。其于人也，为大腹。为乾卦、为鳖、为蟹、为蠃、为蚌、为龟。其于木也，为科上槁。"重卦的离由两个离卦相叠而成。《序卦》说："陷必有所丽，故受之以《离》。离者，丽也。"从卦象来看，离为火、为明，有两明相重，有继明的意思，象征日出日落，一日又继之而起。引申为王者以他的明德照耀四方，继承其位的新王仍旧继其明德，以临万民。《系辞》说："作结绳而为网罟，以佃以渔，盖取诸离。"这是以离的中空来说明网罟的物象。下三爻都当位，讲日出、日中，以至日昃；上三爻都不当位，讲新王的继位之道。

离。利贞。亨。畜牝牛。吉。
《彖》曰：离，丽也。日月丽乎天，百谷草木丽乎土，重明以丽乎正，乃化成天下。柔丽乎中正，故亨，是以畜牝牛吉也。

牛性柔顺，牝牛之性尤其柔顺。"畜牝牛"，比喻畜养其至为柔顺的德行。"离"，是附丽的意思。任何事物都要有所附丽，对人而言，则指其所依循的行为规范。人所附丽的，就是固守贞正的大道。依于正道，与人交游，就可亨通无阻。人如果能畜养他像牝牛般柔顺的德行，依循正道而行，可以得吉。日月附丽在天上，百谷草木附丽在地上。"日月丽乎天"而成明；"百谷草木丽乎土"而成文，所以离为文、为明。上、下都是离，就是"重明"。二柔分居二、五，皆处中正，这是"丽乎中正"，可以感化天下而成文明的善俗。二、五以柔顺丽于中正，所以能亨，因此"畜牝牛吉也"。

《象》曰：明两作，离；大人以继明，照于四方。

"明两作"，就像"水洊至"一样，今日明，明日又明。"作"，起。"大人"，有大德、大位的人：在野就是圣人，在朝就是圣王。"继明"，无时不明；"照于四方"，无处不照。正因为无时不明，所以无处不照，所以才说"明明德于天下"。

初九 履错然。敬之。无咎。《象》曰：履错之敬，以辟咎也。

"履"，践履执行。"错然"，事物纷杂交错。"辟"，通"避"。"辟咎"，避免过咎。初九处下离之初，就像朝日初升，一日之计在于晨，是一日繁忙实践活动的开始，能敬则依正道而行，则各种事物虽纷杂交错而不乱，能应付裕如，可避免过咎。又离为火，火主礼，礼就是履。初九以刚居离明之初，能行礼执敬。

六二 黄离。元吉。《象》曰：黄离元吉，得中道也。

"黄"，各种颜色的中色。六二以柔居阴，当位得正，又处下离之中，所以是日中之离，也就是"黄离"。六二处文明之盛而得乎中，宜得元吉。黄离之所以元吉，是由于文明而用中的缘故。

九三 日昃之离。不鼓缶而歌。则大耋之嗟。凶。《象》曰：日昃之离，何可久也？

"昃"，太阳西斜。"缶"，瓦质的敲击乐器。"耋"，同"昳"，日落。九三以刚居阳，过刚失中，又处下离之终，是日落之时。日出、日落是天道的规律，如今九三看到日已过午而西斜，不知鼓缶而歌；及日落之时，则又嗟叹不已。九三哀乐失常如此，岂能不凶？太阳既已西斜，离明岂能长久？

九四　突如其来如。焚如。死如。弃如。《象》曰：突如其来如，无所容也。

九四以刚居阴，处近君之地，又居继明之初，有继承王位的物象，但失位不中，又与六五逆比，"突如其来"，不是善于继位的人。善于继位的人必定要有谦让之诚，柔顺之道，切忌急于继位。九四迫不及待，陵犯六五柔顺中正之君，其刚盛的气焰有如焚火，所以说"焚如"。九四所行不义，必遭天谴，乃天地所不容，而为众人所弃绝，所以说"死如，弃如"，凶险至极。

六五　出涕沱若。戚嗟若。吉。《象》曰：六五之吉，离王公也。

"沱"，水势盛大的样子。六五有柔顺中正之德，哀悼先王，泪流如雨，哀伤不已，深以继位为忧，不以得位为喜，理当得吉。六五之所以得吉，因为它所附丽的正是王公的正位。六五柔中，不自恃其明，而能怀忧惧，是王公善于用明的一类，所以能继明而"照于四方"。

上九　王用出征。有嘉折首。获匪其丑。无咎。《象》曰：王用出征，以正邦也。

"获"，执获。"丑"，丑类。六五承上九，有柔顺之君崇尚贤人的气象。上九以刚处上离的终了，是刚明的贤人，其刚足以动威刑，其明足以察奸邪。所以六五之君继位后，任命上九贤人去征伐不服，正治邦国，以建嘉美的功业，但只折其魁首，而不执其丑类，立威而不滥刑，得无咎。

朱高正　著

易传通解 下

华东师范大学出版社
·上海·

下卷

目录

《周易》下篇

咸第三十一／283

恒第三十二／287

遯第三十三／291

大壮第三十四／294

晋第三十五／297

明夷第三十六／301

家人第三十七／305

睽第三十八／309

蹇第三十九／313

解第四十／316

损第四十一／320

益第四十二／324

夬第四十三／328

姤第四十四／332

萃第四十五／336

升第四十六／340

困第四十七／343

井第四十八／347

革第四十九／350

鼎第五十／354

震第五十一／358

艮第五十二／362

渐第五十三／366

归妹第五十四／370

丰第五十五／374

旅第五十六／378

巽第五十七／382

兑第五十八／386

涣第五十九／389

节第六十／392

中孚第六十一／395

小过第六十二／399

既济第六十三／403

未济第六十四／406

后记／409

《周易》下篇

䷞ 咸　第三十一　艮下兑上

咸，就是"感"字拿掉"心"，引申为没有私心的感应。另外咸也有皆的意思，也就是只要以至诚无私的心，就能与万物相感应。咸由艮、兑两卦组成。《序卦》说："有天地然后有万物，有万物然后有男女，有男女然后有夫妇，有夫妇然后有父子，有父子然后有君臣，有君臣然后有上下，有上下然后礼义有所错。"从卦象来看，山上有泽，意味着山能容泽，而泽能润山，借着"山泽通气"来表述天地万物都相感应。从爻象来看，下体三爻与上体三爻都互相感应。从人事来看，艮为少男，兑为少女，万物间的感应，没有像男女间的相吸、相求这么强烈而快速。咸卦是兑柔在上，有"男下女"之象。男女间的感应又以少男、少女间最为强烈。少男先以笃诚相感，则少女以和悦相应。从卦德来看，艮为止，兑为悦，"止而说"才能相感应。止而不悦，则不能感；悦而不止，则流于放荡。咸卦下三爻论述少男笃诚降己以追求少女，上三爻则为少女心悦而下应少男。

咸。亨。利贞。取女吉。
《彖》曰：咸，感也。柔上而刚下，二气感应以相与。止而说，男下女，是以亨利贞取女吉也。天地感而万物化生，圣人感人心而天下和平。观其所感，而天地万物之情可见矣。

咸是没有私心的感应，凡是事物相感应就相通。事物的相感应，以少年男女的相适、相得、相交感为最盛。"柔上而刚下"，指咸卦来自否卦（䷋），否卦的坤三往上而成兑，乾上来三而成艮，乾坤二气交以相与，这是"二气感应以相与"，"而天地万物之情可见矣"，所以亨通。"止而说"，说明"利贞"；"男下女"，说明"取女吉"。"说"，通"悦"；"取"，通"娶"。"天地"、"万物"虽各个不同，但气则相通，天地以气感万物，而万物无不通。"圣人"、"人心"虽然贤不肖有别，但至诚则相通，圣人以其盛德感人心，而亿兆之民无不通。观其所感而其真情可见，感生于真情。情出于正，然后才能"感而遂通天下之故"。

《象》曰：山上有泽，咸；君子以虚受人。

山气高而居下，泽气卑而在上，山泽通气，就像天地交泰一样，这是咸的物象。君子观此象而虚其中以受于人。虚中，就是无私我。中无私主，则感无不通。山只有虚中，才能受泽；心也要虚中，才能受人。天地有常，以其心普万物而无心；圣人有常，以其情顺万物而无情。君子之学，廓然大公，物来顺应，所谓"以虚受人"。

初六 咸其拇。《象》曰：咸其拇，志在外也。

"拇"，脚大拇指。六爻都取自身上，因为四肢百骸，血气脉络相通，天地万物相感通的道理，即身可见。"志在外"的"外"，指九四，初六与九四相应，相应则相合，相合则相感。咸卦以人身取象，咸的初有"咸其拇"的物象。只是此时的感应还浅，不足以动人，就像少男追求少女，脚趾头虽动，却仍不足以进。心想前往而拇先伸，将动之初，是几微的先见者。

六二 咸其腓。凶。居吉。《象》曰：虽凶居吉，顺不害也。

"腓"，小腿肚。六二上应九五，有上行求偶的心意。"咸其腓"，指人想前行，则小腿肚先动，比喻六二躁动，不能固守本位。就像少男对少女就算一见钟情，也应循序渐进，遵守一定的婚聘过程。六二以柔居阴，不能固守本位，得凶。但六二仍具中正的美德，如能静以待时，深居固守，则吉。"顺不害"，指顺理则不害，守道不妄进的意思。

九三 咸其股。执其随。往吝。《象》曰：咸其股，亦不处也。志在随人，所执下也。

九三处下体的上面，相当"股"的部位。三虽艮体，但以刚居阳，又应上六，所以不能止住，所以说"咸其股"。九三过刚不中，不能自持，它所秉执的是，随初、二而动。因躁动而失正，所以前往则有所鄙吝。这里"亦不处也"的"亦"，是接着初、二爻《小象》来讲。上面说："咸其拇，志在外也。虽凶居吉，顺不害也。"这里说："咸其股，亦不处也。"初、二两阴皆有感而动，三虽阳爻，也是有感而动。所以说"亦不处也"。"处"，止。"不处"，就是动的意思。有阳刚的材质，却不能自主，志反在于随人，其所操执的甚为卑下。

九四 贞吉。悔亡。憧憧往来。朋从尔思。《象》曰：贞吉悔亡，未感害也。憧憧往来，未光大也。

"憧憧"，心神不定的样子。"朋"，指初六，"尔"，指九四。九四在股的上面，脢的下面，是心的物象。不说"咸其心"，因为心无所不包，而且咸是没有私心的感，也就是心没有任何的私系。九四比喻闺中少女，如果贞洁自守，行为端正，那就吉而悔亡。但九四不中不正，用私心以相感，则只有她的思绪所及的才能有所感动，所不及的就不能有所感动。而初六与九四相应，是其朋类，则从其所思，所以说"憧憧往来，朋从尔思"。引申为事物间的感应要廓然大公，心无私系，才能感之所至，无不相应。就像《系辞》所说"天下何思何虑，天下同归而殊涂，一致而百虑，天下何思何虑"。这样才是无私大公的感应，是感应的最高境界。"贞吉悔亡，未感害也"，指贞则吉而悔亡，未为私感所害。如果"憧憧往来"，则所感必狭，会与它相感应的，只是它的私朋而已，所以说"未光大也"。圣人要洗心，以涤除憧憧往来的私系，而复全其本然大公无私的感应。所以圣人"退藏于密，吉凶与民同患"。涣四，因"涣其群"而"光大"；此爻"朋从"，正相反，所以"未光大"。

九五 咸其脢。无悔。《象》曰：咸其脢，志末也。

"脢"，背。身体百骸，皆主于心，由九四担当。五脏之络，皆系于背，由九五担当。心系于背，一身皆动，只有背不动。"咸其脢"，是感于不动之处。九五上不到口就无言，下不到心就无思。无言、无思，就没有得失。虽不能有所作为，却也没有妄动的缺失，所以"无悔"。"志末"的"末"，是对本来说，指一身的形体，拇、腓、股、辅、颊、舌之类。感于不动之处，则无悔。本正则末自正，本立则末自举，圣人以无所感为一切感应的根本。

上六　咸其辅颊舌。《象》曰：咸其辅颊舌，滕口说也。

"辅"，在嘴内的肉。"颊"，在嘴外的肉。舌一动则辅应而颊从之，三者要互相协调，都是用来说话的。用辅、颊、舌相感，比喻新婚夫妻感情融洽，知心话滔滔不绝。到此少男、少女相感相通，咸道大成。"滕"，通"腾"。上六以柔居兑说之终，以言感人，未为全非。只是所感较浅罢了，难言吉凶。咸一开始，动于志；咸的终了，则发诸口。

䷟ 恒第三十二　巽下震上

恒是常久、恒久的意思，由巽、震两卦组成。《序卦》说："夫妇之道不可以不久也，故受之以《恒》。恒者，久也。"从卦象来看，巽为风，震为雷，雷风互相助势，这是天道的恒。从人事来看，巽为长女，震为长男，长男为夫而动于外，长女为妇而顺于内，这是人理的恒。从二体来看，巽为阴卦，震为阳卦，阳在上而柔在下，这是事理的恒。从爻象来看，只有执中才能恒久：初、四两爻还不到中，所以泥于恒常而不知权变；三、上两爻已经过中，好权变而不知守恒常。内三爻讲为妇之道，外三爻讲为夫之道。通观全卦没有一爻能得卦义，可见执中守恒的不易。恒卦是《系辞下》三陈九卦中的一卦。

恒。亨。无咎。利贞。利有攸往。

《彖》曰：恒，久也。刚上而柔下，雷风相与，巽而动，刚柔皆应，恒。恒亨无咎利贞，久于其道也。天地之道，恒久而不已也。利有攸往，终则有始也。日月得天而能久照，四时变化而能久成，圣人久于其道而天下化成。观其所恒，而天地万物之情可见矣。

恒有致通之道，唯其亨通，乃得无咎。恒之所以亨，以其能贞固守正，不随波逐流，所以说"利贞"。但如果固执于守常而不知权变，则又不能亨通了，一定要利有所往，随时适变，才能久于其道。"利贞"是不变的恒，"利有攸往"是不已的恒。只有不变，而且不已，两者相辅相成，才能执中守恒，因而亨而无咎。其实，恒卦来自泰卦（䷊），乾初往四而成震，坤初来下居初而成巽，这样就是"刚上而柔下，雷风相与，巽而动，刚柔皆应"。恒，要能亨，才能无咎，但必利于贞正，才能久于其道。天地之道所以长久，也是因为贞正的缘故。"久于其道"，就是"终"；"利有攸往"，则是"始"。天下的道理，没有不动而能恒久的，动则终而复始，所以恒而不穷。所以恒久不是一定不变的意思，一定不变则不能恒久了。本体之常正所以为施用之变，施用之变乃所以为本体之常，但必定要以本体之常为基础。"得天"，顺天理。日月因为顺应天理，往来盈虚，所以能久照而不已。四时变化也因为顺应天道，阳气消长，所以能久成而不已。"日月得天而能久照"，是"恒久而不已"；"四时变化而能久成"，则是"终则有始"。日月是本体，四时是施用。四时是日月的作为，合起来都是天地之道。圣人以恒久之道，行之有常，而化成天下。看日月的久照、四时的久成、圣人之道所以长久的道理，则天地万物的实情就可以一目了然了。

《象》曰：雷风，恒；君子以立不易方。

雷动而风散，看似无常。但收发之间，温凉立辨，从不失时。刚动巽入，互成其功，无常而实有常。在至变之中而不失其常，所以才为恒。应事接物，万变无穷，君子以时中处之，这就是"立不易方"。震、巽都是木，有立的物象。巽入在内，震动在外，各居其所，有不易方所的物象。

初六 浚恒。贞凶。无攸利。《象》曰：浚恒之凶，始求深也。

"浚"，深。初六以柔居阳，失位不中，处恒的初始，而质柔用刚，是以新嫁娘做比喻，指其泥于夫妇恒久之道而不知权变，急于要求丈夫能待她深情款款，就像相处数十年的老夫老妻一般，此乃致凶之道。因为夫妇的感情应该由浅入深，由疏及亲，慢慢培养。初六如果不知此理，而一味固执己见，就会欲速则不达，反遭其害。孟子说："其进锐者，其退速也。""始求深"，是指一开始就要求太多，有欲速助长的弊病。

九二 悔亡。《象》曰：悔亡，能久中也。

九二以刚居阴，有女子以刚行妇道的物象，本会有悔。但九二居中，又上应六五，能行刚中之道，所以"悔亡"。九二能久于中道，则不正之悔全可免除。

九三 不恒其德。或承之羞。贞吝。《象》曰：不恒其德，无所容也。

"或承之"，指有时而至。"羞"，羞辱。九三以刚居阳，虽得位，但过刚失中，有妇人质刚用刚的物象，虽志在上六，但不能行夫妇恒久之道，终为其夫所弃。九三虽有时而至见羞辱，却仍固守其好变而不知常的毛病，其鄙吝可知。一个人如果没有恒心毅力，其品德就不能牢固，必将一事无成。

九四 田无禽。《象》曰：久非其位，安得禽也？

"田"，田猎。"禽"，鸟兽的泛称。九四已入上体，论为夫之道。九四以刚居阴，失位不中，不能行夫妇恒久之道。田猎于外是男人的事，烹饪于内是女人的事，现在男人田猎于外而了无所获，那就没法供应家中烹饪的需要，比喻九四初为人夫还不能善尽夫职以养家。九四在震初，以不正的刚爻，居不中之地，处在恒的卦时，是"久非其位"。九四动而不已，是恒于所不当恒，如老是田猎于没有禽兽的地方，怎可能有所斩获呢？

六五 恒其德。贞。妇人吉。夫子凶。《象》曰：妇人贞吉，从一而终也。夫子制义，从妇凶也。

六五以柔居阳，下应九二，是以柔中应刚中，常久而不易，既正且固。六五如果是妇人则吉，因为女子以柔中之德，从一而终，合于夫妇恒久之道。但六五如果是夫子则凶，因为夫子当以刚中之德裁制事理，不该事事顺从其妇。

上六 振恒。凶。《象》曰：振恒在上，大无功也。

"振"，动得很快。上六以柔居阴，处震体的终了，动而不止，又处恒卦之极，反不能恒。上六材质柔弱，好动而不能守恒，愈动，失中愈甚，其凶可知。上六处动之至、恒之极，能动而不能止，知变而不知常。雷有发、有收，风有起、有息，所以能恒久而成岁功。"振恒"则有发而无收，有起而无息，执一不变，怎能有功？

遁第三十三　艮下乾上

遁是退避、遁隐的意思，由艮、乾两卦组成。《序卦》说："物不可以久居其所，故受之以《遁》。遁者，退也。"从卦象来看，艮为山，高而静止，乾为天，刚健而高远。天下有山，是山进逼于天，但天十分高远，不可能为山所逼，而有自觉退避的物象，所以是遁。从爻象来看，二柔浸长，四刚退避，乃小人渐盛，君子遁退的意思。至于卦中各爻，不论刚柔，全是退避的君子。下三爻处艮体，主于止，所以是勿往、执革、"系遁"；上三爻处乾体，主于行，所以是"好遁"、"嘉遁"、"肥遁"。

遁。亨。小利贞。

《彖》曰：遁亨，遁而亨也。刚当位而应，与时行也。小利贞，浸而长也。遁之时义大矣哉！

遁是柔爻浸长到二，由于阳刚退避而亨通。九五阳刚仍居尊位，而下应六二而遁，知几于微，与时偕行。"与时行"，指时机当遁退而遁退。"小利贞"，指君子处遁的时候，不得大有作为，只能小利于贞，因为群阴浸长，小人渐盛。只有善用其贞，才能善全其遁。有人以为遁的"小利贞"、睽的"小事吉"，只因为"小"就不思有所作为，所以《彖传》特别标明"小"的大用，才说"遁之时义大矣哉"。

《象》曰：天下有山，遁；君子以远小人，不恶而严。

"恶"，厌恶。"严"，严正。遁是小人渐盛之时，君子知几遁避，远离小人，对小人不露憎恶的眼色，而严守正道，凛不可犯。"远小人"是艮止的物象；"不恶而严"是乾刚的物象。

初六 遯尾。厉。勿用有攸往。《象》曰：遯尾之厉，不往何灾也？

遯退在后面，有"尾"的物象。遯退在先是见几而作的智者。初六柔而不能决，又处艮体下面，所以止而不能行，遯退在后，是危厉之道。既已在后面，且位居卑下，初六切勿又有所往，要晦处静俟，不前往，就是遯。"不往"，指不再有所作为，那就不会有灾祸。南宋时期，朱子准备要上奏折弹劾权相韩侂胄，后来因占得此爻而作罢。

六二 执之用黄牛之革。莫之胜说。《象》曰：执用黄牛，固志也。

"执"，固结。"黄"，中色。"牛"，温驯的牲畜。"革"，比喻坚固而难以解除的东西。"说"，通"脱"。六二用"黄牛之革"固结九五，使之不得解脱，比喻六二以中（黄）顺（牛）之德固结九五刚中之君。处遯的时候，六二与九五正应，要善尽为人臣之道，以中顺之德辅弼君王，在道义上不可遯隐，六爻之中只有此爻不提"遯"。"固志"，固结其志，也就是"小利贞"，当小人势力浸长之时，六二是内互巽卦的主爻，要守巽顺之道而固结九五。

九三 系遯。有疾厉。畜臣妾吉。《象》曰：系遯之厉，有疾惫也。畜臣妾吉，不可大事也。

"系"，指我为人所系，阴为主；"畜"，是人为我所畜，阳为主。"臣妾"，指小人与女子。处遯之道在于贵速而远。九三以刚居阳，当位得正，上无正应，下比二柔，因此被二柔所牵系，使其遯无法速而远，所以是"有疾"。遯而不速，所以危厉。二柔就像小人、女子一样。君子对小人、女子既然有所牵系，不能速遯、远遯，那只好"不恶而严"，行其畜养臣妾之道，则吉。如此既不失吾贞，又不为疾惫所累，以这种昵爱之心畜养臣妾，只能"小利贞"而已，岂可胜任大事？

九四 好遯。君子吉。小人否。《象》曰：君子好遯，小人否也。

"好"，喜好。"否"，不善。九四以刚居阴，虽然下应初六，但因刚决，所以能克己复礼，以义断绝初六，义苟当遯，则去而不疑，所以得吉。"好遯"，是依礼而遯，而不漏遯的形迹。像孔子以微罪而去父母之邦，或孟子三宿而出昼。小人则不能以义自处，惑于私欲，因此得否。九四不当位，所以设小人之诫，以佐君子之决。

九五 嘉遯。贞吉。《象》曰：嘉遯贞吉，以正志也。

九五阳刚中正，与六二柔顺中正相应，这是嘉美的遯退。九五能与时俱进，虽与六二有应，或止而与之相合，或遯而与之相去，完全以中正之道为断，了无私系的缺失，所以"贞吉"。"正志"，指进以礼，退以义。志正则动必由正，所以为"嘉遯"。

上九 肥遯。无不利。《象》曰：肥遯无不利，无所疑也。

"肥"当作"蜚"，两者的古字相似，与"飞"相通。"肥遯"，指遯退快得像飞一般。上九以刚处卦外，下无系应，超然绝去，心无疑顾。四刚之中，三系于阴，四、五应于阴，都不能不疑。到上则疑虑尽消而"无所疑"，才能"无不利"。

大壮第三十四　乾下震上

大壮是阳刚正在盛壮的意思，由乾、震两卦组成。依照《易》的通例，阳为大，阴为小，所以大壮是指阳刚强壮、盛长的意思。《序卦》："物不可以终遯，故受之以《大壮》。"从卦象来看，乾为天，震为雷，雷在天上，其声远播，有阳刚壮盛的物象。《系辞》说："上古穴居而野处，后世圣人易之以宫室，上栋下宇，以待风雨，盖取诸《大壮》。"从卦德来看，乾为健，震为动，刚健而其动不息，也有大壮的意思。从爻象来看，四刚在下，二柔在上，有阳长阴退的物象，且阳长已入上体，所以是大壮。

大壮。利贞。
《彖》曰：大壮，大者壮也。刚以动，故壮。大壮利贞，大者正也。正大而天地之情可见矣。

大壮之道，利于守正而已。"大壮，大者壮也"，处阳长而刚盛的时候，如果不能固守正道，就会有过猛、刚暴的弊病。处阳刚壮盛的时候，不轻用其壮，固守贞正之德，用柔而不用刚，才可长保其壮，所以六爻都以刚柔相济为善。"刚以动，故壮"，指刚则不为物欲所挠，所以其动也壮。"大壮利贞，大者正也"，刚而能正，就能极尽正大之理，而天地之情就清晰可见。其实，天地之情就只是一个"正大"而已，未尝有丝毫的偏邪。"心"不易见，所以设疑辞说"复，其见天地之心乎？""情"则易见，所以直说出来。孟子的"我善养吾浩然之气"，就是来自大壮："大者壮也"，就是"其为气也，至大至刚"；"大者正也"，就是"以直养而无害"。

《象》曰：雷在天上，大壮；君子以非礼弗履。

震动在乾天之上，所以有"非礼弗履"的物象。君子的大壮，莫若依礼而行，凡是克己复礼，这就是自胜者强。壮而违礼则凶，凶则不壮矣。

初九　壮于趾。征凶有孚。《象》曰：壮于趾，其孚穷也。

"趾"，脚趾，在身体下面而主于行动的。"征"，前进。"孚"，信。初九以刚居阳，处大壮的初始，有过刚之嫌，在下而用壮，所以说"壮于趾"。初九居乾体之下，用刚而壮于进，无视处大壮之道要用柔守正，在上位都不可如此，何况在下位呢？所以信其有凶。"其孚穷也"，指初九居下用壮，任刚而决行，信乎其穷困而有凶。

九二　贞吉。《象》曰：九二贞吉，以中也。

九二以刚居阴，刚柔相济，又居下卦之中，当大壮的时候，不过刚而执中守正，得吉。六爻之中，以九二最得卦义。因为九二刚而能柔，壮而得中，上应六五，不恃其壮，所以"贞吉"。

九三　小人用壮。君子用罔。贞厉。羝羊触藩。羸其角。《象》曰：小人用壮，君子罔也。

"罔"，不或无。"羝羊"，公羊，性刚壮，喜触物。"藩"，藩篱。"羸"，由于缠绕而受伤害。九三以刚居阳，过刚不中，又居乾体之上，既壮且盛。在小人则尚力而务胜人，所以喜好用壮；在君子则尚德而务胜己，所以不任意用壮。小人用壮，就像公羊见到藩篱挡道，就用角去抵触，如此用壮，必然羸困其角。所行虽正，终不免于危厉，何况所行不正呢？九三当大壮的时候，小人恃其应上六而肆用其壮，君子则不敢妄动，虽有应，却若无应，所以说"君子罔也"。

九四　贞吉。悔亡。藩决不羸。壮于大舆之輹。《象》

曰：藩决不羸，尚往也。

"决"，开。九四以刚居阴，刚柔相济，处大壮的时候，诚以守正则能吉而悔亡。九三以九四在前，有如藩篱阻碍而不能前进；九四则以五、上两柔在前，如藩篱决开，不复阻挠九四前进。就像大车的轮辐强壮，有利于行，比喻九四可上往消阴。"尚往"，以前往为尚，恐人以九四居柔为不进，所以用"尚往"讲明清楚。

六五 丧羊于易。无悔。《象》曰：丧羊于易，位不当也。

九三、九四两爻都取羊为象，因羊性刚壮。六五则柔而非刚，所以说"丧羊"。"易"，指疆埸的易或变易的易。六五处大壮阳长阴退、刚柔交际之处，所以说"丧羊于易"。六五以柔居中，没有轻用其壮的弊病，所以无悔。至于"位不当"不只是说六五以柔居阳，不任刚壮而已，特别指出四刚已过，则五所处并非应当刚壮的位置。

上六 羝羊触藩。不能退。不能遂。无攸利。艰则吉。《象》曰：不能退不能遂，不详也。艰则吉，咎不长也。

"遂"，进。上六处一卦穷极之地，相当角的部位，所以虽是柔爻，还是用"羝羊触藩"来说。上六以柔处震终而当壮极，就像羝羊触藩，后无可退，前无可进，质柔才弱而用壮如此，无所利。上六只有知道其处震终壮极的艰难，舍刚用柔，则可以得吉。"详"，审。凡人处事，以为平易则不详审，以为艰难则详审。原来以不详审而致咎，现在则详审而免咎，这是教人要善于补救过咎。人不贵无过，而贵于善改过。

晋第三十五　坤下离上

晋是缓缓上进而愈为明盛的意思，由坤、离两卦组成。《序卦》说："物不可以终壮，故受之以《晋》。晋者，进也。"从卦象来看，坤为地，离为日，为明，明出地上，冉冉升起，高而益明，所以为晋。从卦德来看，坤为顺，离为明，有上明而下顺的意思。六五是卦主，当晋的时候，柔爻都吉，刚爻则厉。

晋。康侯用锡马蕃庶。昼日三接。

《彖》曰：晋，进也。明出地上，顺而丽乎大明，柔进而上行，是以康侯用锡马蕃庶昼日三接也。

"康侯"，得天子信任能协助安定天下的公侯。"锡"，同"赐"，此处解作在下位的人奉赐给在上位的人。"马"，贵重的礼物。"蕃庶"，众多。晋而明盛的时候，下面的人顺服而上面的人贤明，康侯用众多的马匹纳贡于天子，天子也以隆重的礼节接待康侯，以致一日之内会见三次。比喻康侯顺服之至，而深得天子的宠信，君明臣顺，相得如此，可谓至矣。"晋"为日之进，"升"（地中生木）与"渐"（山上有木）则为木之进。"明出地上"，其明进而盛；升与渐虽有进的意思，却没有明盛的物象。"顺而丽乎大明"，指以顺德为本，而附丽于大明，所以是顺服之臣附丽于大明之君。"柔进而上行"，依照《周易》的通例，柔卦只有离在上是得尊位而大中，所以称为"上行"，如噬嗑（䷔）、睽（䷥）、鼎（䷱）；巽的柔爻在六四，则称为"上合"或"上同"；兑的柔爻在上六，则称为"上穷"。六五以柔居尊位，明而为顺服之臣所附丽，是善于待下、宠遇亲密的意思，所以是"康侯用锡马蕃庶昼日三接"。大有（䷍）是火在天上，论君道，是君临天下之象；晋是明出地上，论臣道，是公侯顺服天子之象。春秋时期，晋文公城濮之战，献捷于周天子，出入三觐，就是"三接"。

《象》曰：明出地上，晋；君子以自昭明德。

"昭"，明。德本于天，本就明亮，所以称为"明德"。但是这个天生的明德如果被阴私所遮蔽，那就晦而不明了。君子看到晋象，而自明其明德，明而益明，有如旭日的东升。至健莫如天，君子用以自强不息；至明莫如日，君子用以自昭明德。

初六 晋如摧如。贞吉。罔孚。裕无咎。《象》曰：晋如摧如，独行正也。裕无咎，未受命也。

"晋"，升进。"如"，语助辞。"摧"，抑退。"罔"，通"无"。"罔孚"，未信。初六以柔居晋的开端，而它的正应九四失中不正，比喻初六虽要上进，却被九四近君大臣所阻抑，所以有"晋如摧如"的物象。初六只有固守正道，才能得吉。初六地位卑下，处晋的开端，怎么可能一下子就得到上面的信任。初六一时还得不到上面的信任，应当宽裕自处，待机而后进，才能没有过咎，这就是"独行正"。"未受命"，指尚未被赋予官守。君子处世，或进或退，只有独自行走正道而已。进要以礼，退要以义，所以难进而易退。人们知道我的才德，我怡然自得；人们不知道我的才德，我也同样怡然自得。初位，相当庶民百姓，所以"未受命"。大凡君子处世，枉己易合，直道难容。因为"正"，所以被抑退，但怎可因为被抑退就失去对"正"道的坚持？

六二 晋如愁如。贞吉。受兹介福。于其王母。《象》曰：受之介福，以中正也。

"介"，大。"王母"，祖母，指六五。六二以柔居阴，当位得中，上无应援。处在晋升的卦时，不可急于上进，所以欲进而忧愁。六二应固守正道，则能得吉，而且将从六五王母那里受纳大福。这是因为六二有中正柔顺之德，与六五同为柔中而一气相承。祖母亲爱孙子，与儿子无异，是孙子的亲王母，比父母更亲，也更为尊贵。用这样的比喻显明"受之介福"的意义，更为亲挚，而它的庇荫更为久远。

六三 众允。悔亡。《象》曰：众允之志，上行也。

"允"，信。六三以柔居阳，本来会有悔咎。但六三是坤卦的上爻，表示极为柔顺，且坤体三柔，也全都顺从其上。"众允"，指众人都深信三柔是柔顺的臣子。能被下面的人所信任，必也能获得上面的人所信任。六三带领初、二两爻，当进而进，前往投靠六五明君。这就是"众允之志，上行也"。六三深深体悟坤卦的柔顺本性，与六五同功而同德，下面与初、二两爻同卦而同心，众柔信从，以进于上，虽不中不正，但悔咎却可消亡。"上行"，指三柔的志向都要上行，"顺而丽乎大明"。不能获得同道好友的信任，那就不能获得上面的委信。《中庸》说："不信乎朋友，不获乎上矣。"初爻"罔孚"，还没得到信任；三爻"众允"，得到众人的信任。

九四 晋如鼫鼠。贞厉。《象》曰：鼫鼠贞厉，位不当也。

"鼫鼠"，鼠类的一种，性情贪猥而惧怕人类，比喻九四无德无才，忌贤妒能。九四以刚居阴，失中不正，窃据高位，贪食俸禄，又阻挠三柔的上进。九四如果固守此道而不知悔改，那就危厉了。"位不当"，指九四窃位而居，上面畏惧六五大君的明达，下面畏惧众人的逼迫，不能久安于其位。

六五 悔亡。失得勿恤。往吉。无不利。《象》曰：失得勿恤，往有庆也。

六五以柔居尊，本来有悔咎。但处上进的时候，六五以大明在上，而坤体三柔尽皆顺服，所以能消亡悔咎。六五柔中之君，应当推诚委信同德，不要自任其明，切忌计功谋利，而恤其得失，如此就可以往吉而无不利。"往有庆"，指"昼日三接"，上明下顺，君臣相得。

上九 晋其角。维用伐邑。厉。吉无咎。贞吝。《象》

曰：维用伐邑，道未光也。

"角"，指阳刚而在最上面的东西，比喻上九以刚居晋卦的极高处。"伐邑"，讨伐他自己所居住的城邑，比喻内对自己善加修治。上九过刚而躁进，只能用于讨伐自己居住的城邑，以自治、自克而内自省。上九要真能如此自修，则虽有危厉，却可吉且无咎。因为人如能自治，刚极则守道愈固，进极则迁善愈速。只是上九处晋的极高处，知进不知止，如果贞固于此而不知变，不免有所鄙吝。"道未光"，指其道未能光大，如位高权重，则有居成功之嫌；爵尊禄厚，则失独行愿之志。所以务必要能克制私欲，善于自治，才能高而不危，免于吝咎。

明夷第三十六　离下坤上

"夷"，灭或伤。"明夷"就是明灭而暗生，比喻贤明君子处于天下无道之时，易于遭忌而见伤，由离、坤两卦组成。《序卦》说："进必有所伤，故受之以《明夷》。夷者，伤也。"从卦象来看，离为日，坤为地，离日在坤地下面，日落则天黑，比喻昏君执政，世道黑暗，是贤明君子遭到迫害的时候。从卦德来看，内卦离是文明的意思，外卦坤是柔顺的意思，君子处在明夷的卦时，要内怀文明之德，外行柔顺之道。如果尽用其明，会伤于太察，则遭忌惹祸；只有审慎而行，"用晦而明"，不失其正，才是贤明君子。从爻象来看，上六指商纣王，是昏暗之主，下面五爻全被上六所伤：初九比喻伯夷出逃，六二文王被拘押在羑里，九三武王伐纣，六四微子归周，六五箕子为奴。

明夷。利艰贞。
《彖》曰：明入地中，明夷。内文明而外柔顺，以蒙大难，文王以之。利艰贞，晦其明也，内难而能正其志，箕子以之。

离为火，引申为日、为明，坤为地，所以明夷有灭日、伤明的物象。"艰贞"，指有其明但晦藏而不用。处天下无道的时候，君子唯有利在知艰难，固守贞正之德而不随世倾斜。"蒙"，遭遇。"大难"，指天下之难，关系到天下万民。文王当年是西伯，是商纣王的股肱大臣，所以说是"大难"。"内难"，指一家之难，关系到一家，乃至宗社。箕子是商纣王的近亲，所以说是"内难"。当商纣王昏庸无道的时候，文王内怀文明之德，外行柔顺之道，谨守臣礼，事奉商纣王，蒙遭大难，内不失其明圣，而外足以远离祸患。而箕子切近家难，能晦藏其明，而自守其正志。文王被商纣王关拘在羑里而演《易》，才能为六十四卦定卦名、系卦辞；箕子则佯装发狂，受尽屈辱，才能传下《洪范》九畴之道。好像上天要让他俩处明夷之世，而他俩的明圣更加昭著于千古，这就是"艰贞"还会有所利的缘故。就像《中庸》所说："素患难行乎患难，君子无入而不自得焉！"

《象》曰：明入地中，明夷；君子以莅众，用晦而明。

"莅"，至或临的意思。君子莅临民众，不尽其明察而善用其晦，如此才能容物和众，众亲而相安。因为懂得用晦，才更加显得贤明。否则如果自任其明，无所不察，那么自己不胜愤世疾俗，毫无宽厚含容之德；人情则睽疑而不安，大失临众之道，反为不明之至。寓离明于坤顺之中，旁人但见其顺而不见其明，这就是"用晦"才所以"明"的道理。

初九 明夷于飞。垂其翼。君子于行。三日不食。有攸往。主人有言。《象》曰：君子于行，义不食也。

明夷卦的初、上两爻都以鸟取喻，就像鸟的两张翅膀。初九处离体的下面，远离上六昏君，譬喻他的贤明能够照察天下无道于未显之时，是个见微知几的贤明君子。"明夷于飞，垂其翼"，比喻初九处明夷的开端，就像鸟儿在夜幕低垂之际，飞速避祸远走，且小心翼翼，收敛翅膀而低飞，以免暴露行迹。初九贤君子在避难途中，没空顾及饮食，以致使不了解他苦衷的主人有言辞上的责怪。"义不食"指君子以义自守，不肯苟食，既然要尽快闪避，人都不想见了，怎么可以食用别人的食物？

六二 明夷。夷于左股。用拯马壮。吉。《象》曰：六二之吉，顺以则也。

六二以柔居阴，当位得正，是文明之主，柔顺之至。股肱是用来比喻君王左右的大臣，"夷于左股"，比喻六二文明柔顺的大臣被上六昏君所伤，应当急速用壮马拯救，才能免祸。因为壮马刚健柔顺：不顺就会取祸，不健就救不出来。六二比喻文王在贤者见伤的时候，能"内文明而外柔顺，以蒙大难"，终能逢凶化吉。这是因为"顺以则也"，也就是文王被囚见伤之际，能顺乎君臣的天则，以柔顺中正之道自处而得吉。明夷卦下面三爻，只有六二有拯救大难的诚意；上面三爻，只有六五没有离去内难的心志，因为两者都是中顺之臣。

九三 明夷于南狩。得其大首。不可疾贞。《象》曰：南狩之志，乃大得也。

九三以刚居阳，与上六相应，主于上进。九三居离体的上面，上六处在坤体的穷极，以至明对应至暗，有明臣去除昏君的物象。而南方在前面而明亮，"狩"是田猎而去除危害稼穑的野兽，"南狩"是九三以至明进除至暗，应当可以得到"大首"，即至暗的魁首上六。但是拨乱反正不可过急，除恶务尽，要审慎为之；反观六二的救难，就要快而不能迟。不用"伐"字，而用"狩"字，因为下面的人不可以讨伐上面的人，所以用"狩"而大有所得。"南狩之志"，是以下面的明，去除上面的暗，其志只在去害而已。用"南狩"，是以除残禁暴嘉许九三，而不是鼓励以下犯上。用"得其大首"，是以歼除魁首嘉许九三，而不是鼓励以臣弑君。

六四 入于左腹。获明夷之心。于出门庭。《象》曰：入于左腹，获心意也。

六四已入上体，以柔居阴，当位得正，是昏君的近臣。六四与上六有私交，深知昏君暗昧已极，善言难进，无可救药，于是走出门庭，远逃避祸。六四由"入于左腹"到"于出门庭"，可见上六昏庸已极，众叛亲离。"获心意"，指六四获明夷之心，深知上六嫉视正道的心意。

六五 箕子之明夷。利贞。《象》曰：箕子之贞，明不可息也。

六五与上六昏君为邻，必定会遭到伤害，所以要像箕子那样晦藏其明，而内守其正，所谓"内难而能正其志"。箕子虽为商纣王的大臣，且为同姓之亲，宁愿用晦而明，佯狂为奴，以免于害。六五面对上六，矫止他则势所不容，拯救他则力所不及，离弃他则义所不可，这是最为难以自处的事，只有箕子才能处置得妥当。箕子为此佯狂，身虽可辱，但"明不可息"。"明不可息"，就像日食一样，人只看到太阳被遮掩掉了，而太阳却还是在那里，它的明亮并不曾止息。

上六 不明晦。初登于天。后入于地。《象》曰：初登于天，照四国也。后入于地，失则也。

上六处在明夷的极端，不能自明其明德，以至于晦暗。一开始，登于天上，但是身为昏暗之主，肆意伤害贤明君子，最后是自伤其明，而为臣民所唾弃，而入于地中。上为天位，居上，所以说"初登于天"。坤为地，上居卦终，所以说"后入于地"。"照四国"，指光照四表，是以上的地位来说。"失则"，就是失道，是以上的德行来说。

家人第三十七　离下巽上

　　家人，是一家的人，用来论述持家之道，由离、巽两卦组成。《序卦》说："伤于外者必反其家，故受之以《家人》。"从卦象来看，离为火，巽为烟（本来是风，但风不可见，但借由树动、烟飘以自显，而引申为木或烟），烟自火出，有家人的物象。因为上古时代，或田猎、或农牧，都是以家庭为单位，散居各处。家人是同室而居、同爨而炊、同锅而食，在荒野中，只要看见炊烟袅袅，就可推断烟火出处有家人。从人事来看，离为中女在下，巽为长女在上，表示一家里面女子长幼有序。在传统社会，男子出外营生，以养家活口，女子则留居家中，以相夫教子。留在家中除了女子之外，非老即幼，所以女子居家长幼有序，则自然家和而万事兴。从两体来看，六二代表女子得位居中于内卦，九五代表男子得位居中于外卦，也就是女主内而男主外。家居生活大多以情胜理，以恩夺义，只有刚正的人才能不以私爱而害正理。所以持家之道，要以严刚为尚。

　　家人。利女贞。
　　《彖》曰：家人，女正位乎内，男正位乎外，男女正，天地之大义也。家人有严君焉，父母之谓也。父父子子，兄兄弟弟，夫夫妇妇，而家道正。正家而天下定矣。

　　持家之道，以女子固守正道为有利。女正则男正可知，男女正则家正，家正则天下可定。女子之所以能依循正道，乃是因为男子依循正道：六二当位得正而居内卦的中位，是女子秉持顺德以正内；九五也当位得正而居外卦的中位，是男子秉持健德以正外。男女本于天地："男"秉承乾天的刚健，"女"秉承坤地的柔顺。男女各得上下卦的中正之位，契合于天地之道，所以说"天地之大义"。《序卦传》说得好："有天地然后有万物，有万物然后有男女，有男女然后有夫妇，有夫妇然后有父子，有父子然后有君臣，有君臣然后有上下，有上下然后礼义有所错。""严"，尊而威。"君"，君长。"严君"，指父母。持家之道，必赖严君。一家再小，没有尊严则孝敬衰，没有君长则法度废，有了严君然后家道可正。家是国的准则。唯有家齐然后国治，国治然后天下平。父、子、兄、弟、夫、妇，各尽本分，各得其所，如此就家道正。推一家之道，可以及天下，所以"家正则天下定矣"。

《象》曰：风自火出，家人；君子以言有物而行有恒。

"物"，事实。"恒"，常度法则。言之有物，行有常则，谨言慎行，则身正而家治。男有室，女有家，不提"室"而提"家"，重在女子是否能依循正道。君子看到"风自火出"，就知明内而齐外（离为明，巽为齐），所以家道正而天下定。齐家以修身为本，修身以谨言慎行为先。言忠信则"言有物"，行笃敬则"行有恒"。言有物、行有恒，是修身之道，是一切教化的根本。

初九　闲有家。悔亡。《象》曰：闲有家，志未变也。

"闲"，防。初九处在家人的开始，所以说"有家"。初九以刚居阳，刚则能治家，尤其在治家的开始，要以严刚为尚，谨防轻亵渎慢，就可以没有悔咎。因为一切的教导都重在初始，譬如刚刚入伍、入学或上岗，渎慢了再来要求，心志变了再来惩治，都悔之晚矣。所以在家道初立的时候，志未变，情未渎，就以刚严之德予以闲防，虽然承柔，也不会有后悔的事。这就是俗话说的"教子婴孩，教妇初来"。

六二　无攸遂。在中馈。贞吉。《象》曰：六二之吉，顺以巽也。

"遂"，为。"馈"，食。六二居内卦而处中，履得其位，恪尽妇人三从之道，不敢自遂自专，主持中馈，以柔中之德，居家掌管饮食的事，是"女正位乎内"的主妇，得其正而吉。"顺以巽"，指顺理而巽从，并不是私昵。《易传》三次提到"顺以巽"：蒙五，是事师之道；渐四是事君之道；家人二是事夫之道。

九三　家人嗃嗃。悔厉。吉。妇子嘻嘻，终吝。《象》曰：家人嗃嗃，未失也。妇子嘻嘻，失家节也。

"嗃嗃"，严酷的样子。"嘻嘻"，笑乐没有节制的样子。九三以刚居阳，处离体的终了，有极明、过刚、失中的弊病。比喻九三治家刚明而极严，不能宽猛相济，难免有伤骨肉之情，所以有悔于严厉。但治家本来就崇尚刚严：行与其慢，宁过乎恭；家与其渎，宁过乎严。九三治家犹得其道，所以得吉。所以说："家人嗃嗃，未失也。"如果治家过于宽纵，家中妇女、小孩笑乐毫无节制，因"失家节"而终致败家，则可鄙吝。

六四　富家。大吉。《象》曰：富家大吉，顺在位也。

六四以柔居阴，为巽体的主爻，相当于以柔顺之德而居正位的老母亲，家中儿孙满堂，和睦相处，这就是"富家"，宜得大吉。因为父子有亲，兄友弟恭，夫和妇柔，子孙众多，这才是家的富有，怎会以多财为富呢？六四作为巽的主爻，当位得正，又承阳（与九五亲比）、应阳（与初九相应），所以为"富"。柔爻而可以称"大"，是由于柔而得刚。四在别卦为臣道，在本卦则为妻道。男子的事功倚赖女子而成，就像乾天的事功倚赖坤地而成，所以家人是"利女贞"，因此"大吉"的爻辞不见于五，而见于四。

九五　王假有家。勿恤。吉。《象》曰：王假有家，交相爱也。

"假"，至。"假有家"，指达到有家之道的极致。"恤"，忧。九五以刚居阳，处尊而中，又与六二相应。九五至尊以刚中之德治家，宽严相济，极于有家之道，是最善于治家的。自古以来，修齐治平之道，与人相处无不从齐家开始，家齐则国治，国治则天下平。九五最得治家之道，何忧何恤，所以得吉。"交相爱"，指一家之内的父子、兄弟、夫妇、长幼莫不交相亲爱。国的根本就在家，这是一切王化的基础。所以一家交相爱，则一国交相爱；一国交相爱，则天下无不交相爱。

上九　有孚威如。终吉。《象》曰：威如之吉，反身之谓也。

"孚"，诚。"威"，严。"如"，语助辞。上九以刚居阴，宽严相济，又处一卦的终了，是家道大成的时候。治家之道，在于治家的人要能够反身而诚，且以严刚为尚。因为不诚则家人相欺，正道难行；不严则礼法不行，渎慢易生。必定要诚而严，威而信，才能保家道的终吉。"威"，并不是作威，而是反身自治，则家人自然畏服。《大象》说"言有物而行有恒"，这里又说"反身之谓也"，正在说明家道所以成终成始，取决于治家的人要先把修身的功夫做好。

睽第三十八　兑下离上

睽是睽乖、离散的意思，由兑、离两卦组成。《序卦》说："家道穷必乖，故受之以《睽》。睽者，乖也。"从卦象来看，兑为泽，离为火，火性往上炎烧，泽性往下湿润，两相背离，有睽的物象。《系辞》说："弦木为弧，剡木为矢，弧矢之利，以威天下，盖取诸《睽》。"也是取弧矢相背离的物象。从人事来看，兑是少女在下，离是中女在上，"二女同居，其志不同行"。二女虽相睽乖，但仍长幼有序，尚不致相革，在睽乖之中，仍含藏着相济相通的道理。所以《象传》说："天地睽而其事同也，男女睽而其志通也，万物睽而其事类也。"下三爻论述睽乖与对立，上三爻则论述睽乖能统一。

睽。小事吉。
《彖》曰：火动而上，泽动而下。二女同居，其志不同行。说而丽乎明，柔进而上行，得中而应乎刚，是以小事吉。天地睽而其事同也，男女睽而其志通也，万物睽而其事类也。睽之时用大矣哉！

处在睽乖的时候，尤其不能用刚亢的心勉强施为，而应就其睽乖之中，善用阴柔来慢慢化解，所以说"小事吉"。"小事"，就是以阴柔来从事施为。"火动而上，泽动而下"，是在解释睽的卦象。二女同居的卦共有六个：大过、中孚、鼎、家人、睽与革，但只在睽、革两卦提"二女同居"，是因为睽与革都没有巽长女。凡家中有长嫡，就有统率而礼分自定。睽的"其志不同行"与革的"其志不相得"，就是因为没有长女在，以致礼分不能定下来。"说"为悦，指下兑。"丽"为附丽。"丽乎明"，指上离为明。"说而丽乎明"，指以和悦附丽于光明的意思。"柔"与"中"都指六五；"刚"指九二。六五以柔居尊，下应九二刚中之臣，处睽乖的时候，虽不能成就大事，但以和悦、柔顺之道处事，还可以小济，所以"小事吉"。天高在上，地卑在下，其体相睽乖，但阳气下降，阴气上升，相合而共成化育之功则相同；男子与女子体质相睽乖，而相求之志则相通；生物万殊，各相睽乖，但无不同样禀受阴阳五行之气，物虽异而所本的义理则无不同，所以天下之大，群生之众，睽散万殊，唯圣人能异中求同。处睽乖的时候，有时睽乖的作用非常大。以睽乖时候的事情来说，可小不可大，所以"小事吉"；以它的作用来说，则甚大而不小，所以说"大矣哉"。

《象》曰：上火下泽，睽；君子以同而异。

有德君子立身行世，在人情的常理方面，没有不与人大同的；但对于世俗所向往的，则有时而独异。对于常理没有不同的道理，但对于世俗的偏失则不能苟同。不能大同的，那是乱常悖理的乡讪；不能独异的，那是随俗习非的乡愿。重点在同而能异。"同"像似兑的悦，"异"像似离的明。

初九　悔亡。丧马勿逐自复。见恶人。无咎。《象》曰：见恶人，以辟咎也。

"恶人"，与自己相睽乖的人，指九四。初九以刚居阳，处睽的初始而能怡然自得，所以能消亡其悔。初九当位得正，与九四相敌，能退守本位，不求同、也不立异，怡然自得，可以避免过咎。"辟"，通"避"。"丧马勿逐自复"，指往者不追，不求同的意思。"见恶人"，指来者不拒，不立异的意思。否则，丧马而逐，愈追愈远；激怒恶人，愈激愈戾。如此则睽乖愈深，而过咎大了。

九二　遇主于巷。无咎。《象》曰：遇主于巷，未失道也。

按照古礼，礼节完备的见面叫"会"，不完备的见面叫"遇"。

"主",指六五,不称"君"而称"主",在睽乖的时代,君要择臣,臣也要择君,名分还没定下来,只能称"主"。"巷",靠近宫墙的小路。九二上应六五,比喻刚中的贤臣与柔中的明君,志气相投,但迫于世道乖离,君臣不能以宾主之礼相会。九二只得"遇主于巷",委曲以求与六五相见,可以无咎。因为"遇",并不是枉道迎逢。而"巷",也不是邪径歪道。"未失道",指并未偏离正道。

六三 见舆曳。其牛掣。其人天且劓。无初有终。《象》曰:见舆曳,位不当也。无初有终,遇刚也。

"舆",大车。"曳",拖引。"掣",牵引。"天"应是"而"的误写,其古字字形十分相似。古时髡发的刑叫"而",去鼻的刑叫"劓"。六三以柔居阳,失正不中,所居不安,而想与上九正应相合,却陷入两刚之中,四阻于前,而二曳于后,这是由于"位不当也"。六三所乘坐的大车被九二牵曳于后,拉车的牛则被九四阻掣于前。六三志在上往,被九四"天且劓",身受重创。六三处睽乖的时候,一开始被二、四阻挠,终将与上九相合,所以说"无初有终"。上九开始对六三有所疑虑,后来终于知道六三的诚意而与它相应,这是六三遇到刚明的人,所以说"遇刚"。

九四 睽孤。遇元夫。交孚。厉无咎。《象》曰:交孚无咎,志行也。

"元夫",指初九,犹大丈夫。阳为大,称"元"。初九阳爻处于卦始,所以称"元夫"。发展到九四,渐渐由睽乖转向聚合。九四以刚居阴,过中不正,又陷在两柔之中,是睽离孤处的人。九四以阳刚之德,处近君之地,孤立无援,必求其朋类,以至诚孚信相交。不孚则睽乖,所以聚合睽散之道,莫如交孚。而初九不求同、不求异,是善于处睽乖的人,与九四同为一刚处一卦下面,各无应援,宜其同德相亲而遇。九四近君大臣,下交初九贤士,所以济睽之志得以遂行,只是处睽的时候,仍须常怀危厉的心,才能没有过咎。

六五 悔亡。厥宗噬肤。往何咎。《象》曰：厥宗噬肤，往有庆也。

"宗"，宗党，指九二。"噬"，啮，以齿咬物。"噬肤"，指噬啮柔嫩的肉，比喻很容易啮合。六五以柔居阳，本该有悔，但居中有应，所以能消亡其悔。六五是柔中的明君，于睽乖将极的时候，往应刚中贤臣，两者一拍即合，大有福庆，哪有过咎？

上九 睽孤。见豕负涂。载鬼一车。先张之弧。后说之弧。匪寇婚媾。往遇雨则吉。《象》曰：遇雨之吉，群疑亡也。

"弧"，弓。"说"，通"脱"。上九以刚处离体的上头、睽卦的终了，有极明、过刚的物象。上九过刚则暴，极明则疑，本有六三正应，但六三被二、四两刚所牵制，加上上九刚暴多疑，是使自己变得睽孤的人。适逢睽极的时候，上九非但没有与六三相合，且把六三的"牛"看成背负泥涂的"豕"，只见它的污浊；又把六三的"舆"看成是载鬼的"车"。比喻上九以无为有，虚妄多疑至极。上九对六三一开始充满怀疑，拉开弓想射杀它；最后怀疑消释，就脱弓不射。这才知道六三不是敌寇，而是婚配，所以上九往应六三，尽释前嫌，阴阳终于合和而下降为雨，得吉。"孤"生于睽，而睽生于疑。原本的见豕、载鬼、张弧的疑，一并消释，所以说"群疑亡也"。始睽而终合，所以为吉。

蹇第三十九　艮下坎上

蹇为蹇难、险阻的意思，由艮、坎两卦组成。《序卦》："乖必有难，故受之以《蹇》。蹇者，难也。"从卦象来看，艮为山，坎为水，水绕行于山上，难以畅流，有蹇阻的物象。从卦德来看，艮为止，坎为险，见险在前，止而不进，所以为蹇。

蹇。利西南。不利东北。利见大人。贞吉。

《彖》曰：蹇，难也，险在前也。见险而能止，知矣哉！蹇利西南，往得中也。不利东北，其道穷也。利见大人，往有功也。当位，贞吉，以正邦也。蹇之时用大矣哉！

依《说卦传》，阳卦（震、艮、坎、乾）由东、东北、正北而西北，居东、北两方；阴卦（兑、坤、离、巽）由西、西南、正南而东南，居西、南两方。所以"东北"比喻阳刚，"西南"比喻阴柔。处在蹇难的时候，要坚守坤阴柔顺之道，不要肆用乾阳刚健，所以退而居后，切忌进而居先，所以说"利西南，不利东北"。处蹇之道，要"见险而能止"，静待九五刚中大人，追随他一起出蹇难。所以六爻，除九五外，其余五爻，都应据守本位，固守正道，待时而举，才能得吉。而蹇难与屯难、困难不同：屯难是始难而不得通；困难是乏力可为；蹇难是"险在前"，是险阻艰难横亘在前的意思。见坎险在前，止而不进，所以为蹇。见险而能阻，是处蹇之道；犯险而进，就会有悔咎。"知矣哉"是用来赞美"见险而能止"的智慧。"知"，通"智"。"险而止"为蒙，是止于外；"见险而能止"为蹇，是止于内。这又是蹇与蒙的分别。处蹇难，以"能止"为善，所以诸爻都喜"来"而恶"往"。如"往蹇，来誉"、"往蹇，来硕"。只有二、五不提往来，因为君臣有义，"止"是处蹇之道，而不止则为济蹇的道义。"西南"，属坤方，地为柔顺平易；"东北"属艮方，山为高峻险阻。阳上居五而得中正之位，是往而得平易之地，所以"利西南，往得中也"。处于蹇难而又止于危险之地，其蹇益甚，所以说"不利东北，其道穷也"。只有圣人才能济助天下的蹇难，所以"利见大人，往有功也"。九五大人当位得正，可成济蹇之功。以大正之道正其邦国，所以得吉。济蹇之道，其用至大，顺时而处，量险而行，从平易之道，由大正之理，所以说"蹇之时用大矣哉"。

《象》曰：山上有水，蹇；君子以反身修德。

水行不得其地，就像君子行有不得，则反求诸己，而更加努力修为自己。所以遇上艰蹇，必深自反省，这就是"反身"。有所不善，及时改正，无歉于心，则更加勉励，这就是"修德"。"反身"，像似艮的背部；"修德"像似坎的劳苦。

初六 往蹇。来誉。《象》曰：往蹇来誉，宜待也。

初六阴柔，不具济蹇的才干，处在蹇难的开端，又居艮止的初头，前往就会遇到蹇险，返来则得到美誉。"往"则近坎，"来"则艮止。"宜待"是待时而后往，并不是永远静止不行。

六二 王臣蹇蹇。匪躬之故。《象》曰：王臣蹇蹇，终无尤也。

"躬"，自身。六二柔顺中正，与九五正应，是九五所倚赖的重臣，他的才质柔弱，虽然不足以济蹇，但还是与九五之君上下合德，救助九五的蹇难，所以说"蹇蹇"。六二蹇而又蹇，冒险而进，不是为了自身的缘故，而是要拯救天下的蹇难，其志可嘉。而初、三、四、上等四个爻，都是在权衡利害得失之后，才决定"往"或"来"。只有六二与九五正应，深明君臣间的大义，不计个人的利害得失，尽其"匪躬"之节，无私无我，无往无来，只有蹇蹇而已。六二鞠躬尽瘁如此，事虽不济，亦无可过尤。

九三 往蹇。来反。《象》曰：往蹇来反，内喜之也。

九三以刚居阳，有济蹇的才干，但还处在下体，前往就陷入坎险，所以说"往蹇"。九三是内卦的主爻，反就两柔，固守本位，所以说"来反"。"内"，指初、二两柔。初、二阴柔不能自立，所以都依附在九三而喜爱它。九三处蹇而能得下面的欢心，可以安矣。

六四 往蹇。来连。《象》曰：往蹇来连，当位实也。

"连"，连三于五。六四以柔居阴，本没有济蹇的才干，且也陷入坎险，往则遇蹇，来则能连三于五，三与四都当位得正，四又与五相亲比，四承五乘三，上下皆刚，是上有明君信任，下有贤士相助的物象。"实"，本指阳实阴虚的实，引申为依倚得力的意思。六四因为处正承阳，所以说"当位实"。

九五 大蹇。朋来。《象》曰：大蹇朋来，以中节也。

九五以至尊居蹇难之中，是天下的大蹇，蹇发展到五，已到出蹇的时机。九五大人有刚中之德，其力足以济蹇。就像《象传》所说的"利见大人，往有功也"，其他五爻都来协助九五，并随九五出蹇，所以说"朋来"。各爻前来协助，九五能以中德节制群才，使"誉"、"反"、"连"、"硕"各当其时位，是能救济蹇难的大人。

上六 往蹇。来硕。吉。利见大人。《象》曰：往蹇来硕，志在内也。利见大人，以从贵也。

上六以柔居阴，处在极蹇的地方，所以"往蹇"。但与九三正应，得阳刚的协助，以帮助九五大人，共出蹇难，有硕大的功劳，得吉。蹇卦六爻，只有上六得吉。"内"与"贵"是指下面的三、五两爻。上六应三而从五，所以"志在内"。上六密近阳刚中正之君，自然附从九五以求自济。所以利见大人，而附从于九五之贵。

☳☵ 解第四十 坎下震上

解是缓解，解除险难的意思，由坎、震两卦组成。《序卦》说："物不可以终难，故受之以《解》。解者，缓也。"从卦象来看，坎为雨，震为雷，雷震于天上，坎水下降于地而为雨，是阴阳二气相交感，和畅而缓散，所以"雷雨作"为解。从卦德来看，坎为险，震为动，动于险外，愈动，离险愈远。蹇是险在前，解是险在后，所以有解除患难的意思。处解之道，以刚柔相济为宜：平常行柔顺之道，无为而治；一旦有事，则行刚直之道，以解除小人的祸害。

解。利西南。无所往。其来复吉。有攸往。夙吉。

《彖》曰：解，险以动，动而免乎险，解。解，利西南，往得众也。其来复吉，乃得中也。有攸往夙吉，往有功也。天地解而雷雨作，雷雨作而百果草木皆甲坼。解之时大矣哉！

"夙"，早。依《说卦传》，阴卦在西、南两方，比喻善用柔顺之道。大难刚解除，人心思安定，不宜以苛政扰民，应以坤阴柔顺之道治理，与民休养生息，则人心归顺，所以说"利西南"。如果没事，那就要修复治道，返回正理，使百姓归返平易安静，可以得吉。如果还有事，而有所往，那就要早往早复，不可久为烦扰，所以得吉。处解之道：无事，宜静不宜动；有事，宜速不宜迟。"解，险以动，动而免乎险，解"是险已在后，愈动则离险愈远，所以为解。处解之道，利在宽广平易，则可得到众心的归附。救乱除难，是一时的事，不能成就良好的治道。在险难解除后，要修复先王的治道，才算符合中道。济难以权，保常以中，所以吉。如果仍然有事，那早往就有功，迟则恶滋长而害益深。"乃得中"，是指九二"田获三狐得黄矢"；"有攸往夙吉，往有功"是指上六"射隼于高墉之上"。"坼"，音chè，裂开。天地之气，开散交感而和畅，就形成雷雨。雷雨大作而百果草木都生发甲坼。天地之功由解而成，所以赞美"解之时大矣哉"。王者效法天道，践行赦宥，善施恩惠，养育兆民。至于昆虫草木也顺应解时，与天地合德。

《象》曰：雷雨作，解；君子以赦过宥罪。

"赦"，赦免。"宥"，宽宥。赦免轻过，宽宥重罪，都是缓解的意思。"过"是无心的过失，"罪"是有心的罪恶。雷的威严，济之以雨露的润泽，就像罪过的赦宥一般。

初六 无咎。《象》曰：刚柔之际，义无咎也。

初六以柔居阳，刚柔相济。卦辞说"利西南"，就是处在后头，不争先，而初六应刚、承刚而处在其后，深得卦义。爻辞就"无咎"两个字，最为简易。因为在险难刚缓解的初始，无所事事，所以不多作系辞。初六能安静，不生事以自扰，所以"无咎"。初六失位，好像有过咎。但解卦以二、四两刚而成卦。"雷雨解"：之所以为"雨"是由于二的缘故，不可以不承继它；之所以为"雷"是由于四的缘故，不可以不呼应它。初承二、又应四，对于刚柔交际之宜，处理得最为恰当，所以说"义无咎也"。

九二 田获三狐。得黄矢。贞吉。《象》曰：九二贞吉，得中道也。

"田"，田猎，是为了去除危害稼穑的禽兽。"狐"，邪媚的禽兽，比喻小人。物三为群，"获三狐"，比喻尽除小人。"黄"，中和的颜色。"矢"，刚直的东西。"黄矢"，比喻中直之道。九二上应六五柔中之君。九二以刚中之才被六五所倚重，处在大难刚解的时候，担心君王亲小人而远贤臣，信谗言而害忠良。想要解除天下的险难，一定要懂得如何处置小人才可。用柔顺则没法治理小人，太过刚强则反而激怒小人。只有九二以刚居阴，刚柔适中，秉中道，果敢而不激越，足以胜任，所以有"田获三狐，得黄矢"的物象。得矢才能获狐，黄矢所以取狐，狐获则黄矢复得了。九二以中直之道去除小人，宜其守正而得吉。

六三 负且乘。致寇至。贞吝。《象》曰：负且乘，亦可丑也。自我致戎，又谁咎也？

"负"，背负东西，是地位卑下的人所做的事。"乘"，搭乘马车，是有地位的人才能搭乘。六三阴柔而居下体的上面，就像小人背负重物却搭乘在马车上面，如此难免遭致寇贼的侵夺。"贞吝"，指小人而居高位，虽然勉强从事于正事，但气质卑下，总是鄙吝。小人的情状各有不同，"狐"指蛊惑，"隼"指猛禽为害，"负且乘"指僭窃高位。"负且乘"，小人自以为荣，而君子则以为耻，所以"可丑"。小寇为盗，大寇则变成戎害。在险难刚解之际，如果用错了人，那就会变解为蹇，天下戎事再起。《系辞》说："作《易》者其知盗乎？《易》曰：'负且乘，致寇至。'负也者，小人之事也。乘也者，君子之器也。小人而乘君子之器，盗思夺之矣；上慢下暴，盗思伐之矣。慢藏诲盗，冶容诲淫。易曰：'负且乘，致寇至。'盗之招也。"

九四 解而拇。朋至斯孚。《象》曰：解而拇，未当位也。

"解"，解脱、解除。"而"，通"尔"，你的意思。"拇"，脚的大拇指，在人身下面而微小的东西。"朋"，同类。九四以阳刚的材质，处近君的地方，位高任重，而下应初六，亲比六三，那么贤人正士就退离了。九四应当斥退小人，解脱与初、三阴柔小人的纠葛。如此君子的朋类就会接踵而来，互相孚信而共济天下。"未当位"是指四以刚居阴，又应初、比三，被群阴所缠，因此告诫九四要"解而拇"。

六五 君子维有解。吉。有孚于小人。《象》曰：君子有解，小人退也。

"维"，护持。"解"，解脱。六五以柔居尊，中而应刚，是解卦之主，它所亲近护持的必定是君子，所解去远离的必定是小人，这样就可以得吉。要求六五以一国之尊，任贤勿贰，去邪勿疑，务必使世上的小人都深信上面所重用的必定是君子，所远离的必定是小人。如此小人也必然心化，不再有觊觎徼幸之心。获狐、解拇、射隼，都是以阳刚去除小人，这是忠贤的施用。只有六五解吉，是以宽大来施行。"小人退"，指退去小人。小人退去，君子自然得行其道。

上六 公用射隼于高墉之上。获之。无不利。《象》曰：公用射隼，以解悖也。

"公"，不是指上六，而是指四，是说公在此爻当用射隼之道。这里讲"公用"，就像随卦上六、离卦上九的"王用"，都不是以本爻的所在为王、为公。"隼"，猛禽，指六三不中不正，盗位害民，就像隼一样，比喻为害最甚的小人。"墉"，指分隔内外的高墙。上与三居相应的位置，但两柔不相应。四与三相亲比，有结括不解的弊病，所以四不自用，而是利用上六来射杀六三，所以大有所获。此时天下有事，公当用上六射隼于高墉之上而获得它，所以"无不利"。"解悖"，指到解卦终了的时候，而尚未解除的悖乱，射杀六三正所以为了解除悖乱。《系辞》说："隼者，禽也。弓矢者，器也。射之者，人也。君子藏器于身，待时而动，何不利之有？动而不括，是以出而有获，语成器而动者也。"

䷨ 损第四十一　兑下艮上

损是减损，损有余而补不足的意思，由兑、艮两卦组成。《序卦》说："缓必有所失，故受之以《损》。"从卦象来看，艮为山，兑为泽，山下有泽，在大雨冲刷之后，山上的土石剥落，从而壅塞了湖泽。就像山附于地为剥，泽较地更为卑下，所以土石剥落在损卦较剥卦为甚。对山而言，不再那么高，是损；对泽而言，不再那么深，也是损。这就是损过以就中。损卦是由泰卦（䷊）的九三往居上位而成，是"损下益上"。初、三两爻损己以益人，四、五两爻损己以从人，二、上两爻则不待损己而可益人。损卦是《系辞下》三陈九卦中的一卦。

损。有孚。元吉。无咎。可贞。利有攸往。曷之用。二簋可用享。

《彖》曰：损，损下益上，其道上行。损而有孚，元吉，无咎，可贞，利有攸往，曷之用？二簋可用享，二簋应有时，损刚益柔有时，损益盈虚，与时偕行。

"曷"，通"何"。"簋"，享祀时用来盛黍稷的圆形竹制食器。减损应以至诚为原则，只有做到元吉，才能无咎。因为减损本就是拂逆人情的事，如有太过或不及，或是时机不当，就会纷扰不已。只有心存至诚，损有余以补不足，当损则损，就可贞固常行，而利有所往。另外设个问辞，并举一例，以说明用损之道。享祀神明贵在诚敬，一切的祭品、仪节都是在文饰这颗诚敬的心。文饰太过就变得虚伪。减损文饰，正是为了存诚。处在减损的时候，只需准备二簋的薄礼来享祀就可以了。其实，损卦是以三、上两爻为成卦之主。损来自泰，损下卦以益上卦，原来泰卦的九三上行而为上九，阳德上行，所以说"其道上行"。以诚信来减损则元吉。适值该当减损的时候，祭祀虽不能准备丰盛的祭品，但却以至诚行之。"二簋"用来比喻减损。"损刚益柔"是减损下卦的刚去增益上卦的柔。以孚诚的有余，来弥补祭品的不足，那么虽然只有二簋也不会嫌于太过简陋了。因为适逢减损的时候，必定不能备齐祭品，所以减损到剩下二簋，以应其时，这是"损刚益柔"的真义。时损则损，时益则益，苟当其时，无往不可。损益一定要顺时而行，或损或益，或盈或虚，随时即可。太过的要减损，不足的要增益，空虚的要使它盈满，盈满的要使它空虚，这就是"与时偕行"。

《象》曰：山下有泽，损；君子以惩忿窒欲。

"惩"。惩治。"窒"，止息。惩治既往，止息将来。兑悦，所以惩忿；艮止，所以窒欲。必求和悦无忿，止息欲望而后已。曾文正释"忿"为阳恶，"欲"为阴恶，这两种恶是修德的大关，"惩忿"在一个"恕"字，"窒欲"则在一个"淡"字。

初九 已事遄往。无咎。酌损之。《象》曰：已事遄往，尚合志也。

"已"，止。"遄"，速。初九以刚居阳，刚有余，它的正应六四，以柔居阴，刚不足，所以其爻辞称"疾"。止疾的事要尽速处理则无咎。初爻就像庶民，应该供给衣食给官府，而官府则应宽厚以养民。斟酌减损初九有余的刚，以补六四的不足，符合"损刚益柔有时"与"损下益上"的卦义。"尚"，通"上"，指六四。四有赖于初，初有益于四，与上面合志。

九二 利贞。征凶。弗损。益之。《象》曰：九二利贞，中以为志也。

九二固守刚中之德，志在自守，不肯妄进，则无所不利；假若舍弃刚中之德，前往取悦六五，则凶，这就是"利贞，征凶"。因为九二以刚居阴，刚并不是有余；六五以柔居阳，刚也不是不足。"弗损，益之"，指九二不必自损其刚贞，就能对六五有益，也就是九二不减损刚中大臣的贞正之德，正可以增益六五柔中之君的盛德光辉。"中以为志"，指九二严守中道。臣对君主有益，要以道，不以物，要恪尽其道以益君，不可亏损其道以益君。损、益二卦的中爻都不可损，损就偏离了中道。

六三 三人行则损一人。一人行则得其友。《象》曰：一人行，三则疑也。

《象传》说的"损下益上，其道上行"，指的就是六三。"三人行"指泰卦下体三阳，"损一人"指九三减损为六三。"一人行"，指九三上行而成上九，并以其正应六三为友。三人则损一人，一人则得其友，因为天下没有不成双成对的，是生生的大本，三则有余而当损。《系辞》说："天地絪缊，万物化醇；男女构精，万物化生。易曰：'三人行则损一人，一人行则得其友。'言致一也。"六三一人行而得一人，得上九为友。三人行则疑其所与，理当损九三为六三。以一求一，则为两，两则有唱和之欢。以一求二，则为三，三则有争夺之患。两，就是以一配一。所以目两而一视，足两而一行，翼两而一飞。两其形，所以一其用。一男一女，一阴一阳，所以才能生生不穷。

六四 损其疾。使遄有喜。无咎。《象》曰：损其疾，亦可喜也。

六四以柔居阴，且承、乘都是阴，有偏柔的弊病，所以称"疾"。六四履得其位，虚己而求益于初九，以柔纳刚，是能损其柔疾以受益于人，六四善用其柔，损其疾而速，愈为有喜，在损中见益。六四自损其阴柔以从阳刚，损其不善以从善，是"惩忿窒欲"的事。人的损过，宜速不宜迟，速则过不致于深，乃为可喜，所以无咎。《象》所说的"亦可喜"，就是固可喜的意思。

六五 或益之十朋之龟。弗克违。元吉。《象》曰：六五元吉，自上祐也。

"朋"原作"赒（賏）"，古人以贝为钱币，称"贝货"或"贝币"，以二贝或五贝为朋，"十朋之龟"，值十朋的之龟，喻极为贵重的大宝。六五中正柔顺，以王者之尊而能虚中自损以应九二，有下贤的心则天下谁不损己自尽以益之，就是有人以十朋价值的元龟来增益他，也不能辞却，其吉可知。"自上祐"，指上天降临的福祐。

上九 弗损。益之。无咎。贞吉。利有攸往。得臣。无家。《象》曰：弗损益之，大得志也。

本卦以损三益上成义，在下卦是自损，在上卦是受益。"得臣"，指得到人心的归服。"无家"，指没有远近内外的限隔。上九在"损下益上"的时候，处在损的极至，损极则益。得六三之臣，损其家而来辅于国。三以得上为友，上以得三为臣。上九本要自损以益人，但居上而益下，是"惠而不费"，不必损己，就可益人，如此则无咎，守正得吉，利有所往。且惠而不费，所施既广，所以"得臣"、"无家"。上九居上不但不损下，而且还益下，所以君子可以大行其志。

益第四十二 震下巽上

益是增益，损上以益下的意思，由震、巽两卦组成。《序卦》说："损而不已，必益，故受以《益》。"益卦是否卦（䷋）的九四来居初位，损四以益初而成卦。从卦象来看，震为雷，巽为风，风、雷二物，相激相荡，雷激则风怒，风疾则雷迅，风、雷相薄以相益，所以为益。《系辞》说神农氏"斫木为耜，揉木为耒，耒耜之利，以教天下，盖取诸《益》"。从卦德来看，震为动，巽为入，愈动则愈入，这也是益。益是损上以益下，益下则本固而民富，"民为邦本，本固邦宁"，藏富于民，正是增益之道。益卦是《系辞下》三陈九卦中的一卦。

益。利有攸往。利涉大川。

《彖》曰：益，损上益下，民说无疆。自上下下，其道大光。利有攸往，中正有庆。利涉大川，木道乃行。益，动而巽，日进无疆。天施地生，其益无方。凡益之道，与时偕行。

益卦是以初、四两爻为成卦之主。益卦来自否卦（䷋）。"损上益下"是减损否卦的四来益初，损君上的所有以益下民，民心大悦而无有疆界。"说"，通"悦"。自上而降己以下于下，其道大为光显。损卦二、五都不得正，益卦则二、五俱当位得正，这是损、益的区别。九五以阳刚中正居尊位，六二又以中正应之，这是以中正之道增益天下，天下因而得到福庆。"利涉大川"提到"木"字的，有三个卦，即益、涣、中孚，它们的上卦都是巽。要涉越大川，就要刳木为舟。而益卦上（巽）下（震）两卦都是木。木主生，生生之谓易，所以重木道。木道之行，乃天地之道。"动而巽"，震奋动而巽顺入，事无不可为。既奋发，又沉潜，学问所以日新，所以说"日进无疆"。天施气于地，地受气而化生，天往下施，地往上行，此化所以不已，因此

"其益无方"。这些都是自然的道理，不是勉强得来的。圣人利益天下之道，应时顺理，与天地合，与时偕行。其实，万物充盈在天地之间，没有不得到风雷之益的。《说卦》："雷以动之，风以散之。"万物经雷震而启蛰坼甲，这是雷动的好处。桡万物以去其旧敝，搞万物以畅其生机，这是风散的好处。

《象》曰：风雷，益；君子以见善则迁，有过则改。

"善"是天理，是人性所固有，愈是往善移，则愈受益。"过"是人欲，是气禀的偏邪，愈是勇于改过则过愈寡。雷会发动阳气，所以人心奋发而乐于迁善；风能消散阴气，所以人心荡涤而勇于改过。速于迁善，则过益寡；决于改过，则善益纯。所以迁善、改过也自有相益之功。

初九 利用为大作。元吉。无咎。《象》曰：元吉无咎，下不厚事也。

初九以刚居阳，当位得正，是震的主爻，受益于上，它的正应六四以柔居阴，是巽的主爻，乃巽顺的近君大臣，初九得到六四的委信，处在益的初始，可以大有作为，但一定要做到尽善尽美，才可无咎；如果不能尽善尽美，那就有过咎了。因为初九处在下卦的下面，地位卑下，有功不显，无功招祸，不宜承担重任，所以"下不厚事"。"厚事"，指重大的事。

六二 或益之十朋之龟。弗克违。永贞吉。王用享于帝。吉。《象》曰：或益之，自外来也。

"十朋之龟"，指十分贵重的宝物。祭天是天子的事，所以说"王用"。"帝"，指上帝、天帝。六二以柔居阴，刚不足，而它的正应九五以刚居阳，是刚有余。九五具刚中之德而居至尊，能自损有余之刚以益虚中的六二。有人以"十朋之龟"的重宝来增益六二，也不得辞却，六二只须守其常永贞固的美德，就可得吉。六二是虚中永贞的贤臣，九五君王用他来主持享祀上帝的祭典，理应得吉。"自外来"，指本非心中的期待，本无求益的心意，而益却自外而来。

六三 益之用凶事。无咎。有孚中行。告公用圭。《象》曰：益用凶事，固有之也。

"用"，以。"凶事"，指患难非常的事。"孚"，诚信。"中行"，中道。"公"，指九五。"圭"，古时大夫出使外国，要执圭，以申信。六三以柔居阳，刚非不足，它的正应上九以刚居阴，刚非有余，本来没什么可以损益的。但上九居益卦的终了，益极则损，所以用凶事来增益六三。六三由于刚柔适中，不被凶事所系累。六三处震体上面，地位不低，在凶事骤临的时候，行权以损上益下，犹如荒年开仓赈济，何咎之有？只是六三应诚孚积于胸，而所行都合于中道，而能得信于上，就像告公而用圭，孚信能通达于上，则无咎。《系辞》说"三多凶"、"其柔危"，所以六三尤为凶厄。"三多凶"，所以"凶事"是六三所固有的。

六四 中行。告公从。利用为依迁国。《象》曰：告公从，以益志也。

"为依"，依附于上。古时的邑国，百姓不能安其居，则举国迁移。"迁国"是邑国的大事，为的是有益于民，须顺下而动。六四以柔居阴，上比九五，下应初九，是近君大臣。六四与六三一样，处一卦的中间，所以能行中道，有告于上而获得信从。六四是巽卦的主爻，必得上依九五刚中之君，以益其民；下用初九阳刚之才，以致其动。告公所以获得信从，是因为其志在有益于天下。三的益，代上益下以救荒；四的益，为下益上以辅志。迁国一事，务必要人人都赞成，上告而获信从，方可为之，如太王去邠，盘庚迁殷。

九五 有孚惠心。勿问。元吉。有孚惠我德。《象》曰：

有孚惠心,勿问之矣。惠我德,大得志也。

"问",言。施恩惠给百姓,莫大于君王有一颗爱民的心,因百姓的好恶而益之,这是惠而不费,就是"惠心"。九五以阳居中得位,由于中实是"有孚"的物象。九五损其有余之刚以益六二,真心诚意施惠给百姓,不必多言,就至善而大吉。如此百姓也必以孚诚相交往,以君王的德泽为恩惠。损上益下的时候,一心一意以损己为念,虽然"有孚惠心"及下,而始终不言以彰显自己的功劳。被百姓所孚信而深怀其德,君虽不言说,而百姓却受益其德,则君王可大得其志。惠出于心,又何必言。"大得志",是人惠我德,则我大得志。

上九 莫益之。或击之。立心勿恒。凶。《象》曰:莫益之,偏辞也。或击之,自外来也。

"勿",无。上九以阳刚处在损上益下的极处,当极则变,反而损下以自养。求益无度,为众所厌恶,所以百姓没有人要增益他,甚至要攻击他。其实,损上益下是不可移易的道理,贵在持之以恒。上九非但不能增益下人,且因求益无厌,以致减损下人以奉己,他益下的心不能恒久,是致凶之道。"偏辞",指言辞偏而不全。《系辞》说:"君子安其身而后动,易其心而后语,定其交而后求。君子修此三者,故全也。"不修此三者,那就"偏"而不"全"了。又说:"危以动则民不与也,惧以语则民不应也,无交而求则民不与也。莫之与,则伤之者至矣。"患自外而来,极言偏刚的危害。五的吉,由心的有孚;上的凶,由心的无恒。吉凶之道,无不来自心。灾祸来了,心生恐惧,祸就变为福;福庆来了,心生骄纵,福就变为祸。心专一则吉,纷乱则凶,不要埋怨祸福无常啊!

䷪ 夬第四十三　乾下兑上

"夬",决、决除,是刚决柔,五刚决除一柔的意思,由乾、兑两卦组成。《序卦》说:"益而不已,必决,故受之以《夬》。夬者,决也。"从卦象来看,乾是至高无上的天,兑是聚水的湖泽,泽上于天,有溃决的物象。《系辞》说:"上古结绳而治,后世圣人易之以书契,百官以治,万民以察,盖取诸夬。"从爻象来看,五阳在下,已盛长到第五位,孤阴在上,消而将尽。五刚决除一柔,势在必行。只恐刚决柔流于刚暴,因此《彖传》特别强调"健而说,决而和"。夬是君子道长、小人道消的时候。从卦德来看,乾为健,兑为悦,刚健能决,兑悦能和,决而能和,是处夬之道。

夬。扬于王庭。孚号有厉。告自邑。不利即戎。利有攸往。
《彖》曰:夬,决也,刚决柔也。健而说,决而和。扬于王庭,柔乘五刚也。孚号有厉,其危乃光也。告自邑不利即戎,所尚乃穷也。利有攸往,刚长乃终也。

夬就是决除,五刚决除一柔的意思。"说",通"悦"。乾健兑悦,是"健而说,决而和",是阳刚决除阴柔最完善的境界。"扬",显扬。"王庭",百官所在的处所。上六处夬卦的终了,比喻小人乘在五刚上面,有乘陵的物象,一柔而乘五刚,十分悖理,应当显扬他的罪行在王庭之上,使众人知道他的罪过。"号",号叫。尽其诚孚而号叫,让众人知所危惧,如此则君子之道乃无虞而光大。"告自邑",指将命令行使于自己的城邑,比喻自治。"即",从。"戎",兵戎强武之事。九五阳刚中正,应当先自反修己,以德服人,不可崇尚强武,自恃刚猛。否则"即戎",将导致穷极。此时阳刚已盛长到五,阴将消尽乃势所必然,一定要决而能和,才利有所往。复卦的"利有攸往",就像平地一篑,所以鼓励前往,而说"刚长也";夬卦的"利有攸往",

则像九仞还差一篑，恐其终止，因此说"刚长乃终也"。因为乾健不怯懦，才能止恶；兑悦则不猛烈，才能避免困兽之斗。决除孤阴要以渐，而不以骤，刚日长而终于变为乾。《杂卦》最后说："夬，决也，刚决柔也，君子道长，小人道忧也。"

《象》曰：泽上于天，夬；君子以施禄及下，居德则忌。

君子看到泽决于上而注溉于下的物象，就应当果决施其禄泽以及于下，不可积居不施，以至民怨。"居"，通"积"。"忌"，憎恶怨恨。

初九 壮于前趾。往不胜。为咎。《象》曰：不胜而往，咎也。

"前"，进。"趾"，在下面而主于行。"前趾"，行进的意思。初九以刚居阳，处在夬的时候，居下而任壮，躁动前进，失于过刚，焉能得胜，所以有过咎。其实，处夬之道，"其危乃光"。初九以方生之阳，恃壮前往，想要决除在上已老之阴，势不足以胜，所以有过咎。

九二 惕号。莫夜。有戎勿恤。《象》曰：有戎勿恤，得中道也。

"莫"，通"暮"。九二以刚居阴，刚柔适中，决而能和，最合卦义。九二听到叫号而知所警惕，入夜之后也不敢稍有懈怠，即使发生兵戎的事也无须忧虑。随时惕惧警戒，以防意外变故，未即戎而虑其有戎。孙子说："无恃其不来，恃吾有以待之；无恃其不攻，恃吾有所不可攻。"九二得行中道，刚而能柔，所以无忧。且二在下卦，离阴尚远，所以不决阴而重在防阴。

九三 壮于頄。有凶。君子夬夬。独行遇雨。若濡。有愠。无咎。《象》曰：君子夬夬，终无咎也。

"頄"，颧骨。"有凶"，非必凶，心有所戒。"夬夬"，决而又决，必乎决的意思。"濡"，浸湿。"愠"，愤怒。九三以刚居阳，过刚失中，想决除小人而刚壮现于颜面，事未发而机先泄，这是致凶之道。五阳之中，只有三与上相应，阴阳和合，所以说"独行遇雨"。如果九三君子能果决其决，不被私情所牵系，虽独应上六，以致像似被小人所濡污，而为同侪所不悦，但终能决除上六而无咎。"终"是对"始"而说。一开始虽然"若濡有愠"，终必决去而无咎。

九四 臀无肤。其行次且。牵羊悔亡。闻言不信。《象》曰：其行次且，位不当也。闻言不信，聪不明也。

"臀无肤"，指臀伤未愈，以致不能坐卧。"次且"，通"趑趄"，迟疑不进的样子。九四处兑体，以刚居阴，无法上往决掉一柔。想静止下来，而众刚并进于下，有如"臀无肤"而居不安；想前进，则因和悦有余而刚健不足，所以"其行次且"而难以前进。"羊"，牴狠难移的动物，指五。"牵"，挽拽。"牵羊悔亡"，指九四如能奋励自强，让九五牵引，则可消亡其悔。但九四刚亢不能纳言，闻言不信，一意孤行，过咎很大。九四之所以趑趄难进，是由于"位不当"，以阳居阴，失其刚决。刚然后才能明，处柔则迁，岂能有明，所以闻言而不能信。

九五 苋陆夬夬。中行无咎。《象》曰：中行无咎，中未光也。

"苋陆"，又名商陆，是一种草本植物，其根至为杂蔓，虽然尽取了，而旁根又生，比喻小人的群类很难尽绝。"中行"，中道。九五阳刚中正，居尊位，切近上六，九五是决柔之主而毗邻上六，就像九三与上六有应一样，必定要决而又决，处中而行，才能无咎。"中未光"，指阳比于阴，不能无累，一定要中行才能无咎。这是由于五处兑悦，担心五溺于孤阴，所以不能真心诚意光大中道。

上六 无号。终有凶。《象》曰：无号之凶，终不可长也。

上六处在卦的终了，是阳长将极、阴消将尽的时候。上六比喻小人被五刚所决除，已成定局。上六无须叫号，终必得凶。将尽的阴好像不足为虑，但像剥极则复，夬极则姤。如果慢易而无所戒备，决除不力，隐忍相安，终非长久之道。自古君子去除小人不尽，终贻大患，这是在告诫人们除恶务尽。要决除小人，当然不能以能决为乐，只是该当决除的时候，决除不可不尽力。如果不能善其决除，君子将反为小人所害。

姤第四十四　巽下乾上

姤是不期而遇的意思，由巽、乾两卦组成。《序卦》说："决必有所遇，故受之以《姤》。姤者，遇也。"从卦象来看，一柔初生于五刚的下面，意谓阴柔与阳刚相遇。从二体来看，乾为天，巽为风，风行天下，与万物接触，有姤遇的物象。

姤。女壮。勿用取女。
《彖》曰：姤，遇也，柔遇刚也。勿用取女，不可与长也。天地相遇，品物咸章也。刚遇中正，天下大行也。姤之时义大矣哉！

姤是女不期而遇男，不合正礼。"取"，通"娶"。一柔遇五刚，有阴长阳消、女壮男弱的形势，所以告诫不要娶这样的女子。姤是刚刚要进长的阴，渐壮而敌阳，不合男女之正。阳刚要长到四或五才说壮，姤则一阴初长就称壮。足见君子积德不易，要持之以恒，根除恶行、恶言、恶念，则要从严，须慎于防微杜渐。"柔遇刚"，以柔为主。"不可与长也"，指一柔遇五刚，此女不可与之长久，所以说"勿用取女"。咸卦说"取女吉"，是因为男下女，符合婚姻的正礼。蒙卦六三，以阴求阳，行为不正，也说"勿用取女"。这里是女下于男，与咸正好相反，女方主动，因此"勿用取女"。天地如果不相遇，则万物不生，一阴生在十二消息卦中为五月，万物相见乎离，而藩秀于炎夏，这不就"品物咸章"吗？君臣如果不相遇，则政治不兴，九二被阴所消之后，就变成遯卦（☷），这就没有九二刚中之臣了；如果连九五也被阴所消亡，那就变成剥卦（☷），连君王也没了。姤的时候，上有九五之君，下有刚中之臣。君子想要有所作为，无所不可，所以说"天下大行"。圣贤不相遇，则道德不亨；事物不相遇，则功用不成，姤的时与义都大有作用啊！

《象》曰：天下有风，姤；后以施命诰四方。

当君侯的人看到姤的物象，就要施其命令，周诰四方。巽的"申命"，是为了清除积弊，姤的"施命"也是一样。三画卦就是巽（☴），六画卦就变成姤（䷫）了。"施命"、"申命"，都是为了消灭隐慝，清除积弊，效法风能吹散伏阴。

初六　系于金柅。贞吉。有攸往。见凶。羸豕孚蹢躅。《象》曰：系于金柅，柔道牵也。

"柅"，在车子的下面，用来止住车轮使其不动。"金柅"，指九二。"羸"，弱。"孚"，诚，专心一意。"蹢躅"，跳踯。姤是阴长而阳消、小人道长的时候，要制伏阴柔就要趁着它微弱未盛的时候。初六亲比九二，九二以金柅制止又维系初六，使初六不能进而消阳，如此可以得吉，但初六与九四为正应，初六若进往消阳则见凶。"羸豕孚蹢躅"，指阴虽甚为微弱，不可轻忽。豕是阴躁的动物，羸弱的小猪虽不强猛，但心中常念消阳，所以诫之不可不防。"柔道牵也"，指阴柔之道必须有所牵系，使初六被阳刚所役使，就像臣服于君，妻服于夫，子服于父。姤的初爻提到"系"、"牵"，是因为要遏止阴柔的盛长，而妥为防制、阻止。

九二　包有鱼。无咎。不利宾。《象》曰：包有鱼，义不及宾也。

"鱼"，阴物，指初六。在《周易》中，只要称"包"的，都是以阳包阴。初六亲比九二，与九四正应。如果取应，那么初六就会上往消阳；如果取比，则九二就"包有鱼"，固系初六，使不上往。姤卦以遇为重，所以舍远应而取近比，所以说"不利宾"，"宾"，指九四。历史上小人会打乱天下，常常是被君子所激，而九二刚中君子不将小人视为异类，包容初六，使它的邪妄，不溢于外，怎么会有过咎呢？"义不及宾"，指义理上不宜扯到九四。初先遇到二，就被二所包。二能牵系住初,刚柔相遇而成姤。假使初取四的正应,不被二所包,则柔道浸长,变二为柔,那就变成遯卦(䷠)了。

九三 臀无肤。其行次且。厉。无大咎。《象》曰:其行次且,行未牵也。

九三过刚不中,下面无阴可乘,想求遇于初,所以居处不安,像臀无肤一样;上面也无应,所以前行趑趄难进。但九三以刚居阳,当位得正,既然与初六不得相遇,也就不会受到阴邪的伤害,虽处危厉之地,可无大咎。"行未牵",是接着夬四的爻辞"臀无肤,其行次且,牵羊悔亡"而来,指九三不必像夬四那样"牵羊悔亡",只要能守住刚正之德,就可无大咎。居则臀在下,所以困初提臀;行则臀在中,所以夬四、姤三提臀。

九四 包无鱼,起凶。《象》曰:无鱼之凶,远民也。

"起",即将生起。初六舍九四而与九二相比,对九四而言就是"包无鱼"。九四处在姤遇的时候,居于上位而丧失下民,这是因为九四失德,既不中又不正。民心既失,凶难即将发作了。"远民",指四远离民众,四的凶是自己招来的。百姓可近不可远,远民所以会"起凶"。

九五 以杞包瓜。含章。有陨自天。《象》曰:九五含章,中正也。有陨自天,志不舍命也。

"瓜",味道甜美而生长在下面的菓菜,比喻在野的遗贤。"杞",高大坚实的树木,比喻九五。"陨",落下。九五虽与初六没有应、比的关系,但居在尊位,屈己求贤,就像用杞叶来包瓜。九五至尊具有阳刚中正之德,含蓄章美,内积至诚,以求在野遗贤的辅助,终必有遇,所以说"含章,有陨自天"。"命",天理。九五涵蕴中正之德,成章而有辉光,至诚无息,其志不违天理,所以说"志不舍命"。

上九 姤其角。吝。无咎。《象》曰：姤其角，上穷吝也。

"角"，长在头上而最坚刚的东西。上九以刚居姤卦穷极之处，高而亢极，以此求遇，本不可得，所以鄙吝。但处在由遇合走向离散的时候，不足为咎。上爻本不在位，身在事外，远离初爻，本不能遇，何咎之有？

萃第四十五　坤下兑上

萃，萃聚、聚合的意思，由坤、兑两卦组成。《序卦》说："物相遇而后聚，故受之以《萃》。萃者，聚也。"从卦象来看，坤为地，兑为泽，泽上于地，水聚集在地上而成湖泽。九五阳刚中正，六二与之相应，有万物萃聚的物象。从卦德来看，坤为顺，兑为说，有君王和悦，臣民顺服的物象。从爻象来看，六爻之间，柔都顺从于刚，下都顺从于上，上和悦而下顺从，上下能相聚合。

萃。亨。王假有庙。利见大人。亨。利贞。用大牲。吉。利有攸往。

《彖》曰：萃，聚也；顺以说，刚中而应，故聚也。王假有庙，致孝享也。利见大人亨，聚以正也。用大牲，吉，利有攸往，顺天命也。观其所聚，而天地万物之情可见矣！

"萃亨"的"亨"字，应该是衍文。湖泽所在的地方，各种生物群聚而生，所以为萃。下顺从于上，上和悦以对下，两卦有相聚之体。五以刚中而下交，二以柔中而上应，两爻有相聚之用。"假"，至。"庙"，指太庙，是享祀祖考的地方。"大牲"，牛。古时候王者要萃聚天下，莫过于亲假太庙，享祀祖考，以至诚来感动人心，所以说"王假有庙"。"大人"，指九五是萃聚的主人。大人以正道聚合天下，如此才能亨通。否则人聚则乱，物聚则争。在萃聚的时候，大人要诚心准备大牲这类丰厚的祭品，给臣民分享，与民同乐，臣民则以前往相聚合为有利。"顺天命"，就是顺天理而行。天以正道相聚，而阴阳和，百族茂；万物以同类相聚，而声气相应，形性相适。所以"观其所聚，而天地万物之情可见矣"！观上悦下顺，而知上下之萃；观二五相应，而知君臣之萃；观致孝以享庙，而知人神之萃；观天命不可不顺，而知天人之萃。

《象》曰：泽上于地，萃；君子以除戎器，戒不虞。

"泽上有地"为临，则聚泽的是地岸。"泽上于地"为萃，则聚泽的是堤防。用地岸来聚泽，没有修筑堤防的辛劳。用堤防来聚泽，就会有溃决的忧虑。"除"，修治，有去旧取新的意思。戎器久了就会敝坏，除而修之，这是为了戒备不虞。大凡物聚众盛的地方，容易发生纷争，所以应当预为之备。《司马法》说："国虽大，好战必亡；天下虽安，忘战必危。"所以说"君子以除戎器，戒不虞"。

初六 有孚不终。乃乱乃萃。若号。一握为笑。勿恤。往无咎。《象》曰：乃乱乃萃，其志乱也。

"乱"，惑乱其心。"萃"，与其同类相聚。两个"乃"字意义不同，上"乃"是虚字。下"乃"为汝。初六与九四本相应，有孚以相聚合，但被六二、六三所阻拦，以致不能相应，这是"有孚不终"。如此就惑乱了初六所当聚合的对象。初六如能不顾二、三的阻拦，号咷以求九四，四必和悦以相应，那么在一握之顷，就可化号咷为喜乐。初六当勿忧而往从阳刚的正应，这样就不会有过咎。"其志乱"，是指初的心志被其同类二、三所惑乱，以致萃聚于群阴，而不能坚固其所应守。

六二 引吉。无咎。孚乃利用禴。《象》曰：引吉无咎，中未变也。

"引"，招。"孚"，诚信。"禴"，薄祭。六二以柔居阴，柔顺中正，上应九五，必待九五的招引，然后往应，方得吉而无咎。因为有德君子想见用于世，必依正道，切忌毛遂自荐，以谄媚邀宠于上。君子的上进必以诚信相交，当萃聚的时候，六二与九五刚中之君相应，君臣和合，以正道相聚，略备薄礼，以至诚通于神明就可以了。卦辞的"用大牲"是王者以上对下的萃聚人心之道，为臣下则要"孚乃利用禴"。"中未变"是承初的"其志乱"而来，与比二的"不自失"相似。二处群阴之间，柔顺中正，能自守不变，静待九五的招引，所以吉而无咎。

六三 萃如嗟如。无攸利。往无咎。小吝。《象》曰：往无咎，上巽也。

六三以柔居阳，不中不正，想与上合，但不相应，所以嗟叹不得志，而无所利。六三承九四成亲比，当萃聚的时候，乃上往求九四，而四也欣然接受，只是六三是由于没有正应，才近比九四，所聚非正，所以小有羞吝。"往无咎，上巽也"，是指外互三到五成巽卦，三虽无应，而亲比九四的阳，而成巽体，所以说"上巽"。

九四 大吉。无咎。《象》曰：大吉无咎，位不当也。

九四是近君大臣，上承九五之君，得君臣之聚。但九四下应初六，又与六三近比，乃尽有其民的物象。九四有专权越分、欺君夺民的嫌疑，又失中不正，应该要率众归顺九五，才得大吉。且要能够大吉，方得无咎。四、五同为萃的主爻，五在上，四在下，所以五是"萃有位"，而四是"位不当"。四上比于君，以臣而有君萃的物象，疑于有咎，所以必须做到大吉，方得无咎。

九五 萃有位。无咎。匪孚。元永贞。悔亡。《象》曰：萃有位，志未光也。

"元"，君道。"永"，恒久。"贞"，正固。九五当萃聚的时候，以阳刚居尊位，居中得正，有中正之德，没有过咎。如此还有不信服而未归附的，九五就要深自反省，以修治他恒永、正固的君德，则天下无思不服，而得消亡其悔。因为在萃聚的时候，九五是萃主，莫大于有位，尤莫大于有其道。有君位而无君道，乃"德薄而位尊"，怎能服天下亿万的人心？所以必定要修治其"元永贞"之德，才能善保其位。"志未光"，指光有其位，而人心未孚。四必大吉而后无咎，这是由于"位不当"。五已得位，但人或未孚，志仍未为光大。戒人君有其位，不可无其德。

上六 赍咨涕洟。无咎。《象》曰：赍咨涕洟，未安上也。

"赍咨"，嗟叹辞。"涕"，眼泪。"洟"，鼻涕。上六以柔居阴，处极萃之地，由萃聚走向离散，而没有正应、没有亲比，甚为孤独，乃嗟叹怨艾，积至诚以求萃聚，才能无咎。"未安上"，指未便能安居于上。阴而居上，孤处无与，岂能平安？

升第四十六　巽下坤上

升为上升、进升的意思，由巽、坤两卦组成。《序卦》说："聚而上者谓之升，故受之以《升》。"从卦象来看，巽为木，坤为地，木在地下，是地中生木，木生于地中，长而愈高，有升高的物象。从卦德来看，巽为入，坤为顺，入而顺，其上进通畅无阻，也有升的形象。处进升的时候，要以柔而能巽顺为善。

升。元亨。用见大人。勿恤。南征吉。
《彖》曰：柔以时升，巽而顺，刚中而应，是以大亨。用见大人勿恤，有庆也。南征吉，志行也。

"南"是明方，在上、在前。"征"是进。"南征"，前进。"柔以时升"：柔是地，是阴；升是木，是阳。地以时而升木，柔以时而升阳。下巽而上顺，以巽顺之道进升，符合时势。九二刚中之臣上应六五柔中之君，比喻贤者上进之路大开，天下大治，所以"元亨"。不说"利见大人"，而说"用见大人"，这是因为升卦的尊爻并无九五大人。凡进升之道，必由大人，九二用巽顺刚中之道以见六五，必遂其升。"勿恤"，不必担忧不遂其升。一遂其升，则自己的福庆也会及于别人。巽、坤在后天八卦中，分处东南与西南的维卦，由巽升坤，要经过离，离属南方，于时为夏。阳常居大夏，以生育长养万物为事，所以说"南征吉，志行也"，也就是前进就能实现其进升而得行其志，所以吉。

《象》曰：地中生木，升；君子以顺德，积小以高大。

地中生木，有自然的生机。凡物无不有其天性，顺其性则长，逆其性则屈而难伸。君子体之于身，以顺天性的自然，积微小以至高大。顺德像似坤地，高大像似巽木。

初六 允升。大吉。《象》曰：允升大吉，上合志也。

"允"，信。初六与六四无应，上承九二，且是巽主居下，就像树木的根一样，所以在九二的牵引下，其升必达，而获大吉。"上合志"，指初六以柔居下，适值上升的时候，柔进而上，虽处最下面，与上卦三阴同升，众阴所允，无所不利。

九二 孚乃利用禴。无咎。《象》曰：九二之孚，有喜也。

"孚"，诚信。"禴"，薄祭。九二以刚中之臣上应六五柔中之君，君弱臣强，九二不宜主动上往，否则有谄媚求宠之嫌，只有"孚乃利用禴"，才得无咎。九二当积其至诚，略备薄礼，静侯君王的召唤，才能进升。萃六二以中虚为孚，以柔应刚；升九二以中实为孚，以刚应柔。两者爻辞同为"孚乃利用禴"，因二爻虽虚实不同，其至诚则无不同。九二行刚中之道，泽及天下，所以有喜。

九三 升虚邑。《象》曰：升虚邑，无所疑也。

按照易例，阳为实，而阴为虚。坤为地，有邑国的物象。九三以刚居阳，当位得正处巽体，又与上六有应，适值进升的时候，宜于进升，如入无人之邑。各爻有吉利之占，九三独无。"升虚邑"，但指九三宜于升而无所疑畏而已。处在进升的时候，九三毕竟不如二、五之中，初、四之顺，九三过刚，不合以柔而升之义。"无所疑"，指九三以刚用阳，其升也果断。不提"吉"或"无咎"，因其祸福未可知，存乎其人而已。

六四 王用亨于岐山。吉。无咎。《象》曰：王用亨于岐山，顺事也。

"亨"，通"享"，祭享。"岐山"是周代肇兴王业的地方。六四以柔居阴，是近君大臣，譬喻文王当年居岐山之下，上顺纣王，而想让他成为圣君，下顺天下之贤，而使之进升。文王自己则柔顺谦恭，止于其分，不出其位，积其至诚，终建王业。爻辞说"吉，无咎"，是因为六四处进升的时候，居近君之地，不可复升，升则凶咎大矣，六四必得尽其臣德，唯其获吉，乃得无咎。"顺事"指文王内积至诚，享祀境内山川神祇。四为重柔，已入坤顺，上顺君，下顺民，以顺事上下。

六五 贞吉。升阶。《象》曰：贞吉升阶，大得志也。

"阶"，阶梯。"升阶"，进升由阶，因有所由，易而不难。六五以柔居尊，下应九二，柔中之君得到刚中贤臣的辅助，理应得吉。但因六五质本阴柔，所以诚以贞固，乃能得吉。"升阶"，比喻九二要等到六五已贞固其用贤之心，才可循阶以升，上应六五。否则六五信贤不笃，任贤不终，君不得吉，臣的进升也不得善终。"大得志"，指六五柔中至尊，不拒来者，使群臣都能阶己而升，志宜大得。自初而升，到此极矣。所以初说"上合志"，这里说"大得志"，就像《象传》所说的"有庆"、"志行"。

上六 冥升。利于不息之贞。《象》曰：冥升在上，消不富也。

"不息之贞"，指天地的运行，只有天行健，才可以常升而不已，如果是富贵利达，涉于外物、私欲，那肯定就有消长的问题。"冥"，暗昧。上六以阴柔居升的极处，是昏迷于进升而不知止的人。上六处升极，如能固守贞正的美德，终日乾乾，自强不息，进德修业，增益天爵，宜其有利，这才是"冥升利于不息之贞"。反之，以小人贪求无厌之心，逐于外物，溺于追求人爵，那凶咎就大了。"冥升在上"，特别指出，上六的位势已十分满盛，当自行消损为宜。升而不已必困，冥升在上，只能消损，岂可复有加益？"不富"，不复增益。

困第四十七　坎下兑上

困是以柔困刚，有困乏、穷困的意思，由坎、兑两卦组成。《序卦》说："升而不已，必困，故受之以《困》。"从卦象来看，坎水不在兑泽之中，而在兑泽之下，象征兑泽枯涸没水，有困乏的物象。兑为阴卦在上，坎为阳卦处下；且上六在两刚之上，九二陷于二柔之中，都是阳刚被阴柔所掩，就像君子被小人所困一样。从卦德来看，坎险而兑悦，处险而能悦，意指处境虽然穷困，却能安和面对。困卦是《系辞下》三陈九卦中的一卦。

困。亨。贞。大人吉。无咎。有言不信。
《彖》：困，刚掩也。险以说，困而不失其所亨，其唯君子乎？贞大人吉，以刚中也。有言不信，尚口乃穷也。

坎刚被兑柔所掩，九二被初、三二柔所掩，四、五两刚被上六所掩。阳刚君子被阴柔小人所掩蔽，是君子困穷的时候。困穷可以动心忍性，激发潜能。处在坎险，而以兑悦面对，君子有自乐之道，虽困而不失亨通的可能。二、五以刚居中，刚则不被困所系累，中则不被困所滞碍，虽困仍然进德修业不辍，静待天命，必吉乃无咎。至于小人一遇困穷，则为求脱困于一时，无所不用其极，以至困上加困。"尚口乃穷"，指上六处困极之地，而想要以口说免困，会导致更为穷困。大凡处在困境的人，他的言论特别难以取信于人。君子处穷困的时候，应静默自持，时然后言。

《象》曰：泽无水，困；君子以致命遂志。

"致命"，犹授命，付出生命。"遂志"，实现本来的志向。命虽定于天，志则存于己。命可致而志不可夺，命轻而志重。唯能致命，才可以遂其志。"致命遂志",指穷通、生命,全交给天命,不因困境而改变志节。外在的困境固然能困其身,却不能困其心。大道能否实行,系于天命,不全由人力所定。孔子困于陈、蔡之间,以"君子固穷,小人穷斯滥矣"解除子路的愠怒,深明穷通得失的道理。"致命"象征坎险,"遂志"象征兑悦。

初六 臀困于株木。入于幽谷。三岁不觌。《象》曰:入于幽谷,幽不明也。

人的身体,走动的时候,脚趾在下;坐下的时候,则臀部在下。初六才质柔弱,困而难行,有坐困的形象。困卦以刚掩为义。只有刚爻才能处困。因为刚爻代表君子,而君子之所以会处于困境,常常是由于时机的缘故。小人则不然,大多咎由自取。《诗》云:"出于幽谷,迁于乔木。"初六才质柔弱,不能自迁于乔木,只得坐困于株木下面,而入于幽谷。意指初六不明处困之道,质柔而用刚,犯难而进,围困九二,反使自己更加陷入困境,以致三年之久而不得亨通。"幽不明",指初六益入昏暗,自陷于深困的意思。

九二 困于酒食。朱绂方来。利用亨祀。征凶。无咎。《象》曰:困于酒食,中有庆也。

"绂",古时祭服的饰带。"朱",红色。天子、三公、诸侯的绂服同为红色。"方来",即将到来。"朱绂方来",比喻即将获得上级的锡命。"亨祀",同"享祀"。九二被初、三两柔所围困。小人以身穷为困,而君子以道不得行为困。九二君子以未能济天下之困为忧,如今反困于酒食的丰厚。这时九二不敢以酒食自奉,而以至诚将酒食享祀神明。自古圣贤常常困于幽远,而终能见用,无不严守至诚。九二君子应当以至诚安处,静待九五的王命前来相求,切忌往而求之,才能无咎。二居坎中,而坎为"有孚维心亨",乃"中有庆"的物象。

六三 困于石。据于蒺藜。入于其宫。不见其妻。凶。

《象》曰：据于蒺藜，乘刚也。入于其宫不见其妻，不祥也。

"蒺藜"，一年生草本植物，果实有刺。六三不中不正，下与初六合困九二，上与上六合困九四、九五，不自量力，围困别人，也被人所围困。六三想前进，则九四有如盘石阻挡在前；想后退，则又乘据在九二蒺藜上头；返归本位，却又见不着其妻上六。六三困刚最甚，自身也最凶，不知死期将至。"乘刚"，指乘在九二这个刚爻上面的不安就像据于蒺藜的刺上头。"不祥"，是不善的征兆。六三丧失所安之处，上与三相应，上是三的"宫"，本来可入，但因同为柔爻，非其所配，以此处困，不祥莫甚焉。《系辞》如此解说："非所困而困焉，名必辱；非所据而据焉，身必危。既辱且危，死期将至，妻其可得见邪？"

九四　来徐徐。困于金车。吝。有终。《象》曰：来徐徐，志在下也。虽不当位，有与也。

九四进入上体，渐具济困之道。九四来徐徐，内怀疑惧，下应初六，却阻困于九二金车，所以有鄙吝。这是因为九二亲比初六，且九二有刚中之才，足以济初六之困。但寒士的妻室，弱国的臣子，只能从正而已，初六最后还是会决定选取九四这个正应，而舍弃九二的近比。"志在下"，指四应于初而隔于二，志在下求，所以徐徐而来，救困不速，因此鄙吝。"有与"，指六爻之中，只有初与四为正应。四虽不当位，但它的正应与它相与，所以"有终"。

九五　劓刖。困于赤绂。乃徐有说。利用祭祀。《象》曰：劓刖，志未得也。乃徐有说，以中直也。利用祭祀，受福也。

"劓刖"，截鼻去足，伤于上下。"赤绂"，古时天子祭祀的服饰。九五上下都被阴爻所掩，有劓刖的形象。"困于赤绂"，指九五之君困于天下贤才不来归聚，正处困而不得志的时候。九五虽困，但有中直的美德，九二贤才徐必相应来归，以共济天下之困。九五之君宜用祭祀，致其诚敬，则天下归心。九五始困，而徐有喜悦，终能得受其福。

上六 困于葛藟。于臲卼。曰动悔。有悔。征吉。《象》曰：困于葛藟，未当也。动悔有悔吉，行也。

"葛藟"，藤类的草本植物，茎蔓缠绕木枝，攀缘而上。"臲卼"，危动的情状。"困于葛藟"，比喻上六为了围困刚爻，而攀登到困极之地，恐惧不安，动辄得咎。只有改悔，才能没有过悔，才能行而获吉，解除围困。"未当"，是以上九所处的地位来说。"行也"，以上六能行而不自困，乃困穷而通，行而获吉。

井第四十八　巽下坎上

井是亨通的意思，卦义刚好与困卦相反，是由巽、坎两卦组成。《序卦》说："困乎上者，必反下，故受之以《井》。"这是针对"升而不已，必困"来说，上升不止而困，则必返于下，而在下之物莫若井，所以井在困的后面。从卦象来看，巽为风，这里引申为木（因为风本身不易被察觉，树木摇动就知道风在吹拂），坎为水，木是指放置于井口上的横木，坎水而在巽木的上面，有井水被汲取提出的物象。井卦是《系辞下》三陈九卦中的一卦。

井。改邑不改井。无丧无得。往来井井。汔至。亦未繘井。羸其瓶。凶。

《彖》曰：巽乎水而上水，井。井养而不穷也。改邑不改井，乃以刚中也。汔至亦未繘井，未有功也。羸其瓶，是以凶也。

雨雪渗入土石，积聚成泉源，从地面凿孔入地以通泉，称为井。"巽乎水而上水"，指用巽木做的桔槔引水瓶下入泉口，汲水而上，这是井的物象。由井提水可以养人，井之养，没有穷尽，取之不竭，象征有常德。邑可改，而井不可迁，也是常德，比喻道的不可移易。古时候八家共享一井，四井组成一邑，邑可改而它迁，井则不可迁，所以说"改邑不改井"。二、五两爻有刚中之德，所以才有常德如是。井水，取之而不竭，存之而不盈，比喻道的可久，所以说"无丧无得"。人来人往，都可汲取井水，比喻道的可大，所以说"往来井井"。由于井有常德，所以其体"无丧无得"，其用则"往来井井"；王道也有常德，所以其体久而无弊，其用则广而及物，所以说"改邑不改井"，足以含盖下面两句。"汔"，几。"繘"，汲水索。汲取井水，如果几至而未及提取，那与不曾下繘于井无异，同样"未有功也"。如果连装水的瓶瓮也打破了，那就不能汲水上来，所以得凶。《象传》主要讲三个刚爻："刚中"、"改邑不改井"是讲五的"寒泉食"，"未有功"是讲三的"井渫不食"，"羸其瓶"的"凶"是讲二的"瓮敝漏"。井卦以刚爻譬喻泉水，柔爻譬喻井，这是以阳实阴虚来取象。

《象》曰：木上有水，井；君子以劳民劝相。

"相"，助，辅助。"劝相"，鼓励相友、相助、相扶持。君子观井象而立井田之法，使百姓尽力稼穑，勤劳以奉养长上，又劝勉彼此相助而不敢惰。坎为劳卦，因此"劳民"；巽为申命，所以"劝相"。

初六 井泥不食。旧井无禽。《象》曰：井泥不食，下也。旧井无禽，时舍也。

古时候，鸟兽虫鱼通称为"禽"。初六阴柔居下，有井底的物象。井底的泥浆不能食用。井的作用在于井水可以养人济物，禽鸟也来就井觅食。井要是没水，那就是一口废弃的旧井，既没法养人，禽鸟也不会前往。"下"，指井的下面，也就是井底。"下"则地位卑下，"时舍"则为当时所舍弃不用。

九二 井谷射鲋。瓮敝漏。《象》曰：井谷射鲋，无与也。

"井谷"，指井中会流出水的窍洞。"鲋"，小鱼、小虾。"射"，注。九二上面没有正应，下面则与初六亲比，比喻井水汲不上来，反而下注，从井谷流出去。井水要提上来，才能养人济物，现在往井谷下流，只能供养些小鱼、小虾。"鲋"，是阴物，初六处井底，又是柔爻，有鲋的物象。"瓮敝漏"，指有如瓮中的水，本可食用，却因瓶瓮破敝而漏水，以致无水可用。卦辞说"羸其瓶，凶"，其凶可知。"无与"，是指九二阳刚，本可养人济物，却由于上无应援，而不能成济物的功用。二是有泉水而无与，初则无泉水而为时所弃。

九三 井渫不食。为我心恻。可用汲。王明。并受其福。《象》曰：井渫不食，行恻也。求王明，受福也。

"渫"，除去秽浊使其洁净。"恻"，伤痛。九三得位，与上六有应，阳刚意味有水，但上六质柔才弱提不上来。九三井水清洁本可汲而食用，但因井上设备不全，无法提取井水。百姓为九三心痛而想，如果能得到贤明的君王治理此邑，将井上与井下一并治理，使百姓与明王同受其福。"行恻"，指路过的行道者为九三心恻，不是九三自己心痛。"求王明"，不是九三自求，而是看到而难过的路人代求。

六四 井甃。无咎。《象》曰：井甃无咎，修井也。

"甃"，以砖瓦修井。井道发展到六四，已入上体，渐具致通之道。六四以柔居阴，且与九五亲比，处正又承五，以砖瓦修井，可以无咎。九三在内卦，渫井内以致其洁；六四在外卦，甃井外以御其污。

九五 井洌寒泉。食。《象》曰：寒泉之食，中正也。

"洌"，甘洁。九五阳刚中正，阳刚则有泉水，中正则水质甜美。井泉以寒凉为美，甘洁的寒凉泉水，可为人所食用。"中正"，指九五为坎中一阳，既中且正。坎中之阳，是天一之性，得到水的正体。中则其性纯，正则其用广，所以能成养人之功。

上六 井收勿幕。有孚。元吉。《象》曰：元吉在上，大成也。

"收"，收缩。"幕"，覆盖。"井收勿幕"，收起汲水索将水提上来后，不覆盖井口，因为往来就井汲水的人很多，是卦辞"往来井井"的物象。"有孚"，指泉水有源而不穷，前来提水的都将满载而归，所以"无丧无得"。到此井道大成，六爻之中，以上六最得卦义，所以"元吉"。

革第四十九　离下兑上

　　革，是变革、革命的意思，由离、兑两卦组成。《序卦》："井道不可不革，故受之以《革》。"从卦象来看，离火在下而往上炎烧，兑泽在上而往下浸润，火烈则泽涸，泽决则火灭。离、兑相克不相得。又离为火，为夏；兑为金，为秋。秋继夏，火克金，也是革。从人事来看，离为中女，兑为少女，而少女在中女之上，长幼失序，两者又不像长女懂得恤幼、敬长，居家常意见相左，长大了各归夫家，有革的物象。从天道来看，寒往暑来，天地革而四时成，譬喻改朝换代。倡议革命，要内怀文明之德（离），外为众所悦服（兑），如《彖》所说"汤武革命顺乎天而应乎人"。此外，革又有皮革的意思，动物的毛皮因时而变，所以革卦爻辞从牛、虎、豹取象。下卦离体三爻论述革命的主、客观条件及其谋画，要尽离火文明之德；上卦兑体三爻则论述革命完成之后，当用兑悦以和顺人心，稳定新政权。

　　革。已日乃孚。元亨。利贞。悔亡。
　　《彖》曰：革，水火相息。二女同居，其志不相得，曰革。已日乃孚，革而信之。文明以说，大亨以正，革而当，其悔乃亡。天地革而四时成，汤武革命顺乎天而应乎人，革之时大矣哉！

　　"息"，灭息，又是生息的意思，灭息而后生息。既济，水在火上，不说"相息"，因为既济的水是坎水，那是会流动的水，火息灭不了流水；而革卦的水是泽水，那是静止的水，止水在上而火性上炎，所以说，"革，水火相息"。睽与革同样是"二女同居"：但中女在上，少女在下，长幼有序，只是"志不同行"，所以为睽；少女在上，中女在下，长幼无序，"志不相得"，所以为革。在后天八卦图中，春夏为阳，尽于离；秋冬为阴，起于兑。离与兑合而成革。冬、春、夏相代以生（水生木、木生火），就像尧禅让给舜，舜禅让给禹；夏、秋则相代以克，（火克金）就像商汤伐桀、武王伐纣。金、火之际，是天地一大转关：物象是火烁金，次序则金代火。火能烁金，金不能代火，所以用戊己土来帮助，化克为生，这是革的作用。坤土主信，火本克金，借由坤土，火生土，而土生金。六二是离的中爻，得土气之正，所以"乃孚"。"己日"，已革之日。只有在己革之日，弊已除，乱已止，大众才会信服。离为文明，兑为和悦：文明则理无不尽，事无不察；和悦则人心和顺。革命能照察事理，和顺人心，可致大亨而得贞正。这是因为革命很容易出现有悔的情形。一定要做到革而至当，才能没有后悔的事。天地四时的变易，都是一元理气的自然，没有丝毫的驳杂；圣人革命的大事，都是天命人心的当然，没有丝毫的偏私。桀、纣的恶，天所欲诛，人所欲去，所以说"顺天应人"。兑卦的《象传》说"顺天应人"，革卦也说，这是因为有兑的缘故。凡做大事，一定要老百姓喜悦，发自内心支持，才能成功。孟子说"取之燕民说则取之"，这是指武王；"不说则勿取"，这是指文王。阴阳五行相生相克，克就是革，革就是为了生。水火相灭就相生，所以说"革之时大矣哉"。

《象》曰：泽中有火，革；君子以治历明时。

"历"，日月星辰。推算日月星辰的迁移，来修正历数，显明四时的顺序。四时的变革，是天地变革中最为显著的。

初九　巩用黄牛之革。《象》曰：巩用黄牛，不可以有为也。

"巩"，巩固。"黄"，中色。"牛"，温驯的动物。"黄牛"，指六二，有中正柔顺的美德。"革"，皮革，可以系固东西。"巩用黄牛之革"，比喻六二以中顺之道固结初九。变革是大事，不可不慎。初九以刚居阳，地位卑下，刚健能动，又处离体，其性往上炎烧。而初还不是可以变革的时机，居下不是适合于从事革命的地位，刚猛反足以败事。初九上与九四无应，而近比六二，借着六二柔顺中正以自固，就不致妄动躁进。"不可以有为也"，指初九应坚确固守，不可有所作为，告诫初九不可妄动。

六二 已日乃革之。征吉。无咎。《象》曰：已日革之，行有嘉也。

"乃"，不轻易有为。二是革的主爻，上卦都被二所革，所以称"革之"。六二以柔居阴，中正柔顺，是文明之主，上有九五的应援，可说得时、得位，而它的才干又足以安民济世。但处在变革的时候，身为人臣，不应当率先变革，一定要等到上上、下下都确信非革不可之后，才能起而革之，所以说"已日乃革之"。也就是六二要谨守柔顺中正之道，必已日当革的时候才进往，则吉而无咎。"行"释"征"字。"嘉"释"吉无咎"。六二在已日当革的时候才进往，可成嘉美之功。

九三 征凶。贞厉。革言三就。有孚。《象》曰：革言三就，又何之矣？

"革言"，谋议变革的事。"就"，成、合。"孚"，信。九三过刚失中，居离体之极，是躁动于变革，所以告诫它躁进上往则凶。九三应守贞正之德且常怀危厉之心，广泛征询各阶层民众对革命与否的意见，以至于三，而无不赞成，如此才可以信而不疑，致力革命大业。"又何之矣"，指更何往的意思。"革言三就"，乃至为审慎，如此而行，必得其宜。

九四 悔亡。有孚改命。吉。《象》曰：改命之吉，信志也。

"改命"，改立新天命。九四已入上体，为当革的时候。九四质刚，有变革的才干；居泽火相息之际，有变革的形势；处近君之位，有变革的重任；下无系应，有变革的决心。九四以刚居阴，不当位，本应有悔。但变革而当，其悔乃亡。既革之后，当以至诚去除前朝弊政。旧法不便于民的，通通改易，可以得吉。"信志"，释"有孚"。变革以有孚为本，信足以孚乎人心，则可以改命而得吉。

九五 大人虎变。未占有孚。《象》曰：大人虎变，其文炳也。

在后天八卦图中，兑在西方，震在东方，左青龙而右白"虎"；兑为正秋，所以为"变"。"虎变"，指老虎每到仲秋脱换新毛后，文采更为炳焕明盛。九五大人阳刚中正，以大人之道，革天下之事，革无不当。他所施行的新政炳然昭著，就像刚脱换新毛的虎皮，亮丽夺目。九五大人所革的事，不待占决，知其至当，而为大众所信孚。

上六 君子豹变。小人革面。征凶。居贞吉。《象》曰：君子豹变，其文蔚也。小人革面，顺以从君也。

"君子"，有德、有才或有位的人。"豹"，君子的物象。"小人"，无德、无才或无位的人。变革的终结，革道已成，则君子已从革而变，自新其德，就像豹替换了新毛，虽不如老虎的文采炳著，但也隐然可见。小人则因昏愚难迁，未能心化，但也能革其面、转其向，以顺从新政令。小人表面上顺服，那就够了。如果不知足，还要求小人是真心诚意拥护新政权，进一步要求思想改造，那就凶咎随之了。上六以柔居阴得正，当贞固自守，不妄动，居贞则吉。

鼎第五十 巽下离上

鼎是古代烹饪的用具，类似现代的锅，形状有方、有圆，引申为烹饪、养贤的意思，由巽、离两卦组成。《序卦》说："革物者莫若鼎，故受之以《鼎》。"从卦象来看，巽为木，离为火，木上有火，有烹饪的物象。此外，鼎卦是典型的象形卦。从爻象来看，初六象鼎足，二、三、四象鼎腹，六五象鼎耳，上九象鼎铉。从两体来看，君王在上柔顺文明，臣民在下巽顺听命，有君王养贤、与民休养生息的气象。

鼎。元吉。亨。
《彖》曰：鼎，象也。以木巽火，亨饪也。圣人亨以享上帝，而大亨以养圣贤。巽而耳目聪明，柔进而上行，得中而应乎刚，是以元亨。

从《彖传》来看，卦辞中的"吉"字，应为衍文。《易经》无卦不是象，而这里特别提出"鼎，象也"，因为以器物来讲，鼎卦最为像似。卦体本身就具有足、腹、耳、铉的物象，因象而命名为"鼎"。井是在邑里，所养的是一般百姓；鼎则是朝廷重器，所养的是贤明君子。"以木巽火"，是以木从火，有烹饪的物象。"亨"，通"烹"。烹饪主要是为了宴请宾客和祭祀神明。祭祀中最重大的莫过于上帝；宾客中最重要的莫过于圣贤。祭祀上帝重诚意，所以只说"亨"；养圣贤贵丰盛，所以说"大亨"。这里的"圣人"是指古圣王而言，圣王卑巽，屈己以下人，兼天下的耳目以为听、以为视，所以其耳聪，其目明。凡离在上卦，都用"柔得中而上行"，柔本在下，今居尊位，是"进而上行"。六五以明居尊位、得中道，下应九二刚中贤臣，是能用贤的明君，所以可致元亨。

《象》曰：木上有火，鼎；君子以正位凝命。

"凝"，就像《中庸》"苟不至德，至道不凝焉"的"凝"，聚止的意思。"鼎"，神器，形端而正，体镇而重。君子效法它端正的物象，以正其所居的大位，使之久而愈安；效法它镇重的物象，以凝其所受的天命，使之久而愈固。项安世说："存神息气，人所以凝寿命；中心无为，以守至正，君所以凝天命。"

初六 鼎颠趾。利出否。得妾以其子。无咎。《象》曰：颠趾，未悖也。利出否，以从贵也。

"否"，恶物。初六居鼎的下面，有鼎趾的物象。初六以柔居阳，上应九四，所以鼎趾朝天，鼎口朝下，鼎中原有的脏物随之倾泻而出，这是有利的。因为烹饪之前，要先洁净鼎器，将秽物残渣倒出，所以说"鼎颠趾，利出否"。且初六质柔位卑，又不当位，但卑巽顺从于九四，有妾的形象。初六比喻妾本卑贱，但母因子贵，而得无咎。就像"鼎颠趾"，本与常道有悖，但处烹饪之初，则"利出否"。能倾倒否恶，去故纳新，泻恶而受美，有从贵的意思。所以虽颠而不悖，就像妾本不当贵，以其子而得从贵。

九二 鼎有实。我仇有疾。不我能即。吉。《象》曰：鼎有实，慎所之也。我仇有疾，终无尤也。

"我仇"，指与二相亲比的初六。"即"，就，亲近。初为鼎趾，二已入鼎腹，九二刚实居中，是鼎中有实物的物象。九二上应六五，比喻鼎中的实物可以上出，以供食用。就像九二刚中之臣辅翼柔中之主，可以道济天下。但九二下有初六不正小人与它亲比，阳刚被阴柔所系累，所以说"疾"。但九二居中而应中，能自守以正，则邪柔不正不能亲近它，所以得吉。"鼎有实"，就像人有才，就得慎其所往；不慎其所往，就会陷于不义。二能不昵于初，而上从六五正应，就是"慎所之"。"我仇"指初，亲比二而不正，所以是"有疾"。二能自守以正，则彼初不能即我，所以终究没有过尤。

九三 鼎耳革。其行塞。雉膏不食。方雨。亏悔。终吉。《象》曰：鼎耳革，失其义也。

"鼎耳"，指六五。"膏"，甘美的食物，比喻禄位。"方雨"，即将下雨。"亏悔"，不足而悔。三与五没有应比的关系，且九三以刚居阳，正而不中，六五以柔居阳，中而不正，三与五异而不合，有相革的物象。三与六五之君不合，则不得委任，就不能施其才、行其道，所以说"其行塞"。"雉"，指六五，因居离体之中而有文明之德，像雉鸡一样。三因得不到六五的禄位，所以说"雉膏不食"。但九三毕竟以刚居阳，当位得正，又处巽体，没有过刚的弊病，所以阴阳和畅，雨就降下来了，以喻九三守正君子与六五柔中之主终将和合。其始虽有不足之悔，终将有相遇之吉。"失其义"，不是指三所行失义，而是指三的爻象与五没有相应之义。

九四 鼎折足。覆公餗。其形渥。凶。《象》曰：覆公餗，信如何也。

"餗"，鼎中的食物。"形渥"，形貌十分羞丑。九四已到鼎腹的上端，有盈溢倾覆的忧患。四与五逆比，而下应初六。初六是阴柔不正的小人，本不可用，而四却重用它，因力不足以胜任而败事，就像鼎折断了脚，而倾覆鼎实。九四是近君大臣，所以称"公"。"覆公餗"，比喻九四因用人不当而败事，有负六五君王之托，至可羞愧，所以致凶。"信如何也"，指九四失信。九四居近君大臣的位子，是许诺国家以大臣的事，而实不能称其名，折足、覆餗，失却许国的信任。初在鼎下，还没有实，颠倒还有出否之利，能舍旧纳新；四在鼎中，已有实，折足，则有覆餗之凶，且折足则鼎毁而用废。《系辞》说："德薄而位尊，知小而谋大，力少而任重，鲜不及矣。易曰：'鼎折足，覆公餗，其形渥，凶。'言不胜其任也。"

六五 鼎黄耳。金铉。利贞。《象》曰：鼎黄耳，中以为实也。

"鼎耳"，指六五。"黄"，中色。六五以柔居中，所以说"鼎黄耳"。"金"，坚而刚的东西。"铉"，用来贯穿鼎耳以便抬起鼎的横杠。"金铉"，指上九。鼎耳至关重要，耳不虚中，则鼎铉无所措；耳而无铉，则鼎虽有实，而无所施。且六五亲比上九，所以鼎的六五虚其中以纳上九阳刚之助，而后一鼎之实得以利及天下。又六五以柔居阳，所以诫以"利贞"。"中以为实也"，指六五有阴虚黄中之德，比、应皆刚，象征人君虚能受实，得贤臣任事，事无不举。

上九 鼎玉铉。大吉。无不利。《象》曰：玉铉在上，刚柔节也。

"鼎铉"，指上九。"玉"，坚刚而温润的玉石。鼎的作用在六五，而功效则在上九。上九一阳横亘在鼎耳上面，有鼎铉的物象。从六五的柔顺，仰视上九的阳刚，则以为是金铉。而玉同时具有刚柔两性，上九以刚居阴，刚柔相济，下面又得到六五的柔中相亲比，所以为"鼎玉铉"。到此刚柔适中，鼎道大成，宜其大吉，而无所不利。"刚柔节也"，指上以刚居阴，刚而能温是有所节制，可以比德于玉。革、鼎谈天命。革去故，五、上天位，取象于虎、豹；鼎取新，五、上天位，取象于金、玉。可见可变者不过制度文为等皮毛之事。至于忠信之质、纲常之道，这是金、玉，是不可变革的。自新要靠这个忠信之质、纲常之道，新民也靠这个。维新之命，也是要靠这个忠信之质、纲常之道来凝聚。

震第五十一　震下震上

　　震为雷，为地震或雷震，有动而奋发、震惊的意思，由两个震卦相叠而成。《序卦》说："主器者莫若长子，故受之以《震》。"三画卦的震卦是阳卦，一阳生于二阴之下，阳动而上。又坤与乾相交，索取乾的初爻而成震，是长男。《说卦》说："震为雷、为龙、为玄黄、为旉、为大涂、为长子、为决躁、为苍筤竹、为萑苇。其于马也，为善鸣、为馵足、为作足、为的颡。其于稼也，为反生。其究为健，为蕃鲜。"震的卦德为动，于人身为足。又说："帝出乎震"，"震，东方也"，所以震在五行为木，且为阳木。从卦象来看，两震相继而来，一震逝去，一震复来。六爻以刚爻为震动而上进，柔爻为危惧而退避。

　　震。亨。震来虩虩。笑言哑哑。震惊百里。不丧匕鬯。
　　《彖》曰：震，亨。震来虩虩，恐致福也。笑言哑哑，后有则也。震惊百里，惊远而惧迩也。出可以守宗庙社稷，以为祭主也。

　　"虩虩"，恐惧的样子。"哑哑"，和乐的样子。"匕"，羹匙，用来乘鼎肉以祭神的礼器。"鬯"，古时用郁金草与黑黍酿成的香酒，用来祭神。祭礼中荐陈的祭品很多，而独提"不丧匕鬯"，因为匕、鬯是祭主亲自操持的。震有致亨通的道理，震来而能恐惧，因而自修、震惧，则可获得福吉。笑言哑哑，由于能恐惧而后自处有法则，也就是能掌握处震之道。"后"，指恐惧之后，而不是震惊之后。震雷发作可以声闻百里，这是古时诸侯的形象，因为诸侯的封地以百里为限。震惊百里，远的震惊，近的恐惧。"惊"，指突然遇到的，而形诸脸色。"惧"，指诚心畏惧而心理调适。惧比惊深，这是由于远近有别。"出"，即"帝出乎震"的"出"，指长子出而主持祭典，有动而代天的形象。比喻震长子出而可以守宗庙社稷，担任祭主。殷商的王位继承是兄终弟及，不专长子。文王为《周易》系上卦辞，以震长子为不丧匕鬯，以后遂定为周朝传位嫡长子的继承制度。

《象》曰：洊雷，震；君子以恐惧修省。

"洊"，重袭。"洊雷"，雷声相继而到。人心不震不惧，君子畏惧上天的威严，惊见于色，惧生于心；修饬自身的言行，使无不合于天理；省察自身的过失，使无不能遏制私欲。虽震有不来的时候，而恐惧修省则无片刻间断，这就是人心洊雷之震。恐惧作于心，修省见于事。

初九 震来虩虩。后笑言哑哑。吉。《象》曰：震来虩虩，恐致福也。笑言哑哑，后有则也。

初九以刚居阳，是震卦的主爻，因为震的作用是发生在下面。初九最得卦义，所以爻辞与卦辞的前半段雷同。初是震于事先，由于惧得早，先有虩虩的戒惧，能恐惧以致福；然后有笑言哑哑的安舒，因惧于始而安于终，所以得吉。

六二 震来厉。亿丧贝。跻于九陵。勿逐。七日得。《象》曰：震来厉，乘刚也。

"厉"，危。"亿"，猜度，事未到、尚未显著而先谋画。"贝"，资财。"跻"，升。从二到四是艮卦，有山陵的物象。"九陵"，极高的山陵。"逐"，往追。六二以柔居阴，当位得中，离初九震主最近，又以柔乘刚，受震最猛，处境最为危厉，所以说"震来厉"。六二以地震来得猛厉，力不足以挡，自忖将丧失其所有的资财，急登高陵，飘然远举以避祸。六二对其资财当舍则舍，并不吝惜，但事过境迁，一切归复于常，六二因能固守其中正之德，则其丧失的资财，七日后终能复得。

六三 震苏苏。震行无眚。《象》曰：震苏苏，位不当也。

"苏苏"，神气缓散自失的样子。六三失位不中，才质柔弱，平常且不能安，况处地震刚过，另一地震复起之间，所以六三一听到地震声就苏苏然。如果六三因震惧而能慎行，去三以就四，则可免除灾眚。"位不当"，指六三不中不正，又处两震之间。

九四 震遂泥。《象》曰：震遂泥，未光也。

"遂"，通"坠"。"泥"，滞溺。九四以刚居阴，失刚健之道，又陷溺于四柔之中，上下牵连，拖累过重，难以震奋，所以说"震遂泥"。九四处震，不能惧而自守，想动却无法奋进，大大有违震惧之道。而四在外互的坎中，与屯五一样，所以未光。初是一阳动于下，得到震的本象，所以福与卦同。四是一刚动于四柔之中，震变成坎，没有惊远惧迩的威力。

六五 震往来厉。亿无丧有事。《象》曰：震往来厉，危行也。其事在中，大无丧也。

"有事"，指祭祀。在《春秋》中，只要是祭祀都说"有事"，这里是指宗庙社稷。五与二都乘刚，都能恐惧修省以处震。六二处在下震的上面，所以说"震来厉"；六五处在重震的上面，是一震逝去，一震复来，所以说"震往来厉"。初九为震主，所以"震来虩虩"，九四则为"震遂泥"，所以六五虽处危地而不危。二与五都有柔中之德而能亿度于事理，六二居下位而"亿丧贝"，六五居尊位而"亿无丧有事"。二所有的就是资财而已，五所守的则是宗庙社稷，资财可失而复得，宗庙社稷岂可失而复得？六五大概是卦辞所说的"不丧匕鬯"的祭主吧！五由于乘刚，所以危厉其行，也就是"恐惧修省"。又因居上卦的中位，以危惧之心，守中道而行，所以能"大无丧"。

上六 震索索。视矍矍。征凶。震不于其躬。于其邻。无咎。婚媾有言。《象》曰：震索索，中未得也。虽凶无咎，畏邻戒也。

"索索"，不安的样子。"矍矍"，急切的样子。"躬"，身。"婚媾"，婚配。"有言"，有讽刺不满的言语。上六以柔居阴，才质柔弱而处在震的极处，惊惧过甚，以致索索不安，看东西也急切不定。上六过中而处震，不安之甚，如此而行，未动而心志已乱，怎能不凶？上六在震及其邻而尚未及其自身之际，要未雨绸缪，恐惧修省，则可免除凶咎。当上六极为震惧的时候，而谋求婚配，将会受到责难。"中未得"，指上六未能得于中道。"畏邻戒"，指因邻的戒惧而知畏惧。震虽及邻，戒乃在己，这正是"恐惧修省"的要义，所以无咎。

䷳ 艮第五十二　艮下艮上

艮为山，有安止的意思。重卦的艮是由两艮相叠而成。《序卦》说："震者，动也。物不可以终动，止之，故受之以《艮》。艮者，止也。"三画卦的艮是阳卦，一阳在二阴之上。阳动而升，至上而止，两阴静待于下，上止而下静，所以为艮。《说卦》说："艮为山，为径路，为小石，为门阙，为果蓏，为阍寺，为指，为狗，为鼠，为黔喙之属。其于木也，为坚多节。"艮为少男，于动物为狗，于人身为手，是东北方的卦。从卦象来看，艮为山，"兼山"是两山并立、山上有山。两雷、两风、两水、两火、两泽都可相互往来，相得益彰。唯独两山不能相互往来，有对峙静止的物象。因为山是笃实、静止的东西，所谓"不动如山"。从爻象来看，艮卦六爻，上下都相敌、不相与。艮以取背为象，至于六爻则不取背，而取人身由下而上的各个部位为象，表示虽动而能止。

艮其背。不获其身。行其庭。不见其人。无咎。

《彖》曰：艮，止也。时止则止，时行则行。动静不失其时，其道光明。艮其止，止其所也。上下敌应，不相与也，是以不获其身行其庭不见其人无咎。

艮为山，山形似背，所以说"艮其背"。"不获其身"，指不见其身。"身"，面向前面，而"背"则面向背面，不与外物相接触。"身"主于动，"背"主于静。眼不见则心不动，止于所不见，则外物无以乱其心，止于所当止。即使行走于庭除之间，出入于人来人往之地，对于背而言仍一无所见，如此物我两忘，外物不接，内欲不萌，得无咎。艮的卦德是止，但行、止各有其时。时当止而止，固然是止；时当行而行，行固然不是止，但行而不失其理，所以也是止。不失其时，就顺理而合义。在物为理，处物为义。动静合于理义，则行不拖累我的止，动也不扰害我的静，这是大道所以光明的缘由。艮体笃实，所以有光明的含意，就像大畜对艮也以"辉光"来形容。艮的形象之所以是光明，因为定则能生光明。一般而言，人的心胸烦扰，就愈见昏昧；心中能定、能止，就自然光明。中有所主，则神明不乱，如此性体自见光明。"时止则止"，解释"艮其背，不获其身"；"时行则行"，解释"行其庭，不见其人"。"艮其止，止其所也"，当作"艮其背，止其所也。"因为王弼以前，没有"艮其止"一说，按古人"背"字为"北"，有误写为"止"字的道理。背，是静止的所在。之所以能止，由于止得其所。止而不得其所，就没有可止的道理。唉！有物必有则：父止于慈，子止于孝；君止于仁，臣止于敬。万事万物，无不各有其所。得其所则安，失其所则悖。"上下敌应"，无法相与、相帮助。"不相与"，则相背，为"艮其背"，是止的要义。八经卦的六爻都不相应，为何在此特别提"上下敌应"？因为艮卦既然止而不交，爻又峙而不应，与止义相协，所以兼取以显明"不相与"之义。"艮其背"是止于静，"行其庭，不见其人"是止于动，所以说"时止则止，时行则行，动静不失其时，其道光明"。

《象》曰：兼山，艮；君子以思不出其位。

"思"，是心的主要功能。杂扰之思，是惑动于欲；通微之思，是明浚于理。《大学》"安而后能虑"，就是"思不出其位"。静而止于未发之中，动而止于天理之则，都是"不出其位"。人心以思而灵，同样也以思而妄，只有内止以清其思之源，外止以得其思之正，这样才能与天地的动静相协和。

初六 艮其趾。无咎。利永贞。《象》曰：艮其趾，未失正也。

初六在卦的下面，有"趾"的物象。初六以柔居阳，本来是失正。如果能"艮其趾"，止于动的初始，保持静止，能止于初始，就不至于失正，可得无咎。因为初六阴柔，特诫以"利永贞"，只有长永贞正,才为有利。

六二 艮其腓。不拯其随。其心不快。《象》曰：不拯其随,未退听也。

"腓",小腿肚。六二居中得正,上与六五无应,但与九三亲比。三为限,为腰胯,是腓的所随,腰胯动则腓跟着动。九三过刚不中,虽是艮主,但不得止之道,一心上行。而六二质柔才弱,非但不能制止九三上行,甚且勉强随从九三而动,六二因具有中正柔顺的美德,所以"其心不快",表明"不拯其随"乃非其所愿。"未退听",指九三未能下从于六二。二下而三上,阳主上行,怎么能退听六二的拯救呢？

九三 艮其限。列其夤。厉熏心。《象》曰：艮其限,危熏心也。

"限",界限。"列",通"裂"。"夤",脊椎骨。"熏心",心不安的样子。九三界乎上下两体之间,在人身是上下体交界处,也就是两股间的腰胯。九三以刚居阳,过刚不中,又陷于四柔之中,欲动而不欲止。"艮其限",要止其腰胯,但腰胯负责躯体的行动屈伸,现在要"艮其限",是不当止而止,裂绝腰胯与脊椎骨的连动,以致危厉而心不安。"危熏心",指"艮其限"使得不能进退随时,危惧之虑常熏烁他的心,痛苦不堪。

六四 艮其身。无咎。《象》曰：艮其身,止诸躬也。

"身",躯干,六四处上体的下面,有身的物象。六四以柔居阴得正,不躁动妄行,"时止而止",它的动、止、进、退,无不合于礼,所以无咎。"止诸躬",就是"艮其身",也就是"非礼勿动"。"躬",身。四的无咎,止于行；五的悔亡,止于言,也就是"非礼勿言"。

六五 艮其辅。言有序。悔亡。《象》曰：艮其辅，以中正也。

"辅"，嘴内两侧的肉。口出言语，则嘴辅皆动，六五有嘴辅的物象。"艮其辅"，并不是默而不言，而是言而中节有序。六五虽然以柔居阳，但得中，所以"悔亡"。"以中正也"，指六五言不妄发，发必当理，只有具备中正之德的人能做到如此。

上九 敦艮。吉。《象》曰：敦艮之吉，以厚终也。

"敦"，笃实。上九以阳刚居艮的终极，有兼山的物象，能够敦厚于终，是止道的至善。全卦只有上九得吉。上居一卦的终了，在兼山的上面，刚厚笃实，所以为敦艮。"敦临"、"敦复"，都取于坤土。艮山是坤土上面高隆起来，它的厚重也更为巩固，所以为"敦艮"。"厚终"相当《说卦传》"万物之所成终而所成始也"中的"成终"。土弥厚而基弥固，德愈厚而止愈安，所以大吉。

渐第五十三　艮下巽上

渐是缓进、循序渐进的意思，由艮、巽两卦组成。《序卦》说："物不可以终止，故受之以《渐》。渐者，进也。"从卦象来看，艮为山，巽为木，山上有木，木的高大是由于山而高大，其高有因，乃其进有序，所以为渐。鸿鸟在春天渐渐北飞，在秋天渐渐南飞，渐卦六爻取鸿鸟往来有时、先后有序为象，显示渐进不乱的卦义。

渐。女归吉。利贞。
《彖》曰：渐之进也，女归吉也。进得位，往有功也。进以正，可以正邦也。其位，刚得中也。止而巽，动不穷也。

"渐之进"，因如女子的嫁归夫家，所以吉。社会上各种风俗习惯大多已偏离渐进之道，只有女子嫁归夫家还严守着渐进之道。"女归"之前，女子必须静待闺中，等待夫家纳采、问名、纳吉、纳征、请期，以至迎亲，六礼俱备，才能行夫妇之道。这里之所以说"渐之进也"，这是为了有别于晋之进、升之进。渐的时候，二到五爻都当位得正，所以"进得位，往有功也"。以正道而进，可以正邦国。"进得位"，以位来说；"进以正"，以道来说。六十四卦中四爻都得位的共有四卦，除既济外，家人说"正家而天下定矣"，蹇、渐都说"以正邦也"，就像董仲舒所说："正朝廷，以正百官；正百官，以正万民。""其位，刚得中也"，指五以阳刚中正得尊位。"止而巽"，止是安静的物象，巽是和顺的意思。人的上进，如果以欲心而动，就浮躁而不得其渐，就会穷困。而渐的进，内止静而外巽顺，所以其动没有穷困。

《象》曰：山上有木，渐；君子以居贤德善俗。

"居"，积。贤德以渐而积，俗以渐而善。内艮止，积聚贤德的要能止诸内；外巽入，改善风俗的要能入于外。地中生木，是始生的树木；山上有木，是高大的树木。这是升与渐的差别。积聚贤德、改善风俗都要渐进才能成就。

初六 鸿渐于干。小子厉。有言。无咎。《象》曰：小子之厉，义无咎也。

"干"，岸边。"鸿"，水鸟名，鸿鸟南来北往有定时，成群而飞有次序，尤其是有固定的配偶，于女归之义最为切合，所以各爻取鸿鸟为象。初六才质阴柔，处在渐的开端，上没应援，就像鸿鸟远飞之前，先聚集在河岸边饮水，不急于上往。君子深明此理，而处之不疑；至若少不经事的小子则危惧而有言辞上的责怪，这是因为小子不知道，在下就有上进的机会。其实，初六材质阴柔就不宜急躁，上面没有应援所以能渐，在义理上则无可归咎。

六二 鸿渐于磐。饮食衎衎。吉。《象》曰：饮食衎衎，不素饱也。

"磐"，巨大的石头。"衎衎"，和乐的样子。六二柔中，上应九五刚中，有"女归"的物象，二与五以中正之道相应和，其进之道至为安固平稳。就像鸿鸟逐渐飞到磐石上面，饮食和乐，休养生息，积畜实力，以备远行，理应得吉。"素"，空。"素饱"，犹素餐。二以中正应五而得禄，并不是尸位素餐。二已渐进到磐石上面，但不忘不素餐之义。

九三 鸿渐于陆。夫征不复。妇孕不育。凶。利御寇。《象》曰：夫征不复，离群丑也。妇孕不育，失其道也。利用御寇，顺相保也。

"陆"，平原。"夫"、"妇"，都指九三。九三上面没有应援，就像鸿鸟已渐进到平陆，应守正待时，才符合渐之道。但九三以刚居阳，过刚不中，急于上往，虽与六四逆比，却勉强与它相合，致违"女归"之义。九三以过刚之资，知进而不知返，是不顾其家，所以说"夫征不复"。九三失柔不中，有如妇人产孕而不能养育，是不体恤子女，其凶可知。九三之利，只有在御寇而已，九三如能守正以防邪谄，使贼寇无机可乘，那么可以补救过于阳刚的弊病。"征"、"孕"都凶，是在告诫九三不可以进；"利御寇"，是在说应当静止。"离群丑"，指九三背离了渐的正道，离开自己的群类为可丑。之所以会"妇孕不育"，是因为不遵循渐道。"顺相保"，指以顺道相保。君子与小人相处，自守以正，如此岂只君子自保而已，也同时使小人可以不陷于不义，这就是以顺道相保，御止小人的恶行，所以说"利御寇"。

六四 鸿渐于木。或得其桷。无咎。《象》曰：或得其桷，顺以巽也。

"桷"，平柯，树枝平整，鸿鸟可以安居其上。渐卦到六四已入巽体，巽为木，所以有"鸿渐于木"的物象。木乃高而直立，本不是鸿鸟可以安处的地方，因鸿鸟是水鸟，脚趾相连，不能握枝，所以不会栖息在树木上。但因六四得位又上承九五，所以会有"或得其桷"的物象，六四守正又有刚中之君相助，虽处危地而不危，可以无咎。求安之道，在顺与巽，能顺理而又卑巽，则可转危为安。

九五 鸿渐于陵。妇三岁不孕。终莫之胜。吉。《象》曰：终莫之胜吉，得所愿也。

"妇"，指六二。"陵"，高大的土山，是鸿鸟止息最高的地方。九五阳刚中正，处尊位，下应六二，但被三、四所隔（三承二，四承五），在渐的时候，二不轻进，五不轻信。"妇三岁不孕"比喻五与二相待之久，相信之深，岂是三、四谗邪所能疏离，所以有"终莫之胜"的吉。由于五、二都履正居中，历三年之久，必得所愿，其合之难如此，所以其合也必十分坚固。

上九 鸿渐于陆。其羽可用为仪。吉。《象》曰：其羽可用为仪吉，不可乱也。

"陆"，与九三的"陆"不同，这里指的是天衢，天文有北陆、西路之分。"鸿渐于陆"，指鸿鸟飞上九天，畅行无阻，四通八达，高飞万里。"仪"，法则。鸿群高飞，羽翅翩翩而动，整齐有序，足可效法。渐卦到九五，其道已成，只有渐进然后才能高飞，其序不可乱，到上九渐道大成，宜其得吉。二居有用的位置，不素饱；上处无用的位置，但也是为人仪表，卓然不可乱。上九志虑高洁，而功名富贵不足以累其心，所以"可用为仪"。

归妹第五十四　兑下震上

"妹"，少女。归妹，将少女嫁归夫家的意思，由兑、震两卦组成。《序卦》："渐者，进也。进必有所归，故受之以《归妹》。"从卦象来看，泽上有雷，震雷动于上，而兑泽悦于下。从人事来看，震为长男，兑为少女，长男居上，而少女从之，有嫁归从男的物象。归妹，指少女不待夫家前来迎娶而自归，女先于男，有悖婚姻之礼；而且是以少女归长男，长少非偶，有失婚姻之时。从卦德来看，震为动，兑为说，"说以动"，比喻少女先喜悦而急于出嫁，一开始是女从男，结果是妇制夫，大为失礼，所以不说"妹归"，而说"归妹"，以显明失礼之甚。

归妹。征凶。无攸利。

《彖》曰：归妹，天地之大义也。天地不交而万物不兴，归妹，人之终始也。说以动，所归妹也。征凶，位不当也。无攸利，柔乘刚也。

一阴一阳之谓道，阴阳交感，男女构精，化生万物，此乃天地的常理，所以说"天地之大义"。天地不交，则万物何由而兴？归妹，女归于男，是生生相续之道。男女交而后有生息，有生息而后其终不穷。前者有终，而后者有始，相续不穷，是"人之终始也"。少女说以动，而又先下于男，因为所归的是少女，卦中二到五爻都不当位，且阴上而阳下；而初、上两爻虽当位，但上阴柔在上，初阳刚在下。由于中爻全不当位，所处都不正，何动而不凶？不仅不当位，三、五都有乘刚之过。男女有尊卑的顺序，夫妇也有唱随的礼节，这是常理。如果不循正道，徇情肆欲，唯说是动，则夫妇渎乱，所以无所利。

《象》曰：泽上有雷，归妹；君子以永终知敝。

"永终",指生息嗣续,永久其传。"知敝",指知道物必然会敝坏,而妥为相继之道。兑是正秋,也就是秋分。而春分雷动,秋分雷藏。万物到秋分而成,所以说"永终"。兑为毁折,所以说"知敝"。"永",指夫妇长久之道,可以有终;"敝",喻男女淫佚之行,必不能永。这是自然之理,思其永而防其敝,君子岂能没有戒心啊!

初九 归妹以娣。跛能履。征吉。《象》曰:归妹以娣,以恒也。跛能履吉,相承也。

妹妹随姊姊出嫁为"娣"。"跛",足偏不正而瘸。初九居下而没有正应,有娣的物象。初九随姊姊出嫁,但以刚居阳,象征有实德,虽然地位卑下,却可以行妻妾之道,协助正室,侍奉丈夫,以此而行,得吉。就像跛脚的人,足虽不正,却可以行得正。"以恒",指女而自归不是常态,而娣是随从嫡而嫁归,则是常态。"相承",指辅佐正室,以相与奉承其夫。初卑下无应,而承二以附于五,终得所归。

九二 眇能视。利幽人之贞。《象》曰:利幽人之贞,未变常也。

"眇",目斜而不能正视。九二阳刚得中,是有贤德实才的女子。虽然上面有六五的正应,但处归妹的时候,以阴应阳则可,以阳应阴,不如无应,是女子有配而丧失其配。九二是幽静的女子,以刚中之贤而配不良的夫婿,自守其幽静贞正之德而其志不可夺。因为足以两而行,目以两而明,夫妇以两而成。跛足一正而一偏,眇是一明而一暗,娣虽屈于偏侧,还能佐理,所以说"能履";幽人虽失所仰望,而其志炯然,所以说"能视"。"未变常",指九二虽所遇非人,而不改其操,仍然从一而终,这是妇道的常态。守幽人之贞,则没有改变其常态。

六三 归妹以须。反归以娣。《象》曰:归妹以须,未当也。

"须"，下贱的女子。三居下体上面，本不卑贱，但六三阴柔不正，又是兑主，失德而没有正应，是人所不娶的贱女。六三嫁不出去，悻然反归，只得降格为娣，陪嫁出去。"未当"，指三的所处，其德、其求归之道，无一妥当，所以没人娶她，是个下贱的女子。

九四 归妹愆期。迟归有时。《象》曰：愆期之志，有待而行也。

"迟"，等待。九四以刚居阴，与初九无应，刚爻是指有才德的女子，不肯轻易从人，过时未归所以说"愆期"。九四居上体贵高的地位，又有贤明之德，只有静候俟时以待佳配。"行"，出嫁。

六五 帝乙归妹。其君之袂不如其娣之袂良。月几望。吉。《象》曰：帝乙归妹，不如其娣之袂良也，其位在中，以贵行也。

"帝乙"，商王，商朝的天子都以天干来命名，如太甲、武丁、盘庚、帝辛、帝乙。"君"，商王的女儿。"袂"，衣服的边饰。"良"，美好。"月望"，月亮盈满为望。"几望"，几至于盈满。六五柔中居尊，下应九二，有高贵的女子下嫁的物象。女子不待男方前来聘娶而自行嫁归，这是严重悖礼的行为。但身为天子的女儿，只能求于夫家而自归，所以归妹在他人则因越礼悖义而凶，在帝女则以降尊屈贵而吉。帝女出嫁时，她所穿着的衣服的边饰竟不如随同陪嫁的婢女来得华丽，比喻帝女内有贤德，不尚外饰，她的阴德好到几至于盈满，但未至尽盈，不致亢克其夫，所以得吉。"其位在中，以贵行也"，指六五居尊位而能用中，尚礼不尚饰，所以能以高贵的身份恭行勤俭谦逊之道。

上六 女承筐无实。士刲羊无血。无攸利。《象》曰：上六无实，承虚筐也。

"刲"，刺。依照古礼，婚后三个月要祭宗庙，女子要背负竹筐盛满祭品，男子要宰羊取血以祭祀神明。"女承筐无实"，指上六背负的是个空筐，比喻不能生儿育女。"士刲羊无血"则不能祭宗庙，因为血脉无法绵延相传。上六以柔居阴，才质最为柔弱，没有生育能力，居归妹的终了，又无应，不能成婚配，既然未成夫妇，只能称"士"、称"女"。先称"女"，后称"士"，因为过错在女方，所以说"无攸利"。

䷶ 丰第五十五　离下震上

　　丰，大，盛大的意思，由离、震两卦组成。《序卦》说："得其所归者必大，故受之以《丰》。丰者，大也。"从卦象来看，离为火，引申为电，为明，震为雷，为动，雷电皆至，则明动相资，有丰盛的物象。处在丰盛的时候，只有守中才足以保有丰大。六爻以明动相资论得失：下三爻以是否得到上三爻的帮助，以决定其动止；上三爻以是否得到下三爻的帮助，以决定其明暗。而丰大的隐患常在于暗昧，因为安而忘危，存而忘亡，治而忘乱，是人的常情，所以爻都以明暗为吉凶。丰卦用日蚀的物象，论述如何守中保丰。不取近比，只取远应，而且是以刚求刚，以柔求柔，其势均等，则能平衡得中。

　　丰。亨。王假之。勿忧。宜日中。
　　《彖》曰：丰，大也。明以动，故丰。王假之，尚大也。勿忧宜日中，宜照天下也。日中则昃，月盈则食，天地盈虚，与时消息，而况于人乎？况于鬼神乎？

　　"假"，至，达到。"宜日中"，日不宜过中。丰为盛大。离明而震动，明动相资而成丰大。王者有四海之广，兆民之众，极乎天下之大。老子说："天大，地大，道大，王亦大。"所以丰大之道，只有王者才能达到。所有既大，则保之、治之之道也应该大，所以王者之所尚至为广大。王者应当如日正中天以照临天下，无所不至，则可不用忧虑，如是然后能保其丰大。日过中则昃，月过望则亏，天地的盈虚，都要与时消息，何况人与鬼神？"盈虚"，指盛衰。"消息"，指进退。"鬼神"，指气的屈伸，造化的气机。天地的运转随时而进退，从万物的盛衰之中，可见天地盈虚的消息。

　　《象》曰：雷电皆至，丰；君子以折狱致刑。

"雷电皆至",指离、震二体相合,明、动并行。"折",断。"折狱",判断刑狱。离为明,明则能察狱,无狱不折;震为动,为威,威则能用刑,刑无所不致。噬嗑是明在上,是明得事理,"明罚敕法",先立个法在此,还没有犯威的,留待他时再用。丰为威在上,明在下,是应用法律的时候,须是明见下情才可以。《周易》在离、震相遇时,必及刑狱;在离、艮相遇时,就说"无敢折狱"(《贲》)、"不留狱"(《旅》)。

初九 遇其配主。虽旬无咎。往有尚。《象》曰:虽旬无咎,过旬灾也。

"配",匹配。"配主",指九四。"旬",均,指初与四同为刚爻。初九处离体下面,上应九四的震主,处在丰的卦时,明动相资,初与四相求以成其用,虽同为阳刚,却能相资,因为没有明的指导,动是盲动;没有实际的行动,明发挥不出作用,初前往而从四,则能成就其丰大,而可嘉尚。初与四势均而不相上下,没有过咎。但若初怀先己之心,有求胜九四之意,则灾患就来了,所以说"过旬灾也"。

六二 丰其蔀。日中见斗。往得疑疾。有孚发若。吉。《象》曰:有孚发若,信以发志也。

"蔀",障蔽。"丰其蔀",扩大其障蔽以遮蔽太阳。"发",启发。"若",语助辞。六二以柔居阴,是离明之主,至为明亮,就像日正当中。六五比喻昏君是至大的障蔽,遮盖六二的离明,所以虽处于日中,却昏暗到能看得到北斗星。六二处丰的卦时,宜善用其柔中之道,不宜躁动上往。因二已居中,妄动则过中而不能保丰,反遭六五君王的疑猜忌疾。六二要用其虚中,积其至诚,以感发庸君,则吉。"信以发志",指二以至诚的孚信,感发五的心志。二虚中,所以有孚;五也虚中,所以可发。因此二、五能以至诚相感发。

九三 丰其沛。日中见沫。折其右肱。无咎。《象》曰:

丰其沛，不可大事也。折其右肱，终不可用也。

"沛"，一作"旆"，幡幔，其蔽更甚于蔀。"沫"，北斗七星斗杓后的小星。一看到沫那就是日全蚀了。"肱"，由肘到腕的手臂。"右肱"，人所常用。"折其右肱"，比喻贤智之才不能有为。九三居明体上面，正应上六是过中之阴，且居阴位，阴暗至极，两者明动不能相资。上六以过中之阴，其蔽明较六五尤甚，致极为昏暗，所以有丰沛见沫的物象。九三虽有刚明之才，但上无可依之主，不能施其作为，因此"不可大事也"，就像人折断其右肱一样。九三以刚居阳，当位得正，守其刚正之德以事上，俯仰无愧，无可归咎。爻辞以"无咎"勉人自守其明。《象传》以"终不可用"，告诉人，不可用而不用，正是明哲保身之道。二还可以为大事，所以可施"发若"之孚；九三所应上六至为昏暗，无发可施，只能刚正自守而已。

九四 丰其蔀。日中见斗。遇其夷主。吉。《象》曰：丰其蔀，位不当也。日中见斗，幽不明也。遇其夷主吉，行也。

"夷"，等。"夷主"，指初九。卦辞中的"宜日中"，指六二居下卦的中位，而以全卦来说，则三、四为中，所以二、三、四都提到"日中"。九四以刚居阴，是不中不正的近君大臣，遇到昏暗的庸君，岂能使其丰大，所以有丰蔀见斗的物象。但九四毕竟是震主，而应在初九，处在丰的卦时，明动相资，上下合德，所以说"遇其夷主"。九四居大臣的位子，而能得到在野贤人同德相辅，宜其得吉。四因不中不正而"位不当"；比邻六五昏君，所以"幽不明"。初与四阳刚同德，"行"指震性本动，四动而遇初，得吉。

六五 来章。有庆誉。吉。《象》曰：六五之吉，有庆也。

卦辞的"王假之"，是指六五来说。六五是丰卦的主爻，以柔居阳，固然不能成就丰大。但六五如果能主动屈己下贤，向六二求明，重用二的章美之才，则明动相资，民得其庆、君得其誉而吉。"有庆"，指五虽柔暗，如能向六二求明，则可以有福庆及于天下，誉由于庆，"有庆"已包含美誉。

上六 丰其屋。蔀其家。窥其户。阒其无人。三岁不觌。凶。《象》曰：丰其屋，天际翔也。窥其户阒其无人，自藏也。

"阒"，寂。"觌"，见。上六以阴柔居丰之极，处动之终，明极而反暗，过中而不能保有丰盛。上六丰大其屋，高至天际，遮蔽其家，以致昏暗不明。上六以阴暗柔弱之才，处丰的极端，而高亢昏暗，自绝于人。所以窥其户，寂然无人，至于三年之久仍不见人，其才黯弱不知适变至此，理宜得凶。"天际翔"，指上处丰大之极，居上而自高，像飞翔于天际，形容高大之甚。窥其户而无人，虽居丰大之极，而实无位之地，人以其昏暗而自高大，尽皆弃绝他。上始显大，而终自藏。

旅第五十六　艮下离上

旅是旅居在外的意思，由艮、离两卦组成。《序卦》说："丰者，大也。穷大者必失其居，故受之以《旅》。"从卦象来看，艮为山，离为火，山静止而不迁移，火则常行而不定居。山上有火，火随着草木而移动，草木一烧尽，火即他迁，就像人旅居在外，不久留于一处。处旅之道，贵乎用柔而不用刚。

旅。小亨。旅贞吉。
《彖》曰：旅，小亨，柔得中乎外，而顺乎刚，止而丽乎明，是以小亨旅贞吉也。旅之时义大矣哉！

六五以柔居外卦的中位，而顺乎上下两刚，柔得中则不取辱，顺乎刚则不贾祸，所以小亨。用刚固非处旅之道，所以莫尚乎用柔，但柔不能太过，所以莫尚乎得中。旅是指离开平常所居的处所，这时希望能有所依附，正是明智的人有为之时。旅居在外，审时度势贵于明，待人接物也是贵于明。但明不可以独用，必以止静为本而用明来附丽。止则没有妄动之失，明则有烛几之明，内不失己，外不失人，是谨慎处旅而得其亨。如此，内则静止而无欲，外则明智足保身，旅居外地，岂无致吉之道？所以重耳以亡人兴晋，陈氏以羁旅得齐，孔孟周游而道传天下。旅的时候最为难处，旅的义理最为难尽，所以说"旅之时义大矣哉"。

《象》曰：山上有火，旅；君子以明慎用刑而不留狱。

离虚为"明"，艮止为"慎"。君子细加体悟，明慎于用刑而不留狱。狱对人而言，也是旅程中的一个处所。"不留狱"，不使人久留于牢狱之中。"明"就没有隐遁的实情，"慎"就不会有冤、假、错案。既尽明、慎，决断继之，圣人取象于旅，恐有"留狱"的情事。《大象》提到刑狱的事，全都取于离明与动（震）、止（艮）。丰（䷶）"明以动"，"折狱致刑"；噬嗑（䷔）"动而明"，"明罚敕法"；贲（䷕）"明以止"，"无敢折狱"；旅"止而明"，所以"明慎用刑而不留狱"。

初六　旅琐琐。斯其所取灾。《象》曰：旅琐琐，志穷灾也。

"琐琐"，细小繁琐的样子。"斯"通"厮"，厮养的厮，比喻下贱，指其才如此，当童仆本就适合他。初六以柔居阳，失正不中，又居卑下，是质柔而用刚、陷入困旅的小人，身穷志短，斤斤计较琐碎的小事，惹人厌烦，灾难都是自己招来的。初六虽然上有正应，但对他的困厄没有帮助，因九四阳刚又处离体，其性往上炎烧，而不就下。"志穷灾"，指初意志穷迫，益加自取灾害。爻辞贱其行，象辞鄙其志。履二以"坦坦"而获吉，旅初以"琐琐"而取灾，如何处世，昭然若揭矣！

六二　旅即次。怀其资。得童仆贞。《象》曰：得童仆贞，终无尤也。

"次"，旅舍。"资"，财货。六二以柔居阴，柔顺中正，上承九三，下比初六。六二深得处旅之道，柔顺则与人和好相处，中正则行无不当。次舍是旅之所安，财货是旅之所资，童仆是旅之所赖。六二得就次舍，怀有资财，又得到童仆的忠心，是善于处旅的人。初六柔弱在下，有"童"的物象；九三刚强在外，有"仆"的物象。六二柔顺中正，所以能得到童、仆的忠心。不提"吉"，是因为处在羁旅的时候，能免于灾祸，就已算不错了。"终无尤"，指得到童、仆的忠诚，然后次舍可止，财货可有，终无悔尤。

九三　旅焚其次。丧其童仆。贞厉。《象》曰：旅焚其次，亦以伤矣。以旅与下，其义丧也。

九三以刚居阳，过刚不中，又为艮主，高傲自是，显然有失处旅所应遵循的柔顺谦逊之道。九三高傲自是，则拂逆于上，以致焚烧其次舍而失所安（上卦为离，有焚的物象）；过刚则暴下，刻薄寡恩，所以丧失其童、仆。这都是自取的危厉。六爻之中，只有二、三提到"次"，因为只有二、三两爻得位，所以有"次"的物象。"亦以伤矣"，指焚次而丧失其身所依庇的处所，亦已伤而不安矣。"下"，指童仆。"以旅与下"，指视童仆为旅人的意思。其实，处旅他乡，正是远离亲人的时候，朝夕相处的就随身在侧的童仆而已，岂可将他们视为旅人。三"以旅与下"，则童仆必也以旅视乎上，这岂能长久？"丧其童仆"，乃义理所当然的。

九四 旅于处。得其资斧。我心不快。《象》曰：旅于处，未得位也。得其资斧，心未快也。

暂住为"次"，长居为"处"。"资斧"当作"齐斧"，子夏《易传》及众家都作"齐斧"，即利斧，所以用来自卫的武器。"我"，九四自称。九四以刚居阴，质刚用柔，用柔则能下人。九四长期淹留于异地，寓居他乡，寄人篱下。而"得其资斧"，意味着有戒心，所以心中怏怏不快。"未得位"，指四不中不正，与五逆比，身虽暂安，而心终不快。"心未快"，特指旅人的心，不能忘掉戒备。

六五 射雉。一矢亡。终以誉命。《象》曰：终以誉命，上逮也。

"以"，有。"誉"，令闻美名。"命"，锡命福禄。信于朋友则有誉，获得长上的信任则有命。六五文明柔顺，居中位，而顺乎二刚，有"射雉"的物象。因为离为雉，是文彩斑斓的禽鸟。"射雉"，指取法于文明之道而必合，有如射雉一般。射出一矢，矢无虚发，虽稍有破费，毕竟所失不多，终能获得"誉"与"命"。六五贵柔用中而顺乎刚，最得处旅之道，因孚信于同侪所以有"誉"，又见用于长上所以有"命"。在经文中提到"终吉"，都是初始不甚好的意思。"上逮"，指其德上达于天的意思。孔子栖栖一生，莫我知也，而上不怨天，下不尤人，下学而上达，他的誉命都是由上达天德而来。

上九 鸟焚其巢。旅人先笑后号咷。丧牛于易。凶。
《象》曰：以旅在上，其义焚也。丧牛于易，终莫之闻也。

牛性至为柔顺，"丧牛于易"，引申为轻易丧失其柔顺之德。上九以刚居阴，处一卦的终了，又处离体上面，其高亢可知，所以取鸟为象。"鸟焚其巢"，则丧失鸟所安止的处所。上九处离体上面，离火炎上，有"焚"的物象。上九旅人有如飞鸟，性喜居上，高傲自是，无视他人，所以先是嘻笑，既而其巢被焚毁，丧失寓所，所以号咷大哭。上九因轻易丧失其柔顺之德而导致凶厄。三居内卦的上面，所以义当丧；上居外卦的上面，所以义当焚。两者都不得中而高傲自是，所以是自取之祸。"终莫之闻"，指上不知丧其顺德于炎上，而终不自闻知。如果上自觉知，则不至于极而号咷大哭。旅人卑则自辱，初琐琐即是；高则见疾，如三焚次，上焚巢也；执中，则可谓智矣，如二怀资，五誉命。

䷸ 巽第五十七　巽下巽上

　　三画卦的巽是阴卦，物象为风，风是无孔不入的，能够入于万物之中，所以巽为入。且巽卦是一阴伏于二阳的下面，阴顺于阳，所以巽为顺。《说卦》说："巽为木、为风、为长女、为绳直、为工、为白、为长、为高、为进退、为不果、为臭。其于人也，为寡发、为广颡、为多白眼、为近利市三倍。其究为躁卦。"巽又为鸡，于人身为股，是东南方的卦。六画卦的巽由两巽相叠而成。《序卦》说："旅无所容，故受之以《巽》。巽者，入也。"从卦象来看，巽为风，王者发号施令，就像风是天的号令一样，无物不披其靡，君令既出，万民无不顺从。两巽相迭有反复申命的意思。九五中正之君号令天下，其余五爻皆宜顺从。巽卦是《系辞下》三陈九卦中的最后一卦。

　　巽。小亨。利有攸往。利见大人。
　　《彖》曰：重巽以申命，刚巽乎中正而志行，柔皆顺乎刚，是以小亨利有攸往利见大人。

　　"重巽"，上下两卦都是巽。上面顺从大道以出命，下面奉命而顺从，上下皆顺，是重巽的物象。"申"，重复叮咛。君子体会重巽的义理，以重复叮咛其命令。君子之所以要反复叮咛，是为了能够巽入民情的隐蔽处而挥散其不善的部分，最后希望能够巽入人心的深处而感发大家的善念。阳刚居巽卦而得中居正，是巽顺于中正之道。阳性主进，其志在以中正之道上行。初、四两柔都巽顺于二、五两刚，所以"小亨，利有攸往，利见大人"。

　　《象》曰：随风，巽；君子以申命行事。

　　"随"，相继的意思。"申命"，指尚未施行政事之前，先予以告诚。"行事"，指申命之后，要实践其政事。既先予与告诫，又反复叮咛，只要命令、政事顺于天理则合民心，那么百姓的顺从上命，也将像风一样的迅速。

初六 进退。利武人之贞。《象》曰：进退，志疑也。利武人之贞，志治也。

初六以阴柔的材质，在一卦的下面，位处卑下而承刚，卑巽太过，以致接到上令，或进或退，不知所措。巽是申命行事的卦，贵在令出必行，初六承九二刚爻的帮助，如果能辅以武人的正固刚决，则为有利。"疑"，指模棱两可而不决。"治"，指中有所主而不乱。"治"与"疑"相反对。"志疑"则不决，所以进退不定；"志治"则不乱，所以能决断于行。

九二 巽在床下。用史巫纷若。吉无咎。《象》曰：纷若之吉，得中也。

"史巫"，古时朝廷负责通诚意于神明的官职。用史，为的是要稽于古而宜于今；用巫，为的是验于天以合于人。"纷"，频频。"若"，语助辞。九二以刚爻居阴位而在下，是过于恭巽的人。君王一申命，九二马上跪拜在床下，巽顺服从；又因他下乘初六，且具阳刚之质，恐有招纳、不顺的嫌疑，借由君王所深孚信的史巫向九五之君频频输诚，以示不二之忠。九二虽恭巽太过，不合正礼，但处在巽的卦时，只有做到吉才能无咎。"得中也"，指二之所以能经由史巫频频通其诚意于君王，是由于"得中"的缘故。

九三 频巽。吝。《象》曰：频巽之吝，志穷也。

"频"，反复。"频巽"，巽而又巽。九三过刚不中，又处下卦的上面，是刚亢而不能巽顺听命的人，处巽又不得不巽，勉强巽顺，而终有所失。失而复巽，频失而频巽，九三以过刚处巽，疑而不能断，所以有令而不能行，有所鄙吝。三频失而频巽，是由于其志穷困，甚为可吝。"志疑"，还有救治的可能；"志穷"则只有鄙吝而已。

六四 悔亡。田获三品。《象》曰：田获三品，有功也。

"田"，田猎。"田获三品"，指田猎一举而获得三品。"三品"，指所获得的猎物可分为三类来用，即供祭祀、享宾客以及自家食用，以喻六四用武而有功。六四阴柔无援，而承乘皆刚，本应有悔，但以柔居阴得正，上承九五亲比，又处上体的下面，是居上而能谦逊。六四巽于上下，无不得宜，所以悔亡。就像奉命田猎，一举而获三品，其利及于上下，大为有功。

九五 贞吉。悔亡。无不利。无初有终。先庚三日。后庚三日。吉。象曰：九五之吉，位正中也。

九五以阳刚中正居尊位，是卦主，负责施发命令的人。巽是柔顺之道，其利在固守正道。九五以中正之道号令天下，则吉而悔亡，无所不利。施发命令，是为了变更现状，以除弊而兴利。"无初"，指令刚出而变更尚未完善；"有终"，指令已贯彻施行而变更开始完善。令贵能行，所以要审慎为之。古人以天干计日，"庚"与"更"同音假借，引申为令出更易的日期。"先庚三日"为丁日，取其叮咛之意；"后庚三日"为癸日，取其揆度之意。如果要有所更易，一定要事前叮咛，事后揆度，而后才申命行事，如此则入于事理，顺于人心，符合巽顺之道，所以得吉。"位正中"，是指《象传》中的"刚巽乎中正而志行"。四为巽主，五为卦主，五用四以制义、行权。五得正中之道，没有过与不及，有善始、善终的意思。柔都顺乎刚，此巽之所以为"德之制也"、"巽以行权"（见《系辞下》）全系于此。申命行事，在于德化，而不在于威权。

上九 巽在床下。丧其资斧。贞凶。《象》曰：巽在床下，上穷也。丧其资斧，正乎凶也。

"资斧",当作"齐斧",用来齐物的利斧,参见《汉书·王莽传》所引的爻辞。上九处巽的终极,有过巽的弊病,所以说"巽在床下"。巽极当变,上九居巽极之地而失其刚断之质,就像丧失了利斧,不能决断以行权。上九如果固守于此而不知变,乃致凶之道。"正乎凶",指其必凶无疑。居上而巽至于穷极,而丧失利斧,则不能决断。无断则不能行事,必然败事,所以为凶。

䷹ 兑第五十八　兑下兑上

　　兑是没有言字旁的说，就像咸是没有心在下的感，而"说"通"悦"，也就是没有私心的喜悦。三画卦的兑是一阴处于二阳的上面，刚中而柔外，孚诚积于中，和柔见于外。兑的物象是泽，泽能取悦万物，又将坎水的初画改为刚爻，则阻塞坎水下流而成泽水。《说卦》说："兑为泽、为少女、为巫、为口舌、为毁折、为附决。其于地也，为刚卤。为妾、为羊。"又兑于人身为口，是正西方的卦。六画卦的兑由两个三画卦的兑重叠而成。《序卦》说："巽者，入也。入而后说之，故受之以《兑》。兑者，说也。"从卦象来看，兑为泽，两泽相丽相连，交相浸润，互为滋益，以类相从。兑卦论述如何处兑说，凡刚爻为刚直守正，柔爻则邪妄不正。

　　兑。亨。利贞。
　　《彖》曰：兑，说也。刚中而柔外，说以利贞，是以顺乎天而应乎人。说以先民，民忘其劳；说以犯难，民忘其死。说之大，民劝矣哉！

　　兑是无言的喜悦，阳刚居中，是中心诚实的物象。柔爻在外，是接物柔和的物象。内中正、外和悦，天理顺即人心安，所以"顺乎天而应乎人"。喜悦于身先百姓来承受劳苦，则民心悦于相随而忘其劳苦；喜悦于身先百姓来冒险犯难，则民心悦服而乐于舍生忘死。百姓知道圣王操劳我，是为了使我安逸；看似要我死，实则如此我才能活下来。所以百姓才会喜悦而自劝。其实，劝民与民自劝，大不相同，所以才会赞叹"说之大，民劝矣哉"。

　　《象》曰：丽泽，兑；君子以朋友讲习。

同门曰"朋",同志曰"友"。"讲",讲论。将明白得还不透彻的义理讲论清楚,讲论多了,义理就愈为彰明。"习",熟习。将实践得还不熟练的规范反复演练、学习熟练了,践履就显得从容不迫。这就是"朋友讲习",所以为有滋益,有如两泽的相丽相连。如果独学而无友,则孤陋而寡闻。所以《论语》以"学之不讲"为忧,以"学而时习"为悦,以"有朋自远方来"为乐。

初九 和兑。吉。《象》曰:和兑之吉,行未疑也。

初九以刚爻居阳位,处在兑的初始,它的应、比都是刚爻,与柔爻不相往来。没有谄媚的嫌疑,得悦道之正,又居卑下,能和而不流,所以说"和兑",宜其得吉。"行未疑",指初的所行未有疑惑,没有过失。初并没有牵系于阴,所以"行未疑"。如果像四比三,则有"商兑"的疑惑。

九二 孚兑。吉。悔亡。《象》曰:孚兑之吉,信志也。

九二以刚爻居阴位,且上承六三的阴柔小人,理当有悔。但二具有刚中之德,孚信积于中,虽然近比小人,但能自守不失,君子和而不同,所以吉而悔亡。"志"为心之所存。"信志",指二虽与三相比,但刚实居中,所以孚信存于中。

六三 来兑。凶。《象》曰:来兑之凶,位不当也。

以自己招来事物为"来",被事物所招引为"引"。三的喜悦来自内,上的喜悦来自外。六三以柔居阳,失中不正,又无实德,只是努力求悦于人。因为六三处在两兑之间,一兑将尽,一兑又来,所以说"来兑"。三以不正之才,处于两兑之间,左右逢迎,不以正道,只想取悦于人,这是致凶之道。三自处不中正,"位不当",还胡乱求悦于人,所以凶。乡愿阉然媚世,孔子最为厌恶,这就是来兑的凶。巧言令色或足恭的人,都想取悦于人,所以可耻。

九四 商兑未宁。介疾有喜。《象》曰：九四之喜，有庆也。

"商"，商度权衡。"宁"，安宁。"介"，隔绝。"疾"，比喻六三谄邪之患。"喜"，病愈。《周易》经文中，"疾"字多与"喜"字相对，如无妄五的"无妄之疾，勿药有喜"，损四的"损其疾，使遄有喜"。九四上承中正的九五，下比柔邪的六三，九四以刚居阴，刚能守正，阴则不坚，心中商度所悦的对象，不得安宁。但因九四质本阳刚，虽有柔邪小人亲比，终能隔绝六三而有喜庆。

九五 孚于剥。有厉。《象》曰：孚于剥，位正当也。

"剥"，指上六，阴能剥阳，所以说"剥"。"有厉"，不只指事情危厉，而也能心存危厉。九五阳刚中正，密比上六，处兑的卦时，居尊位而密近于阴柔小人。上六为兑主，处在兑的终极，其邪媚足以剥阳、剥君子，甚或剥丧国家。所以告诫九五至尊，要远离小人，不可有孚于上六，才能免于危厉。"位正当"，指五正当尊位，如果孚信于上六的柔悦，则一定会被上六所消剥。

上六 引兑。《象》曰：上六引兑，未光也。

上六以柔居阴，又处在兑的终极，是极其阴邪不正的小人，内无实德以自守，外有所引则随之而去，所以说"引兑"。到底是利于物，还是伤于物，正或不正，还得看到底被引到哪里而定，所以没有吉、凶、悔、吝之占。而三的悦是心在内，招外物使入，所以说"来"；上的悦是物在外，诱心使出而在外，所以说"引"。引多不当，所以说"未光"，要求受到招引的人要细察。

涣第五十九　坎下巽上

涣为涣散、离散的意思，涣卦由坎、巽两卦组成。《序卦》说："兑者，说也。说而后散之，故受之以《涣》。"从卦象来看，坎为水，巽为风，风行水上，则冻解而冰释，有涣散的物象。《系辞》说："刳木为舟，剡木为楫，舟楫之利以济不通，致远以利天下，盖取诸《涣》。"内卦三爻处涣散危难之中，上九与六三有应，转向聚合，以济涣出险。涣卦以两爻相合为善：初与二合，四与五合，都成亲比；三与上合，成正应。

涣。亨。王假有庙。利涉大川。利贞。

《彖》曰：涣，亨，刚来而不穷，柔得位乎外而上同。王假有庙，王乃在中也。利涉大川，乘木有功也。

"假"，至、到达的意思。"庙"，指太庙，是享祀祖考的地方。涣卦来自否卦（☰），否的九四与六二互调，就成为涣卦。九四的刚到下卦的中位，就变坤为坎，水流而不穷，所以说"刚来而不穷"。否的六二与九四互调，而成六四，是"柔得位乎外"，而巽顺于五，所以"上同"。阳刚自外而来，而处下卦的中位；阴柔由内而外，得正位于外，而上同于居中的五。四、五君臣之位，处在涣的卦时而能相亲相比，能从中、守中，则不至离散，所以涣有致通之道。五本王位，卑巽至于太庙，享祀祖考，以至诚交于神明。"在中"，指居尊位而言。震五说"其事在中"，归妹五说"其位在中"。处在天下涣散的时候，王者要心怀至诚，亲赴太庙，以收揽涣散的人心，才可端正在中之位。涣卦有乘木济川的物象。上巽为木，下坎为水，为大川。木在水上，有乘木于川上的物象，利于涉险济涣。"乘木"所以涉渡大川而有功。《周易》以巽而提"利涉大川"有三处，无不以木立论：益说"木道乃行"，中孚说"乘木舟虚"，涣说"乘木有功"。

《象》曰：风行水上，涣；先王以享于帝立庙。

涣散是客观的情势，不涣散的则是人情。先王以至诚享祀上帝，而天人之气赖以畅通；立庙而祖孙、父子的精神得以凝聚。这些都是在涣散的形势中，显示给人不涣之道。这都是因为人与天本无二理，先人与自己本无二情啊！

初六 用拯马壮。吉。《象》曰：初六之吉，顺也。

初六阴柔，没有济涣的才干，但与九二亲比。九二刚中，有健壮柔顺之德，以马性柔顺，刚健能行，所以有"用拯马壮"的物象。初六处涣的初始，拯涣于始，用力较易，又有壮马相助，其吉可知。因为涣散之势，要及早辨识，刚开始涣散的时候，用壮马拯救，则不至于扩大，其他五爻都提到"涣"，只有初爻不提"涣"。天下的事，及早辨认，则顺而易举。涣拯救于初，用力则易，这是顺势而为。

九二 涣奔其机。悔亡。《象》曰：涣奔其机，得愿也。

"奔"，急往。"机"，机案，可以凭靠以坐。到九二涣散之势已成，九二居坎体，上无应，下乘初六，如今陷于坎险之中，则去危就安，与初六亲比，因为处在涣的卦时，以合力为胜。九二急于就初以为机，凭机而坐，安处险难，就能消亡其悔。"得愿"，指二得其所要的愿望。

六三 涣其躬。无悔。《象》曰：涣其躬，志在外也。

六三失位不中，却躬亲济涣。三因与上正应，相应则相合，得无悔。"悔亡"，本来有悔而得消亡；"无悔"，本来就没有悔。涣卦只有三、上两爻相应。"志在外"，指三应于上，处在外卦。

六四 涣其群。元吉。涣有丘。匪夷所思。《象》曰：涣其群元吉，光大也。

"群"，聚众。"丘"，喻所聚之众有如山丘之大。"夷"，平常。"匪夷所思"，不是平常人所能想象的。涣卦发展到六四，离坎入巽，出险履顺，人心由涣散转向聚合。六四下无应与，是能解散其私党的物象。六四是柔顺之臣，一心顺承九五刚中之君，涣卦中当位得正的就只有四、五两爻，象征君臣以正道合力济涣。"涣其群"，指六四能涣散他的私党，而天下之所以会涣散，大多由私心而起，各结其党。如今私党既散，则公道大行，宜得元吉。"涣有丘，匪夷所思"这是赞美之辞，指人心涣散，私党林立，近君大臣，如能散涣其群，而致天下的聚合，其功至大，其事至难，其用至妙，不是常人所能想象的。"光大"，指人心涣散，各相朋党，无法混一。只有六四大臣能涣其群，成天下的公道，其功德至为光大。

九五　涣汗其大号。涣王居。无咎。《象》曰：王居无咎，正位也。

"大号"，王者所施布的政令。"王居"，王者所居处的位子。九五君王居巽体，得位得中，乃天下的中心。天下涣散的时候，九五的号令周布天下，以消解民怨积郁，就像使人身出汗，出而不返，则病痛可愈。汗出乎中心而布于四体，就像王令所出，天下奉行。只有王者居之，可得无咎。涣散之时，民思得主，明王正位，则涣散者知所归附矣。

上九　涣其血。去逖出。无咎。《象》曰：涣其血，远害也。

"逖"，远。上九以刚居阴，与三有应，上若从三，则不能出涣而又陷于坎险之中了，所以有血的物象。因为上九居巽体的终极，能巽顺于事理，所以能使坎血去不复来，远不复近，出不复入，而得无咎。"远害"，指上为卦中离坎险最远的一爻，依《说卦传》，坎为血卦，上涣散其血，以远伤害。五则涣散其汗，以去滞郁。

节第六十　兑下坎上

节为调节、节制的意思，由兑、坎两卦组成。《序卦》说："涣者，离也。物不可以终离，故受之以《节》。"从卦象来看，坎水在兑泽的上面。泽上有水，其容有限。水少了，有干涸的顾虑；水多了，有满溢的忧患。所以泽上有水，要多寡适中，调节得当，所以才有节制的物象。节卦下卦三爻论述兑泽的通与塞，上体三爻论述坎水的止与流，只要爻位相应，就可以互相节制。

节。亨。苦节不可贞。
《彖》曰：节，亨，刚柔分，而刚得中。苦节不可贞，其道穷也。说以行险，当位以节，中正以通。天地节而四时成，节以制度，不伤财，不害民。

节卦来自泰卦（䷊），将泰的九三与六五互调成六三与九五，即成节卦。"刚柔分"，指上坎刚而下兑柔。且刚柔各有三爻而适均。二、五两刚得中，则没有过与不及之失，所以亨。凡物太过则苦，味的过中，形的过劳，心的过思，通通称为"苦"。节而苦，就难以坚固守常，这不是常行之道，所以说"其道穷也"。节有阻塞难行的物象，这就是"险"。而所以能亨，则因为节制得恰当，有安适之善，而没有拘迫之苦，这就是"说"。"说"，通"悦"。"当位"，以位来说；"中正"，以德来说。九五当位，有节制天下的大权；而且中正，可以畅通天下的意志。节之所以能亨通，是靠中，而不是靠苦。"刚得中"而能节，才有九五的"甘"；柔失中而过节，就有上六的"苦"。"苦"与"甘"反，"穷"与"亨"反。天地以气序为节，使寒往暑来各以其序，才能成四时之功。王者以制度为节，则用之有道，役之有时，就不会伤财，不会害民。"制"，法制；"度"，准则。贲、节同样来自泰卦：贲以刚柔纯质而无文，所以文饰它；节以刚柔过盛而无节，所以节制它。而革卦说

"天地革而四时成"，这里说"天地节而四时成"。限止为节，改易为革。节浅而革深，节先而革后。四时只是就显然可见的来说，天地之化，时时有节、有革，有微调，有巨变。

《象》曰：泽上有水，节；君子以制数度，议德行。

"数"有多寡，"度"有隆杀，有等级，制为品节，使贵贱上下各安其分。"德"存乎中，"行"见乎外，商度拟议，以求中节。"制数度"是为了有所节制于外，"议德行"是为了有所节制于内，这就是内外相交养之道。

初九 不出户庭。无咎。《象》曰：不出户庭，知通塞也。

"户庭"，户外的庭院。初九以刚爻居阳位，上又有应，显然不是能善加节制的人。在节的初始，告诫初九要谨守本位不要妄动，以至于不出户庭，虽然过于审慎，但如此可以无咎。"户"是用来调节人的出入，泽是用来调节水的出入。初九象征泽底，阳刚则能闭塞泽底，这是应当塞就要塞，才能将水积蓄在泽底，泽水才不会干涸。"知通塞"，指要通塞随时，通则行，塞则止，当止则止，初九是知通塞的君子吧！初"不出户庭"，这是知塞，而《象传》兼言知通塞，可见不是不知权变，死守于止而已。节的兼通、塞，就像艮的兼行、止。《系辞》说："乱之所生也，则言语以为阶。君不密则失臣，臣不密则失身，几事不密则害成，是以君子慎密而不出也。"

九二 不出门庭。凶。《象》曰：不出门庭，失时极也。

"门庭"，门内的庭院。九二以刚爻居阴位，失位不正，上无应与，知塞而不知通，所以"不出门庭"。就像水已由泽底涨至泽中，三、四为四个柔爻，当通而不当塞，九二却仍如初九，以刚毅之才，闭塞兑泽，违反通塞适中的道理，以致泽水有横溢的灾祸，岂能无凶。"极"，中。"失时极"，指二不出门庭，只知塞而不知通，是失时而至于极的表现。

六三 不节若。则嗟若。无咎。《象》曰：不节之嗟，又谁咎也？

六三处兑泽的上面，柔爻不能闭塞兑泽，有溃决的物象，因而嗟叹自悔。《周易》是以补过为善，如临三失临之道而"既忧之"，节三失节之道而"嗟若"，通通无咎。三以"不节"为"嗟"，则必能善加节制，又有谁能归咎于它？

六四 安节。亨。《象》曰：安节之亨，承上道也。

六四柔顺得正，上承九五阳刚中正，所以说"安节"。六四是泽底的水，它的节制皆依循成法而安行，不是勉强来节制。六四亲比九五，随着九五泽中的水而流止，所以亨通。"承上道"，指四上承九五阳刚之道而节制，因而致亨。

九五 甘节。吉。往有尚。《象》曰：甘节之吉，居位中也。

九五阳刚中正而居尊位，是节卦的主爻，所谓"当位以节，中正以通"。卦辞的"节亨"就是指此爻。九五泽中的水，将满未满，流水甘甜（止水则苦涩），在这里进行节制，既无横溢之灾，也没有干涸之患，所以得吉。在这里节制既适中，又适时，因此嘉尚而有功。节制贵乎得中。当节而不节，则三有不节之嗟；过于节，则上有苦节之凶。只有五甘节而吉，因为"居位中也"，"当位以节"，没有过与不及。

上六 苦节。贞凶。悔亡。《象》曰：苦节贞凶，其道穷也。

上六居节卦的终极，泽上的水本应及时泄出，只因九二苦苦节制，才涨到泽上，所以说"苦节"，卦辞"苦节不可贞"就是指此爻。过中而节，节不能甘，以至于苦，固守则凶。如果能损过从中，则悔可消亡。节制是为了求通。节制以至于苦，不是可继之道。乘阳于上，无应于下，所以"其道穷"。

中孚第六十一　兑下巽上

"孚",信。中孚是中心诚信,信守中道的意思,由兑、巽两卦组成。《序卦》说:"节而信之,故受之以《中孚》。"从卦象来看,兑为泽,巽为风,风行泽上:泽能纳风,是实中有虚;风能入泽,是虚中有实。这就是中孚的物象。从爻象来看,三、四两阴居中,为中虚,是心虚而能纳中道的物象。从二体来看,二、五两爻居内外两卦的中位,为中实,是中道充实于心而信守不移的物象。从卦德来看,兑为说,巽为顺,是下说以应上,上巽以应下,也是上下交相孚信的意思。六爻以二、五刚中为得中道,其余四爻以与二、五相比为能信守中道,而且近比不取刚柔承乘逆顺的关系,而以居正得位为能比。

中孚。豚鱼吉。利涉大川。利贞。

《彖》曰:中孚,柔在内而刚得中。说而巽,孚乃化邦也。豚鱼吉,信及豚鱼也。利涉大川,乘木舟虚也。中孚以利贞,乃应乎天也。

"豚鱼",鱼名。中孚卦上风下泽,豚鱼生长于大泽之中,风将起,则浮出水面,朝风而拜,南风则口向南,北风则口向北,从不失信。"柔在内而刚得中",指三、四两柔在内,而二、五两刚分居内、外卦的中位。上面巽顺以施政,下面喜悦而奉承,此中必有感化作用于其中。"孚"有覆乳的物象,有必生之道。信结于先而应于晬,就像豚鱼与风的关系,不期而自信。仁及草木,是说草木难仁;诚动金石,是说金石难诚;信及豚鱼,是说豚鱼难信。以中孚来涉险难,就像以虚舟来乘木济川一样有利。"舟虚"则没有沉溺之患,本卦外实而内虚,有虚舟的物象。卦以虚中、实中为义。人必中虚不着物,而后才能真实无妄,实就是不欺;不欺就是心无私着。所以天下的至诚就是天下的至虚。至虚、至诚,就是天心,所以说"应乎天也"。

《象》曰：泽上有风，中孚；君子以议狱缓死。

泽体虚，所以风能入泽；人心虚，所以物能感心。中孚之感莫大于好生不杀。刑狱将决，要审慎拟议；既判决处死，则又要缓一缓，然后才能尽于人心。议狱，是为了找寻入中求出的机会；缓死，是为了找寻死中求生的机会。《象传》提到刑狱的共有五卦，噬嗑（䷔）、丰（䷶）有离之明和震之威。贲（䷕）在噬嗑后，旅（䷷）在丰的后面，同样有离的明，震威则被艮止所取代。因为审理刑案不能无明，艮止则意味着审慎；至于中孚则是个加厚的离（䷅），且中间的互体分别为震、艮，圣人即象垂教，其慎刑的态度，何其地忠厚悱恻！

初九　虞吉。有它不燕。《象》曰：初九虞吉，志未变也。

"虞"，审度。"有它"，三心两意，意志未定。"燕"，安裕。处于中孚的卦时，要诚信积于中，而无所求于外，六爻只要无求于外就能得吉，反之则凶。初九以刚居阳，上应六四，理应得凶，然经审度之后，以九二为得中道的人，而且初九当位得正，因此舍其正应，近比九二而信守中道，所以得吉。初九如果意志不坚，三心两意，而私系六四，则心必难安。"志未变"，指初九实心未失，虞度而后得吉。如果志变，那就"有它"了。

九二　鸣鹤在阴。其子和之。我有好爵。吾与尔靡之。《象》曰：其子和之，中心愿也。

"子"，指初九。"我"，九二自称。"爵"，饮酒器，引申为酒。"靡"，借为醉。九二刚实居中，又上无正应，是最为孚诚的。孚诚就能感物，所以能了无私心于感物，而物无不感。九二处三、四两柔之下，又居阴位，所以说"在阴"。九二虽处在幽昧而言行却不失信，则声闻于外，而为其同类初九所相应和，所以"鸣鹤在阴，其子和之"。就像我有好酒，愿与同道分享，一醉方休。鹤之鸣由中而发，子之和也是根心而应，所以说"中心愿也"。愿出于中、根于心，乃是孚诚之至。《系辞》说："君子居其室，出其言善，则千里之外应之，况其迩者乎？居其室，出其言不善，则千里之外违之，况其迩者乎？言，出乎身，加乎民；行，发乎迩，见乎远。言、行，君子之枢机。枢机之发，荣辱之主也。言、行，君子之所以动天地也，可不慎乎？"

六三 得敌。或鼓或罢。或泣或歌。《象》曰：或鼓或罢，位不当也。

"敌"，匹、配，指上九。"鼓"，动。"罢"，止。六三以柔爻居阳位，处在中孚的卦时，失中不正，又应上九，与它相匹配，不能孚信积于中，所以说"得敌"。六三远离中道，其动止、泣歌都跟随上九。三不当位，居兑极而与上相应，不能自主，以致言行之间，变动不常如此。

六四 月几望。马匹亡。无咎。《象》曰：马匹亡，绝类上也。

两马为"匹"。"月几望"，比喻六四阴德之盛，就像月亮几乎盈满，但尚未盈满的状态。如果盈满，则亢克其君，而灾祸就接连而至了。六四处在中孚的时候，断绝它的同类六三，所以说"马匹亡"。六四以柔居阴，是柔顺的近君大臣，居正得位，上比九五刚中大人，笃信中道，所以无咎。"绝类上也"，指四绝其同类三，而上与九五亲比。

九五 有孚挛如。无咎。《象》曰：有孚挛如，位正当也。

"挛"，固结而不可解。"如"，语助辞。九五得位居尊，而六四绝其同类前来亲比，与九五紧相连结。九五是笃行中道的人，六四是信守中道的人，两者相辅相成，得无咎。九五阳刚中正，当位得正，以至诚孚信于天下，使天下的人心固结挛如而不可解。

上九 翰音登于天。贞凶。《象》曰：翰音登于天，何可长也？

"翰"，高飞。"翰音登于天"，指声音飞得很高，以致登于天上。上九以刚居阴而处巽体的终了，进于上而不知止，处中孚之极而不知权变，其凶可知。因为上九只爱慕信守中道的虚名，过中不正，声闻过实，君子耻之。就像鸟飞登于天，只是听到它的虚声而已。上九只以虚声外饰，没有纯诚笃实的德行，以此而往，愈久愈凶，所以圣人告诫它"何可长也"。

小过第六十二　艮下震上

小过意指稍有过越，由艮、震两卦组成。《序卦》说："有其信者必行之，故受之以《小过》。"从卦象来看，震雷在艮山上头，雷愈高则声愈响，现在震雷仅及于山顶，远不及天上，所以声音只稍稍过越于平常而已。《系辞》说："断木为杵，掘地为臼，臼杵之利，万民以济，盖取诸《小过》。"小过有三种含意：其一是小者过越，四个柔爻在外且柔居尊位，二刚在内，不中不正，是柔（小）过刚（大）的物象；其二是小事过越，"小事"指日用常行的事，大事则指与天下国家有关的事，"小事过越"是指"行过乎恭，丧过乎哀，用过乎俭"，有谦退自贬的意思；其三是所过越的小，矫枉难免过正，稍稍过于中，正所以回归中道。

小过。亨。利贞。可小事。不可大事。飞鸟遗之音。不宜上。宜下。大吉。

《彖》曰：小过，小者过而亨也。过以利贞，与时行也。柔得中，是以小事吉也。刚失位而不中，是以不可大事也。有飞鸟之象焉，飞鸟遗之音不宜上宜下大吉，上逆而下顺也。

"小"，指柔或阴。"小过"，指柔爻过越刚爻。一般来讲，事情偏离中道后，为了矫正它的缺失，就要小有所过，然后才能返归中道。之所以称"过"，是与常理相比而言。过越之后，复返于中，则其用不穷而亨，所以说"小者过而亨也"。道贵得中，过非所尚。但随时之宜，施当其可，则过越正是为了返回中道，所以说"过以利贞与时行也"。于小事有过，而不失其正，则吉，这是由于"柔得中"的缘故。如果要兴作大事，刚爻就要得尊位、得中，否则就成不了大事。四失位，则无所用其刚；三不中，则才过乎刚。所以处于小过的卦时，不适合大有作为。"有飞鸟之象焉"，六个字不符合《象传》的体例，应该是解说的辞句误入《象传》。飞鸟翔空，无所依着，愈往上飞则愈为穷困，这是上则逆；往下飞则有物可附则身可安，这是下则顺。

《象》曰：山上有雷，小过；君子以行过乎恭，丧过乎哀，用过乎俭。

天下的事，有时应当有所过越，但不可过越太甚，所以是小过。应当过越而过越，这才合于中道；不应当过越而过越，那就是过错了。恭、哀、俭这三件事，人常常错失于不及。所以这三件事，君子一定要有所过越，以免行毁于骄、丧败于易、用敝于奢，这三件都应当有所过越。礼贵在能拯救时弊：行与其骄，宁愿恭逊一点；丧与其易，宁愿哀戚一点；用与其奢，宁愿简朴一点。

初六 飞鸟以凶。《象》曰：飞鸟以凶，不可如何也。

小过的开头，过越甚小，原本只须稍事矫正，就可返归中道。但初六虽居艮体，却以柔爻居阳位，质柔而用刚，且上应震体主爻九四，又处过越的时候，只知上而不知止，所以得凶。小过有飞鸟的物象，鸟的大用，主要在翅膀，所以初、上两爻都以"飞鸟"取喻。初居艮卦而不自止，就像鸟不当飞而飞，必定会遭到罗网或弧矢的灾害，凶由自作，岂容救止？是自纳于凶。孽由己作，"不可如何"，无所用其力啊！

六二 过其祖。遇其妣。不及其君。遇其臣。无咎。《象》曰：不及其君，臣不可过也。

九三为父，九四为"祖"。六五为"妣"，也可以为"君"。"臣"，指六二，"君"，则指九三。内体艮卦，九三是孤阳，象征君在上，初、二两阴是臣在下，而二又以初为臣。"遇其臣"，就像说君得其臣。相越为"过"，相与为"遇"。六二在"小事"上，可越过九四的"祖"，得遇六五的"妣"；至于在大事上，六二与六五无应，虽与九三亲比，但处小过的时候，"不及其君"，而得其同类初六，遂得以"遇其臣"。这时"可小事，不可大事"，凡事可以过越的（如小事），要过乎恭，所以"遇其妣"，过祖遇妣，是过阳而遇阴；必不可过越的（如大事），则宁可不及而谦退自持，所以"不及其君"而"遇其臣"，以类相从，虽过而实非过。六二有柔顺中正之德，能权衡过与不及而持中守正，此时能不犯"过"与"不及"，无不进退自如，所以无咎。小事有时而可过，臣之于君则不可过越，此乃臣的本分。尧一日未崩，舜一日不得为天子，这是臣不可过越君的义理。

九三 弗过。防之。从。或戕之。凶。《象》曰：从或戕之，凶如何也。

九三以刚居阳，本来可以大有作为，而且与上六相应，但因为处在小过这个卦时，"不可大事"，所以诫以进不可太过。且九三以刚居正，本为众柔所忌恶，又自恃其刚，不肯过为之备，所以诫之要慎防阴柔小人不可不过。如果不过越于周防，而听从小人，则小人也许会戕害九三，如此就凶了。"如何"，指凶的程度难以言语形容，也就是不可不过越于周防的意思。

九四 无咎。弗过。遇之。往厉必戒。勿用。永贞。《象》曰：弗过遇之，位不当也。往厉必戒，终不可长也。

九四以刚居阴，以刚而处阴，过乎恭矣，所以无咎。九三以刚居阳，过刚，所以凶。"弗过"，指九四失位不过刚，所以能得遇初六，有"宜下"的物象。但九四既不当位，如果肆用其刚，上往则危，所以诫以常怀危惧，不妄动，无所作为，才能正固而久存。"位不当"，指以刚居阴。五是君位，四是臣位，四守贞而遇君则可，恃刚而轻往则危。在柔过乎刚的时候，刚不可前往求悦于柔，应静守其正。如果四肆用刚强，岂可长此以往？其实，卦中只有三、四两刚，三防而四遇，就是"宜下"；三从或戕，四往必戒，就是"不宜上"。

六五 密云不雨。自我西郊。公弋取彼在穴。《象》曰：密云不雨，已上也。

"公"，指六五。"弋"，射而获取。"彼"，指六二，喻隐居在岩穴的贤士。六二与六五是敌应关系，所以用"公弋取彼在穴"比喻六五求助于六二。小过有飞鸟的物象，而所厌恶的就是飞翔，因为飞翔就上而不下，违背"不宜上，宜下"的义理。"云"，也是会飞翔的东西，下降就变成雨。"已上"，太高的意思。"密云不雨"，指云虽厚密，但尚未下降为雨。因为西与南是阴卦的方位，密云来自我的西郊，表示阴气太盛，阴阳未能和合，所以云虽密而不能下降为雨。用来比喻阴柔太过的时候，六五虽居尊位，却挟势自雄，泽不下润。此时，如果想施膏泽于百姓，必须屈尊下求岩穴中的贤士来辅佐自己，所以说"公弋取彼在穴"。

上六 弗遇。过之。飞鸟离之。凶。是谓灾眚。《象》曰：弗遇过之，已亢也。

上六以柔居震体的上面，处在小过的终极，不仅与九三不能相应，且自身比九三的阳刚还更为高亢，所以说"弗遇，过之"。上六违理过常，有如飞鸟往上高飞，不知飞向何处，以至穷困至极，所以是凶，且有灾眚。上六过越太甚，所以说"已亢"。

既济第六十三　离下坎上

既济指已经渡河抵达彼岸，引申为事已完成，由离、坎两卦组成。《序卦》说："有过物者必济，故受之以《既济》。"从卦象来看，离为火，坎为水，水在火上，火性炎上，而水性润下，两者相交而相济。但是水决则火熄，火烈则水涸，相济之中含藏着相灭的玄机。六爻通通当位得正，且两两相应，六十四卦如此整齐的，只有既济一卦而已。

既济。亨小。利贞。初吉终乱。
《彖》曰：既济亨，小者亨也。利贞，刚柔正而位当也。初吉，柔得中也。终止则乱，其道穷也。

既济是事已完成，在既济的时候是太平盛世，人民安居乐业，纵有好事，也只是寻常事，所以说"小者亨"。其实，"亨小"，并不是不亨，只是既济毕竟比不上方济时的亨通来得盛大。"利贞"，指六爻阴阳无不当位得正。"初吉"，指六二以柔顺文明而得中，所以能成既济之功。"终止则乱"，不是说终了就乱，而是说在终了时而有止心，此则正是乱之所由而生。人的常情，处无事的时候则止心生，止则怠，怠则有患而不预为之防，因此而乱生。当知"终止则乱"，不生止心则无从而乱。一般人有所成就，便易于志得意满，终将走向败乱。如能功成而不自是，胸中另有襟抱，临事以惧，则可持盈保泰。

《象》曰：水在火上，既济；君子以思患而豫防之。

人情处在危难的时候，则虑患深；居在安逸的时候，则意念怠。而患难大多生于懈怠之中。水火相济之中，就潜伏着相灭之机，所以要及早思患而妥为豫防。能防是由于豫，能豫是由于思。思以心来说,豫以事来说。祸乱的苗脉多起于极盛的时候。自古天下既济而致祸乱的,就是不能及早思患而豫防。像唐玄宗、清高宗就是显例。所以圣人不治已乱,治未乱;大医不治已病,治未病。

初九 曳其轮。濡其尾。无咎。《象》曰:曳其轮,义无咎也。

"曳",拖引。"曳其轮",指拖曳车轮,阻止其前进。"濡",浸湿。初在后,所以称"尾"。"濡其尾",狐狸渡河时要将尾巴竖起,如今浸湿尾巴,就不能迅速到达彼岸。初九以刚爻居阳位,上应六四,本来主于上往。但处在既济的初始,如果上进不已,必有悔咎,所以要谨慎守成,戒急用忍,曳其轮,濡其尾,才能无咎。曳其轮,则不轻于济;濡其尾,则不速于济。这都是为了能渡河成功,而妥为思患、豫防,义得无咎。

六二 妇丧其茀。勿逐。七日得。《象》曰:七日得,以中道也。

"丧",失。"茀",车帷。古时候妇人乘车不露现,在车的前后设茀以为掩蔽。六二中正柔顺,虽上应九五,但处既济的时候,九五怎会有求用之诚?六二就像妇人要乘车出门,因丢失了遮掩用的茀障,以致不能成行。如果因而去追逐茀障,以便乘车出门,以求见用于九五,就有亏其素守之志。一卦有个六爻,"七日"就会生变化。"七日得",比喻六二柔中守正,虽不得行于此时,终必行于未来。"以中道",指六二丧茀,而七日当失而复得,是因为以中道自守的缘故,他日必能成行。

九三 高宗伐鬼方。三年克之。小人勿用。《象》曰:三年克之,惫也。

"高宗",指殷王武丁,是中兴之主。"鬼方",古代北方种族的名称,其地远离中国。九三以刚居阳,处下卦离体的上面,有刚强文明的才干。在既济的时候，九三中兴之主武丁远伐鬼方，要花三年的时间才能平定，可见劳惫之甚，借此提醒不可轻启征伐。中兴之业既建，鬼方之伐既成，这时就要谨防小人贪功好战，恃功揽权，以致乱终，所以与师卦上六一样，诫以"小人勿用"。

六四 繻有衣袽。终日戒。《象》曰：终日戒，有所疑也。

"繻"，当作"濡"，渗漏的意思。"衣袽"，破旧的衣服，可以用来塞堵舟船漏水的地方。既济到六四已经进入坎体，所以取舟漏为戒。六四以柔居阴，是处在多惧之地，应当及早防患虑变。行舟水上要准备破旧的衣物以防舟漏，尤其终日戒惧，以防备河水浸入而不知。备患的器具，不失于平常，思患的念头，又不忘于顷刻，这才是处既济的方法。"有所疑"，指终日防患，慎而戒，怀疑舟船有敝漏的地方。

九五 东邻杀牛。不如西邻之禴祭。实受其福。《象》曰：东邻杀牛，不如西邻之时也。实受其福，吉大来也。

"东邻"、"西邻"是假借之辞，就像彼此一样。"杀牛"，盛祭。"禴祭"，薄祭。既济发展到第五爻，即使以宰牛的盛祭来享祀神明，终不如西邻以薄祭，而可实受神明的降福。因为祭贵在于诚，而不在物。九五之君处既济的时候，享有治平之盛，骄奢易萌，诚敬易丧，虽以杀牛盛祭，岂能受福？"时"，指既济唯恐过盛，以祭祀来说，这时丰不如约，所以东邻不如西邻，杀牛不如禴祭。因为祭而得其时，虽为薄祭，实足以受福，而吉的大来断可知矣。

上六 濡其首。厉。《象》曰：濡其首厉，何可久也？

上六以柔居阴，处既济的终极、坎险的上面，有狐狸涉水而浸湿其首的物象，其危厉可知。危厉还不至于凶，只是危而已。知其危而诫惕在心，则不致浸湿头部。在《象传》提到"何可长"、"何可久"，都是惕以改悟，而不可迷溺的意思。

未济第六十四　坎下离上

未济，指渡河未能到达彼岸，引申为事情没有完成，由坎、离两卦组成。《序卦》："物不可穷也，故受之以《未济》终焉。"从卦象来看，坎为水，离为火，火在水上，水性润下，而火性炎上，两不相济。从爻象来看，六爻通通不当位，所以为未济，但却两两相应，未济之中又含藏着刚柔相济以成事功的玄机。在既济之后，继之以未济，足见作《易》者的深远识见。未济作为六十四卦的最后一卦，有终而复始、生生不息的意思。

未济。亨。小狐汔济。濡其尾。无攸利。
《彖》曰：未济，亨，柔得中也。小狐汔济，未出中也。濡其尾无攸利，不续终也。虽不当位，刚柔应也。

"汔"，几乎。"濡"，沾湿。在《周易》中，一般以刚中为善。而既济、未济则以柔中为善：既济以内卦为主，到外卦就是走向未济；未济则以外卦为主，到外卦就走向既济。就像泰卦的善在二，而否卦的善在五。六五以柔居尊，居阳而应刚，处在未济的时候，刚柔适中，所以为亨。未济是事情还没有完成，如果能处之有方，终必能成，所以未济含藏致通之道。"柔得中"，指六五。"未出中"，则指九二，二以阳刚居坎险之中，且二上应于五，是果敢于渡河的小狐狸，勇决有余，审慎不足，而有"濡其尾"之患，未能出于坎险之中。"不续终"，指九二其进锐者，其退速，虽勇于渡河，却不能继续而终于完成，有始无终，是任刚之过。"刚柔应"，指六爻虽全不当位，但两两相应，尚能同心协力来渡河。天地之间没有不可渡河的时候，人事则履盛而满，往往不济。既济的吉，是以柔得中；未济的亨，也是以柔得中，乃是敬慎而胜。既济的"乱"以"终止"，未济的"无攸利"以"不续终"，乃是坚持到终了不容易。既济的"贞"以"刚柔正"，未济的可"济"以"刚柔应"，这是交相济的功效。天地的终始，都是水火交相为用。《易》不以既济结束，而以未济结束，表示《易》不可穷尽。未济并不是不济，只是"未"济而已。既济之中互未济，未济之中互既济，可见水火互藏其宅。既济而会生乱，未济而不能续终，都是起因于一念之怠，所以君子以自强不息为贵。

《象》曰：火在水上，未济；君子以慎辨物居方。

火性炎上，水性润下，火上水下，各居其所。君子观此象而慎于辨物居方，令物各居其所。慎辨物，是物以群分；慎居方，是方以类聚。

初六 濡其尾。吝。《象》曰：濡其尾，亦不知极也。

初六以柔爻居阳位，失位不中，又上应九四，质柔而用刚，急于上往。用以比喻小狐狸勇决有余而气力不足，缺乏经验却贸然涉水，以致尾巴未及举起，沾湿而浸泡在水中，游不过河，有所鄙吝。"亦不知极也"，指初不智至极的意思。"知"，通"智"。

九二 曳其轮。贞吉。《象》曰：九二贞吉，中以行正也。

"曳"，拖引。"曳其轮"，拖曳车轮，阻止前进。九二以刚居阴，因中得正，才刚足以涉险，居阴则不躁进，处在坎卦的中位，知济而无功，所以拖曳车轮，固守本位而不妄动，得吉。"中以行正也"，九居二，本不当位，因中而得正的意思。

六三 未济。征凶。利涉大川。《象》曰：未济征凶，位不当也。

六三质柔用刚，失中不正，与上九有应，处未济的时候，独力上往济险，岂能不凶，所以说"未济征凶"。但三处坎体上面，即将出险，如能下与九二刚中贤臣、上与九四刚明大臣同心合德，必能济险，所以说"利涉大川"。本卦六爻全不当位，而只在六三提"位不当"，这是因为六三承、乘皆刚，所处又刚，处下体的上面，才弱不足以济，位不当尤甚。

九四 贞吉。悔亡。震用伐鬼方。三年有赏于大国。《象》曰：贞吉悔亡，志行也。

"震"，震动而使之惊怖恐惧。"鬼方"，古代远离中国的种族。古人用力最甚的，莫如讨伐鬼方。"三年有赏"，指赏赐慰劳师旅长达三年而不绝。九四以刚居阴，失中不正，所以诫以要固守贞正之道，才能吉而悔亡。未济一进入上体，就有可济之道。九四处上体下面，是近君大臣，要济天下之难，必用其刚明之才，讨伐鬼方，威震四夷，赏以大国之封，三年不绝。"阳"为大，外卦称"国"。"志行"指四济险之志得行，因仍在未济之中，所以只言"志"而已。

六五 贞吉。无悔。君子之光。有孚。吉。《象》曰：君子之光，其晖吉也。

六五居阳而应九二，本有济险之才，又处离体的中间，是文明之主，以柔居尊，既中且正，必正而后乃吉，吉乃得无悔。《象传》中的"《未济》亨，柔得中也"，就是指这爻。六五既为文明虚中之主，能虚心以下贤，而众阳也乐于辅佐他，所以用"君子之光"比喻六五君德光辉之盛，而其济险之功，更令其光辉信实不妄，所以得吉。"晖"，日光，要极为明盛才会有晖。君子积充而光盛，至于有晖，达到至善，故吉。就像谦和到极至，就会谦光逼人一样。

上九 有孚于饮酒。无咎。濡其首。有孚失是。《象》曰：饮酒濡首，亦不知节也。

上九处未济的终了，物极则反，又返归既济。上九以刚处离体的上面，是刚明而能决的贤人。如今险难已济，事已竟成，上九当乐天安命，自信以自养，饮酒以自乐，则无咎。如果过度自信，不能安命自处，躁动而耽饮其酒，如小狐狸涉水而濡其首，则反失于自信，岂能无咎。"亦不知节也"，指饮酒而致濡首之难，以其不知节制到极点，才会如此。

后记

一九九五年,在时任"中央研究院"院长吴大猷博士与北京大学易学泰斗朱伯崑教授的鼓励下,我完成了《周易六十四卦通解》与《易经白话例解》两本著作,在台湾由台湾商务印书馆,在大陆则由华东师范大学出版社出版。其中《易经白话例解》一九九八年在大陆得到国家图书奖,而《周易六十四卦通解》也被《书目季刊》评为义理派的重要著作,与《程传》、《朱义》并列。十八年来,这两本著作再刷不下十次,还被不少高校采用为教科书。伯崑先生不只一次跟我说过:"高正先生,你这两本易经的著作写得这么好,我很期待你也能够写一本易传的书。"这部《易传通解》的问世,也算是我回报了伯崑先生的遗愿。

我从高中二年级(一九七〇年)开始自学《周易》,其中的酸甜苦辣实在不足以为外人道。讽刺的是我第一次看懂《易经》,已是在那十年之后。留德期间读了卫理贤(Richard Wilhelm)翻译的《周易经传》,我才豁然开朗,这也点出了当代中国知识分子与其自身的传统文化处于一种割裂的状态。在七十年代我还没有研读古籍的能力,而时人对《周易》的著作虽然汗牛充栋,但总的来说,水平参差不齐。经由德译本才能看懂《周易》,这对我冲击很大。卫理贤为了要把《周易》介绍给跟中国文化毫无干系的德国人,因此每一个细节他都要详加交代,而这些细节在传统古籍当中大多认为是基本常识,不用说明。读了卫理贤的易作,中国人只要看过一次,就好像沉睡已久的基因密码被唤醒一般,便会豁然开朗。但那些细节对德国人来说,读个十次、八次也未必能够理解。因此我在德国虽然专攻康德哲学,但我已经在心中默默立下一个宏愿,务必要把当代中国人和自己的传统文化之间的鸿沟想方设法把它填补起来。

一九九三年十月二十九日的正午时,我第一次回到福建省漳州市平和县的九峰老家。我的六代祖,从平和迁来台湾,自此就没有再回过老家。谁知我第一次代表飘洋过海、落籍台湾的远方游子,回到老家祭祖之后,才知道会亲、对祖谱的那个时刻,正好是先祖朱熹的生辰。他是农历九月十五日正午时出生的,而一九九三年十月二十九日就是农历九月十五日。我也是因为这一次的返乡寻根才能确认我是文公的后裔,而且是他的二十六代孙。文公作为孔子以后的文化巨人,他不仅集理学之大成,他所发展出来的朱子学也成为东亚文明圈这八百多年传统文化的代表。中国、朝鲜、越南和日本在近代西方殖民帝国主义入侵前，朱子学就是东亚文明圈传统文化的主要构成部分。而近代西方人想要了解《四书》、《五经》，也只能经由朱子的诠释，才能翻成拉丁文。二十年前的返乡寻根之旅，改变了我以后的生命轨迹。在这之前，我关怀的重心是台湾民主化与中国全方位的现代化，自此以后我更关心的则是弘扬传统优秀文化。我所钻研的康德哲学，连德国人都认为艰深难懂，而我都可以学有所成，还曾经在云林县的乡村跟五、六百位农民用闽南语介绍康德哲学两个多小时。《周易》作为中国传统文化的大根大本，我更有责任用现代人所能理解的方式来诠释《周易》，让大家理解《周易》，热爱《周易》。而一九九五年，这两部《易》作的出版，就是那一次寻根之旅的成果。

十八年前，在撰写这两本《易》作时，我内心刻意把《易传》摆在一边，这跟我早年自学《周易》的痛苦经验是分不开的。绝大多数的人自学《周易》，光一个乾卦的卦辞"元亨利贞"四个字，由于受困于《象传》与《文言传》的解释，读了三个月还是一头雾水，这就使很多人望《易》兴叹。所以当我在写这两本《易》作时，我就刻意排除《易传》，直解经文。表面上排除《易传》，却又是按照《易传》解经的方法来直解经文，希望透过这个方法让初学者能够尽快走进《周易》的堂奥。显然，我当年的初衷得到了肯定，这两本《易》作历经十八年，不仅是畅销书而且还是常销书。

伯崑先生对我的期望一直深深烙在我的心中，尤其在伯崑先生二零零七年五月去世之后，如何完成他的遗愿就已经上了日程表。但由于忙着《近思录通解》、《从康德到朱熹》与《四书精华阶梯》的著述，以及庆祝先祖八百八十岁诞辰长达一年半以上的纪念活动，到二零一二年底才能够静下心来，集中精力从事《易传通解》的著述，花了半年的时间，总算一部稍堪告慰伯崑先生的书即将面世了。这部书旨在诠解《易传》，颇多得力于历代先贤研究的成果，尤其是《伊川易传》与先祖文公的启迪，其他则散见于《周易折中》与《周易学说》，因此就略掉一一注明出处，特此向读者诸君说明。

最后，要感谢世侄蔡蔚泰辛勤而又耐心的工作，从打字、校稿到出版，都看得到他勤奋的身影，也要感谢两岸的易学同道张善文、徐芹庭与董光璧三位先生为本书作序，使本书增色不少，最后也感谢"立法院"院长王金平为本书题词。